U0017126

学問のしくみ事典

あらゆる「学」の歴史とつながりがわかる

# 學問全圖解

未來人才必備
的跨領域基本知識

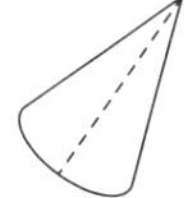

Kenichiro
Mogi

日本實業出版社・編
茂木健一郎——監修　邱心柔——譯

# 序言

茂木健一郎

## ⊙現代人需要哪些「基本能力」？

我們現在身處的環境已經產生劇烈的變化，是從前所無法比擬的。

由於網路發達、智慧型手機普及，人們可以立刻獲得想要的資訊，也能在第一時間取得國外的動態。只要使用Google學術搜尋，任何人都能閱覽專家發表的論文。講得極端一點，就連小學生也能接觸到最新的學術資料。

在這樣的背景下，現代人究竟需要哪些「基本能力」呢？

首先是「語言能力」。日文自不用說，而英文也是必要的。因為全球頂尖的「知識」是使用英文來交流，若想獲得這些知識，英文能力便是不可或缺的。

接著是「數學」。這裡所說的數學，並非是指解出複雜算式的能力。而是指具備數學的邏輯與嚴密的思考能力，能夠理解身為現代文明基礎的資訊科技與計算機概論。

再來則是「對網路的知識與感性」。網際網路將全世界不特定多數人連結到了一起，資訊在網路上流通、過濾與累積，而這份能力則是能夠理解網路的結構與理論並加以實踐。同時也要具備「分析資訊的能力」。理解資訊是如何產生、修改與流通的，能夠用正確的方式看待資訊。不會將自己獲得的資訊照單全收，對於網路特有的負面文字與錯誤資訊，能夠用冷靜的態度進行判斷。

除此之外，還有各式各樣的能力也是人們需要具備的，例如：「能夠理解多元的價值觀」、「待人公正」、「不過度相信自己，常保懷疑的態度」、「能夠訂定一個公正的工作守則」。

如你所見，一旦將現代人需要的「基本能力」一一列舉出來，數量將會十分龐大。同時你也會明白，由大學入學考試的分數與紙筆測驗所衡量出的「知識水平」，其實是沒有意義的。總而言之，現在這個時代要求的能力就是「整合能力」和「人的基本素養」。

## ⊙跨領域的重要

這是為什麼呢？理由在於，像現在這種變化相當劇烈的時代，無法預測未來將會如何發展，如果只學習特定領域的事物，有可能一下子就會跟不上時代、派不上用場了。若想適應環境的變化，反而需要採取看似繞遠路的方式，從基礎一步步建立起「基本能力」，並且從日常生活中就去接觸那些「真材實料的事物」，培養出看清事物本質的眼光。而這就是所謂「通識」教育的主張。

當我們用這個角度看了之後，就會強烈體認到，「學習」應該要跨領域進行才對。舉個例子，日本的大學分成「文科」和「理科」，但全世界會這樣二分的只有日本而已。文科的人不會運用數字和邏輯，理科的人不明白自己做的研究在社會上的定位——這種想法實在太荒謬了。倘若不打破文科、理科的界限，採取跨領域、科際整合的方式來學習，那就沒有意義了。

我從東大理學院畢業後，進入東大法學院的大學部就讀。我剛進大學的時候，一心只想要探究科學，不過，當我遇到了形形色色的人、經歷了各種事情之後，我認為科學研究者其實一樣也得擁有社交能力。

我是一個腦神經科學家。若想要從根本上了解大腦，需要接觸的領域非常廣，物理、數學當然是一定要學的，除此之外，也要學習生物學、腦生理學、認知神經科學、資訊工程學，甚至還得學習經濟學與社會學。要是不這麼做，就沒辦法探究到其中的「根本」。

每天都會有新的資訊和研究結果出來，因此，要是不持續精進自己，就無法站在第一線。這一點，不管是哪個領域的專業人士都是一樣的。

「只要拿到知名大學的畢業證書，就能一輩子安穩了。」這樣的時代早已過去。現在光憑大學所學是不夠的，還得自行培養廣泛的基本能力才行。在現今這個時代下，必須跨領域學習才有辦法跟現實接軌。

## ⊙這個時代是由「非典型智力」所創造的

二十一世紀毫無疑問是由「智力」——亦即 intelligence ——來引領世界的時代。運用智力避開風險、賺取金錢，推動經濟的發展。

要特別注意的一點是，這裡所說的「智力」是一種「非典型智力」，跟ＩＱ測驗所測出的「典型智力」恰恰相反。在全球激烈競爭之下，典型智力不斷趨向同質化，逐漸失去其價值。

舉個例子，第一位當上ＭＩＴ（麻省理工學院）媒體實驗室所長的日本人伊藤穰一，曾經兩度在就讀大學時退學。他的學歷是高中畢業。但是，他擁有極為廣博的知識，不斷創造出嶄新的點子，還擔任紐約時報和ＳＯＮＹ的董事。他是一位道道地地具備「非典型智力」的人。史蒂芬・賈伯斯和創立Google的賴瑞・佩吉（Larry Page）與賽吉・布林（Sergey Brin）也屬於這類型的人。

擁有某種程度的專業知識，同時又具備廣泛的基本能力，這才是現代所需的智力。現在這個時代，引領革新、在舞台上發光發熱的就會是這類的人才。

## ⊙人類的大腦在學習上沒有極限

順帶一提，智力並不是生下來就決定好的。ＩＱ是其中一種衡量智力的方法，研究指出ＩＱ受到遺傳因素影響的比重在五〇％，其餘則是受後天的環境與學習所決定的。也就是說，智力可以藉由學習而提升。而且，人類的腦在學習上是沒有極限的，學得越多就越能開發智力。

當人因為做了某件事而感到喜悅的時候，腦中便會釋放出一種名叫多巴胺的物質。而當時參與運作的那些神經細胞的連結會因此受到強化。這種情況稱為「強化學習」。

我很幸運的是，從小到大的生活中一直感受得到「學習的喜悅」。「學習」這項行為受到強化學習的影響後，又會想要「再學更多」，不斷進行強化學習的循環，於是就不斷鍛鍊了我的大腦。強化學習的循環運作越多次就會越強化。

這個循環是沒有極限的，人類可以進行無止境的學習。比方說，當一個人「看歷史的書」→「分泌多巴胺」，就會強化「看歷史的書」這項行為。當這項行為受到強化之後，便會「再看更多歷史的書」→「分泌多巴胺」，越來越強化「看歷史的書」這項行為。

反過來說，「歷史不好」的人並不是沒辦法讀懂歷史，只不過是強化學習的循環尚未運作罷了。

各位都會有自己擅長與不擅長的領域。不過，擅長、不擅長並不是由遺傳因素決定，而是強化學習的循環尚未運作的緣故。

## ⊙挑戰性稍微高一點，較能獲得強化

關於大腦的學習方面，還有一點也相當有意思。

當人們拚盡自己的全力，才好不容易跨越難關的時候，便會分泌出最佳的多巴胺。

舉例來說，數學題目如果稍微難一點的話，人們在解出題目的時候，就會分泌出優質的多巴胺，也會得到更大的喜悅與成就感。太簡單或太困難的題目，都無法使人分泌多巴胺。太簡單的題目沒辦法刺激腦部，太困難的題目則可能會讓人感到無力，但是，偶爾挑戰一些「強人所難的工作」，對大腦來說也是一種很好的刺激。

只要處理一些對現在的你而言很棘手的難題，偶爾再克服一些「強人所難的工作」，從中獲得大大的成就感，就會產生強化學習的良性循環。

## ⊙讓自己不斷進步

我對學習的態度從小到大始終如一。

「自己的工作品質自己掌控，由自己來要求自己。」我小時候很熱衷採集昆蟲，曾經有一段時間在研究蝴蝶，還加入過「日本鱗翅學會」。而當我國小時看了愛因斯坦的傳記後，對他產生一股深深的崇拜，於是決定：「我要當科學家！」

為了要當科學家，我從小看了許多關於科學的書，但除此之外，任何類型的書我也都會看，像是文學、社會學、經濟學等。

我在國小的時候甚至還看了父親書架上的《馬克思恩格斯全集》和《新教倫理與資本主義精神》，雖然自己也隱約意識到「這不是給小朋友看的書」，但我還是刻意給自己稍微高一點的要求。或許正是因為我這麼做，而促進了強化學習也說不定。

我至今未改變這種態度，為了讓自己當個第一線的研究者，我一直要求自己不斷進步。

對大腦而言，「學習」是一件最開心的事。當你看了一本書深受感動，或是對某件事抱持興趣，而不斷累積知識時，這些知識就會像腐葉土般發酵，在腦中孕育出優質的土壤。比如說，某個領域最廣為流傳的名著，就最適合幫助你了解這個領域的脈絡，裡面往往充滿著令任何人都讚嘆不已的洞見。

*

《學問全圖解》拆掉了所謂文科、理科的框架，讓各位能夠俯瞰「學問」的世界為本書的編輯目標。某門學問在人類所有「知識」當中的定位為何、從這門學問的發展過程到歷史、留下這些劃時代成果的各個科學家的足跡等，本書將會用易懂且精簡的方式進行解說。橫跨不同領域、接觸形形色色的學問，有時確實也會令人產生前所未有的觀點或新的組合方式。

期盼各位能透過本書遨遊在「知識的世界」中，提升自己的「基本能力」與「智力」，藉此面對現代社會的競爭。

二〇一六年三月

## SOCIAL SCIENCE



# 人文科學

## HUMANITY

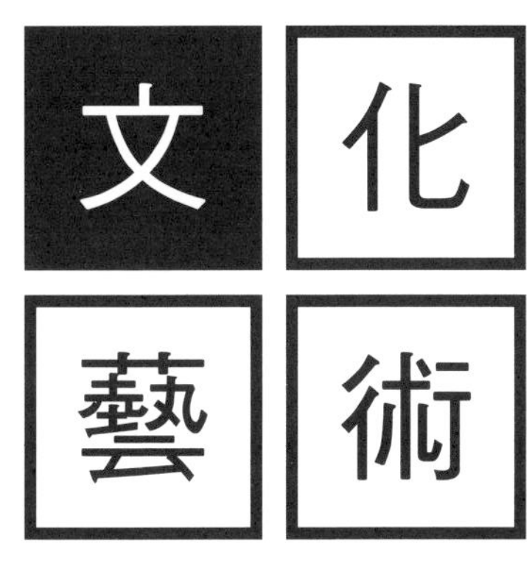

ART & CULTURE



# 自然科學

NATURAL SCIENCE

## 符號說明……閱讀本書前請先觀看以下說明

◎……關於內文中的簡稱，意思如下所示。

〔愛〕愛爾蘭〔美〕美國〔阿〕阿根廷〔英〕英國
〔以〕以色列〔義〕義大利〔印〕印度〔埃〕埃及
〔澳〕澳洲〔奧〕奧地利〔荷〕荷蘭〔加〕加拿大
〔希〕希臘〔瑞〕瑞士〔典〕瑞典〔西〕西班牙
〔中〕中國〔捷〕捷克〔丹〕丹麥〔德〕德國〔土〕土耳其
〔紐〕紐西蘭〔挪〕挪威〔匈〕匈牙利
〔芬〕芬蘭〔法〕法國〔比〕比利時〔波〕波蘭
〔葡〕葡萄牙〔拉〕拉脫維亞〔羅〕羅馬尼亞〔俄〕俄國、舊蘇聯

◎……人名、地名等特殊名詞，按照習慣使用的說法。

◎……基本上所有年份都用西曆表示。

◎……關於內文中（）內的數字，如果前面是人名則代表該人的生卒年，否則即代表發行年份、完成年份。另外，「西元前」則以 BC 表示。例如：根據米歇爾．傅柯（法 1926-1984）的《詞與物》（1966）……

◎……書名、雜誌名會括上《》符號，引用的語句及概念等事物則括上「」。

※本書為一九九六年一月發行的《學問的百科全書》進行大幅增加與修改而成。

前言

# 學問的百科全書

## 學問的起源

**古希臘人傳承了古代近東文明經驗性的知識，同時也發展出一套超脫於自然的獨立思考能力，藉此奠定了學問的基礎。**

什麼是學問？人類為何要追求學問？人類一直以來追求的又是何種學問？不，若真要追究起來，人類的求知慾究竟又是從何而來的？而這個問題又不得不回到一開始的問題上——「什麼是學問」。

於是，我們就推導出——所謂的學問就是要探究「什麼是學問」——這個令人似懂非懂的結論了。但事實上，唯有探討到了這項自我指涉的問題，才稱得上是一門學問，而這也就是源自於古希臘的西方學問的歷史。

在古希臘之前的「學問」，都是直接從自然與人類之間的關係中萌芽的，這種學問也可以說是一種生活的智慧，包括古埃及的測量學與醫學皆是如此。倘若如馬克思（德1818-1883）所言，人類與其他動物的區別在於是否會追求「生產方法的生產」，亦即將自然進行加工、改變的行為，那麼，我們或許可以說，在這份智慧當中，已經預先準備好人類從古代近東文明到古希臘文明，以自然為探究對象的整個過程了。

然而，一直到進入古希臘時期後，人類才進一步以探究「在探究自然時所抱有的那份意識」，也就是說，人類在此時發展出了獨立思考的能力。

古代近東文明在經驗性的知識方面，確實遠遠凌駕於古希臘文明。儘管如此，大自然與人類之間的關係，於古希臘文明的前後卻有著明顯的斷裂。

古希臘之前的文明所擁有的知識，完全是依循自然秩序的經驗累積。宗教的對象，也在於自然與人類的關係中所發生的「驚奇現象」，一樣受到了自然秩序的掌控。但是，古希臘人卻將自然的秩序從現實中的自然獨立出來，讓自然秩序獨立存在於自身的思考當中。

舉個例子，愛奧尼亞（Ionia）的自然學者被視為是最早的哲學家（也就是最早的學問實踐者），他們探討了萬物的本源（arche）。關於這一點，最值得我們注目的，並不是愛奧尼亞的自然學者認為萬物的本源為何，而在於是什麼樣的思考方式促使他們探究萬物本源的。

這是因為，倘若愛奧尼亞的自然學者受限於神話、宗教的世界裡，想必就不會探究萬物的本源了，即使他們探究了萬物的本源，仍舊會無法脫離神話、宗教的框架。

文化歷史學家雅各・布克哈特（瑞 Jacob Burckhardt, 1818-1897）的大作《希臘文化史》（1897）一書中，提到古希臘人之所以會有哲學性的思考，在於「他們的語言世界完全從各色事物中分離出來了」，同時也談到古埃及語並不具備「抽象表達的能力」。這也就是說，古希臘人開始會在超脫於自然的語言的世界裡，進行獨立的思考了。

柏拉圖（希 Plato, 427-347 BC）針對自然（世界）與人類的關係，建立起了一套理論系統，這套理論認為存在著一個永恆不變的精神世界，稱為「理型」。柏拉圖主張唯有「理型」是真實存在，而我們所知覺到的個別存在物，只不過是「理型」的模仿物及假象。

不過，這邊的重點並不在於柏拉圖的理型論是否為真。重點在於柏拉圖所提出的理論，將事物與精神分離開來。若說西方學問的基礎就是在此奠定的，一點也不為過。

這套實在與觀念的二元論，讓西方的學問、甚至是西方的文明產生了飛躍性的進步。而與此同時，也包含了許多矛盾與問題。因為，將事物與精神分離開來後，雖然能讓我們用客觀的方式（讓事物置於事物的秩序當中）看待自然，但另一方面，由於將理性過度神聖化，因此也把人類塑造成了「掌控自然的獨裁者」。

如果說西方的學問是由柏拉圖奠定了基礎，那麼，接下來的亞里斯多德（希 Aristotle, 384-322 BC）所做的，就是細分出各門學問、為各門學問的研究領域奠定基礎了。簡單來說，亞里斯多德使用了柏拉圖所建立的思考架構，將自然區分成各式各樣的領域，建立起一套學問的系統。

相對於柏拉圖將個別存在物視為理型的模仿物及假象，亞里斯多德則認為「理型，即形相」存在於個別存在物當中。也就是說，他認為事物的形相與質料是統一的，因此就能在事物的演變過程當中掌握事物。

這種對於自然的詮釋方式，大大提升了人們對自然的關心，同時也得以將自然（世界）區分成多項領域，以此作為探討的對象。事實上，亞里斯多德本身就將古希臘既有的知識區分為理論性知識與實踐性知識，神學、數學、自然哲學屬於前者，而政治學、倫理學則屬於後者，首次為知識建立起一套系統。

於是，便開始發展了諸多學問，這些學問就是現代學問的前身。

## 學問的發展

**近代學問的確立過程，先是掙脫基督教的束縛，並將語言表達出的表象秩序與自然秩序兩者分離開來，於是得以為物質世界分類，並建立秩序。**

許多起源於古希臘的學問，經過希臘化時代、羅馬時

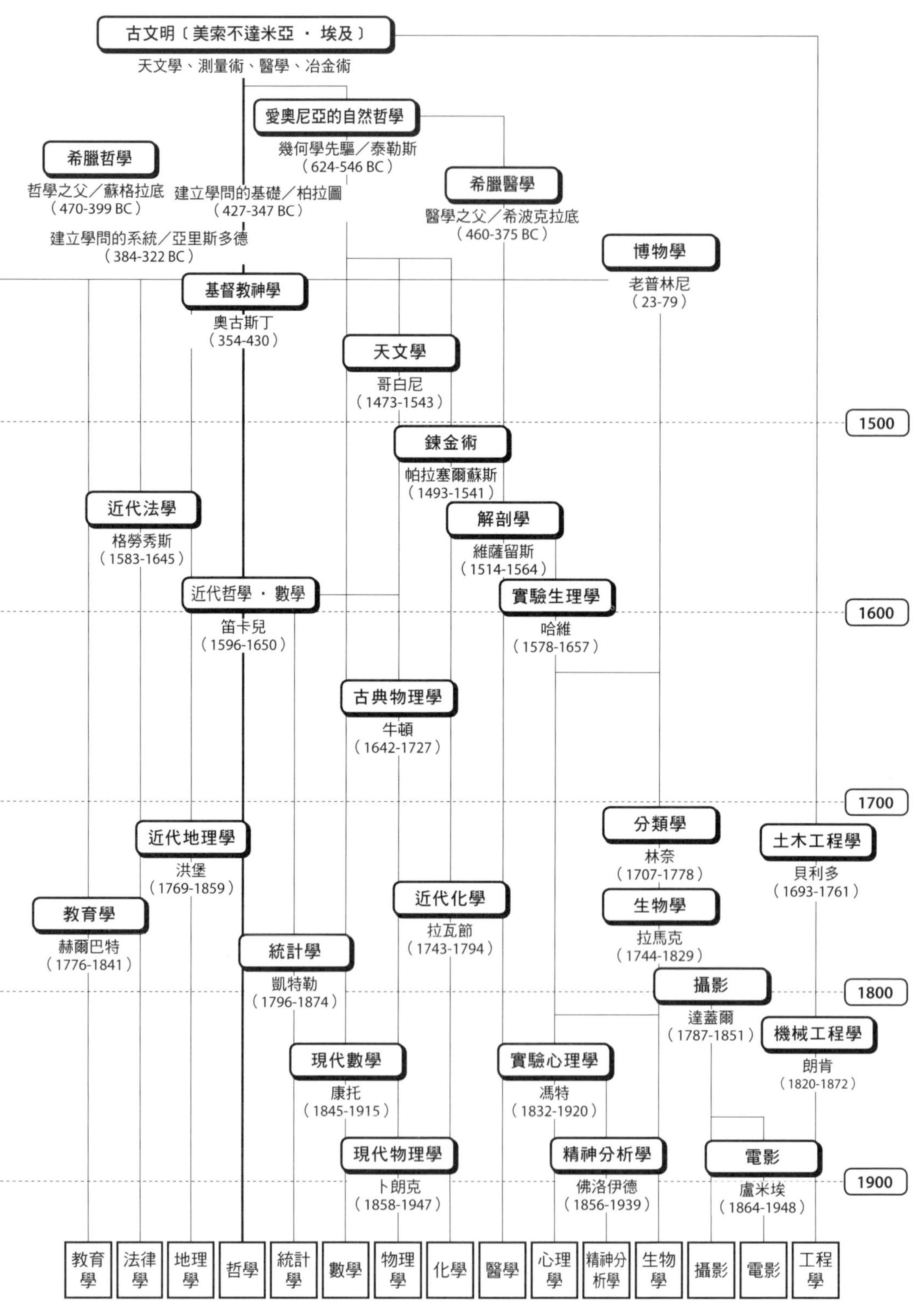
古文明〔美索不達米亞 · 埃及〕
天文學、測量術、醫學、冶金術
愛奧尼亞的自然哲學
幾何學先驅／泰勒斯
（624-546 BC）
希臘哲學
哲學之父／蘇格拉底
（470-399 BC）
建立學問的基礎／柏拉圖
（427-347 BC）
建立學問的系統／亞里斯多德
（384-322 BC）
希臘醫學
醫學之父／希波克拉底
（460-375 BC）
博物學
老普林尼
（23-79）
基督教神學
奧古斯丁
（354-430）
天文學
哥白尼
（1473-1543）
1500
鍊金術
帕拉塞爾蘇斯
（1493-1541）
近代法學
格勞秀斯
（1583-1645）
解剖學
維薩留斯
（1514-1564）
近代哲學 · 數學
笛卡兒
（1596-1650）
實驗生理學
哈維
（1578-1657）
1600
古典物理學
牛頓
（1642-1727）
1700
近代地理學
洪堡
（1769-1859）
分類學
林奈
（1707-1778）
土木工程學
貝利多
（1693-1761）
教育學
赫爾巴特
（1776-1841）
近代化學
拉瓦節
（1743-1794）
生物學
拉馬克
（1744-1829）
統計學
凱特勒
（1796-1874）
攝影
達蓋爾
（1787-1851）
1800
機械工程學
朗肯
（1820-1872）
現代數學
康托
（1845-1915）
實驗心理學
馮特
（1832-1920）
現代物理學
卜朗克
（1858-1947）
精神分析學
佛洛伊德
（1856-1939）
電影
盧米埃
（1864-1948）
1900
教育學
法律學
地理學
哲學
統計學
數學
物理學
化學
醫學
心理學
精神分析學
生物學
攝影
電影
工程學

# 學問的發展過程

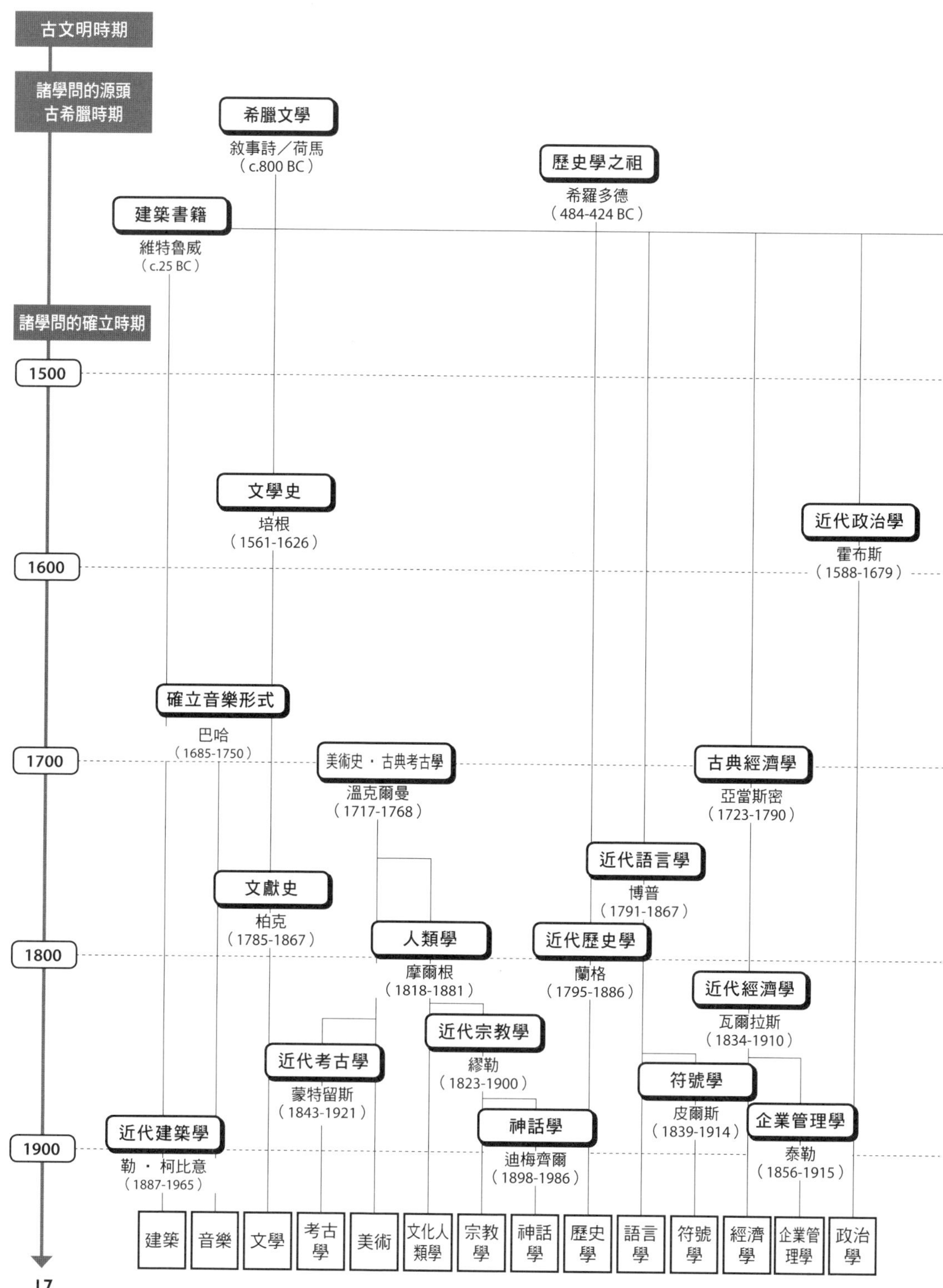
古文明時期
諸學問的源頭
古希臘時期
希臘文學
敘事詩／荷馬
（c.800 BC）
歷史學之祖
希羅多德
（484-424 BC）
建築書籍
維特魯威
（c.25 BC）
諸學問的確立時期
1500
文學史
培根
（1561-1626）
近代政治學
霍布斯
（1588-1679）
1600
確立音樂形式
巴哈
（1685-1750）
1700
美術史・古典考古學
溫克爾曼
（1717-1768）
古典經濟學
亞當斯密
（1723-1790）
近代語言學
博普
（1791-1867）
文獻史
柏克
（1785-1867）
人類學
摩爾根
（1818-1881）
近代歷史學
蘭格
（1795-1886）
1800
近代經濟學
瓦爾拉斯
（1834-1910）
近代宗教學
繆勒
（1823-1900）
近代考古學
蒙特留斯
（1843-1921）
符號學
皮爾斯
（1839-1914）
神話學
迪梅齊爾
（1898-1986）
企業管理學
泰勒
（1856-1915）
近代建築學
勒・柯比意
（1887-1965）
1900
建築
音樂
文學
考古學
美術
文化人類學
宗教學
神話學
歷史學
語言學
符號學
經濟學
企業管理學
政治學

代，以及以基督教為中心的中世紀後，發展出近代的學問。不過，一般認為，古希臘之後的學問看不到什麼重大進展，甚至還步向了衰退的道路。

的確，在亞歷山大大帝的指示下，古希臘的學術傳統由埃及與亞歷山大港傳承下來，促進了數學和醫學方面的發展。然而，羅馬帝國內卻沒有發生什麼值得注意的重大改變。關於其中的原因，歷史學家提出了各種不同的看法。

比方說，羅馬人本身就不太注重理論性的學問，除此之外，當羅馬帝國崩壞時，都市也受到了破壞，失去了可以促進學術發展的社會基礎。再加上基督教在三世紀左右出現後，學問衰退的情況形同雪上加霜。

不過，這種看法終究只不過是把我們的理性當成進步的過程，或許我們不應該將學問的演變看成是人類進步的過程，反而應該看成是「將事物分門別類、賦予知識一個秩序之下，該事物和秩序之間存在樣貌的變化」。簡單來說，我們應該將學問的演變，看成是一種「對於這個世界理解方式的轉變」。

法國哲學家米歇爾・傅柯（Michel Foucault, 1926-1984）將支持這種「對於這個世界的理解方式」的思考的根本性的基底，即秩序，稱為「episteme（知識無意識的底座）」。

根據傅柯的《詞與物》（1966）內容所述，一直到十六世紀末文藝復興後期，是由「類似」來支持西方「知識的秩序」。也就是說，世界上的一切之所以能建立一套秩序，都是奠基於「類似」之上。而古文與物則位於同一個層次、同樣的地層上。但是以十六世紀末作為分界點，之後進入了古典主義時期，人們開始將語詞視為一種表象，從物質世界獨立開來。也就是說，人們區分出了表象的秩序和自然的秩序。

不過，對於從十六世紀末延續到十八世紀末的古典主義時期而言，表象的秩序和自然的秩序並非不一致的。此處指的表象是一種物質世界的透明表象。也就是說，當人們用語言指涉某物時，就等於正確的表象出該物。

這麼一來，客觀的物質世界便能藉由語言而加以分類、建立秩序了。在這個過程中，博物學逐漸發展成生物學，分析財富的學問成了經濟學，語言的研究則成了文獻學。

事實上，我們只要看看各門學問的發展過程，就會清楚的發現，這些學問在十七世紀前後各自建構出了近代的基礎。

學問從文藝復興到近代的演變，恰好酷似古希臘傳承古代近東文明的知識，並且一步步建構出學問基礎的流程。近代學問的建構過程，也等於是回歸希臘式思考的過程。

其實，構築出近代學問基礎的笛卡兒（法 René Descartes, 1596-1650）的哲學，與柏拉圖和亞里斯多德的思考方式可以說是極其接近。不過，笛卡兒提出的理性與感性、主觀與客觀的二元論，將彼此的秩序分離開來，看作是個別獨立存在的，讓我們有辦法去探究客觀物質世界的原理。於是就大大促進了近代科學的發展。

另一方面，近代學問形成的過程，同時也是學問細分成各門領域的過程，意即學問的探討對象越來越明確，研究方法也漸漸確立起來的過程。人們之所以有辦法用這種方式思考，也是因為採取了將（象徵為笛卡兒哲學的）「物質世界」視為獨立存在的這種思考方式所致。

當然，每一門學問化身為近代學問的時期各不相同。舉個例子，物理學和化學就相差了一世紀之久。儘管關於如何判斷是否為近代學問的問題，仍然存在著許多不同的觀點，但假如用該學問的方法論確立的觀點來看的話，那麼，在化學的領域要出現像物理學的牛頓（英 Sir Isaac Newton, 1642-1727），勢必就得等到十八世紀的拉瓦節（法 Antoine-Laurent de Lavoisier, 1743-1797）出現才行了。

不過，只要將學問整體看作是一條大河的流動，觀看這條大河的流動如何改變，就會明白到在變化中，許許多多的學問歷經統合、分化後，又會導致新的學問出現，或是讓舊有的學問以一份新的樣貌出現。而且，為這份流動的變化設下限制的，正是導致某種觀念出現、讓學問得以構成的知識論的基礎——亦即傅柯口中所謂的episteme。

## 現代的學問

**近代學問的發展以「人」為中心，邁入了二十一世紀的現在，人們需要將學問用一個新的框架重新組織起來。**

傅柯在《詞與物》當中指出，就像文藝復興式的思考被切斷一樣，我們也可以在十八世紀末見到這種不連續性，而他就如同他字面上的意思一樣，將這份不連續性定位為近代思考的開端，且這種近代思考一直延續到了今日。

倘若如傅柯所述，在古典主義時期詞與物的關係有透明性的話，那麼，以十八世紀末為分界點，之後詞與物的關係就開始摻雜了一份不透明性。換句話說，語詞和其表象出的物切割開來，語詞本身逐漸擁有了厚度。

就在這時，擁有內含各種欲望的身體的「人類」，從詞與物的這份分歧的關係、關係的裂痕中現身了。

關於這一點，只要比較一下古典主義時期的哲學家笛卡兒，和十八世紀末的哲學家康德（德 Immanuel Kant, 1724-1804），或許很快就能明白了。笛卡兒提出「我思故我在」，將「我思」和「我在」分離了開來。可是，支持「我在」這個現實世界（物質世界）的，終究只是「我思」這個表象。也就是說，「我在」的這個現實世界，是由「我思」這個透明的表象推導而出的。

然而，如果用康德的角度來看，就會發現「我在」的這個現實世界，出現在「我思」的表象空間之外。這是因為，在「我在」的這個現實世界裡，出現了「人類」，他擁有一個有各種欲望的身體，根本沒辦法單純處於表象空間當中了。

當然，這邊的意思並不是說十八世紀末才突然出現了「人類」這種擁有各種欲望的身體的存在。這邊要講的是，相對於古典主義時期物質世界在語言的指涉之下，映照出一種透明的狀態，到了十八世紀末的分界點之後，這卻變成是一件不可能的事了。

這是為什麼呢？因為我們發現了「人類」是一種單憑詞語根本無法徹底掌握的存在。也就是說，在這個世界和將這個世界映照出來的詞語之間，有一種叫「人類」的多餘存在介入其中。

於是這麼一來，近代學問的發展，就變成是藉由分析「人類」這種帶著有限性的存在，而一步步走下去的了。

事實上，從十八世紀末到十九世紀初，有許多門學問都在了解到「人類」本身帶有的有限性和各種限制的情況下進行重整。這裡所謂的人類的有限性，指的是在現實世界獲得的經驗與獲得經驗的主體，彼此施加限制、互相制約並產生矛盾。這也就是說，人們自覺到人類其實是自然當中的一個客體，也就是所謂的歷史性存在。

諸如大腦解剖、生產經費的結構、印歐語系的系統化等，這些知識的構成，都建立在認知到「人類」是一種有限存在之上。當然，這麼一來，人們也必須進而探明各門學問的歷史性和其原有的各項原理。實際上，各門學問在十九世紀、二十世紀時的核心主題都在歷史，同時各領域也將自身的原理看作是一種結構。

從黑格爾（德 G. W. F. Hegel, 1770-1831）、馬克思到沙特（法 Jean-Paul Sartre, 1905-1980），核心的課題都是人類在歷史上的定位。甚至經濟學、語言學、文化人類學、心理學、精神分析學、物理學等領域，全都是藉著將對象視為一種結構，從而發展出新的學問。

在天文物理學的世界裡，人類從一開始就試圖追溯宇宙的誕生，藉此來揭露宇宙整體的歷史性。而像計算機這類的科技領域也是一樣的，都只是先在認知到人類的有限性之後，再將人類的能力外化而成的。

但是另一方面，或許正因為近代學問將「人類」置於中心，結果反而演變為過度破壞大自然的局面。二十一世紀若想在新的思考型態之下，將原有的學問重組，就必須要用懷疑的態度，超越近代的思考方式才行。

為此，我們就不該用「理性進步」的觀點來看待古希臘到現在的學問演變，而是必須看看人們在各個不同的時代當中，是如何看待、分類這個世界，以及如何為這個世界建立起一套秩序。而且，除了西方的學問之外，也還存在著其他脈絡的學問。

本書的撰寫是以西方的學問為中心，但世界上不是只有西方的學問而已，這一點相信各位也都明白。除了著眼西方的學問，我們也必須放眼於西方之外的學問演進才行。

現今的時代邁入了一個巨大的變革期。正是在這樣的時代下，才更應該藉著追溯形形色色學問的演變，讓自己不是用單一觀點，而是用多樣的觀點來瞭望這個世界。

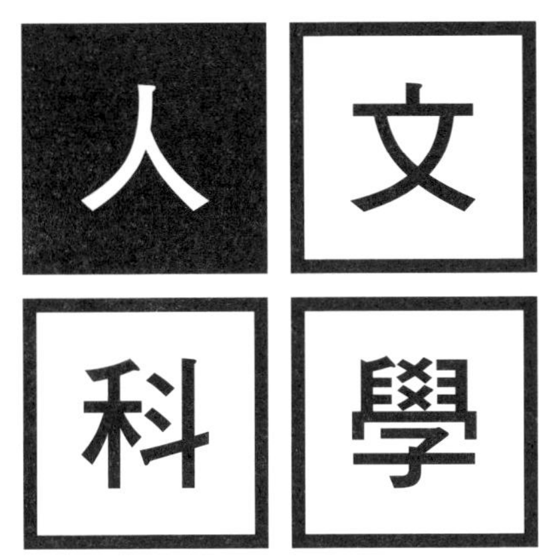



HUMANITY

# 哲學

● Philosophy ●

## 哲學的起源

**此時從神話世界轉為依循邏各斯（Logos）的理性世界。古希臘哲學同時也是眾學問的起源。**

哲學的英文philosophy源自於希臘文的philosophia。Sophia是智慧的意思，philein則是愛。也就是說，哲學的本義就是「愛智慧」。因此，對當時的希臘而言，一切的學問都等於是哲學。

古希臘人原本是用神話、感性的方式來解釋這個世界的，而學問建立起來的原因，在於人們想要提出一個理性且具一致性的解釋方式。古希臘將這種理性與一致性稱為邏各斯（Logos）。邏各斯原本的意思是「集中在一處」，而人們希望能透過邏各斯，將這個世界歸納在一種理性秩序之下。而之後邏各斯這個詞則轉成了邏輯和邏輯學（logic）的意思。

脫離了神話與感性束縛的古希臘人，認為自然是處於「會改變的事物」與「不會改變的事物」這般對立的事物當中的。愛奧尼亞（現在的土耳其）的自然哲學家泰勒斯是公認最早的哲學家，他主張「不會改變的事物」亦即「水」，正是形成這個自然的本源＝萬物的根源（arche）。這個想法之所以會被視為是哲學的誕生，並不是因為他認為萬物的根源是水，而是在於他提出了「萬物的根源是什麼」這個問題。

接下來，畢達哥拉斯（582-496 BC）則提出了「數（數的秩序即邏各斯）」才是本源的主張。直到這一步，事物與思考才徹底分離開來，「不會改變的事物」即真理只存在於思考當中——西洋哲學的基礎於此萌芽了。赫拉克利特（Heraclitus, c.540-c.480 BC）則認為「萬物永遠在變動」，而蘇格拉底與使用辯論術的辯士（智者）（sophist）活在同樣的時代，但蘇格拉底卻是向人提問「何謂善」，運用論辯式對話（反詰法），聲稱「我所知道的是我一無所知」。哲學在蘇格拉底出現後，埋下日後產生巨大改變的種子。

蘇格拉底的學生、同時也是希臘最大的哲學家——柏拉圖及其學生亞里斯多德，則將這種世界（自然）的「不變」和「變化」，建立起一套最富邏輯性的系統。相對於不斷變化消長的事物，柏拉圖主張一種不會改變的「理型」，亞里斯多德更是讓這份主張變得更加單純，認為「形相」就是不變的本質。主宰日後西洋哲學的二元論（「事物」與「思考」、「實在」與「觀念」、「感性」與「理性」等）就在此時成形，也形成哲學上重大的問題。不過我們千萬不能忘記，無論是柏拉圖的「理型」、亞里斯多德的「形相」，還是蘇格拉底所問的「善」，這些理性的思考方式，都是一種幫助人們認識這個世界的方法。

## 西洋哲學的建立——①古希臘哲學

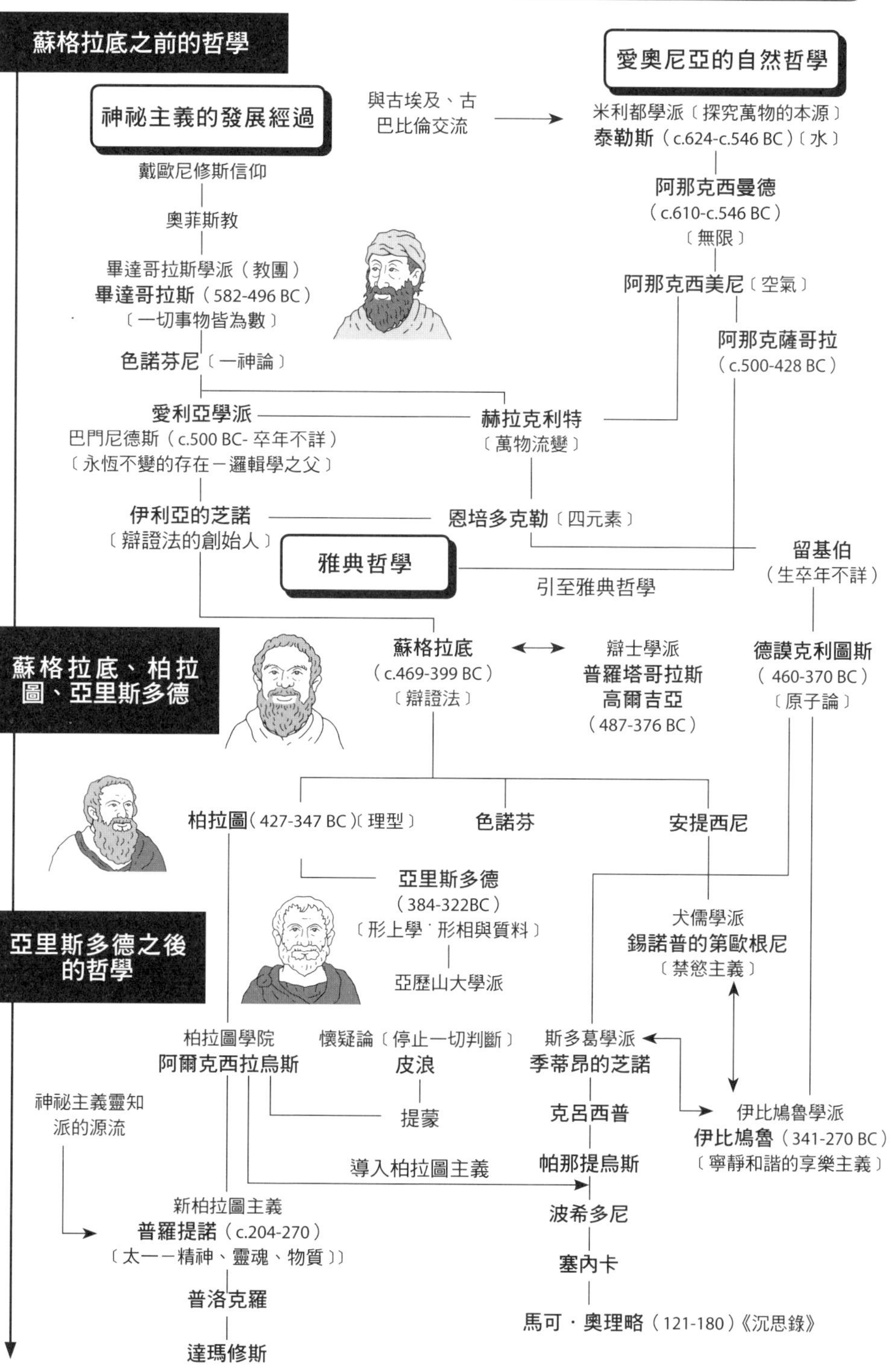
蘇格拉底之前的哲學
神祕主義的發展經過
戴歐尼修斯信仰
奧菲斯教
畢達哥拉斯學派（教團）
畢達哥拉斯（582-496 BC）
〔一切事物皆為數〕
色諾芬尼〔一神論〕
愛利亞學派
巴門尼德斯（c.500 BC- 卒年不詳）
〔永恆不變的存在－邏輯學之父〕
伊利亞的芝諾
〔辯證法的創始人〕
與古埃及、古
巴比倫交流
愛奧尼亞的自然哲學
米利都學派〔探究萬物的本源〕
泰勒斯（c.624-c.546 BC）〔水〕
阿那克西曼德
（c.610-c.546 BC）
〔無限〕
阿那克西美尼〔空氣〕
阿那克薩哥拉
（c.500-428 BC）
赫拉克利特
〔萬物流變〕
恩培多克勒〔四元素〕
留基伯
（生卒年不詳）
雅典哲學
引至雅典哲學
蘇格拉底、柏拉圖、亞里斯多德
蘇格拉底
（c.469-399 BC）
〔辯證法〕
辯士學派
普羅塔哥拉斯
高爾吉亞
（487-376 BC）
德謨克利圖斯
（460-370 BC）
〔原子論〕
柏拉圖（427-347 BC）〔理型〕
色諾芬
安提西尼
亞里斯多德
（384-322BC）
〔形上學‧形相與質料〕
亞歷山大學派
亞里斯多德之後的哲學
犬儒學派
錫諾普的第歐根尼
〔禁慾主義〕
柏拉圖學院
阿爾克西拉烏斯
懷疑論〔停止一切判斷〕
皮浪
提蒙
斯多葛學派
季蒂昂的芝諾
克呂西普
帕那提烏斯
波希多尼
塞內卡
馬可・奧理略（121-180）《沉思錄》
伊比鳩魯學派
伊比鳩魯（341-270 BC）
〔寧靜和諧的享樂主義〕
神祕主義靈知
派的源流
導入柏拉圖主義
新柏拉圖主義
普羅提諾（c.204-270）
〔太一－精神、靈魂、物質〕
普洛克羅
達瑪修斯

## 從古希臘哲學到中世紀哲學

**希臘哲學經過了希伯來－基督教思想的融合後，形成了中世紀哲學，也就是神學。**

古希臘哲學歷經希臘化時期與羅馬帝國時期，最後逐漸結合為以基督教為中心的中世紀哲學。希臘哲學在知識論上擁有的「理性的絕對性」，轉化為基督教所主張的神的超越性，認為唯有神才能賦予理型一個合理性。希伯來－基督教的思想形成了西洋哲學的另一條源流。

伊比鳩魯和斯多葛學派是希臘化時期到羅馬時期具代表性的哲學家。這個時期的哲學有些部分很類似古希臘愛奧尼亞的自然哲學。伊比鳩魯提倡快樂主義，斯多葛學派的理想則是遵從神的理性（邏各斯）來生活。

當基督教擴展到羅馬帝國全境時，從東方傳來一門稱為諾斯底派的神祕主義，另外，以普羅提諾（Plotinus, c.204-270）為代表人物的新柏拉圖主義，則賦予了基督教絕對的價值。普羅提諾透過希臘哲學的邏各斯，將神祕的事物合理化，並稱賦予這個世界合理性的神為「太一」。到了中世紀之後，哲學就進入神學的時期。

神學是由初期基督教會的眾神父所確立，因此也稱為「教父哲學」。奧古斯丁則為神學定下基礎，確立了日後成為正統派的天主教教義，而基督教神學的集大成者則是多瑪斯．阿奎那（義 Thomas Aquinas, c.1225-1274），他將伊斯蘭文化圈保存下來的古希臘哲學，和基督教教義結合到了一起。

由多瑪斯．阿奎那開啟的神學體系又稱作士林哲學，主宰了日後的中世紀哲學。士林（Schola）這個詞原本是閒暇的意思，但在中世紀則轉為意指學校所研究的神學。不過，對於士林哲學而言，信仰與理性並不是對立的，哲學本身就是一種用來證明神存在的理論基礎。

然而，士林哲學在擴展自身理論的過程中，面臨了重大的矛盾，那就是實在論

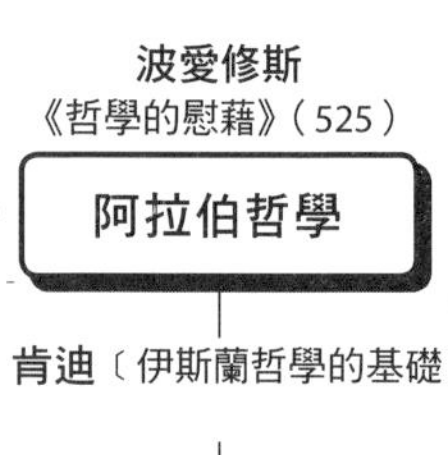

## 西洋哲學的建立——②中世紀哲學

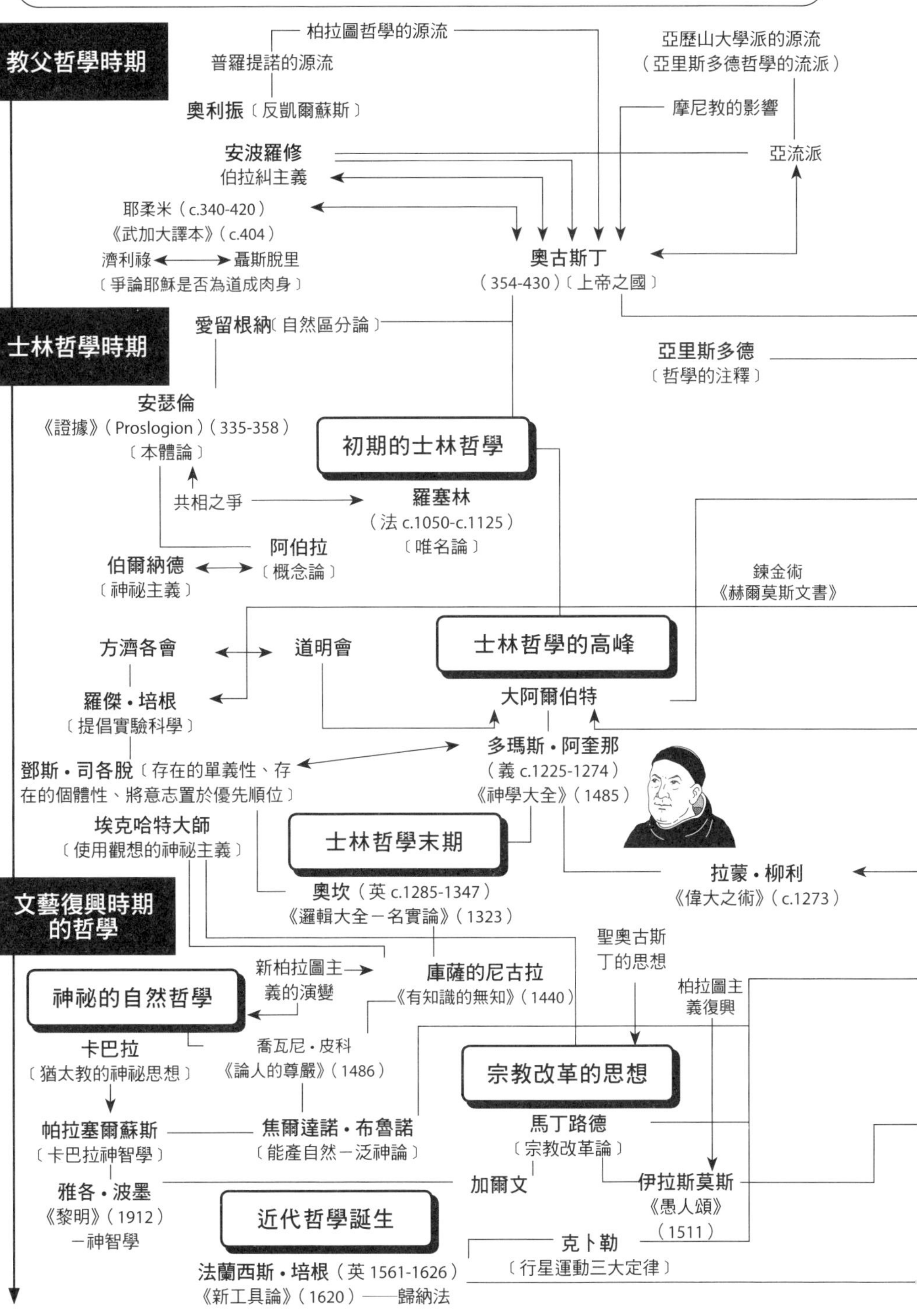
教父哲學時期
柏拉圖哲學的源流
普羅提諾的源流
奧利振〔反凱爾蘇斯〕
亞歷山大學派的源流
（亞里斯多德哲學的流派）
摩尼教的影響
安波羅修
伯拉糾主義
亞流派
耶柔米（c.340-420）
《武加大譯本》（c.404）
濟利祿
聶斯脫里
〔爭論耶穌是否為道成肉身〕
奧古斯丁
（354-430）〔上帝之國〕
士林哲學時期
愛留根納〔自然區分論〕
亞里斯多德
〔哲學的注釋〕
安瑟倫
《證據》（Proslogion）（335-358）
〔本體論〕
初期的士林哲學
共相之爭
羅塞林
（法 c.1050-c.1125）
〔唯名論〕
阿伯拉
〔概念論〕
伯爾納德
〔神祕主義〕
鍊金術
《赫爾莫斯文書》
方濟各會
道明會
士林哲學的高峰
羅傑・培根
〔提倡實驗科學〕
大阿爾伯特
多瑪斯・阿奎那
（義 c.1225-1274）
《神學大全》（1485）
鄧斯・司各脫〔存在的單義性、存在的個體性、將意志置於優先順位〕
埃克哈特大師
〔使用觀想的神祕主義〕
士林哲學末期
拉蒙・柳利
《偉大之術》（c.1273）
文藝復興時期的哲學
奧坎（英 c.1285-1347）
《邏輯大全－名實論》（1323）
聖奧古斯丁的思想
新柏拉圖主義的演變
庫薩的尼古拉
《有知識的無知》（1440）
柏拉圖主義復興
神祕的自然哲學
卡巴拉
〔猶太教的神祕思想〕
喬瓦尼・皮科
《論人的尊嚴》（1486）
宗教改革的思想
帕拉塞爾蘇斯
〔卡巴拉神智學〕
焦爾達諾・布魯諾
〔能產自然－泛神論〕
馬丁路德
〔宗教改革論〕
雅各・波墨
《黎明》（1912）
－神智學
加爾文
伊拉斯莫斯
《愚人頌》
（1511）
近代哲學誕生
克卜勒
〔行星運動三大定律〕
法蘭西斯・培根（英 1561-1626）
《新工具論》（1620）——歸納法

和唯名論的「關於普遍概念的爭論」。威廉・奧坎（英 William of Ockham, c.1285-1347）這位唯名論者，認為透過感官、直觀性質的認知才能獲得真理，並且主張把不需要的東西全都割捨掉，人們將這個想法稱為「奧坎的剃刀」，而這個想法將由之後的「英國經驗論」延續下去。

## 近代哲學的建立與發展

**笛卡兒的二元論為近代哲學奠定了基礎，同時也形塑出近代看待世界的方式。**

法蘭西斯・培根（英 1561-1626）雖是近代哲學的先驅，但人們卻稱笛卡兒（法 1596-1650）為「近代哲學之父」，笛卡兒批判布萊茲・帕斯卡（法 Blaise Pascal, 1623-1662）的時期，同時也是宗教改革以及哥白尼（葡 1473-1543）、克卜勒（德 1571-1630）到伽利略（義 1564-1642）發展自然科學的時期。近代的自然科學脫離了原本亞里斯多德尋找「個物中原有的性質」的自然觀，改為從物體間的關係找出一項定律。笛卡兒的哲學同時也是在嘗試為這套自然科學奠定一套哲學上的基礎。

笛卡兒所確立的近代哲學，是建構在「心物二元論」的框架之下。笛卡兒區分出「肉體」和「心靈」，認為這兩者是獨立開來的，唯有清楚明晰的觀念，才是合乎數學、物理的科學思考。然而，假如將「肉體」和「心靈」視為各自獨立存在，就會出現「這兩者要如何產生聯繫」的問題。不用說大家都明白，將「肉體」和「心靈」聯繫起來的是感官知覺。而之後將登場的英國經驗論，便指出感官知覺才扮演最重要的角色，但對於笛卡兒而言，感官知覺是一種模稜兩可的東西，於是他便加以排除。因此，笛卡兒的二元論終究只是一種徹底站在唯智主義立場的知識論問題。

繼笛卡兒之後，歐陸理性論哲學的史賓諾莎（荷 1632-1677）和萊布尼茲（德 1646-1716），基本上也一樣站在唯智主義的立場，但是對於笛卡兒的二元論則提出了反駁。史賓諾莎主張「心物平行論」，

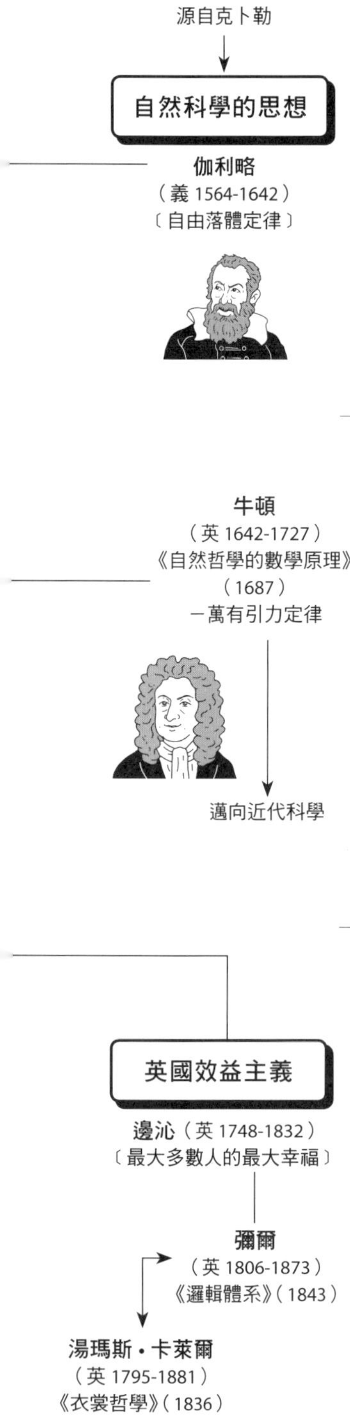

源自克卜勒

自然科學的思想

伽利略
（義 1564-1642）
〔自由落體定律〕

牛頓
（英 1642-1727）
《自然哲學的數學原理》
（1687）
—萬有引力定律

邁向近代科學

英國效益主義

邊沁（英 1748-1832）
〔最大多數人的最大幸福〕

彌爾
（英 1806-1873）
《邏輯體系》（1843）

湯瑪斯・卡萊爾
（英 1795-1881）
《衣裳哲學》（1836）

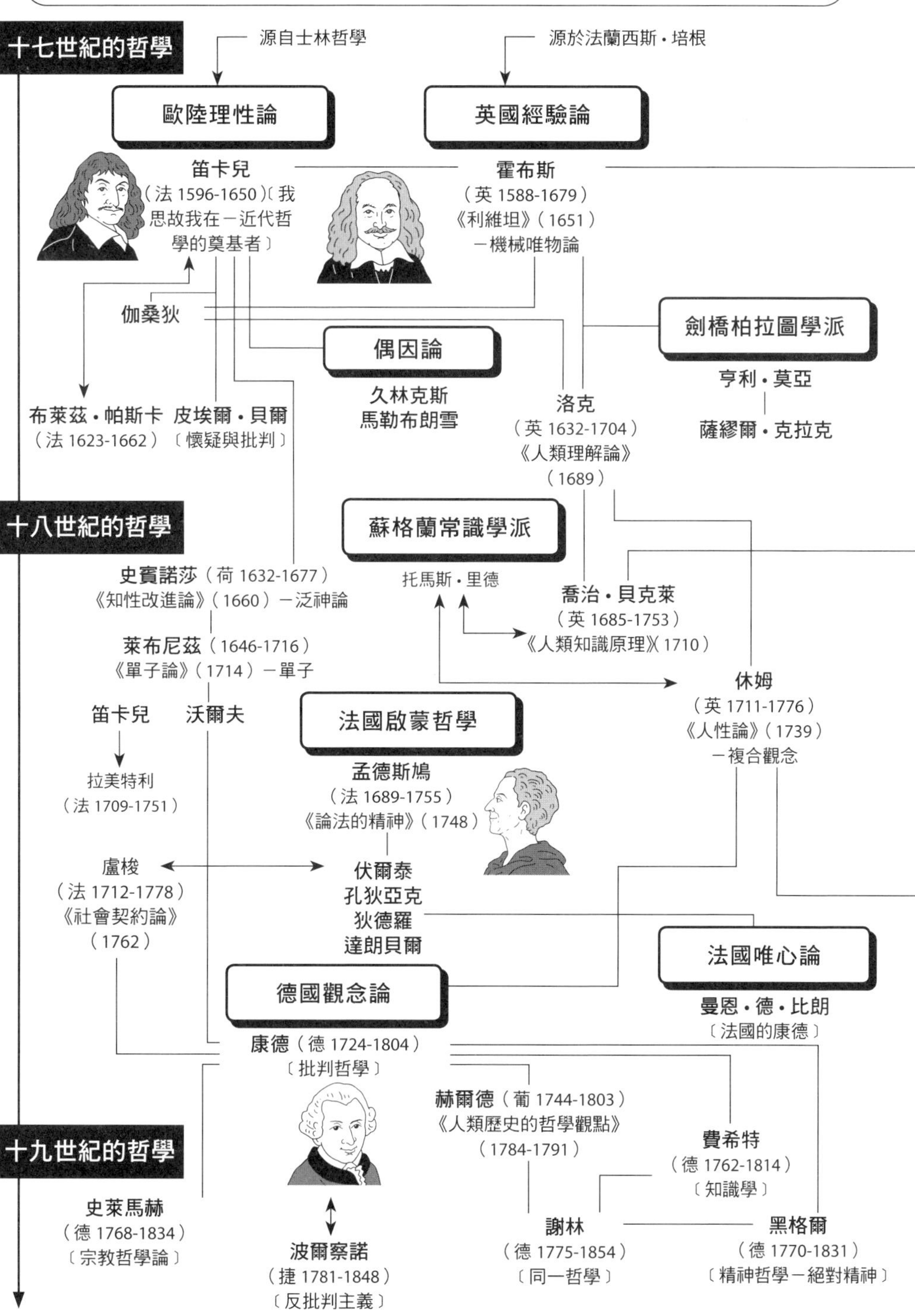
西洋哲學的建立——③近代哲學
十七世紀的哲學
源自士林哲學
源於法蘭西斯・培根
歐陸理性論
英國經驗論
笛卡兒
（法 1596-1650）〔我思故我在－近代哲學的奠基者〕
霍布斯
（英 1588-1679）
《利維坦》（1651）
－機械唯物論
伽桑狄
偶因論
久林克斯
馬勒布朗雪
劍橋柏拉圖學派
亨利・莫亞
薩繆爾・克拉克
布萊茲・帕斯卡
（法 1623-1662）
皮埃爾・貝爾
〔懷疑與批判〕
洛克
（英 1632-1704）
《人類理解論》
（1689）
十八世紀的哲學
蘇格蘭常識學派
托馬斯・里德
史賓諾莎（荷 1632-1677）
《知性改進論》（1660）－泛神論
萊布尼茲（1646-1716）
《單子論》（1714）－單子
喬治・貝克萊
（英 1685-1753）
《人類知識原理》（1710）
休姆
（英 1711-1776）
《人性論》（1739）
－複合觀念
笛卡兒
沃爾夫
拉美特利
（法 1709-1751）
法國啟蒙哲學
孟德斯鳩
（法 1689-1755）
《論法的精神》（1748）
盧梭
（法 1712-1778）
《社會契約論》
（1762）
伏爾泰
孔狄亞克
狄德羅
達朗貝爾
法國唯心論
曼恩・德・比朗
〔法國的康德〕
德國觀念論
康德（德 1724-1804）
〔批判哲學〕
赫爾德（葡 1744-1803）
《人類歷史的哲學觀點》
（1784-1791）
費希特
（德 1762-1814）
〔知識學〕
十九世紀的哲學
史萊馬赫
（德 1768-1834）
〔宗教哲學論〕
波爾察諾
（捷 1781-1848）
〔反批判主義〕
謝林
（德 1775-1854）
〔同一哲學〕
黑格爾
（德 1770-1831）
〔精神哲學－絕對精神〕

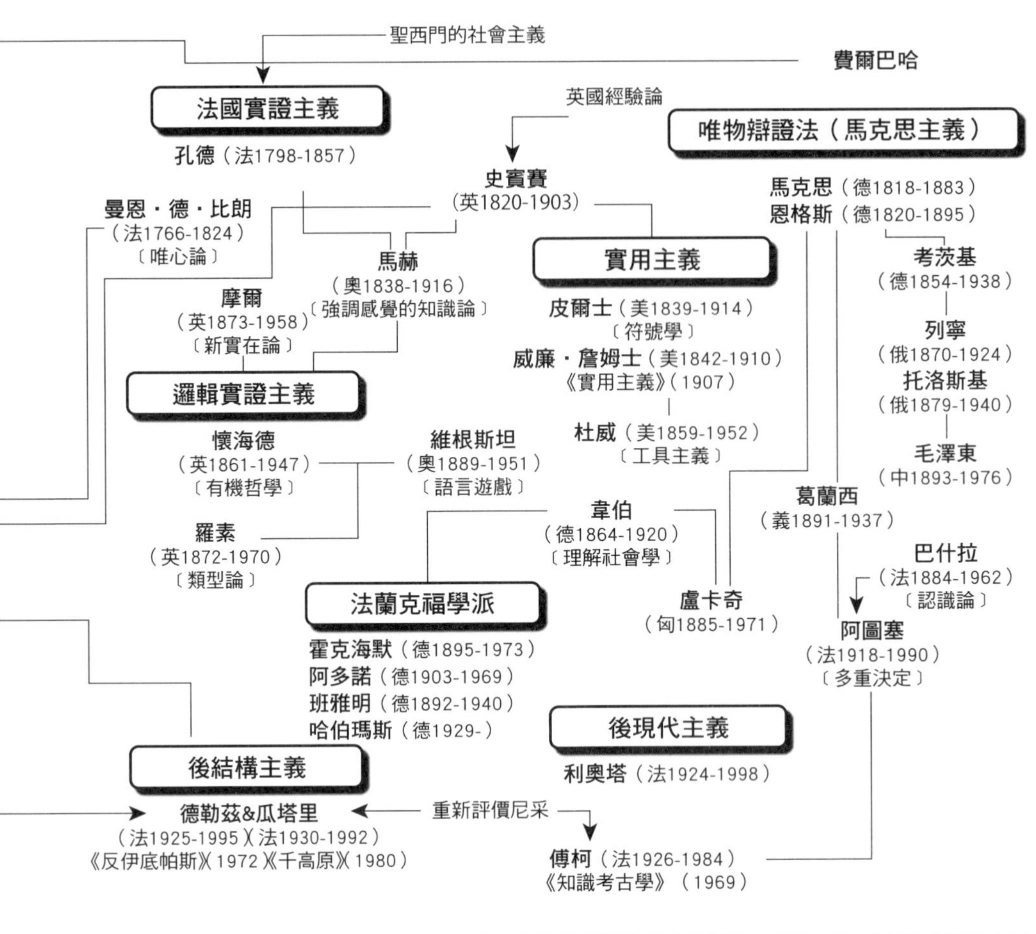


認為「作為整體宇宙本身」才是唯一的實體，而其實體顯現在「物體」和「心靈」上。而萊布尼茲則主張世界是由無法再進行分割的無數實體（單子）組合而成，我們眼中所見的世界變化，只是這些實體顯現出的表象，而單子之所以能構成一個世界，是因為神進行「預定和諧」的緣故。

所謂的歐陸理性論是以理性作為前提，與之相對的則是英國經驗論。英國經驗論認為，知識的基礎在於經驗。約翰．洛克（英 John Locke, 1632-1704）和休姆（英 David Hume, 1711-1776）不同於笛卡兒以理性作為前提，他們強調悟性這種與具體經驗相關的事物。不過，一旦重視感官知覺的層面，便沒辦法保證理論性知識的真實性，如此一來又產生了新的問題。

康德（德 1724-1804）的「批判哲學」則將歐陸理性論和英國經驗論結合在一起。康德重新將「肉體」和「心靈」的問題，作為知識論上的問題來理解，藉著這個方式而逐步分析理性的結構。

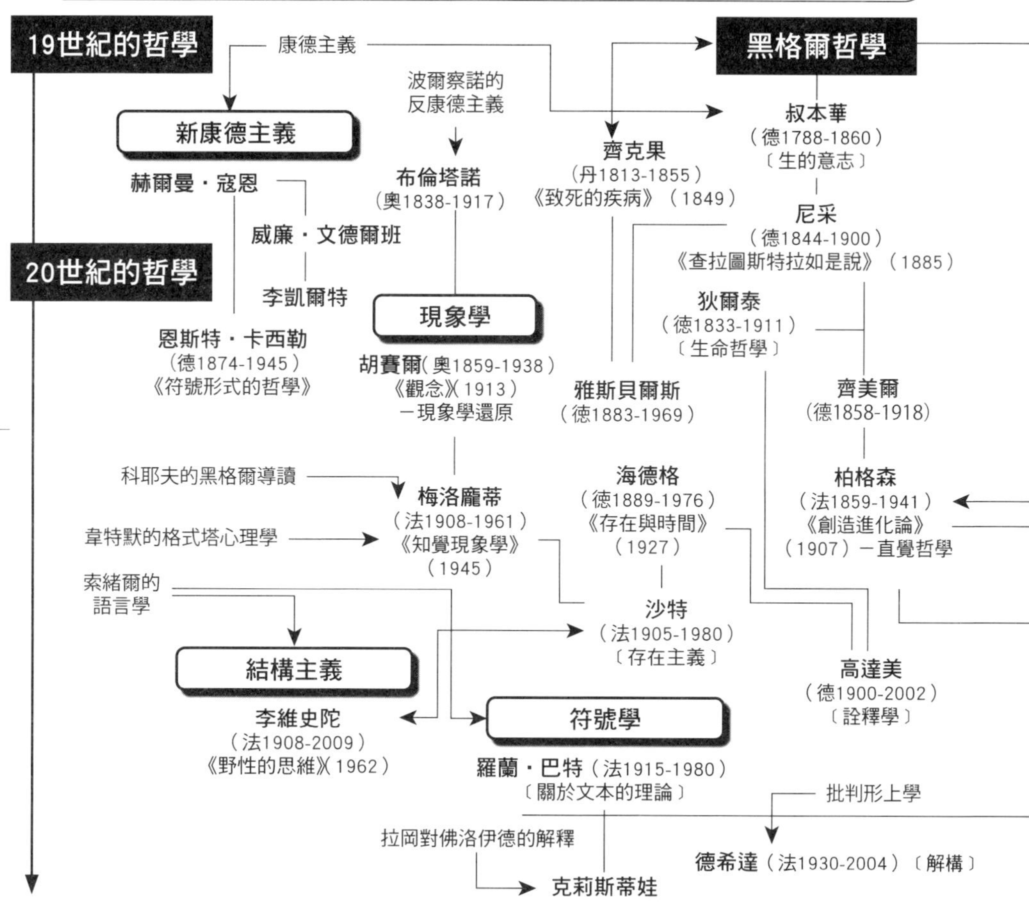


## 近代哲學集大成與二十世紀哲學

### 近代哲學由黑格爾集大成，鋪陳出二十世紀歷史的劇烈變動。

從十八世紀到十九世紀前半的這段時期，德國觀念論繼承了康德的遺產並追求突破，代表人物有費希特（德 Ficht, 1762-1814）、謝林（德 Scheling, 1775-1854）以及黑格爾（德 1770-1831）。

他們將康德認為是知識論問題的主觀，擴展到存在本身，嘗試在主觀當中尋求理性的根據。最後由黑格爾建立了一套徹底的系統，將近代哲學集大成。

黑格爾導入了「辯證法」，用來消除自然（肉體）與心靈的對立，以及客體與主體的對立。簡單來說，他認為使用辯證法來消除對立，就是一種實現主體的自我運動，人類的歷史正是「通過自我展開而達到自我實現」的過程。黑格爾哲學藉著將主觀性絕對化，創造出了一個封閉性的系統，在這個哲學系統當中，一切事物的展開都奠基在主觀性之上，並且受其規範。

這麼一來，現在進行當中的現實＝歷史，就變成是一種實現的過程，同時也是一項值得肯定的事物了。

馬克思（德 1818-1883）反對黑格爾這種封閉性、從事後的出發點看待世界的方式，但他在批判的過程中繼承了黑格爾辯證法的方式，並試圖於現在進行中的這個世界裡尋找矛盾。他以資本主義的經濟系統，作為分析矛盾的對象。馬克思主張，人類的意識主觀必須是一種社會存在，而社會又是以各種生產關係作為基礎，也就是說，「人類是一切社會關係的總合」。不過，要是用心（主體）比較重要還是物（客體）比較重要的這種「唯心論」、「唯物論」的框架，來理解馬克思的這番思想，就會步入錯誤的方向。或許我們可以說，馬克思其實正視了觀念和實在之間的問題。他的著作《資本論》（1867）闡明了資本主義的結構，從歷史當中徹底檢視觀念和實在之間的問題，致力於解開這份矛盾。

如果說二十世紀的歷史是隨著馬克思所提倡的思想發展起來，一點也不為過。馬克思的哲學為所有領域的學問都帶來重大的影響，無論是作為其他學問批判的對象，或是作為繼承的對象。

另一方面，尼采（德 Nietzsche, 1844-1900）用徹底懷疑的眼光，看待既有的宗教觀和人類的理性，開啟了「現代哲學」。現代哲學又稱為現代思想，於二十世紀相繼登場。狄爾泰（德 Dilthey, 1833-1911）和柏格森（法 Bergson, 1859-1941）等人提出「生命哲學」；存在主義之父齊克果（丹 Kierkegaard, 1813-1855）與雅斯貝爾斯（德 Jaspers, 1883-1969）解釋什麼是存在；胡塞爾（Husserl, 1859-1938）提出「現象學」；二十世紀最偉大的哲學家海德格（德 Heidegger, 1889-1976）寫作了《存在與時間》（1927）一書；沙特（法 Sartre, 1905-1980）為存在進行定義等。

這些哲學與資本主義發展當中所顯現的歷史矛盾，絕不是毫無關係的。我們甚至可以說，二十世紀的哲學是在哲學家對於黑格爾主張的「歷史＝自己的軌跡」這個概念有所自覺的情況下發展而成的。

## 脫離歐洲中心主義

**經歷了戰爭的洗禮後，人們深刻體認到「這個世界上存在著形形色色的思考方式與不同的立場」，這撼動了歐洲中心的哲學。**

沙特的存在主義主張「人是自由的主體」，李維史陀（法 1908-2009）對此產生了疑問，認為這不過是西方各先進國家的想法，接下來他提倡「結構主義」，以多元的文化與社會現象作為研究對象。

舉個例子，傅柯（法 1926-1984）就將結構主義應用到關於知識與權力的歷史上，發表了《知識考古學》（1969）。而「後結構主義」儘管延續了結構主義提出的問題，但是卻徹頭徹尾從西洋哲學內部進行批判，代表人物則有德希達（法 Jacques Derrida, 1930-2004）以及德勒茲（法 Gilles Deleuze, 1925-1995）等人，德希達批判胡塞爾的現象學，並且提出了「解構（deconstruction）」的說法，德勒茲則指出黑格爾辯證法當中的矛盾。

結構主義與後結構主義批判從柏拉圖到黑格爾的西洋哲學，而這時日本經過了明治維新與第二次世界大戰已經相當西化，也受到結構主義與後結構主義的影響。利奧塔（法 Lyotards, 1924-1998）在《後現代狀態》（1979）當中提倡的後現代，曾經在法國風行一時並傳入日本，但是這麼一來，就會導致舊有的哲學喪失說服力，演變為「哲學已死」的處境，真理、國家、科學等「大敘事」不再可信，個人的興趣、嗜好、不同民族之間不同的價值觀等「小敘事」亦即「多元價值觀」，反而更受到認同。

二〇〇一年九月十一日美國發生了多起恐怖攻擊，除此之外，還有宗教、戰爭、民族糾紛、女性問題、教育、生命科學、環境問題等議題，都成為安東尼奧．奈格里（義 Antonio Negri, 1933-）與麥可．哈德（美 Michael Hardt, 1960-）論述的內容：「一個新的『帝國』現身了，它就是網絡上的社會權力。」在我們現今的這個時代，道德與哲學、西方哲學與東方哲學正不斷融合。

## 日本哲學的演變

**日本是一個自然資源豐富的島國，在這樣的背景下孕育出多神教的思想，並融合傳入的佛教，形成「神佛習合」，接著又與西方文化相抗衡。**

包含日本在內的東方哲學，都和宗教有著密不可分的關係。四季分明的日本以「自然崇拜」紮下了多神教的思想基礎，後來「神道」形成，建立起國家的政治體制，此時佛教從中國傳入日本，「神佛習合」構成了日本精神文化的基礎。

日本擁有以和為貴的思想與民族性，但隨著明治維新推行了文明開化運動之後，西田幾多郎（1870-1945）等人組成的「京都學派」開始進行劃時代的嘗試，他們不僅學習「西洋哲學」，同時也致力於將日本傳統的思想，用西洋哲學的語言重新解釋並建立起一套系統。接下來，和辻哲郎（1889-1960）以人類理論為基礎完成了一套「倫理學」系統，而田邊元（1885-1962）儘管採用與西田幾多郎相同的系統，卻也開啟了對西田的批判，發展出「種的論理」以掌握國家或共同體的概念。

如今哲學在研究領域上已經出現了重大變化，就某個意義上而言，全世界「舊有的哲學已經走到盡頭」，日本哲學在接觸了西洋哲學後正嘗試進行獨自的發展。

CHECK THIS OUT!

**如果你還想繼續學習哲學，一定要知道以下的基礎知識。**

### 效益主義

這是一套由英國法學家邊沁（Bentham, 1748-1832）所提倡的思想。邊沁認為一切事物都有辦法用理性計算，社會應該要追求「最大多數人的最大幸福」。邊沁效益主義的中心思想，認為幸福存在於客觀條件中。邊沁的效益主義之後成為了美國實用主義的思想根源。

### 理性主義

所謂的理性主義，就是重視理性並主

張運用理性思考來理解這個世界。也就是說，理性主義排除個體性與偶然性，主張用單一普遍原理來看待世界，這同時也是近代之後西方思想的一大特徵。

### 實證主義

這是由十九世紀的法國哲學家奧古斯特・孔德（Auguste Comte, 1798-1857）所提倡的哲學思想。孔德主張不應該使用抽象的形上學，而是應該由具備現實基礎的知識來達成社會知識的統一。這種觀點對約翰・史都華・彌爾（英 John Stuart Mill, 1806-1873）和赫伯特・史賓賽（英 Herbert Spencer, 1820-1903）等人的英國經驗論帶來了很大的影響，構成近代科學發展的理論背景。

### 上帝已死

德國哲學家尼采在個人著作《查拉圖斯特拉如是說》（1885）當中說出了這句話。尼采主張上帝已死，是為了要否定一直以來支配西方思想、文化的基督教，同時也宣告無神時代的到來。事實上，繼尼采之後的現代哲學都是從上帝已死作為理論的出發點。

### 現象學

這是奧地利哲學家胡塞爾所提倡的哲學。胡塞爾批判心理主義（譯注：以心理學觀點或心理因素作為最高規準來解釋哲學問題，是在知識論問題上的一股哲學思潮）徹底將邏輯思考還原為經驗性層面的心理運作，並且建構了一套現象學以作為純粹邏輯學的前提。胡塞爾首先提出的是「現象學還原」的方法，認為若要把握對象的本質，就必須將一切判斷與信念都放入括弧中，接著再用這種方式檢證意識，釐清存在的意義。

胡塞爾的現象學大大影響了沙特和海德格等人的哲學思想，同時，也透過梅洛龐蒂（法 Merleau-Ponty, 1908-1961）的哲學對現代思想造成很大的影響。

### 存在主義

這套哲學思想為第二次世界大戰後的歐洲帶來巨大的影響。廣義來說，海德格和雅斯貝爾斯的哲學也可以稱為存在主義，但一般而言，說到存在主義通常指的是沙特的哲學。

沙特認為所謂的存在即是將自己投到自己的外側，不斷克服現在、邁向未來的一種概念（投企）。存在主義同時也是最後一套以人文主義為主軸的哲學主張。

### 結構主義

這門思想的基礎建立在瑞士語言學家索緒爾（Saussure, 1857-1913）提出的普通語言學之上，一九六〇年代後半開始從法國流行開來。相對於存在主義以人類的存在作為探討的主題，結構主義則重視「結構」的概念，認為「人類」這個概念不過也只是一種奠基在歷史上的事物罷了。

### 後結構主義

後結構主義的產生，是來自對結構主義輕視歷史與宗教的一種反動。後結構主義雖然承繼了結構主義所提出的「結構」這個概念，但是卻導入了歷史的要素，使得分析的對象不再處於靜態的結構，而是一種動態的結構。

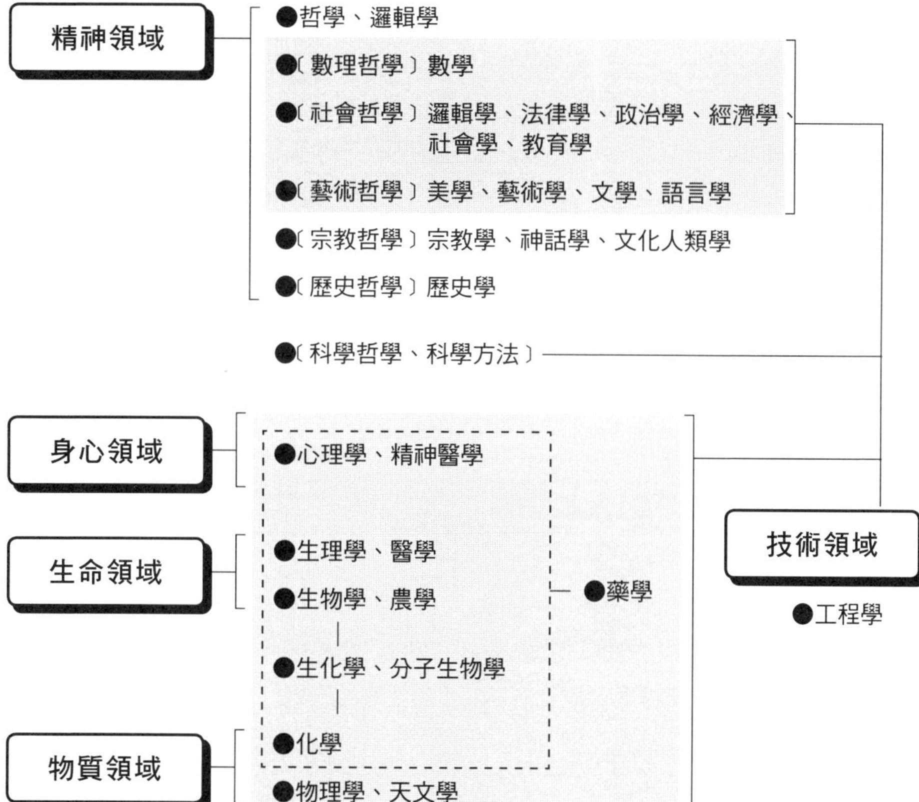


## 多重決定

這個詞原本是佛洛伊德（奧1856-1939）的精神分析學所使用的，而法國的馬克思主義者阿圖塞（Althusser, 1918-1990）則將這個觀念結合到馬克思的社會理論當中。

阿圖塞主張社會結構和歷史事件並非建立在單純的因果關係上，而是經由多重因素決定的。

不過，決定一件事的各項要素並不等質，其中存在著一種階級差異。阿圖塞認為歷史分析的課題，在於釐清扮演決定因素的階級結構特性。

## 後現代

這是一種思想、文化方面的傾向與概念。人們注重理性思考、開啟了啟蒙時代，接著按照這一套方式發展出近代的社會制度與思想等一元化原理，而後現代就是在對此進行批判，並找尋一套能夠適用於消費社會與資訊社會的知識與實踐方法。

# 歷史學

**Historical Science**

## 歷史敘述的發展過程

**歷史敘述起始於古希臘與羅馬，進入中世紀之後則受到神學史觀所支配。**

西方的歷史敘述起源可以追溯到古希臘。西元前五世紀的希羅多德(c.484-c.424 BC）人稱「歷史之父」，他撰寫了《歷史》一書，用說故事的方式描述西元前五世紀波斯帝國阿契美尼德王朝與雅典及斯巴達等希臘城邦聯軍之間的波希戰爭。修昔底德（c.460-c.400 BC）則撰寫了《伯羅奔尼撒戰爭史》（又稱為《歷史》），逐一記載西元前四三一年雅典與斯巴達為了爭奪希臘霸權，而展開的伯羅奔尼撒戰爭的戰況。修昔底德的記述內容限定於政治史、軍事史，其著述特色在於客觀傳遞事實，以及嚴謹且冷靜的敘述方式。不過，當時的希臘並未將歷史視為一門學問，同時也不具備世界史的觀念。

古羅馬時期於西元前後則有蒂托・李維（Titus Livius, c.59 BC-c.17 AD）編纂了《羅馬史》，共一四二卷（現存三十五卷），記載著羅馬建國後長達七世紀的歷史。塔西陀（Tacitus, c.55-c.120）則於九八年出版了《日耳曼尼亞志》，他在書中為羅馬帝國的腐敗感到憤慨，並述說日耳曼人雖然是受人蔑視的蠻族，卻擁有質樸堅毅且高尚的精神。

四到五世紀的基督教思想家奧古斯丁基於上帝用六天的時間創造天地，於是便將人類歷史區分成六個階段，基督教建立後便邁入第六個階段，此階段結束時將迎來最後的審判，在這之後則會有一個永遠受罰與永享福樂的時代來臨。歐洲中世紀長期由此種基督教史觀所支配，日耳曼諸國建國後，六世紀都爾的聖額我略（c.538-594）、七至八世紀英國的聖比德（c.673-735）等眾多神職人員，皆留下了站在神學史觀所編纂而成的諸國史（編年史）。

十二世紀佛萊辛的奧托（德 Otto von Freising, c.1114-1158）。有「中世紀最偉大的編年史作家」之稱，他所撰寫的編年史，與十四到十五世紀的法國編年史作家佛洛瓦薩（Jean Froissart, c.1337-c.1405）撰寫的《見聞錄》，是關於百年戰爭的重要紀錄。

而在中國方面，秦漢在西元前二世紀到西元前一世紀的時期，司馬遷（c.145-c.86 BC）編纂了《史記》，這是一部橫跨兩千數百年的通史，從上古時期的黃帝一路記載到漢武帝時期。一世紀的班固（32-92）則撰寫了《漢書》，此書的編纂形式成為之後所有正史的範本。

除此之外，伊斯蘭世界進入阿拔斯王朝，九世紀時，塔巴里（Al-Tahari, 839-923）等史家輩出，撰寫的歷史不再受不同教派、地區、人種的偏見所束縛。十四世紀的伊本・赫勒敦（Ibn Khaldun, 1332-1406）在《歷史緒論》當中，主張帝國興

## 歷史敘事的發展過程

### 古代

〔中國〕

（西元前6-5世紀） **孔子**（552-479 BC）
《春秋》（c.480 BC）

（西元前2-1世紀） **司馬遷**（c.145-c.86 BC）
《史記》（c.91 BC）－紀傳體

（1世紀） **班固**（32-92）
《漢書》（c.82）

〔希臘〕

（西元前5世紀）
**希羅多德**
（c.484-c.424 BC）
〔史學之父〕
**修昔底德**
（c.460-c.400 BC）
〔伯羅奔尼撒戰爭史〕

〔羅馬〕

（西元前後）
**蒂托・李維**
（c.59 BC-c.17 AD）
《羅馬史》（BC 17左右）
**塔西陀**
（c.55-c.120）
《日耳曼尼亞志》（98）

### 中世紀

〔西方〕

**奧古斯丁**
（354-430）
〔神學史觀〕
〔各國教會史〕

**聖額我略**（c.538-594）
《法蘭克民族史》（576）
**聖比德**（英c.673-735）
《英吉利教會史》（731）

（12世紀編年史盛行）
**佛萊辛的奧托**
（德1111-1158）
〔中世紀最偉大的編年史作家〕

（13世紀）
**馬修・帕麗斯**
（英1200-1259）
《大年代記》
（c.1250）

**佛洛瓦薩**
（法c.1337-c.1405）
〔當代史〕

〔伊斯蘭世界〕

聖訓（先知的言行錄）的傳承
建立伊斯蘭通史

（9世紀）
**塔巴里**
**馬斯烏迪**
（c.896-956）

（14世紀）
**伊本・赫勒敦**
（1332-1406）
〔近代史學的始祖〕

亡的歷史有其原理可循。首先，沙漠生活會強化人們的部族主義，但一旦都市化之後部族主義就會淡化，於是便會被新的集團所征服。

## 近代史學的建立與發展

**十九世紀的德國以史料批判的形式，開啟了近代歷史學。**

哥倫布發現新大陸，使得歐洲世界更加拓展開來，在這樣的背景下，文藝復興〔人文主義〕讓歷史得以從神學史觀中解放。義大利的馬基維利（1469-1527）著作《君主論》（1513），認為若要解決當時義大利的政治亂象，必須要有個強而有力的獨裁君主才行。宗教改革時期，法國的馬比雍（Jean Mabillon, 1632-1707）是歷史神學與古文獻研究領域的代表性史學家，他撰寫的《古文獻學論》（1681）在西歐成為古文獻學的基礎。而在絕對主義興盛時期，義大利的詹巴蒂斯塔・維柯（Battista Vico, 1668-1744）在《新科學》

（1725）當中主張進步史觀。

法國與英國的「啟蒙主義」期望能啟蒙民眾，以批判君主，並在歷史的足跡中尋求人類理性的進步。十八世紀法國的孟德斯鳩（1689-1755）編著《羅馬盛衰原因論》，用一般的因果關係來說明歷史的發展過程。同樣身為法國人的孔多塞侯爵（Marquis de Condorcet, 1743-1794）則於其著作《人類精神進步史表綱要》當中，提出一套關於人類進步的理論，認為歷史會因為教育、政治改革與道德提升而不斷進步。

原為歐洲落後國家的德國，對啟蒙主義產生一股反動，認為感性比理性更值得重視，而且要透過個別現象來掌握普遍現象，於是誕生了「浪漫主義」。十八世紀後半的赫爾德（Herder, 1744-1803）又更進一步強化這份傾向。十九世紀的蘭克（Leopold von Ranke, 1795-1886）被譽為「近代歷史學之父」，他認為所謂的歷史就是自由理念的一種不可避免的擴張過程，並且批判黑格爾的歷史哲學（黑格爾認為歷史是依循理性的方式發展的），否定人類的歷史有在進步，同時還重視各時代、各民族的特質（即歷史主義）。一般認為「近代歷史學」便於此時建立。

另一方面，法國孔德提出「實證主義」歷史學，他以近代的自然科學為模範，主張將自然科學的方法運用在歷史研究上。十九世紀末德國的蘭普雷希特（Karl Lamprecht, 1856-1915）重視文化史而非政治史。德國的卡爾．馬克思則採納黑格爾的辯證法，提出一套「唯物史觀」，認為生產關係在歷史過程當中扮演著決定性的角色。

德國的歷史學繼蘭克之後趨向專門化，出現了一些有力的歷史學家。其中又以二十世紀初的馬克斯．韋伯（Max Weber, 1864-1920）特別知名，他批判出於政治目的而塑造的歷史學，此外，他為拒絕抽象化的歷史主義導入了「理念型」概念以說明歷史現象。

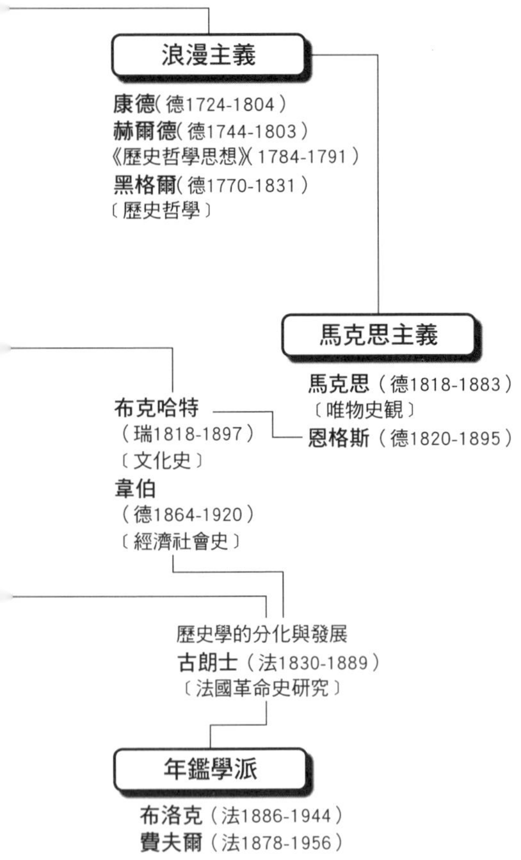

**浪漫主義**

**康德**（德1724-1804）
**赫爾德**（德1744-1803）
《歷史哲學思想》（1784-1791）
**黑格爾**（德1770-1831）
〔歷史哲學〕

**馬克思主義**

**馬克思**（德1818-1883）
〔唯物史觀〕
**恩格斯**（德1820-1895）

**布克哈特**
（瑞1818-1897）
〔文化史〕
**韋伯**
（德1864-1920）
〔經濟社會史〕

歷史學的分化與發展
**古朗士**（法1830-1889）
〔法國革命史研究〕

**年鑑學派**

**布洛克**（法1886-1944）
**費夫爾**（法1878-1956）

## 近代歷史學的建立與發展

**基督宗教史觀**

**文藝復興人文主義**

〔英國〕
**湯瑪斯・摩爾**
（1478-1535）
**法蘭西斯・培根**
（1561-1626）

〔義大利〕
**馬基維利**
（1469-1527）
〔馬基維利主義〕

〔法國〕
**布丹**（1530-1596）
《認識歷史的簡明方法》
（1566）

**馬比庸**
（法1632-1707）
《古文獻學論》（1681）
〔古文獻學的創始者〕

**維柯**
（義1668-1744）
〔文化有機體論〕

**啟蒙主義**

**貝爾**
（法1647-1706）
〔歷史的懷疑論〕

**休姆**
（英1711-1776）
《英國史》（1754-1762）
**愛德華・吉朋**
（英1737-1794）
《羅馬帝國衰亡史》
（1776-1788）

**孟德斯鳩**（法1689-1755）
《羅馬盛衰原因論》（1734）
**伏爾泰**（法1694-1778）
〔文化史、社會史〕
**孔多塞侯爵**（法1743-1794）
〔實證主義的原型〕

**實證主義**
（自然科學式的史學）
**孔德**
（法1798-1857）
**亨利・巴克爾**
（英1821-1862）
**泰納**
（法1828-1893）
**蘭普雷希特**
（德1856-1915）
〔文化史〕

〔德國〕
**尼布爾**
（1776-1831）
《羅馬史》（1811）－史料批判

**歷史主義**

**蘭克**
（德1795-1886）
〔確立近代史學〕

（有機體文化論）
**斯賓格勒**
（德1880-1936）
**湯恩比**
（德1889-1975）

**特勒爾奇**
（德1865-1923）
〔宗教哲學〕

**牛津學派**

（劍橋）**阿克頓**
（英1834-1902）

（實用主義）〔美國〕**特納**
（1861-1932）

## 現代的歷史學

**從偏重政治史轉為重視社會史。擺脫西方中心主義史觀的束縛。**

邁入二十世紀後，歐美走向工業化並形成大眾社會，史學研究不再像從前聚焦於政治人物與外交官的情形，更傾向於分析大眾的生活與社會過程。同時人們也了解到客觀的歷史現象並不存在，歷史的呈現，全存乎史學家主觀設定的問題方向。此外，人們也開始質疑歐洲文化是否具有優越性，以及歷史是否真的是直線發展（不斷進步）的。

第二次世界大戰後，德國的安德烈・岡德・弗蘭克（Andre Gunder Frank, 1929-2005）和埃及的薩米爾・阿明（Samir Amin, 1931-）提出「依賴理論」，主張重新檢視世界史，藉著研究亞洲、非洲、拉丁美洲，明白西歐的近代化與非歐洲地區的殖民地化，其實是表裡一體。美國的伊曼紐・華勒斯坦（Immanuel Wallerstein, 1930-）則提出一套「現代世界體系理論」，解釋這個世界的核心、半邊陲與邊陲地區之間的交換關係。

一九六〇年代以降，一群稱為「安娜（年鑑）學派」的史學家，帶給包含日本史學會在內的整個國際間重大的影響。這群學者不像傳統史學只偏重在當權者的政治史，他們撰寫的是重視民眾生活與意識的社會史。

第一代為法國的呂西安・費夫爾（Lucien Febvre, 1878-1956）和馬克・布洛克（Marc Bloch, 1886-1944），他們志在把握整體的歷史，以「總體歷史」為努力的目標。第二代的法國費爾南・布勞岱爾（Fernand Braudel, 1902-1985）著眼於歷史深層不變的部分，認為雜事是長期性的現實指標，並著手還原非歐洲地區的非現代歷史，逐漸邁向文化人類學的方向。而人們原本一直以文獻作為史料的中心，布勞岱爾也開始採用工具、圖像、口述歷史等資料，擴大了史料的範圍。

「馬克思主義史學派」也受到年鑑學派的影響，從原本偏重於社會經濟史的切入，轉而傾向採用精神史、文化史的切入以便把握整體性。

英國的艾瑞克・霍布斯邦（Eric Hobsbawn, 1917-2012）重視變革主體的形成，撰寫了民眾運動史。愛德華・帕爾默・湯普森（Edward Palmer Thompson, 1924-1993）則著作《英國工人階級的形成》，英國在近代資本主義確立的過程中，由於資本家將工人視為自己的所有物而形成了階級意識，而湯普森在書中提倡要用從下層社會的觀點描繪出的歷史，來進行社會史的研究。除此之外，前蘇聯的東歐文化圈內也產生了變化，阿龍・古列維奇（Aron Gurevich, 1924-2006）所進行的中世紀民眾文化研究，也為西歐的史學會帶來不小的影響。

當時序來到二十世紀後半、尤其是邁入二十一世紀之後，經濟全球化的程度加劇，在歷史學的領域上眾人也開始關注「全球通史」。學者嘗試從整體的角度來理解這個世界，儘管未來相當可期，但現階段仍未建立起一個確切的研究方法。

CHECK THIS OUT!

**如果你還想繼續學習歷史學，一定要知道以下的基礎知識。**

## 佛萊辛的奧托

是西歐中世紀最偉大的編年史作家。神聖羅馬帝國薩利安王朝的國王亨利四世是他的祖父，而斯陶芬王朝的國王康拉德三世則是他的異父兄弟，同時他還是腓特列一世的叔叔。他曾在巴黎求學，之後在德國南部的佛萊辛擔任主教，也相當程度參與了帝國政治。

《兩個王國史》（1143）採用西歐中世紀典型的「編年史」形式寫成，為中世紀基督教式歷史敘事的巔峰之作。

## 歷史學與歷史敘事

歷史學雖然不是自然科學，卻也必須按照經驗科學的方法著手。歷史學是用「歷史敘事（史書）」的形式發表的，客觀性與史學家獨自的主觀性皆不可或缺。不過，這份主觀並不是個人自以為是的想法，必須具備客觀的根據、喚起他人的共鳴才行。如果欠缺客觀的根據，那麼這份歷史敘述就算不上是一份好的歷史敘事，無法流傳到後世。

蘭克強調史料的重要性，主張史學家必須著重在研究史料，以防在不知不覺間流於主觀，唯有排除這份主觀性才稱得上是歷史。但義大利的克羅齊（Benettedo Croce, 1866-1952）批判蘭克，認為如果只著眼於歷史敘事的正確性，這樣的東西算不上是歷史，復興了「歷史是一種自由的實現」的史觀。

## 世界史

「世界史」的目標即是掌握全球所有地區的歷史，並了解其中的結構與意義。古代中國與古羅馬的人，都默認自己文化圈的歷史就是世界史。儘管歐洲人發現新大陸並長期統治殖民地，卻還是用歐洲的角度來看待全世界，對於歐洲是世界中心這一點深信不疑。在人類開發出核武、讓全人類深陷危機，國際間的交通和貿易日益發達，第二次世界大戰後各殖民地獨立後，世界史才在這樣的環境背景與意識形態下出現。

日本是在第二次世界大戰結束後的一九四九年，在高中學科中加入「世界史」這個科目，但仍有一些批評的聲浪，批評者認為這只不過是將戰前的西洋史和東洋史合併，再稍微加入一些伊斯蘭世界的歷史而已，並不能算是世界史。其實最理想的情況，是由特定的史學家用一定的觀點來解析世界史，就像英國的阿諾·約瑟·湯恩比（Arnold Joseph Toynbee, 1889-1975）所嘗試的那樣。不過，這一點相當困難，因為現在歷史學的領域已經分化得太細了。盼望史學家能夠攜手合作、成功完成這項工作。

## 阿諾·約瑟·湯恩比

湯恩比是二十世紀頂尖的史學家之一。他生於英國，在牛津大學學習古典古代史，也曾以外交官的身分參與巴黎和會。

之後，他擔任過倫敦大學的教授一職，還參與了國際問題的研究。同時他也是確立「產業革命」概念的經濟學家阿諾・湯恩比（1852-1883）的姪子。湯恩比運用實證主義的方法，主張一名史學家必須使用一定的觀點來解析整體的世界史。《歷史研究（共十二卷）》（1934-1961）是他有名的畢生傑作，書中將人類史區分為二十一個文明圈，用總括性的方式來理解世界史。藉由將文明圈進行分類來掌握世界史的這種方法，大大影響了日本的梅棹忠夫（1920-2010）與其著作《文明的生態史觀》（1957）。

### 單線進化論與多線進化論

馬克思主義的世界史圖像是以生產關係作為基準，認為人類社會先後會經過原始社會、奴隸社會、封建社會、資本主義社會、共產主義社會等五種發展階段。這種認為社會的發展模式只有一種的觀點，稱為「單線進化論」。不過，馬克思聲稱這種圖像只適用於西歐的情況。

東西冷戰時期美國的華爾特・惠特曼・羅斯托（Walt Whitman Rostow, 1916-2003）批判馬克思主義，羅斯托以經濟成長作為基準，提出進化階段論，將人類社會區分為傳統社會階段、起飛準備階段、起飛階段、成熟階段、高額群眾消費階段，其中特別重視邁向現代社會的「起飛」過程，但其實這也屬於單線進化論。

「多線進化論」則批判單線進化論，主張社會的發展有著各種不同的形式。多線進化論最常受到的批評是，無法描繪出一個確切的世界史圖像，也未曾提出一個對未來的展望。

### 依賴理論

安德烈・岡德・弗蘭克認為拉丁美洲自從被歐洲征服之後，就成為先進資本主義國家的衛星國，始終受到壓榨，基於這樣的原因，所以到目前為止一直處於低度開發的狀態。依賴理論的主張就是「經濟發展與低度開發，就像是同一枚硬幣的正反兩面」。

華勒斯坦認為現今的世界體系，就是以十五世紀末的歐洲為中心所產生的資本主義式國際分工體系，擴展到全世界的一個歷史過程。他所提出的「世界體系理論」的特色是，觀察全世界現象時並不以國家為單位，而是將整體視為同一個體系。

### 安娜（年鑑）學派

年鑑學派研究的是「社會史」，學派的中心是一群以法國《經濟社會史年鑑》為據點的史學家。一開始起自安利・貝爾（法 Henri Berr, 1863-1954）於一九〇〇年創刊的《歷史綜合評論》，安利・貝爾批判當時法國主流的以政治為中心的歷史敘述，同時他還認為歷史學也跟其他的社會科學一樣需要經過分析與統合。

參與這份雜誌的呂西安・費夫爾相當關注某地在歷史上的科學、藝術、宗教、工業、商業、階級與社會群體的整體發展，而馬克・布洛克則在重新建構社會樣貌的時候，不使用書寫的紀錄作為材料，反而傾向於運用殘存物這種考古學的手法。這兩人於一九二九年創刊《經濟社會史年鑑》，強調經濟、社會結構與「心性」之間的關聯。

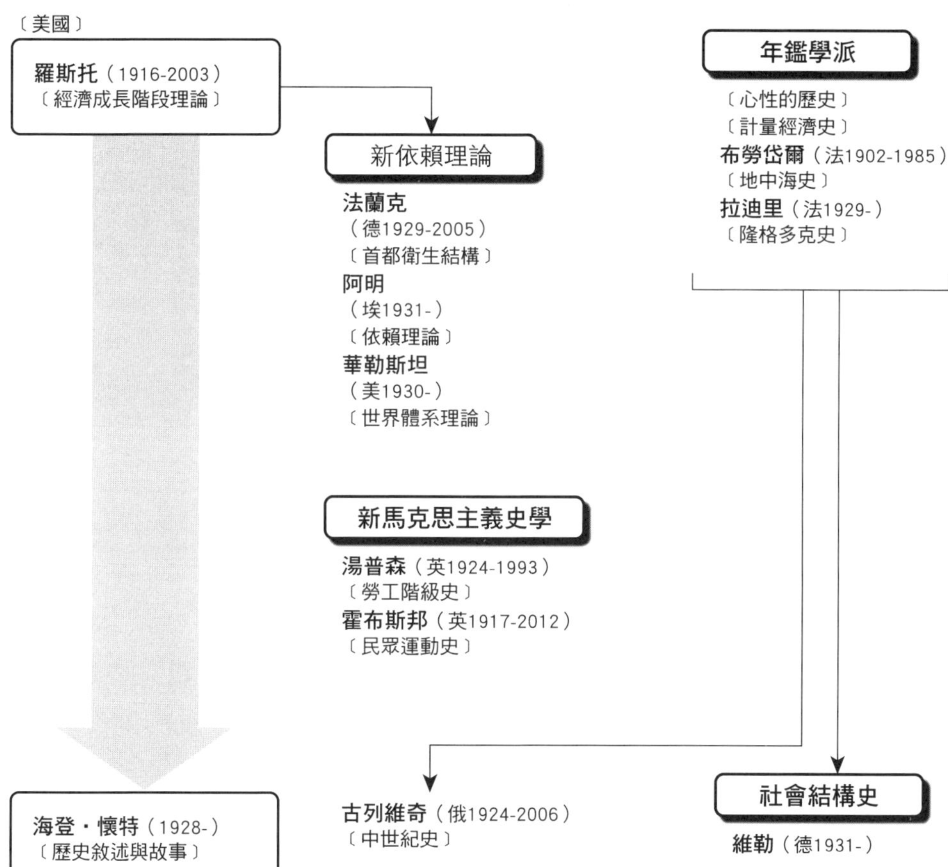


第二次世界大戰後，年鑑學派的總部遷移到巴黎高等實驗研究院第六組（現在的社會科學高等研究院），開始與法國的李維史陀、賈克・拉岡（Jacques Lacan, 1901-1981）與羅蘭・巴特（Roland Barthes, 1915-1980）等人類學家、精神分析學家、符號學家等展開密切交流，同時也採用了計量方法來研究「Conjuncture（經濟、社會、人口或政治的景況）」。

年鑑學派受到的批評有：過度忽視政治因素、探究沒有歷史的過去、幾乎不關注工業化社會。但是，自從一九六〇年代以降，這份關注人類一切面向的研究工作，就持續帶給美國以及包含東歐圈在內的歐洲等國際上的史學家重大的影響。日本方面，則影響了研究西洋史的阿部謹也（1935-2006）與研究日本史的網野善彥（1928-2004）。

# 宗教學

**• Religious Studies •**

**人們在大航海時代接觸到異教之後，便發展出了宗教學這門學問。**

## 宗教學的建立

宗教學的源頭可以追溯到古希臘時期，但是一直要等到麥克斯・繆勒（德 Max Müller, 1823-1900）於一八七三年將《宗教學導論》一書編寫完成，並於一八七九年發行《東方聖書集（共五十卷）》，將佛教、道教、耆那教等亞洲各門宗教聖書的英譯版本散播到全世界，備齊宗教學的基礎資料以後，宗教學才正式成為一門近代的學問。宗教學從一開始就相當著重在「比較」的環節上。

在中世紀、近代以前的歐洲，基督教的教條是不可動搖的，同時也是人類社會的一切規範，因此當時的歐洲並未誕生用相對性的眼光來看待某種既有宗教的學問。舉個例子，文藝復興時期馬丁・路德（德 Martin Luther, 1483-1546）以批判天主教而聞名，但其言論充其量不過是出於護教的基督教神學觀點，然而，伊拉斯莫斯（荷 Desiderius Erasmus, 1466-1536）的《愚人頌》（1511）則形同預告歐洲宗教學未來將會脫離上帝束縛。

宗教學之所以會建立，最重要的因素要屬十五、十六世紀的大航海時代，當時歐洲人接觸到基督教以外的宗教——土著的宗教，於是對於研究「異教（基督教為了排斥其他宗教所用的稱呼）」燃起了興趣。接下來，十八世紀以降，由於神話學、人類學、語言學等與宗教學關係緊密的學問出現了長足的進步，於是宗教學的探討對象也跟著擴展到了古代宗教，此時宗教學出現了水平及垂直的發展。其中尤以詹姆斯・弗雷澤（英 James Frazer, 1854-1941）貢獻最大，弗雷澤在其著作《金枝》（1890）當中提到，他在閱讀了廣泛的資料之後，發現從古代到近代的宗教都擁有這種相同的結構——「由死亡與重生交織出永恆的生命」。

繆勒主要的研究領域為印度學，他進行宗教的比較研究，而在他撰寫的書中第一次出現了「宗教學」這個詞，因此人們稱他為「宗教學之父」。

## 宗教學的發展

**從文獻學，轉而使用文化人類學的田野調查方式進行研究。**

宗教學包含了各式各樣的學術領域。包括神學、宗教哲學、宗教史學、宗教現象學、宗教民族學（人類學）、宗教社會學、神話學，但也有人認為如果是針對某種宗教的教義或意義進行研究的神學或宗教哲學，就不能算在宗教學的範圍內。

宗教現象學和宗教社會學的先驅，是提出精神現象學的黑格爾和胡塞爾，以及研究宗教產生時其背後社會結構的馬克

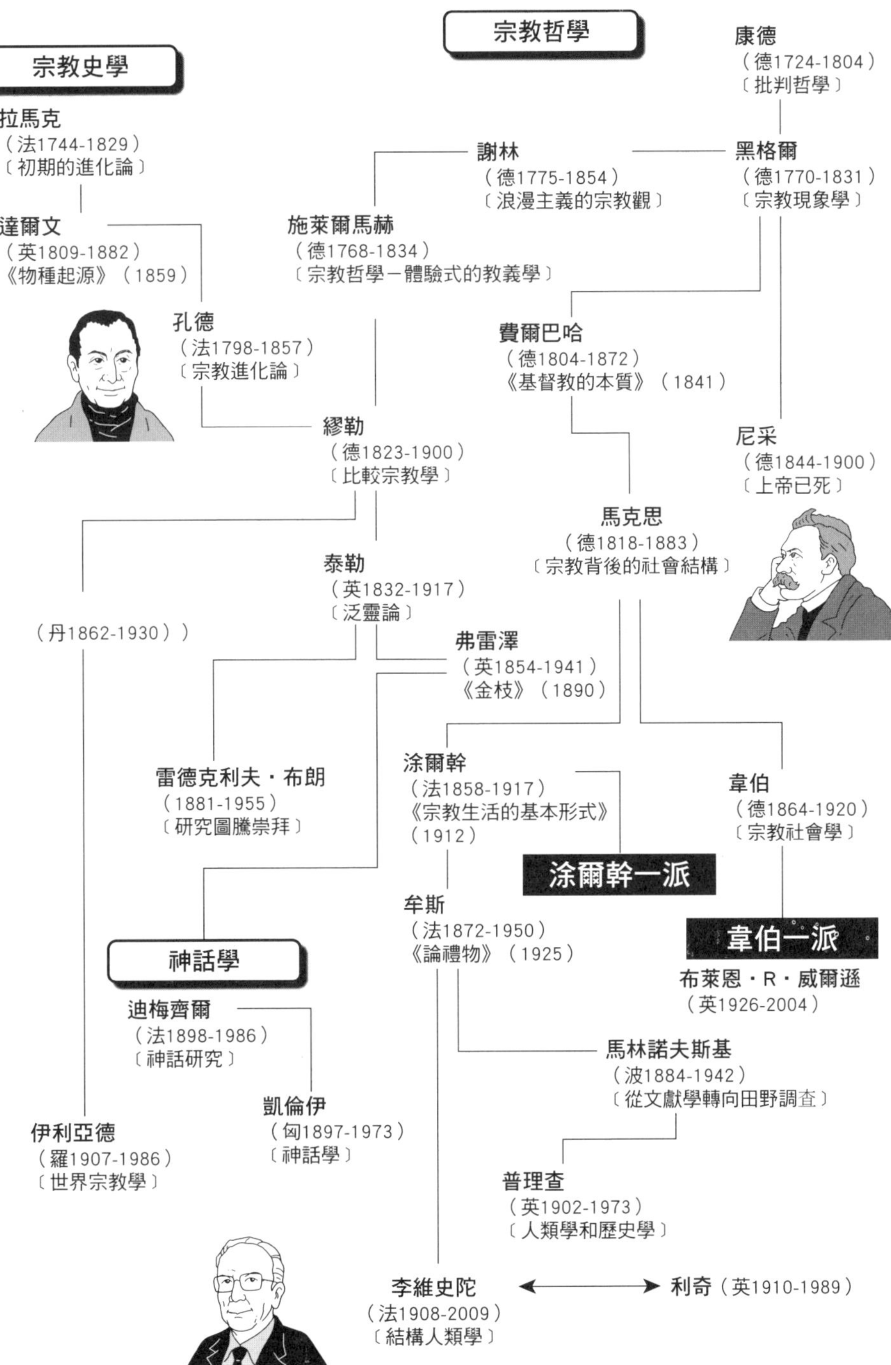
宗教學的發展過程
宗教史學
宗教哲學
康德
（德1724-1804）
〔批判哲學〕
拉馬克
（法1744-1829）
〔初期的進化論〕
謝林
（德1775-1854）
〔浪漫主義的宗教觀〕
黑格爾
（德1770-1831）
〔宗教現象學〕
達爾文
（英1809-1882）
《物種起源》（1859）
施萊爾馬赫
（德1768-1834）
〔宗教哲學－體驗式的教義學〕
孔德
（法1798-1857）
〔宗教進化論〕
費爾巴哈
（德1804-1872）
《基督教的本質》（1841）
繆勒
（德1823-1900）
〔比較宗教學〕
尼采
（德1844-1900）
〔上帝已死〕
馬克思
（德1818-1883）
〔宗教背後的社會結構〕
泰勒
（英1832-1917）
〔泛靈論〕
（丹1862-1930））
弗雷澤
（英1854-1941）
《金枝》（1890）
涂爾幹
（法1858-1917）
《宗教生活的基本形式》
（1912）
韋伯
（德1864-1920）
〔宗教社會學〕
雷德克利夫・布朗
（1881-1955）
〔研究圖騰崇拜〕
涂爾幹一派
牟斯
（法1872-1950）
《論禮物》（1925）
韋伯一派
布萊恩・R・威爾遜
（英1926-2004）
神話學
迪梅齊爾
（法1898-1986）
〔神話研究〕
馬林諾夫斯基
（波1884-1942）
〔從文獻學轉向田野調查〕
凱倫伊
（匈1897-1973）
〔神話學〕
伊利亞德
（羅1907-1986）
〔世界宗教學〕
普理查
（英1902-1973）
〔人類學和歷史學〕
李維史陀
（法1908-2009）
〔結構人類學〕
利奇（英1910-1989）

思，提到宗教史學則得提到主張進化論的達爾文（英 1809-1882）。除此之外，徹底從根本上批判基督教文化的尼采，以及撰寫《基督教的本質》的費爾巴哈（德 Feuerbach, 1804-1872）等哲學家，也和宗教學的發展息息相關。

再來，繼承馬克思社會學源流的涂爾幹（法 Durkheim, 1858-1917）撰寫了《宗教生活的基本形式》（1912），而馬克斯・韋伯則開拓了宗教現象的社會學研究領域，從此宗教社會學便形成了兩派。涂爾幹派方面，涂爾幹的姪子馬瑟・牟斯（法 Marcel Mauss, 1872-1950）對於學派的創立貢獻良多，另外還有伊凡—普理查（英 Evans-Pritchard, 1902-1973）等人才輩出。韋伯派方面，則有布萊恩・威爾遜（英 Bryan Ronald Wilson, 1926-2004）等人轉而繼承各學派的研究工作。

另外，從人類學的方面來看，原本的宗教學幾乎都是文獻學，但之後逐漸出現了重視現場田野調查的宗教學研究。布朗尼斯勞・馬林諾夫斯基（波 Bronislaw Malinowski, 1884-1942）被認為是人類學功能論的創始人，他調查南太平洋諸島的村落，了解島民的宗教生活。人們批判「弗雷澤只依據蒐集的文獻進行研究」，但他卻為分析方法帶來了全新的景象。同時，主張結構主義的李維史陀等人也調查了南美的未開化社會，他們運用人類學方式所進行的宗教學研究，也成為人們在研究宗教學時所採用的其中一種進路。

## 近現代的宗教學

**研究途徑分為伊利亞德所創始的宗教現象學，和李維史陀的結構主義。宗教學的現代課題也引人關注。**

若說到二十世紀最重要的宗教學者，就不得不提米爾恰・伊利亞德（羅 Mircea Eliade, 1907-1986）。他原本在印度研究佛教和印度教，後來進而放眼到全世界的宗教，並列舉出了宗教現象中形形色色的觀念。

舉例來說，關於宗教現象中的「神聖」觀念，他傳承了涂爾幹的思想和魯道夫・奧托（德 Rudolf Otto, 1869-1937）的《論神聖》（1917），但同時也研究了聖與俗（以日本民俗學的用語來說則是晴與褻），他將「日常生活中的平凡空間帶著一股進行宗教儀式時的神聖氣息」定名為「聖顯（hierophany）」。除此之外，他還指出許多社會都可以見到「永恆輪迴」的宗教思想，亦即認為這個世界是不潔的，並以回歸到神話之前的那個神聖世界為目標。

迪梅齊爾（法 Georges Dumezil, 1898-1986）研究印歐語系的宗教，卡爾・凱倫伊（匈 Károly Kerényi, 1897-1973）以神性為核心的方式分析宗教，再加上李維史陀，這三位學者並列為宗教學最重要的研究者。李維史陀在宗教學研究上受到了迪梅齊爾等人的影響，發展出歐洲新的哲學理論——結構主義，同時也在南美洲進行田野調查，開創出結構主義式的人類學。這種方法明確顯示出自然與文化、種姓制度與圖騰崇拜等二元對立的思考方式。他的研究工作超越了宗教學的範疇，整合語言學、文化人類學、哲學等多門學科，形成了一門現代思想的領域。不過，人類學

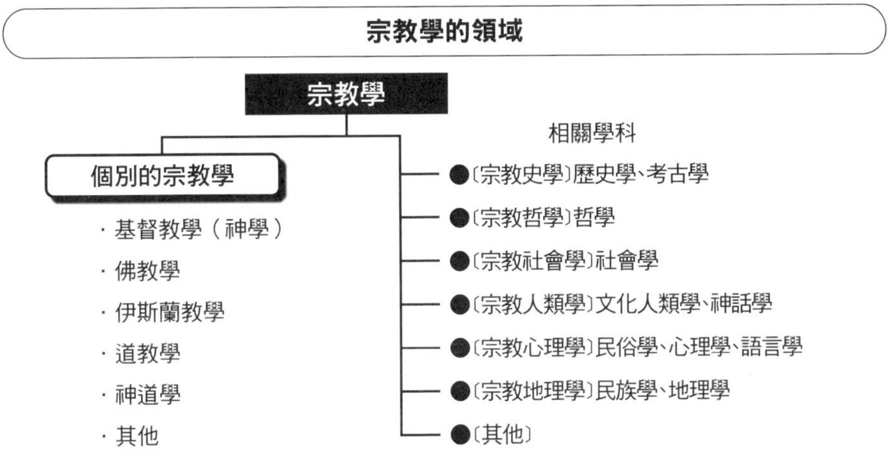

## 宗教學的領域

**宗教學**

**個別的宗教學**

- 基督教學（神學）
- 佛教學
- 伊斯蘭教學
- 道教學
- 神道學
- 其他

相關學科

- 〔宗教史學〕歷史學、考古學
- 〔宗教哲學〕哲學
- 〔宗教社會學〕社會學
- 〔宗教人類學〕文化人類學、神話學
- 〔宗教心理學〕民俗學、心理學、語言學
- 〔宗教地理學〕民族學、地理學
- 〔其他〕

家埃德蒙・利奇（英 Edmund Leach, 1910-1989）則批判李維史陀所使用的二元論分析方法。

現代宗教學的課題在於，要從現實社會與宗教之間的連接點，重新釐清知識論上的問題，這其中也包含「宗教」與「邪教」的差異。我們應該要知道，宗教學的研究對象——宗教，不再是原本所研究的那套「過去曾經存在」的制度或歷史，而是受到近現代的當權者政策、社會環境或學術認知所影響，並於宗教團體的傳承過程中形成的「現在式」，同時，研究範圍也必須包含現代社會在內的各類問題。

CHECK THIS OUT!

如果你還想繼續學習宗教學，一定要知道以下的基礎知識。

### 耶穌存在與否

日本的社會主義者幸德秋水（1871-1911）撰寫了《基督抹殺論》（1911），針對耶穌基督與初期的基督教進行探究，從而主張耶穌是不存在的。弗雷澤在其著作《金枝》中，述說地中海有個習俗是讓一名年輕人當上假的國王，讓他一整年都過著隨心所欲的生活，等到這一年過完後就把他殺了。而耶穌被冠上「猶太人的王」之名、在各各他山受死，也反映出這種殺王儀式的影子。

### 代罪羔羊理論

猶太教的聖經中記載著一個讓羊背著污穢之物、放逐荒野的傳統，而日本的雛人形在儀式之後流放大海的習俗，也是基於一樣的架構。伊利亞德認為人類社會要是放任不管，就會變得越來越污穢（熵值擴大）。這個時候，就必須藉由某項儀式而一舉淨化。諾亞方舟（大洪水）之類的傳說也意味著淨化這個世界。不過，這種觀點在現代則納入了「排除」理論當中。

### 死亡與重生

希臘神話裡的豐收女神狄蜜特的女兒波瑟芬妮被掌管冥府的神擄走，一年有一半的時間必須在冥府度過。波瑟芬妮象徵那些種子散播在大地上、到了春天便發芽的植物，這則故事就是將「死亡與重生」（死了一次以後又再度重生）的概念神話化而成的。

### 巫術與宗教

《金枝》裡提到宗教是源自於巫術。現在的學者則批判這個理論，認為巫術和宗教是完全不同的兩回事。舉個例子，認為把某個人的毛髮或指甲燒掉就能殺死這個人，是屬於巫術的思考方式（不理性），而宗教的思考方式則像是農耕→豐收，奠基在一種理性的架構之上，同時假定有神存在，以強化、加強這個架構所帶來的效果。

### 聖顯（Hierophany）

這是伊利亞德提出的觀念。在日本的民俗學裡有晴與褻的觀念，也就是區分成非日常（祭祀、儀式）與日常（平常的生活）兩種情況，但現在又再加上一個「不潔」的概念，成為一種三元的架構。伊利亞德認為「聖與俗」二分法在本質上是一種一元思考。簡單來說，聖顯的意思就是在祭祀或宗教儀式的時間與空間中，某個日常的存在帶有一股神聖性，而當儀式結束之後就會再次回復成一種日常的存在。

### 薩滿教①

伊利亞德撰寫了一部名叫《薩滿教》的大作，東北亞地區的薩滿教是由游牧民族的族長（亦即男性）擔任薩滿師（一種宗教人士、巫術師），薩滿師不單會進行宗教活動，還會指導人們進行醫療、鍛造與其他技術。這種角色在希臘神話裡對應到一位名叫普羅米修斯的神，祂因為帶給人們火種而受到處罰。據古希臘的悲劇作家埃斯庫羅斯（Aeschylus, 525-456 BC）所言，祂是一位萬能的神，掌管的事物有鍛造、醫療及其他方面。薩滿師進行宗教儀式的時候，會包裹著布、激烈的上下搖晃，接著陷入恍惚狀態並進行預言等宗教活動。

### 薩滿教②

相較於北亞游牧民族的薩滿師是由男性來擔任，朝鮮半島、沖繩、恐山的潮來（日的一種巫女）則是由女性來擔任薩滿師。藉由劇烈的身體動作（同時會併用麻藥或酒精），進入通靈、附身等特殊的精神狀態，讓亡者或神明透過她的身體來說話。據說古希臘的埃萊夫西納等聖地的女祭司，也會呈現出相同的狀態。

### 一神教與多神教

猶太教、基督宗教、伊斯蘭教這類的宗教稱為一神教，與日本等地的泛神論信仰有所區隔。唯一的神是「天父」，同時也是游牧民族、父權世界的神，不過，美國的語言學家戈登（Cyrus Gordon, 1908-2001）則主張基督宗教原本屬於多神教。關於這一點，在日文版的猶太教舊約聖經中，「吾主」與「吾神」是不同的用詞，就是其中一個證據。

一神教也許是人們將神進行徹底抽象化的時候所產生的。有學者認為泛靈論和多神教屬於「未開化社會的宗教」，基督教則是「進化後的宗教」，用更簡略的方式來講，他們認為宗教的發展過程是「泛靈論→多神教→一神教」，但其實這只是因為近代社會的歐美人信仰一神教，才得出這種結論。

### 《神學大全》

這是歐洲中世紀最偉大的士林哲學家多瑪斯・阿奎那的重要著作。阿奎那在哲學的知識論、本體論上，採用亞里斯多德的系統。此外，還深入討論到上帝、靈魂、道德、法律與國家方面，並使用論證的方式建立起一套神學知識的系統。人們將本書視為基督教世界從中世紀到現在最重要的神學思想基礎。本書一共有三大集，第一集談論上帝，第二集談論人類的行為，第三集（未完）則在談論基督教。

### 《愚人頌》

由文藝復興時期的人文主義者伊拉斯莫斯所著。將人類社會看作是一個瘋狂又愚蠢的舞台並加以諷刺，特別是強力嘲諷教皇、教會的權力中心、王公貴族等教會相關人士。伊拉斯莫斯認為這些人的所作所為是受到愚神所指使的，他表面上看起來是在讚頌這個愚神，但其實是在批判愚蠢的人類做出那些愚昧的行為，並反過來讚頌那些沒受到愚神操弄的人類，藉此傳達出宗教的真實面貌。簡單來說，他主張宗教應是拒絕物質層面、肉體層面，而屬於純粹精神上的生活，意即純淨靈魂的問題。出現於本書當中的批判天主教與救濟世人的思想，為現代歐洲人的批判精神奠定了基礎。

### 《宗教生活的基本形式》

這是法國社會學家涂爾幹的著作。本書主要是根據澳洲未開化民族的圖騰崇拜（這是一種巫術、宗教方面的現象，人們會將圖騰動物神聖化，並相信其擁有令人敬畏的超自然力量）相關資料，分析宗教和團體生活之間的關聯。不只關注儀式、教會與象徵所構成的單純宗教生活，也關注語言、道德、藝術等人類整體文化與宗教之間的關聯，將這些面向解釋為社會整體的表象，發展出一套獨特的學說。

### 神佛習合

日本神佛習合的情況出現於八世紀前半，人們在神社裡建造名為「神宮寺」的寺廟，並且給出一套解釋：「神為自己擁有神身感到苦惱，期望用佛教的方式救濟世人（神身離脫）。」人們原本認為神佛融合是日本特有的宗教文化，但近年的研究指出中國也有「神佛離脫譚」、「護法神思想」等現象，因此也有人主張這種思想是從中國傳來的。

「佛、菩薩是眾神明的本體（本地），為了救濟眾生而以其他樣貌現身（垂跡）。」日本形成了這樣的思想，而各神社的本地佛也都由各自決定，擁有各自的特色。

### 靈性

這是一種雖具宗教性，但也不受宗教團體與傳統所束縛的一種個人性、非制度性的宗教意識。由於世界衛生組織（WHO）討論是否要在健康的定義裡加上靈性，而使得靈性一詞獲得世人矚目。

在東日本大地震的影響下，日本也開始進行靈性照護方面的人才培育，可謂宗教學相關事物的嶄新契機。

# 語言學

**• Linguistics •**

## 語言學的起源

**歐洲的語言研究與哲學是在同一時間開始的，人們以確立普遍語法為目標，發展出了一套語言學。**

有史以來的任何民族無疑都對語言抱有一股濃厚的興趣，不過，感興趣的部分會隨著時代與社會條件而改變，這一點的確也是事實。

古代與中世紀時期，宗教在社會上扮演著重要的角色，人們之所以對語言感興趣，也只是為了要正確解讀宗教文獻。印度教研究梵文語法、中世紀基督教研究拉丁文、猶太人研究希伯來文，而阿拉伯人為了正確閱讀可蘭經，還設立了語法研究中心。

希臘人是最先脫離這類實用的目的，轉而對語言本身抱持濃厚的興趣。古希臘在宗教方面相對上比較自由，為了替哲學主張奠下基礎，於是開始進行語言方面的研究。探討到語言的起源、含義與語音的關係以及語法形式等與現今語言學有關的主題。

亞里斯多德是古希臘語言學史上最重要的人物，也被稱為古典歐洲語法的創立者，他最有名的成果就是分辨出了語言的詞類。

之後，古希臘的語言研究由亞歷山大學派傳承下來，亞歷山大學派的創立目的是要研究希臘文的描述性語法，而在當時成為歐洲的語言研究典範。歐洲語言研究的發展是以規範性語法為中心的。

羅馬的語法家瓦羅（Varro, 116-27 BC）忠實繼承了亞歷山大學派的語言研究，著有《拉丁語論》等書。瓦羅的拉丁語法是當時人們公認為最傑出的，有一段很長的時間都作為中世紀語言研究者的典範。

士林學派為中世紀語法帶來了深遠的影響。其中又以拉蒙・柳利（西 Ramon Llull, 1232-1315）最為重要，他根據拉丁文而建立出一套普遍性、哲學性的語言標準。拉蒙・柳利的思想是邏輯主義式的，他的主張相當接近現代的普通語言學。

阿爾諾（法 1612-1694）和克洛德・朗斯洛（法 Claude Lancelot, 1616-1695）共同撰寫的《普遍唯理語法》（1660），造就了語法研究的巔峰。這套語法誕生於法國語法研究中心田園皇家港修道院，同時也是所謂的歐洲普遍語法。不過，進入十八世紀後，又逐漸興起了希臘文、拉丁文之外的文獻研究趨勢。這份趨勢直到十九世紀，「發現梵文」一事大大顛覆了原有的語言學，成就了比較語言學的盛行，不只在分析「構詞學」，還涉及了「語法學」，提升到超脫語言差異、探究人類普遍思考方式的層次。「從理性的觀點來探討語言」等方面，跟諾姆・杭士基（美 Noam Chomsky, 1928-）所提倡的「生成語法」相對上是共通的，於是近年又重新喚起了學界的注意。

## 語言學的發展過程①

### 古希臘的語言研究

**語源學**

**赫拉克利特**（544-484 BC）〔類推說〕

**德謨克利圖斯**（460-370 BC）〔異常說〕

**古典語法學**

**柏拉圖**（427-347 BC）〔理型〕

**亞里斯多德**（384-322 BC）〔確立古典語法〕

### 古印度的語法學派

**古梵文**

**波尼尼**（c.400 BC）《梵語語法八篇》

**文獻學**

**阿里斯塔克斯**（217-145 BC）〔研究伊利亞德和奧德賽〕

〔語法研究〕亞歷山大學派
《讀寫技巧》現存最古老的語法書
（約西元前2世紀）

**拉丁語法學**

**瓦羅**（116-27 BC）《拉丁語論》

**多納圖斯**（約4世紀）《大文典》

**普里西安**（約6世紀）《語法原理》

**阿伯拉爾**（1079-1142）〔士林學派邏輯學的語法〕

**士林學派**

**普塞洛斯**（c.1018-c.1078）

### 中世紀的規範性語法

**中世紀語法**

**拉蒙・柳利**（西1232-1315）〔一般術〕

**多瑪斯・阿奎那**（義1225-1274）〔音韻學〕

**阿拉伯語法學**

**菲魯扎巴迪**（1329-1415）〔編纂字典〕

**規範性語法**

**阿爾諾**（法1612-1694）
**朗斯洛**（德1616-1695）
《普遍唯理語法》（1660）

英國經驗主義（17世紀）〔採用口語的進路〕

**百科全書派**

**伏爾泰**（法1694-1778）
**孟德斯鳩**（法1689-1755）
**盧梭**（法1712-1778）

**起源學復興**

**威廉・瓊斯**（英1746-1794）發現梵文

## 近代語言學的建立

**梵文的發現促使比較語言學興起，從此開啟了語言學的新時代。**

一八一六年，德國的弗朗茲・博普（Franz Bopp, 1791-1867）出版了比較梵文與其他印歐語言的書藉。同時，博普的書也摒棄了原有的語言研究傳統，開啟嶄新的近代語言學。

梵文早已在十八世紀末因為威廉・瓊斯（英 William Jones, 1746-1794）的研究而廣為人知，但最早建立起一門專門比較印歐語系學問的則是博普。十九世紀的語言學否定了一直持續到十八世紀為止的語言學傳統（著重於探究語言的普遍性與邏輯性），轉而根據具體的語言資料，進行更加實證性的語言研究。

事實上，十九世紀初期出現了許多傑出的比較語言學家。奧古斯特・施萊謝爾（德 August Schleicher, 1821-1868）提出「譜系樹理論」，他認為語言的發展也一樣依據生物學的進化原則。雅各布・格林（德 Jacob Grimm, 1785-1863）最知名的則是「格林定律」，他比較日耳曼諸語，並確立了日耳曼的語言學。

十九世紀實證主義式的比較研究，誕生了許多偉大的語言理論學家，但公認最偉大的語言理論學家就是威廉・馮・洪堡（德 Wilhelm von Humboldt, 1767-1835）。洪堡依據各式各樣的語言資料來探究語言現象，人稱普通語言學之父。洪堡不像古典、士林學派式那樣探討出一種符合特定形式的普遍語法，而是從個別語言歸納出一種共通的語法原理。此外，他還提出了「世界觀理論」，認為語言可以反映出該民族看待世界的特有方式。

十九世紀後半的語言學，出現了心理主義和歷史主義等新的研究途徑。前者

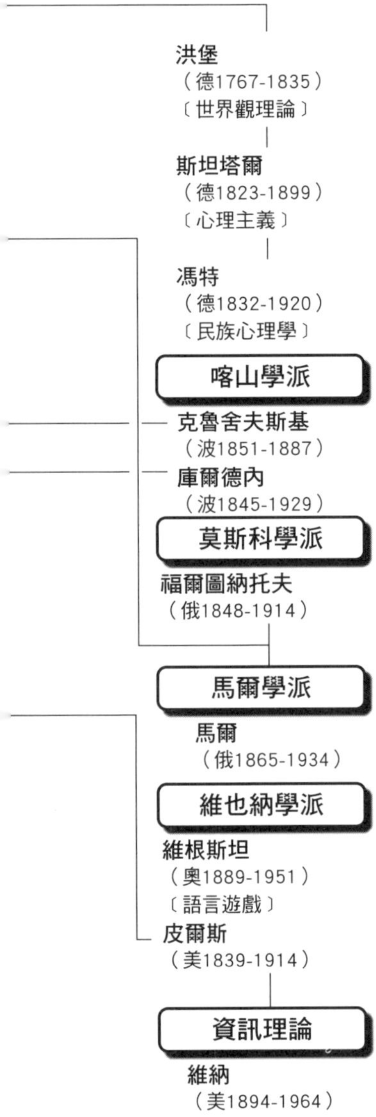

洪堡
（德1767-1835）
〔世界觀理論〕
斯坦塔爾
（德1823-1899）
〔心理主義〕
馮特
（德1832-1920）
〔民族心理學〕
喀山學派
克魯舍夫斯基
（波1851-1887）
庫爾德內
（波1845-1929）
莫斯科學派
福爾圖納托夫
（俄1848-1914）
馬爾學派
馬爾
（俄1865-1934）
維也納學派
維根斯坦
（奧1889-1951）
〔語言遊戲〕
皮爾斯
（美1839-1914）
資訊理論
維納
（美1894-1964）

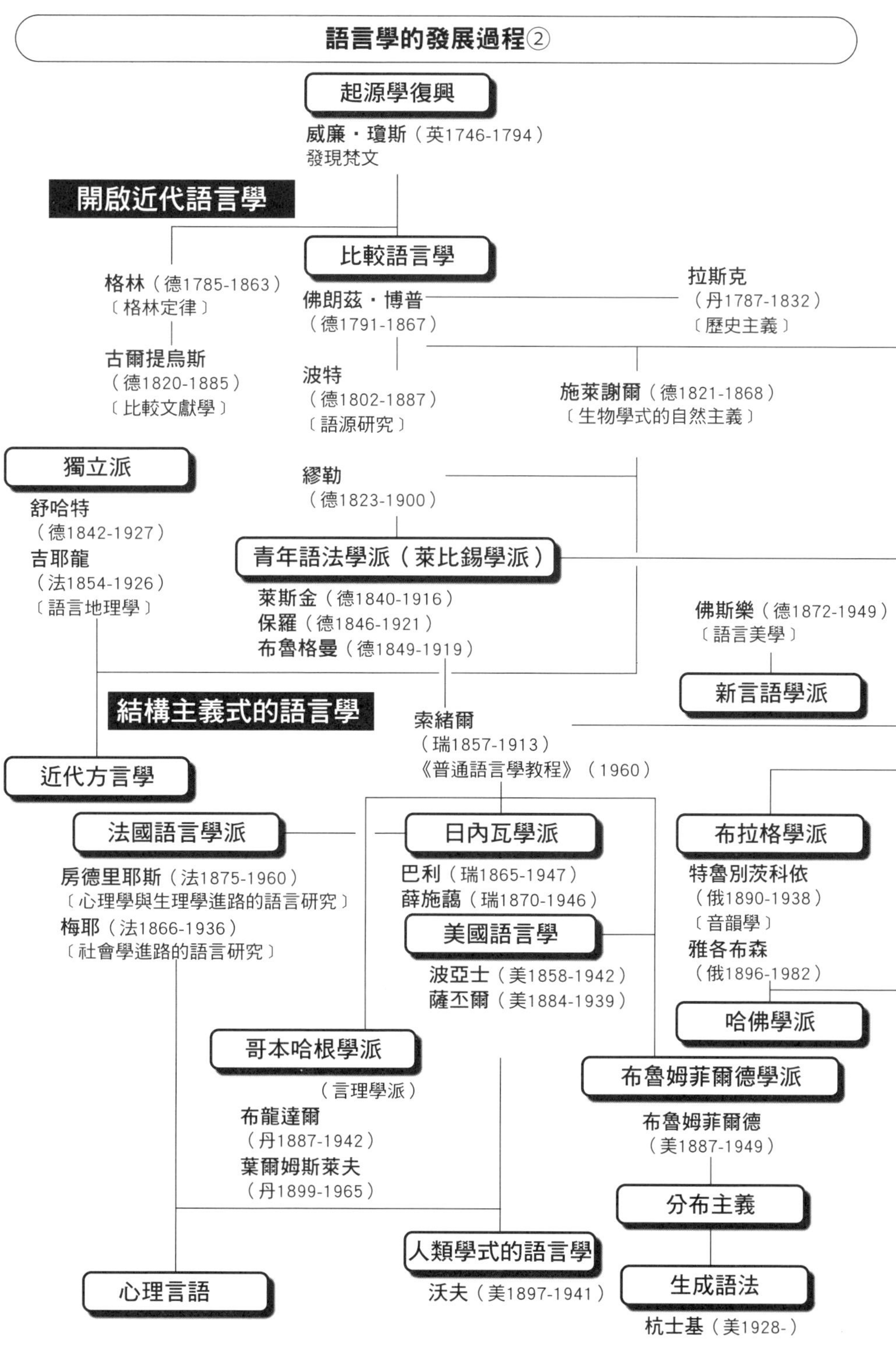
語言學的發展過程②
起源學復興
威廉・瓊斯（英1746-1794）
發現梵文
開啟近代語言學
比較語言學
格林（德1785-1863）
〔格林定律〕
古爾提烏斯
（德1820-1885）
〔比較文獻學〕
佛朗茲・博普
（德1791-1867）
拉斯克
（丹1787-1832）
〔歷史主義〕
波特
（德1802-1887）
〔語源研究〕
施萊謝爾（德1821-1868）
〔生物學式的自然主義〕
獨立派
舒哈特
（德1842-1927）
吉耶龍
（法1854-1926）
〔語言地理學〕
繆勒
（德1823-1900）
青年語法學派（萊比錫學派）
萊斯金（德1840-1916）
保羅（德1846-1921）
布魯格曼（德1849-1919）
佛斯樂（德1872-1949）
〔語言美學〕
新言語學派
結構主義式的語言學
索緒爾
（瑞1857-1913）
《普通語言學教程》（1960）
近代方言學
法國語言學派
房德里耶斯（法1875-1960）
〔心理學與生理學進路的語言研究〕
梅耶（法1866-1936）
〔社會學進路的語言研究〕
日內瓦學派
巴利（瑞1865-1947）
薛施藹（瑞1870-1946）
美國語言學
波亞士（美1858-1942）
薩丕爾（美1884-1939）
布拉格學派
特魯別茨科依
（俄1890-1938）
〔音韻學〕
雅各布森
（俄1896-1982）
哈佛學派
哥本哈根學派
（言理學派）
布龍達爾
（丹1887-1942）
葉爾姆斯萊夫
（丹1899-1965）
布魯姆菲爾德學派
布魯姆菲爾德
（美1887-1949）
分布主義
生成語法
杭士基（美1928-）
人類學式的語言學
沃夫（美1897-1941）
心理言語

的代表性人物是斯坦塔爾（德 Steinthal, 1823-1899）。赫爾巴特（德 Herbart, 1776-1841）是科學教育學的奠基人，斯坦塔爾以他的理論為基礎，從心理學的觀點來敘述語法事實。這種用心理學角度來解釋語言現象的方式，在邁入二十世紀後開始蓬勃發展。

德國的「青年語法學派」主張唯有歷史主義才是最適合科學式語言學的研究方法。這門學派最具代表性的理論建立者是赫爾曼・保羅（德 Hermann Paul, 1846-1921）。然而，歷史主義在進入二十世紀後，就受到了相當大的批判。

## 現代語言學的發展過程

**二十世紀的語言學將語言看作是一個系統，這一點對所有領域的學問影響甚鉅。**

以實證主義為基礎的歷史主義，代表了十九世紀語言學的理論性立場，但在進入二十世紀之後，人們對於其只重視具體事實的作法產生一股反動，而在這種趨勢下「系統」開始受到人們的矚目。

這種現象不光出現在語言學的領域，注重「系統」同樣也是二十世紀科學思考的一大特色，其目標即為在具體的事實集合中找出一個秩序。物理學的量子定律和心理學當中的完形心理學也是以「有系統的結構」為研究對象，藉此探究出一套原理以解釋其中的關聯。

在語言學的領域上，人稱「近代語言學之父」的語言學家費迪南・索緒爾（瑞 Ferdinand de Saussure, 1857-1913）最先表明這種「結構主義式」的立場。索緒爾的《普通語言學教程》（1916）是以他的上課講義為基礎所編排而成，此書不只影響了日後的語言學，也對二十世紀的思想影響甚鉅。

索緒爾認為「語言是一種擁有特殊社會功能的組織系統」，他將語言學的研究對象區分成「共時性」與「歷時性」兩種。「共時性」的研究旨在了解語言在某一時間點的樣貌，而「歷時性」的研究是在研究語言的發展過程。前者著眼於語言的組織系統，探究語言根本上的功能；後者則屬於歷史語言學的範疇，同時也包含了語源學。

由索緒爾所開拓出的這套「結構主義式」的語言學，接下來在歐洲由日內瓦學派、布拉格學派（功能語言學派）與哥本哈根學派繼承並繼續發展下去。二十世紀具代表性的語言學家輩出，日內瓦學派有查理・巴利（瑞 Charles Bally, 1865-1947）與亞伯特・薛施藹（瑞 Albert Sechehaye, 1870-1946），布拉格學派有羅曼・雅各布森（俄 Roman Jakobson, 1896-1982）與特魯別茨科依（俄 Trubetzkoy, 1890-1938），哥本哈根學派則有葉爾姆斯萊夫（丹 Hjelmslev, 1899-1965）等人。

採取分布主義式分析方法的布魯姆菲爾德（Bloomfield, 1887-1949），創立了美國最早的結構主義學派，提出生成語法理論的杭士基則繼承了分布主義。

談到現代語言學，就不能不談及杭士基等人的語言理論，其影響不只限於自然語言研究方面，還擴及了程式語言、哲學與數學等領域。另一方面，對於生成語法

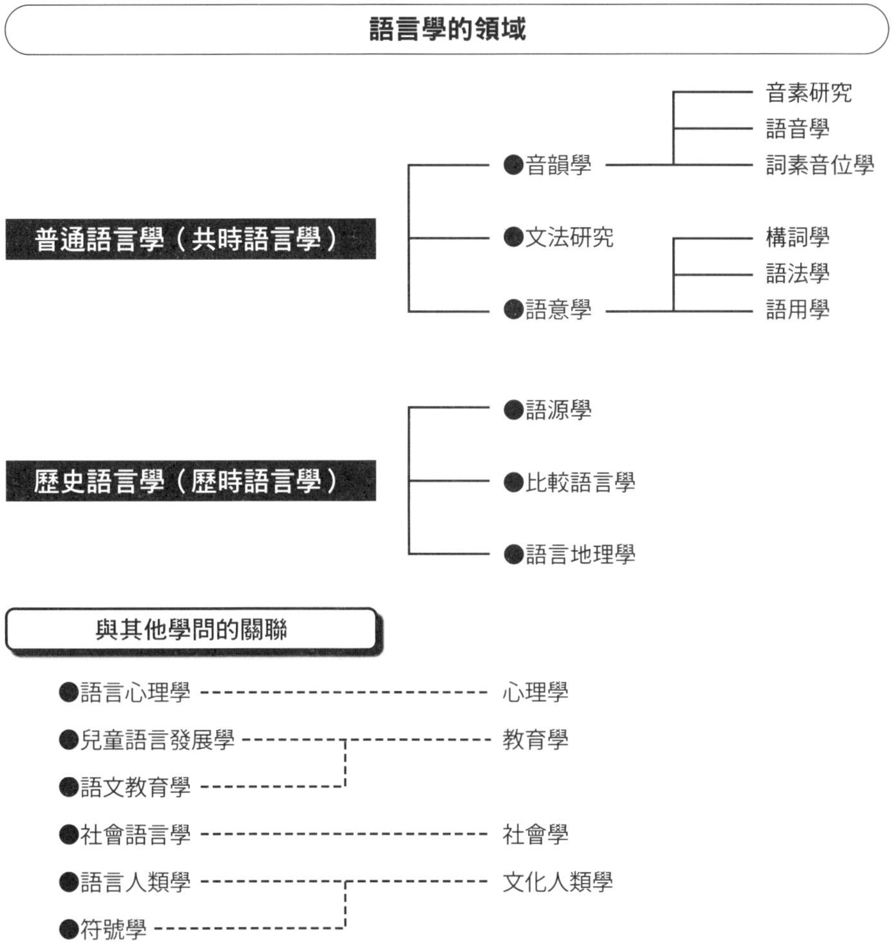

人文科學

社會科學

自然科學

文化藝術

## 語言學的領域

**普通語言學（共時語言學）**

- 音韻學
  - 音素研究
  - 語音學
  - 詞素音位學
- 文法研究
- 語意學
  - 構詞學
  - 語法學
  - 語用學

**歷史語言學（歷時語言學）**

- 語源學
- 比較語言學
- 語言地理學

### 與其他學問的關聯

- 語言心理學 ---- 心理學
- 兒童語言發展學 ---- 教育學
- 語文教育學 ---- 教育學
- 社會語言學 ---- 社會學
- 語言人類學 ---- 文化人類學
- 符號學 ---- 文化人類學

徹底採取演繹的方法並強調語言的獨立性，「認知語言學」則採取批判立場，否定「語言的思考是獨立於人類認知系統之外的」，同時，認知語言學也批判生成語法有關「人類腦內有掌管語言的獨立模組」的假說。

CHECK THIS OUT!

**如果你還想繼續學習語言學，一定要知道以下的基礎知識。**

### 語言神授論

這是一種最古老的語言起源理論，認為人類的語言是神所賦予的。儘管人們至今提出了各式各樣的起源理論，但尚未有一個確定的說法。基督教、印度教等許多宗教當中，都出現神將語言賦予人類的故事。

### 普通語言學與歷史語言學

語言學可以大致分成兩大領域。第一種是普通語言學，又稱為共時語言學、結構語言學、敘述語言學等。普通語言學最大的課題，即為探究個別語言的結構，並藉此解析人類語言普通的樣貌。第二種是歷史語言學，旨在研究某種語言的變化。歷史語言學又稱為歷時語言學或越時語言學，研究的內容正如其名，會從音韻、語法、字彙的含義等各種不同的方面研究語言的變化。歷史語言學最大的課題，在於建構出一個普遍原理，以解釋語言是如何產生變化的。

### 語音學（Phonetics）

這門領域研究的是言語聲音的特徵。語音學底下分成三個分支：「聲學語音學」從聲波的角度觀察言語聲音，研究語音的物理性質；「聽覺語音學」研究語音經過耳朵後會如何感知；而「發音語音學」則研究發音器官如何彼此協調以發出語音。

### 音韻學（Phonology）

如果說語音學處理的是物理層面，那麼音韻學研究的就是語言的功能層面並將之抽象化。因此，音韻學的研究重點在於語音系統以及敘述語音的形式。音韻學是由布拉格學派的特魯別茨科依所確立。特魯別茨科依認為語言的音聲彼此相互關聯，構成一個完整的系統。從此便開啟了將音素視為語言符號的這門音韻學研究。

### 構詞學（Morphology）

這是語言學的一個分支，旨在研究單詞的變化與結構。傳統的文法分成三大研究領域：研究語言的排列與用法的語法學、音韻學與構詞學。結構語言學（Structural linguistics）中的構詞學則是在研究詞素（語言最小的意義單位）的排列與結構。除此之外，詞素音位學在研究詞素結合後產生的語音變化，而詞素組合法則從詞素的排列與其相互關係研究語法現象。

### 語法學（Syntax）

這是語言學的一個分支，旨在研究構成語句的語法規則及其結構。自從美國語言學家杭士基於一九五〇年代提出「生成語法理論」後便開始盛行，語法學從此時起急速進步，時至今日，以「生成語法理論」為研究方式的語法學，依然占據研究的核心地位。

### 生成語法理論（Generative grammar）

這套語法理論於一九五〇年代由杭士基提出。杭士基認為語法當中具備一種創造出正確語句的規則系統，並進而探究其普遍性結構。創造這套語法稱為「生成」，而這套語法則稱為「生成語法」。

除此之外，杭士基還主張即使語言的使用者自己察覺不到，但也確實已經具備了一套規則，就像是潛在的知識一樣。以漫長的語法研究歷史來看，「生成語法」仍舊稱得上是一門頗具革命性的理論，自此之後，語法學的研究才真正成為了一門科學化的學問。

### 語意學（Semantics）

這是語言學的一個分支，研究語言所表達出的意義。語意學的研究重點原本在於語意的歷史變遷，直到瑞士語言學家索緒爾出現才有所改變。不過，自從索緒爾將語言研究區分為共時性與歷時性以後，語意學也排除了歷時性研究（亦即歷史性因素），以探討語言結構本身具備的含義為研究主流。

## 符號學（Semiotics）

廣義上指的是文化符號學，透過符號來探究人類與文化的樣貌，結構語言學為其理論模型。

索緒爾被譽為符號學之父，他將語言學定位為符號學的一個領域，並主張符號學裡的各種原理皆能適用於語言學。不過，法國文學評論家羅蘭・巴特反而認為應該將符號學定位在語言學的領域裡才對。

邏輯學家查爾斯・皮爾斯（美 Charles Peirce, 1839-1914）則是另一位現代符號學的創始者。皮爾斯將符號分為圖像符號、指示符號、象徵符號，針對符號的多樣性進行研究。目前學界正重新審視他在符號論領域上的貢獻。

## 認知語言學（Cognitive linguistics）

這是一門從一九八〇年代才開始的嶄新語言研究領域，研究目標涉及的領域極廣，可以說是一門跨學科的研究，包含了喬治・萊考夫（美 George Lakoff, 1941-）等人的認知語意學，以及朗奴・蘭蓋克（美 Ronald Langacker, 1942-）的認知文法等領域。

簡單來說，認知語言學是透過語言的樣貌，探討認知的主體（人）如何認識外在世界。也就是說，認知語言學迫使學界重新檢視「客觀主義式的科學觀（認為理性是建立在主體的身體功能之上，這同時也是打從西方近代科學發展之後的思想基礎）」這種想法的正確性。

## 索緒爾

瑞士語言學家。《普通語言學課程》（1916）是在他辭世後，由眾弟子將其上課講義集結出版而成。此書的語言理論釐清近代語言學的分析方法，同時也是現代結構主義理論的源頭。索緒爾與提倡歷史語言學的保羅，在語言學史上皆扮演極其重要的角色，現今仍然有許多學者繼承其思想。此外，索緒爾也是一位傑出的哲學家。

## 諾姆・杭士基

一九二八年生於美國費城。目前擔任麻省理工學院的語言學及語言哲學研究所教授兼榮譽教授。

杭士基被稱為「現代語言學之父」，他曾說「思考語言為何物，就是在思考人類為何物」。一九五〇年代他以二十幾歲的年輕之姿，提出了一門「生成語法理論」，認為語法是一種創造出（生成）該語言所有語句的規則系統，掀起了一波語言學革命。

他的生成語法理論又稱為「數學式的語言學」，同時也影響了數學與心理學等領域。

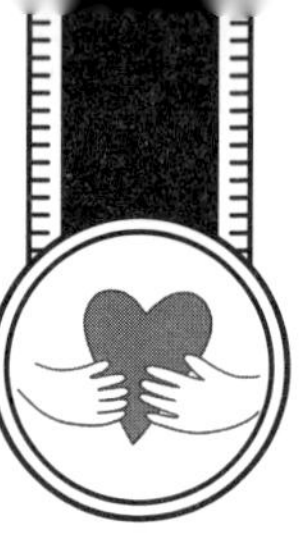

# 心理學

●Psychology●

## 心理學的建立

**哲學與生理學相遇後，人們便開始用客觀的方式探究心理。**

心是什麼？心是如何運作的？這個問題每個人肯定都曾想過。當然，這個問題無疑從上古時代就一直存在了。舉個例子，神話就是將人類此種心理運作完全匯聚起來的成果。事實上，心理學（Psychology）這個詞便是來自希臘神話的女神賽琪（Psyche）。

心理學的起源同樣也可以追溯到古希臘的哲學家。柏拉圖提出理型說、亞里斯多德撰寫了《論靈魂》，他們都探討過「靈魂」的存在，處理到一些與現在的心理學相關的問題。

奧古斯丁等古代基督教神學家，藉著對上帝的信仰而將人們對於心靈所抱有的這份興趣變得更為單純。這份傳統在歷經中世紀的神學家之後，接著又遇到近代科學革命，由哲學家法蘭西斯・培根延續下來。兼具哲學家與數學家身分的笛卡兒在其著作《論靈魂的激情》（1649）當中，主張身與心是分離的，此舉對心理學的發展貢獻良多。此外，身為哲學家且為經驗主義代表人物的約翰・洛克和大衛・休姆等經驗主義哲學家也繼承了這種觀點，之後，聯想心理學（認為心是一種客觀的存在）便誕生了，其代表人物為約翰・史都華・彌爾。

人稱「實驗心理學之父」的威廉・馮特（德 Wilhelm Wundt, 1832-1920），撰寫了第一本實驗心理學的書《感官知覺理論文集》（1858-1862），帶領哲學心理學走向科學心理學之路。馮特既是哲學家也是生理學家，他認為心靈世界是以知覺與簡單的情感這類元素所構成，這一點是他透過實驗與觀察而發現的，同時他也依據這些事實建構出了一套原理。

馮特提出的這套實驗心理學，背後要歸功於多位學者的研究成果：身兼物理學家與哲學家的古斯塔夫・費希納（德 Gustav T. Fechner, 1801-1887），測量出物理性刺激與感官知覺之間的關係，創立了心理物理學，對實驗心理學的形成影響極大；而身兼生理學家與解剖學家的約翰尼斯・彼德・繆勒（德 Johannes Peter Müller, 1801-1858），和生理學家兼物理學家的赫爾曼・馮・亥姆霍茲（德 Hermann von Helmholtz, 1821-1894）等人針對交叉的學問領域進行多項且廣泛的研究，建立了感覺生理學，終於帶來實驗心理學的成果。

## 心理學的發展

**對於實驗心理學的批判，形成了三個學派，這三個學派同時也成為現代心理學的源流。**

由於十九世紀末到二十世紀初，以歐

# 心理學的發展過程①

## 哲學心理學的發展

### 心理學的起源（希臘、中世紀時期）

柏拉圖
（427-347 BC）
〔靈魂三分說〕

亞里斯多德
（384-322 BC）
〔靈魂的階層之分〕

奧古斯丁
（354-430）
〔心智的圖像〕

### 哲學的理性主義

**培根**（英1561-1626）
《新工具》（1620）
**笛卡兒**（法1596-1650）
《論靈魂的激情》（1649）

### 聯想心理學

**霍布斯**（英1588-1679）
〔觀念的聯合〕
**洛克**（英1632-1704）
〔單純觀念〕
**休姆**（英1711-1776）
〔懷疑論〕
**彌爾**（英1806-1873）
〔化學心理學〕

## 科學性質的心理學

## 自然科學路線的心理學發展過程

### 物理學的源流

道爾吞（英1766-1844）
〔研究色覺〕
**楊格**（英1773-1829）
〔三原色說〕

### 現代心理學的開拓者

**韋伯**（德1795-1878）
〔韋伯定律〕
**費希納**（德1801-1887）
〔心理物理學〕

### 解剖學的源流

**加爾**（德1758-1828）
〔骨相學〕

### 生理學的源流

**貝爾**（英1774-1842）
**馬姜第**（法1783-1855）
〔貝－馬二氏定律〕
**繆勒**（德1801-1858）
〔神經特殊能量論〕
**馮亥姆霍茲**（德1821-1894）
〔研究神經傳導速度〕

### 現代心理學誕生

實驗心理學

馮特（德1832-1920）

美諸國為首、世界各國的大學都陸續設立了心理學實驗室，於是馮特的實驗心理學轉瞬間便擴展開來。德國在心理學的研究上嚴格採取科學性、實驗性的研究方式，而美國則採用理論性、哲學性質的研究方法。一九〇三年日本的東京大學也設立了第一間心理學實驗室。

不過，馮特的實驗心理學從創立初期就飽受批判。事實上，二十世紀初出現的各學派（同時也是現代心理學的源流）——精神分析學、完形心理學、行為主義心理學，在在都是以批判馮特實驗心理學的姿態出現。另一方面，巴黎的神經生理學家讓—馬丁・沙可（法 Jean-Martin Charcot, 1825-1893），不斷精進治療歇斯底里病患時的催眠術手法；法國身兼心理學家與精神科醫師的皮埃爾・讓內（Pierre Janet, 1859-1947）則在沙可手下從事催眠療法的研究，並研究解離症與心理創傷，進而發現了無意識的概念，他便是佛洛伊德（奧 Sigmund Freud, 1856-1939）精神分析理論的先驅。

實驗心理學進行有意識的自我觀察，因而又叫意識主義心理學，而身為精神科醫師的佛洛伊德提倡精神分析學，他有別於前者，強調無意識的重要性，認為無意識操控了人類的心理和行為。

另一方面，既是哲學家也是心理學家的弗朗茲・布倫塔諾（奧 Franz Brentano, 1838-1917）提出了意動心理學，這套學說日後由馬克斯・韋特默（捷 Max Wertheimer, 1880-1943）等人繼承下來，並進而創立完形心理學（格式塔心理學），

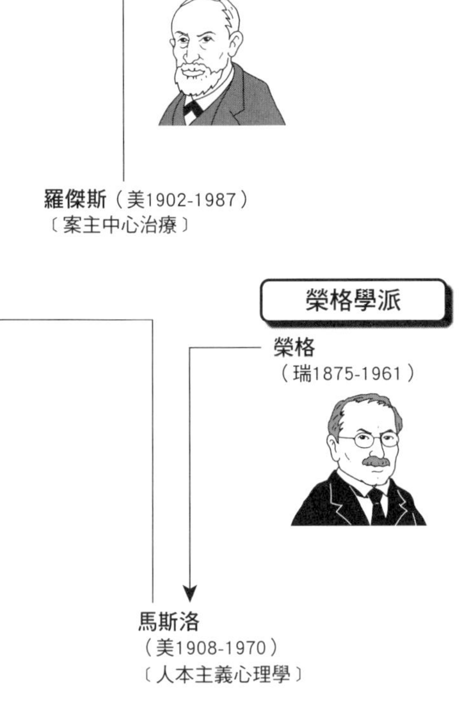

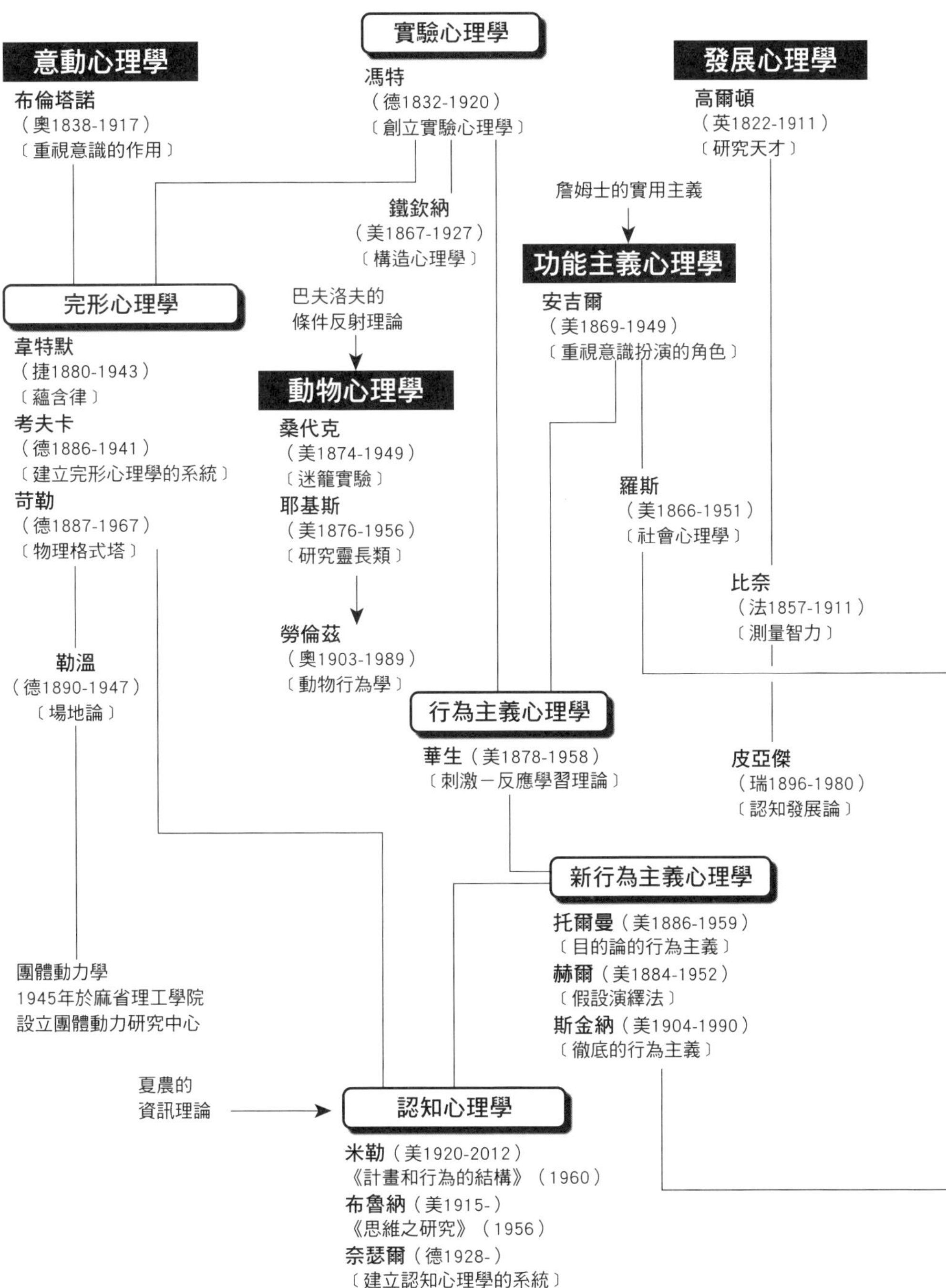
心理學的發展過程②
意動心理學
布倫塔諾
（奧1838-1917）
〔重視意識的作用〕
實驗心理學
馮特
（德1832-1920）
〔創立實驗心理學〕
發展心理學
高爾頓
（英1822-1911）
〔研究天才〕
鐵欽納
（美1867-1927）
〔構造心理學〕
詹姆士的實用主義
功能主義心理學
安吉爾
（美1869-1949）
〔重視意識扮演的角色〕
完形心理學
韋特默
（捷1880-1943）
〔蘊含律〕
考夫卡
（德1886-1941）
〔建立完形心理學的系統〕
苛勒
（德1887-1967）
〔物理格式塔〕
巴夫洛夫的
條件反射理論
動物心理學
桑代克
（美1874-1949）
〔迷籠實驗〕
耶基斯
（美1876-1956）
〔研究靈長類〕
勞倫茲
（奧1903-1989）
〔動物行為學〕
羅斯
（美1866-1951）
〔社會心理學〕
比奈
（法1857-1911）
〔測量智力〕
勒溫
（德1890-1947）
〔場地論〕
行為主義心理學
華生（美1878-1958）
〔刺激－反應學習理論〕
皮亞傑
（瑞1896-1980）
〔認知發展論〕
新行為主義心理學
托爾曼（美1886-1959）
〔目的論的行為主義〕
赫爾（美1884-1952）
〔假設演繹法〕
斯金納（美1904-1990）
〔徹底的行為主義〕
團體動力學
1945年於麻省理工學院
設立團體動力研究中心
夏農的
資訊理論
認知心理學
米勒（美1920-2012）
《計畫和行為的結構》（1960）
布魯納（美1915-）
《思維之研究》（1956）
奈瑟爾（德1928-）
〔建立認知心理學的系統〕
馮紐曼（美1903-1957）
〔認知系統的基本要素〕

認為應該要將心理運作視為一個整體，不應該分割成個別的心理要素，意識並非感覺元素的集合，而是由形態、完形（格式塔）所構成的。

此外，美國心理學家約翰・華生（John Watson, 1878-1958）於其著作《行為主義的心理學》（1919）中提到，心理學若以主觀的意識為研究對象，便不可能成為一門真正的科學，他主張應該要觀察研究對象的行為，並藉此建構出一套行為原理。

二十世紀前半的心理學是由這些學派所發展的，但精神分析學家和完形心理學家多數身在歐洲，他們害怕遭到納粹迫害而逃亡到美國，之後行為主義心理學成為學術界的主流，與此事脫不了關係。

## 現代的心理學

**現代心理學不具有主流，而是針對各項研究領域採取相應的進路。**

現代心理學不像從前那樣由不同的學派或立場建構而成，而是根據個別的專業領域或研究領域（例如：知覺、記憶、學習、臨床等），分別繼承了從前學派的理論或受到從前學派的影響。

在行為主義心理學出現之後，確實也出現了若干立場明確的學派。舉個例子，美國就有許多人在批判中繼承了華生的古典行為主義，進而形成新行為主義，諸如：愛德華・托爾曼（Edward Tolman, 1886-1959）主張目的論的行為主義、克拉克・赫爾（Clark L. Hull, 1884-1952）提出假設演繹法、伯爾赫斯・斯金納（Burrhus Skinner, 1904-1990）採取徹底的行為主義等。華生認為行為是刺激與反應的結果，他研究的是人類在受到刺激時肌肉與腺體會有何種反應。相對的，新行為主義則重視存在於刺激與反應之間的需求與認知因素，並主張用主動的、宏觀的方式來看待行為本身。

另一方面，生理心理學則將心理學定位為生物科學的領域，而非行為科學。生理心理學介於生理學和心理學之間，使用科學的測量方式，因此也作為測量心理學各種生理指標的方法。生理心理學本身則屬於神經科學這浩瀚領域的其中一個分支。

現在科學技術進步，電腦科學與資訊科技蓬勃發展，在這樣的背景以及完形心理學的影響之下，誕生出了認知心理學。認知心理學將大腦看作是一套跟電腦相同的資訊處理系統，並使用資訊處理模型，探究知覺、記憶、思考的組成形式。

近年來活躍的心理界人士則有保羅・艾克曼（美 Paul Ekman, 1934-）、丹尼爾・沙克特（美 Daniel L. Schacter, 1952-）等人。艾克曼採用情感心理學的手法，認為「表情具有普遍性且是基於生物學的」；沙克特的研究重心則在記憶研究的領域上。

如上所述，行為主義著重在學習心理學的領域，認知心理學則著重在知覺、記憶、思考的領域。現代的心理學對於過去的學派與理論採取折衷主義，視各種不同問題領域所採取的研究方法也五花八門，這就是心理學界的現狀。此外，精神分析學還獨自發展出了「心理治療」的領域。

高爾頓・奧爾波特（美 Gordon Allport,

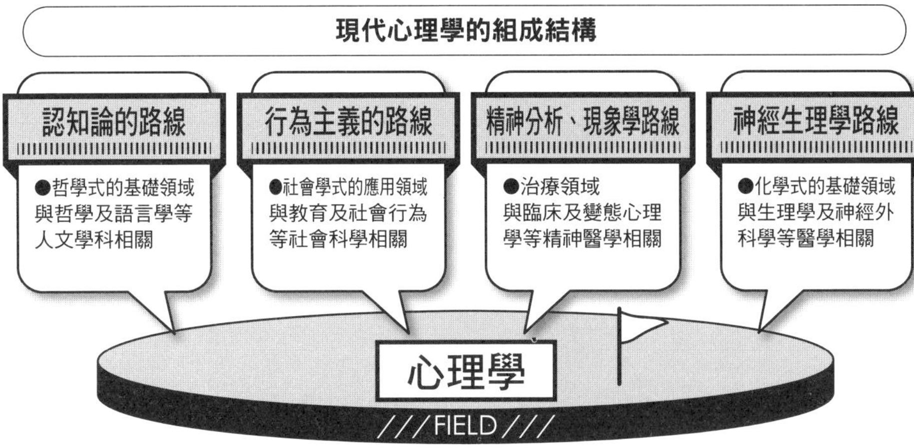

**現代心理學的組成結構**

| 認知論的路線 | 行為主義的路線 | 精神分析、現象學路線 | 神經生理學路線 |
| --- | --- | --- | --- |
| ●哲學式的基礎領域<br>與哲學及語言學等人文學科相關 | ●社會學式的應用領域<br>與教育及社會行為等社會科學相關 | ●治療領域<br>與臨床及變態心理學等精神醫學相關 | ●化學式的基礎領域<br>與生理學及神經外科學等醫學相關 |

心理學

///FIELD///

1897-1967）則將「社會心理學」定義為「當一個人被暗示他人實際存在、或存在於想像當中時，會對這個人的思考、情感、行為產生某種影響，而社會心理學的目標就是理解並說明這份影響」。而社會心理學日後則發展為伊格納西奧・巴洛（西 Ignacio Baro, 1942-1989）的解放心理學。

此外，一九五〇年，愛利克・艾瑞克森（美 Erik Erikson, 1902-1994）提出了「發展心理學」，主張人的社會心理發展有八個階段，隨著年齡增長會出現不同的發展情況，這套理論由西蒙・巴倫—柯恩（英 Simon Baron-Cohen, 1958-）繼承並持續發展至今，他最為知名的是關於自閉症的研究——「心智理論」。此外，以「特質理論」聞名的人格心理學，以及考慮智力等多項因子的「差異心理學」，則由尼可・佛瑞達（荷 Nico Frijda, 1927-2015）等人繼續深入研究下去。

二十一世紀的心理學並非由「主義」、「理論」這些對立的事物所組成，人們也並不將心理學視為一門獨立的學問，而是由心理學家根據研究對象或研究目的自由進行選擇，成為一門具多樣性的學問。心理學的研究不只限於臨床方面，是一個跨學科的研究領域，想必日後會繼續作為一門「研究內心的科學」，不斷進化、發展下去。

CHECK THIS OUT!

**如果你還想繼續學習心理學，一定要知道以下的基礎知識。**

## 功能心理學

這套學說是在十九世紀末到二十世紀初，由美國具代表性的哲學家兼心理學家威廉・詹姆斯（William James, 1842-1910）和同樣身為哲學家兼社會思想家的約翰・杜威（John Dewey, 1859-1952）所提出的。

功能心理學著重於探究意識所扮演的角色，而非研究意識本身，旨在描述現象並掌握其相互關係當中的原理。

此套學說中的一些部分，和歐洲的弗朗茲・布倫塔諾等人於同時期提出的意動心理學，有其相近之處。

## 心理物理學

這個研究領域是德國的費希納所創立的。費希納主張透過實驗與測量的方式，探究心理與身體、心與物之間的關係。「費希納定律」表明刺激與感覺之間的對數關係，將原本模稜兩可的心理世界，根據經驗事實與數學做結合，用這樣的形式展現出來，就這一點而言是相當具革命性的。

## 感覺生理學

感覺生理學是使用生理學的方式，探究外在刺激所引起的意識現象。既是生理學者也是物理學者的馮亥姆霍茲，是最早將感覺生理學化為一套完整學說的人。馮亥姆霍茲等人所開創的這套感覺、知覺的研究，建構出了近代心理學。

## 完形心理學

這套學說是捷克心理學家韋特海默所提出的。在那之前的心理學，都是將心理現象還原成各種元素，而韋特海默則提出反對意見，主張應該將心理現象看作是一個整體性的結構。而這個結構的原理便稱為完形（格式塔）。

完形心理學不只涉及心理學的領域，也研究知覺、認知問題，對其他領域帶來重大的影響。

## 認知心理學

所謂的認知心理學，旨在探究認知的訊息處理模式。

美國的認知科學家、認知人因工程學家唐納德・諾曼（Donald Norman, 1935-）對現在的認知心理學貢獻良多。諾曼撰寫了《心理學簡介：人類資訊運作過程》（1977），探討認知系統的基本要素。認知心理學是一門與資訊理論密切相關的領域，目前在廣義上也稱為認知科學。

## 發展心理學

人類的心理功能與結構會隨著年齡增長而向上提升，而心理學將這個過程稱為「發展」。「心理發展」的過程，和身體——尤其是大腦——有著密切的關係，同時也和生活方式與文化的樣貌有著深入的連結。發展心理學即是以這份「發展」作為研究對象。

## 社會心理學

人類在各式各樣的社會條件下，會出現某些心理、採取某些行為。社會心理學旨在探究這些社會條件與心理、行為之間的關聯。社會心理學可以分成兩大類，一類把重心放在研究個人的心理與行為，另一類則著重在群體的心理現象上。

## 差異心理學

泛指所有將個人、性別、年齡、人種等人類的特質差異，看成是一種量的差異而非質的差異，並採用這樣的方式進行比較研究的心理學。

差異心理學在調查智力、個性與其他心理特質時，往往會採取統計方法，分別測出各項數值，比較單一個人或單一群體的變動，以及不同的個人與不同群體之間的變動。

# 心理學的領域

## 按研究領域分類

- 〔臨床心理學〕——以實際的治療為目的
- 〔行為心理學〕——從行為探究心理的運作
- 〔知覺心理學〕——釐清知覺的組成方式
- 〔學習心理學〕——探討學習過程與其運作原理
- 〔認知心理學〕——研究認知的訊息處理模式
- 〔智力心理學〕——探討何謂智力
- 〔人格心理學〕——用心理學的角度來探究人格
- 〔發展心理學〕——探討自我發展的原理

精神分析學
精神醫學
神經生理學
生物學
語言學
文化人類學
民族學等

## 按研究對象分類（應用領域）

- 〔教育心理學〕——探討人的成長、發展與教育之間的關係
- 〔動物心理學〕——以動物作為研究對象
- 〔兒童心理學〕——以兒童作為研究對象，探討遊戲、發展等面向
- 〔青年心理學〕——研究青年的心理
- 〔家庭心理學〕——以家庭成員作為研究對象
- 〔犯罪心理學〕——研究犯罪者的心理
- 〔社會心理學〕——用心理學的方式探討人的社會行為
- 〔管理心理學〕——研究在工作場所中工作的人的心理與行為
- 〔產業心理學〕——探討商業社會中的人際關係與工作效率
- 〔環境心理學〕——探究出人和環境之間更良好的關係
- 〔災害心理學〕——研究災害和人類行為之間的關聯
- 〔交通心理學〕——釐清交通意外的發生原因
- 〔被害人心理學〕——探究被害人的心理並進行治療
- 〔運動心理學〕——目的是讓人在運動時發揮出自己最大的能力
- 〔健康心理學〕——探究出影響身心健康的因素
- 〔音樂心理學〕——關於音樂的心理學研究
- 〔美術心理學〕——關於美術（造型）的心理學研究
- 〔廣告心理學〕——將廣告視為一種社會交流的方式並進行研究
- 〔宗教心理學〕——研究人的宗教行為與宗教現象
- 〔社會福利心理學〕——運用在社福第一線的心理學應用領域

CLOSE UP!

# 精神分析學

●Psychoanalysis●

佛洛伊德提出了「潛意識」的學說，為人類的生活樣貌帶來了重大變革。

西格蒙德．佛洛伊德的精神分析學，跟卡爾．馬克思的經濟學以及索緒爾的語言學一樣，都對二十世紀的學術領域帶來了巨大的影響。其最主要的原因在於，精神分析學從根本上推翻了西方學問的立足點——「我＝主體」的自明性。

佛洛伊德原本在維也納擔任神經科臨床醫師，他的工作會接觸到精神官能症病患，以及身體方面沒有任何問題的歇斯底里病患，他在為這些病患診察的過程中，逐漸發現這些病患心理出現異常的原因，就存在於病患自己的內心當中。佛洛伊德在診察的過程中開發了一個名叫「自由聯想法」的治療方法，他藉著使用「自由聯想法」，發現了我們心中那些不會顯現在表面的部分，並與約瑟夫．布魯爾（奧 Josef Breuer, 1842-1925）合著了《歇斯底里研究》（1895）。佛洛伊德的想法不同於行為主義，他的學說基礎是建立在觀察與病例報告上，而非依據實驗性的證據。

## 「潛意識」的運作方式

另一方面，佛洛伊德藉由替自己「分析夢境」，認為我們做的夢是那些原本壓抑到意識底下的事物，以扭曲的形式浮出表面而成的。他在一九〇〇年首次發表的個人著作《夢的解析》當中，用有系統的方式闡述夢的解析方法與其理論，導入了「精神分析的關鍵概念」。

於是，佛洛伊德假設有「潛意識」存在，為精神分析學的基本概念之一。他藉著探究「潛意識」複雜的功能，將其作為科學上、心理學上的研究對象，同時，他也認為人們若想了解人類心理的運作，就不能只研究能夠意識到的心理過程，還得釐清「潛意識」的運作方式才行。

## 在佛洛伊德之後的精神分析學

精神分析學在佛洛伊德之後，又經過了許許多多後繼者的批判、修正、解釋，同時也繼續發展下去。在這之中，有很多人雖然以佛洛伊德的理論為基礎，卻提出了相左的意見。相對於佛洛伊德重視性的方面，奧地利身兼精神科醫師、心理學家、社會理論家的阿弗雷德．阿德勒（Alfred Adler, 1870-1937）則重視人類的社會性；而瑞士的精神科醫師、心理學家卡爾・古斯塔夫・榮格（Carl Jung, 1875-1961）則特別關注人類共同擁有的普遍潛意識＝集體潛意識。

至今仍然有許多人使用不同的理論或領域作為切入點，來探討佛洛伊德的理論。舉例來說，法國的拉岡學派以一九五〇年代之前所使用的結構主義與符號理論的角度探討佛洛伊德的理論，嘗試對佛洛依德有一層新的理解。之後，阿爾伯特・艾利斯（美 Albert Ellis, 1913-2007）藉由更為科學的認知心理學，建立了理性情感行為療法，而亞倫・貝克（美 Aaron Beck, 1921-）則建立了一種名叫認知療法的心理療法。

儘管佛洛伊德受到了無數的批判，但人們根據佛洛伊德的精神分析學進而發展出了人本主義心理學，在治療領域方面則發展出了認知療法，從這個角度來看，如今佛洛伊德的學說確實仍扮演著重要的角色。

**CHECK THIS OUT!**

**如果還想繼續學習精神分析學，一定要知道以下的基礎知識。**

### 潛意識

這是佛洛伊德的精神分析學中最基本的概念。佛洛伊德在實際的治療經驗當中，發現有些心理現象無法還原為意識，他早期將人的心理區分為潛意識、前意識、意識。後期則將潛意識、前意識、意識，改成本我、自我、超我並以此重新建立一套理論。

### 本我

本我是最原始的欲望（本能），完全屬於潛意識的領域。主要由先天要素組成，但也包含了當事者壓抑自己意識到的事物，使其再次歸於潛意識當中的這類後天要素。

### 超我

與本我相較之下，超我扮演的是法官、檢察官、監視人員般的角色，也是屬於潛意識的領域。超我最早是由父母的規定與命令內化而成，但日後受到社會規範、傳統規範與價值觀的影響更為巨大。

### 伊底帕斯情結

對於雙親中異性的那方會有性的欲望，同時伴隨著想殺掉雙親中同性那方的欲望。伊底帕斯情結是將小孩對父母所抱持的一種情感兩歧的（對同一個對象同時存在兩種相反的情感）欲望（愛與憎惡），用希臘悲劇《伊底帕斯王》的故事來比喻。這是一種普遍的心理現象，可見於任何文化中。

### 夢

在佛洛伊德的精神分析學裡，夢占了相當重要的位置。佛洛伊德將形成夢的心理運作區分為真正的夢境與偽裝後的夢境。比起夢境本身，他更重視夢的偽裝過程與偽裝程序。佛洛伊德認為這份偽裝是由壓縮、重組、裝飾、整合等四種機制產生的。

### 臨床心理學

臨床心理學的意思正如字面所見，這門學術領域的目的在於，為有可能成為醫療對象的人們，提供心理學方式的援

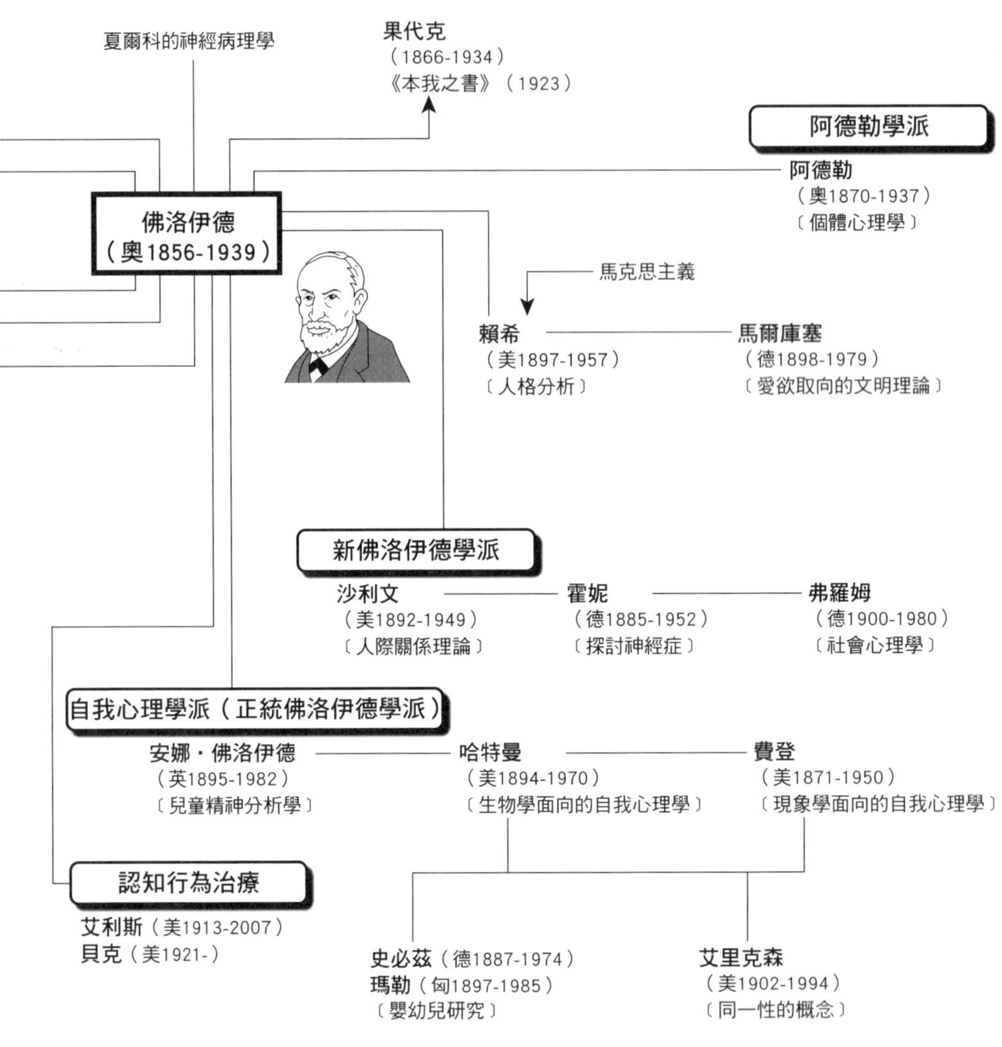


助。另外，預防醫學也是其目的之一，對於目前沒有相關問題的人，也會協助進行心理健康的保持、增進與教育。

臨床心理學可以大略分成心理檢查、心理面談、區域援助、調查研究等四大領域，和精神醫學與精神病理學有著密切的關係。臨床心理學的研究人員稱為臨床心理學家，實際運用這份知識的人員則稱為臨床心理師。臨床心理師須具備臨床心理學的知識基礎，並考取心理專業人員證照。

**卡爾・羅傑斯**

臨床心理學家。建立以面談者（人）為中心的治療法。他主張將面談內容記錄下來或做成逐字稿，不將心理諮商的對象稱為病人而稱為「案主」，這些作法在現在的心理諮商已經成為理所當然了。一九八二

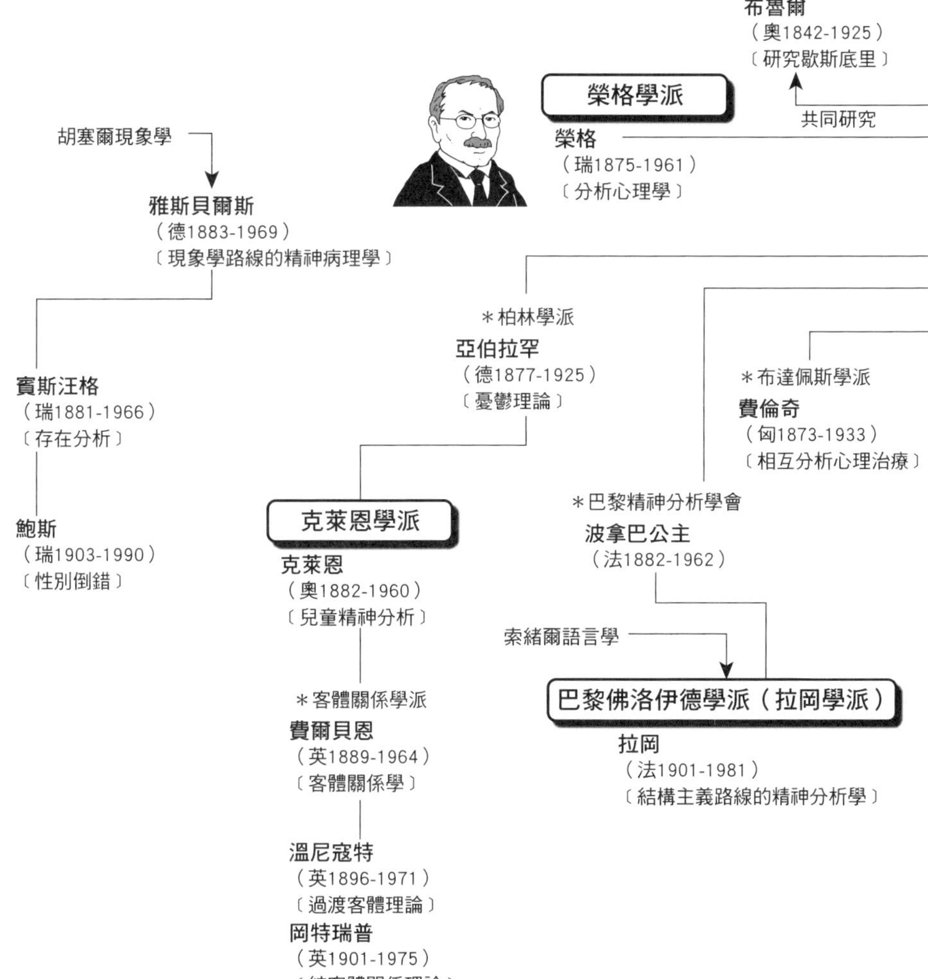


年美國心理學會選出「二十世紀最具影響力的心理治療師」，羅傑斯獲選為第一名（第二名是阿爾伯特・艾利斯，第三名則是佛洛伊德）。

### 河合隼雄

日本心理學家，京都大學榮譽教授、國際日本文化研究中心榮譽教授，曾榮獲文化社會功勞獎，前文化廳廳長。研究專長是分析心理學（榮格心理學）、臨床心理學、日本文化。他是第一位於榮格研究中心取得榮格派分析師證照的日本人，對於分析心理學在日本的推廣與應用貢獻良多，此外他也首度將「沙遊治療」引進日本。並以臨床心理學、分析心理學的角度，於一九八八年設立日本臨床心理師資格認證協會，對於建立臨床心理師認證制度有著卓越的貢獻。

# 文化人類學 Cultural Anthropology

## 文化人類學的起源

**文化人類學的發展，是從因為歐洲人對非歐洲人產生興趣開始。**

文化人類學一開始是在研究「未開化」社會的生活、風俗、宗教、習慣等面向，探究人類文化的發展過程與其中的改變。

從前，文化人類學又被稱為民族學（Ethnology），日文發音跟民俗學（Folkloristics）相同，學界曾經有段時期認真探討這兩者的差異。後者的研究對象大都停留在日本國內，相反的，前者的學者則大多認為視野應該遍及世界各地。

近代歐洲人占據了多項學術領域的核心角色，而一開始之所以會發展出文化人類學的研究，則是近代歐洲人根據形形色色的資訊，知道了他們以外的亞洲與新大陸的神話、宗教與生活習慣，文化人類學就是在這個時期發展而成的，並且在十九世紀成為一門正式的學問。

自然科學家達爾文（英 1809-1882）於一八五九年發表了《物種起源》，由此而形成的進化論觀點，在文化人類學初期階段占了主流的地位。舉個例子，以律師身分幫助美國原住民（印地安人）保護其居住地的路易斯·亨利·摩爾根（美 Henry Morga, 1818-1881），觀察了美國社會的婚姻與宗族制度，著成《古代社會》（1877）。摩爾根以「野蠻」、「未開化」、「文明」等詞彙來表示人類的進化過程，並提到在一夫多妻制成立之前，人類是處於「亂婚」的時期。

之後的弗里德里希·恩格斯（德 Friedrich Engels, 1820-1895）受到此書的影響頗深，他撰寫了《家庭、私有制和國家的起源》（1884）。除此之外，文化人類學的先驅、文化人類學之父愛德華·泰勒（英 Edward Teller, 1832-1917），則在其著作《原始文化》（1871）主張泛靈論（一種認為萬物都寄宿著靈魂的信仰）是宗教的初期階段，接著會再依序進化成多神教與一神教。

不過在一八八〇年代之後，一些研究不再抱持這種進化論的觀點。法蘭茲·波亞士（德 Franz Boas, 1858-1942）的研究便是其中之一。法蘭茲·波亞士是德裔的美國文化人類學家，被譽為「美國人類學之父」。他調查了從西伯利亞的阿穆爾河（即黑龍江）到美國哥倫比亞河之間的北太平洋地區，並主張在文化的形成與發展過程中，「模仿」與「發明」扮演著相當重要的角色。他抱持著文化相對主義的立場，認為所有文化都是對等的、各自擁有自己的價值，而這也成為日後文化人類學的基本立場。

另一方面，德國的利奧·費羅貝尼烏斯（Leo V. Frobenius, 1873-1938），認為日本的稻作文化是藉由某種傳播方式，而從東南亞擴展到日本的。他提出了傳播主義，重視文化發展過程中的「接觸」和

「傳播」，並確立了「文化圈」的概念。

此外，英國的詹姆斯・弗雷澤不使用實地調查的方式，而採用文獻學的方式研究巫術、宗教、儀式、圖騰崇拜（認為動物等自然界事物為其祖先並加以崇拜），並根據這些研究撰寫了《金枝》（1890），此書對後世的文藝、藝術作品影響甚大。他的「殺王」理論也出現在現今的王權論當中。

## 文化人類學的發展

**二十世紀的文化人類學是在對於「進化」與「傳播」理論進行批判與延伸的狀態下發展而成的。**

**此外，在導入田野調查的研究方式之後，文化人類學也轉變成一門學術性的領域。**

一九二二年是文化人類學出現重大轉折的一年。該年發跡於英國的波蘭人類學家布朗尼斯勞・馬林諾夫斯基（Bronislaw Malinowski, 1884-1942）根據他長期在太平洋的超卜連群島進行的田野調查，發表了《南海舡人》一書。他融入當地的生活，使用當地的語言與當地居民溝通，並運用有系統的方式分析他所收集到的資料，這成為日後文化人類學的一種標準研究方式。

這本書中提到一種稱為「庫拉圈」的儀式性制度，當地人民會跨島交換貝殼製成的項鍊或手環。自此之後，這也成為許多文化人類學家開始著手研究的主題。

同在一九二二年，身為英國人類學家的阿爾弗雷德・瑞克里夫－布朗（Alfred Radcliffe-Brown, 1881-1955）也發表了《安達曼島人》一書。他分析規範個人行為的社會結構，開創了結構功能主義的人類學之路。

馬林諾夫斯基和瑞克里夫－布朗這兩位學者所確立的英國人類學，稱為社會人類學，由伊凡－普理查等人繼承。

普理查的著作《阿贊德人的巫術、神諭與魔術》（1937）主張任何社會制度都應該以該社會成員的信仰和價值觀來解釋，發展出了一套語義學的解釋方式。

另一方面，法國則有身為社會學家涂爾幹的姪子兼學生的馬瑟・牟斯發表了著作《論禮物》（1925）。牟斯提出了一種收受禮物的交換系統，為法國人類學開啟了實證主義的道路，並且對日後結構主義人類學的誕生埋下了種子。

此外，由波亞士所帶領的美國人類學，也從原本研究文化史的狀態，轉向研究文化與個人的相互關係以及文化的動態性。舉例來說，露絲・潘乃德（美 Ruth Benedict, 1887-1948）在文化人類學導入了心理學的手法，其著作《文化模式》（1934）繼承了波亞士的文化相對主義，而她在一九四六年發表了研究日本文化的《菊與刀》一書。當時的人類學大多以未開化社會為研究對象，潘乃德卻著眼於日本的東方文化社會，研究該社會的文化形態，例如：義理、忠義等。另外，瑪格麗特・米德（美 Margaret Mead, 1901-1978）則於數個不同的社會進行田野調查，探討文化與人類之間的關係。

至於日本的文化人類學方面，石田英一郎（1903-1968）在其著作《桃太郎之母》

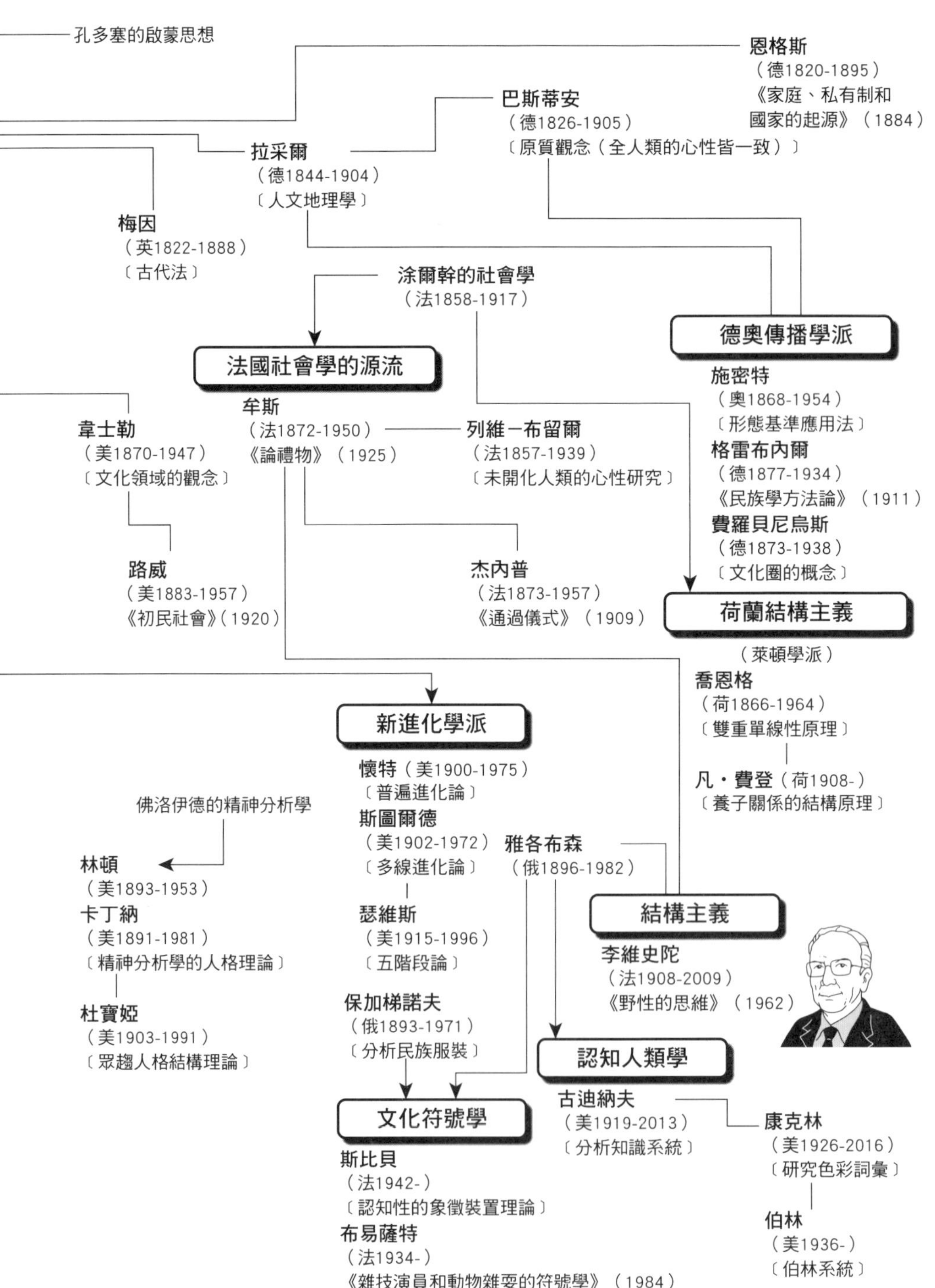

孔多塞的啟蒙思想
恩格斯
（德1820-1895）
《家庭、私有制和
國家的起源》（1884）
巴斯蒂安
（德1826-1905）
〔原質觀念（全人類的心性皆一致）〕
拉采爾
（德1844-1904）
〔人文地理學〕
梅因
（英1822-1888）
〔古代法〕
涂爾幹的社會學
（法1858-1917）
德奧傳播學派
施密特
（奧1868-1954）
〔形態基準應用法〕
格雷布內爾
（德1877-1934）
《民族學方法論》（1911）
費羅貝尼烏斯
（德1873-1938）
〔文化圈的概念〕
法國社會學的源流
牟斯
（法1872-1950）
《論禮物》（1925）
列維－布留爾
（法1857-1939）
〔未開化人類的心性研究〕
韋士勒
（美1870-1947）
〔文化領域的觀念〕
路威
（美1883-1957）
《初民社會》(1920）
杰內普
（法1873-1957）
《通過儀式》（1909）
荷蘭結構主義
（萊頓學派）
喬恩格
（荷1866-1964）
〔雙重單線性原理〕
凡・費登（荷1908-）
〔養子關係的結構原理〕
新進化學派
懷特（美1900-1975）
〔普遍進化論〕
斯圖爾德
（美1902-1972）
〔多線進化論〕
瑟維斯
（美1915-1996）
〔五階段論〕
雅各布森
（俄1896-1982）
佛洛伊德的精神分析學
林頓
（美1893-1953）
卡丁納
（美1891-1981）
〔精神分析學的人格理論〕
杜寶婭
（美1903-1991）
〔眾趨人格結構理論〕
結構主義
李維史陀
（法1908-2009）
《野性的思維》（1962）
保加梯諾夫
（俄1893-1971）
〔分析民族服裝〕
認知人類學
古迪納夫
（美1919-2013）
〔分析知識系統〕
康克林
（美1926-2016）
〔研究色彩詞彙〕
伯林
（美1936-）
〔伯林系統〕
文化符號學
斯比貝
（法1942-）
〔認知性的象徵裝置理論〕
布易薩特
（法1934-）
《雜技演員和動物雜耍的符號學》（1984）

人文科學
社會科學
自然科學
文化藝術

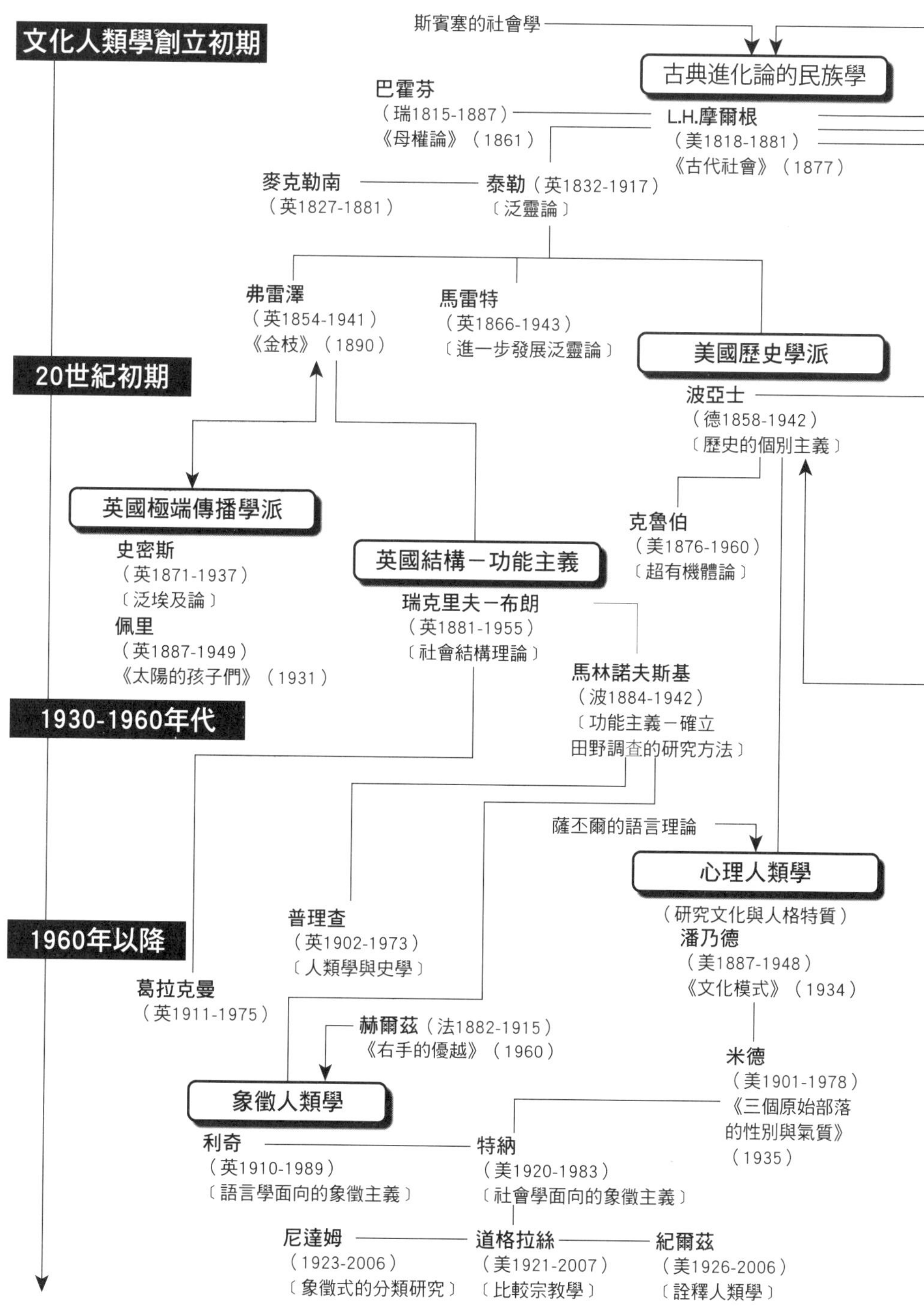

文化人類學的發展過程
文化人類學創立初期
斯賓塞的社會學
古典進化論的民族學
巴霍芬
（瑞1815-1887）
《母權論》（1861）
L.H.摩爾根
（美1818-1881）
《古代社會》（1877）
麥克勒南
（英1827-1881）
泰勒（英1832-1917）
〔泛靈論〕
弗雷澤
（英1854-1941）
《金枝》（1890）
馬雷特
（英1866-1943）
〔進一步發展泛靈論〕
20世紀初期
美國歷史學派
波亞士
（德1858-1942）
〔歷史的個別主義〕
英國極端傳播學派
史密斯
（英1871-1937）
〔泛埃及論〕
佩里
（英1887-1949）
《太陽的孩子們》（1931）
英國結構－功能主義
瑞克里夫－布朗
（英1881-1955）
〔社會結構理論〕
克魯伯
（美1876-1960）
〔超有機體論〕
馬林諾夫斯基
（波1884-1942）
〔功能主義－確立
田野調查的研究方法〕
1930-1960年代
薩丕爾的語言理論
心理人類學
（研究文化與人格特質）
潘乃德
（美1887-1948）
《文化模式》（1934）
普理查
（英1902-1973）
〔人類學與史學〕
1960年以降
葛拉克曼
（英1911-1975）
赫爾茲（法1882-1915）
《右手的優越》（1960）
米德
（美1901-1978）
《三個原始部落
的性別與氣質》
（1935）
象徵人類學
利奇
（英1910-1989）
〔語言學面向的象徵主義〕
特納
（美1920-1983）
〔社會學面向的象徵主義〕
尼達姆
（1923-2006）
〔象徵式的分類研究〕
道格拉絲
（美1921-2007）
〔比較宗教學〕
紀爾茲
（美1926-2006）
〔詮釋人類學〕

（1956）中，針對地母神觀念的發展過程，一路從日本追溯到古希臘，指出某些文化「傳播」到了歐亞大陸的全境。當時間再往後一點，就輪到山口昌男（1931-2013）登場了，他在亞洲和非洲各地進行調查，同時撰寫了《文化與兩義性》(1975)等書，他將未開化社會到文明社會等所有區域所顯現的結構性樣貌，用「中心與邊緣」的概念加以說明，此舉也對其他學問帶來了不小的影響。

## 結構主義的人類學登場

**由於結構主義式的研究方法出現，使得文化人類學成為二十世紀學術的中心。**

當二十世紀邁入中期，文化人類學的研究開始與宗教學、民俗學與現代思想等領域重合，同時也出現了多樣化的發展。

其中，有一位對日後的現代思想影響甚鉅的學者，他便是主張結構主義人類學的李維史陀。

李維史陀的初期著作《憂鬱的熱帶》（1955）是一部文學作品，內容與他在南美洲所做的旅遊與調查有關。《野性的思維》（1962）則是結構主義的教科書，同時也是一本寶貴且富有暗示性的著作，他認為「未開化社會既不野蠻、也並非沒有文化。他們的『知識』，可以說反而從對立面在影響著文明社會」，因此讓我們對於那些我們認為是「未開化」社會的思考方式，能有全新的發現。

《親屬關係的基本結構》（1949）描述親屬禁止近親通婚並建立外婚制的情形；《今日的圖騰主義》（1962）和《神話學》（1964-1971）則以數學、語言層面、語義學的方式，來探究制度、宗教與神話。李維史陀被譽為「最偉大的人類學家」，同時也是二十世紀學術界的巨擘。

## 現代的文化人類學

**文化人類學擴展了自身的研究領域與敘述手法。另外，也開始重新審視調查的方法論與「記錄文化」方面的基本工作。**

首先，一九四〇年代的文化人類學將研究對象從「未開化」社會擴展到日本、歐洲的農村與漁村等普通的家庭生活。而一九五〇年代以後更進而以先進國家的都市為研究對象，一九七〇年代初期甚至還出現了「都市人類學」這個名詞。

科林・特恩布爾（英 Colin M. Turnbull, 1924-1994）捨棄了文化人類學原本使用的客觀敘述方式，以表露出記述者主觀思考的手法撰寫了許多民族誌。進入一九八〇年代之後，也開始有許多民族誌會將焦點放在提及姓名的單一個人上面。

關於研究方法方面，一九七〇年代開始有許多人譴責文化人類學所進行的調查是建立在殖民地主義與軍事行動之上，調查人員的道德問題受到探討。同時，巴勒斯坦裔的美國文學家愛德華・薩依德（Edward W. Said, 1935-2003）在其著作《東方學》（1978）當中，批判非西方社會被塑造成扭曲不實的形象，間接導致西方國家進行殖民地統治。他的言論引起了強烈的迴響，使得人們開始檢視人類學的現狀。

## 文化人類學的領域

### 文化人類學的定位

人類學
- ●體質人類學
- ●史前考古學
- ●文化人類學（民族學）

### 文化人類學的研究分類

●田野調查（實地調查）／方法論／學說發展史

●民族史／民族文化史

●語言人類學［採取語言學的路線］

●自然環境／生計／食衣住行／民具（民間工藝品）／技術／藝術等方面的研究［採取生物學、社會學、技術史、藝術學的路線］

●婚姻制度／家庭與家族的結構／社會、政治、經濟的結構／集體性／風俗習慣、制度等方面的研究［採取政治人類學、法律人類學、經濟人類學的路線］

●宗教／巫術／儀式／祭祀等方面的研究［採取宗教學的路線］

●神話／傳承／民間故事等方面的研究［採取神話學、民俗學的路線］

●民謠、音樂、舞蹈等方面的研究［採取文學、音樂、身體論的路線］

●都市文化、文明的研究［都市人類學］

●教育／人格形成／國民性／文化與心理／精神衛生等方面的研究［心理人類學］

●其他［醫療人類學／影像人類學／認知人類學等方面］

---

一九八〇年代，學界重新檢視文化人類學本身的意義——「調查人員親赴不同的社會、進行田野調查並記錄下來」。詹姆斯・克里夫（James Clifford, 1945-）等人所撰寫的《寫文化》（1986）也於此時出版。

人類學的發展一開始是出自於歐洲人對非歐洲人產生興趣，而現在這門學問則放眼到醫療、生物科技、全球化、環境等實際的問題上，擴展自身框架的同時，不斷持續發展下去。

CHECK THIS OUT!

**如果還想繼續學習文化人類學，一定要知道以下的基礎知識。**

### 田野調查

這種調查方式是長期居住在當地，並與當地居民一同行動，同時進行系統性的調查。這種實證性的研究建立在長期參與觀察型的田野調查之上，乃是文化人類學的一大特色。

這種研究方法甚至可以說是辨識文化人

類學最簡單的方式，是由一九二二年發表了《南海舡人》一書的馬林諾夫斯基所確立的。從此以後，田野調查就成為文化人類學的基本研究方式。

## 功能主義的人類學

這是瑞克里夫－布朗所提倡的理論。將社會與文化視為一個有機體，旨在探究建構出社會與文化的各項要素彼此之間有著何種關聯、在整體中扮演著何種角色。瑞克里夫－布朗的這種想法是從涂爾幹的理論與分析工作當中得到的。

## 綜攝

意指原本各不相同的宗教產生融合的現象。這個詞的由來是「克里特島上的人們原本有著許多內憂與意見不合的情況，但當他們面臨外敵時就團結起來了」，古希臘作家普魯塔克（Plurarchus, c.46-c.127）根據「克里特」一詞將此情況稱作「syncretismus」，這便是綜攝（syncretism）一詞的由來。

## 鬼

中國的「鬼」是指靈魂狀態的東西，而日本的「鬼」則有著許多不同的緣由。舉例來說，《日本書紀》（720）的鬼是一種「吃人的怪物」，日本中世紀的作品《小栗判官》（1415）裡面則有一隻名為「鬼鹿毛」的馬。「酒吞童子」具有童子的稱號，也等於是一種鬼，或者說是相當接近鬼，會將京都貴族的女兒抓來吃掉。而那些關於棲息在山裡的鬼的傳說故事，也促成了柳田國男（1875-1962）的作品《山人》誕生。

## 偶像崇拜

所謂的偶像是用木頭或金屬製成的神像。猶太教是出名的全面禁止偶像崇拜，而早期的基督教有段時期也曾發展出破壞偶像主義（iconoclasm）。

## 文化傳播主義

這種觀點認為文化並不是一個民族獨自發展而成，而是從外地傳播而來的。在這之前，人類學家深深沉浸在進化論的影響之下，認為任何民族的文化形成方式，基本上都依循著相同的路徑，這種情況一直持續到十九世紀到二十世紀，人類學中出現了文化傳播的主張為止。

英國的人類學家泰勒對進化論的觀點抱持疑問。他運用統計學的方法，證明文化現象具有相關性。此外，人文地理學家弗里德里希·拉采爾（德，Friedrich Ratzel, 1844-1904）也藉著在地圖上標註文化元素分布情形的方式，主張文化會隨著民族的移動而分散開來。現在學界將文化傳播視為文化史研究的一部分，學者普遍認為無法單憑文化傳播來說明文化形成的所有面向。

## 通過儀式

在一些古代社會與未開化社會當中，少年少女要加入成人的行列，亦即要被大家認同為成人時，必須要在特定時期克服某種艱難的試煉。這個試煉就稱為通過儀式（initiation）。

## 搗蛋鬼

所謂的搗蛋鬼（trickster），是指世界各地的神話或民間傳說當中所出現的一些滑稽的搗蛋角色，這些角色在故事中會運用謀略或騙術而引導故事發展，他們擁有破壞的一面也有著建設性的一面。這個概念很接近歐洲的「丑角」。

山口昌男在《丑角的民俗學》（1975）等著作當中探討過這個概念，擴大了大眾對於搗蛋鬼亦即「丑角」的關注度。以山口的「中心與邊緣」理論而言，丑角屬於一種邊緣的角色，同時也不斷為中心的世界、亦即普通人類所處的世界，帶來刺激、使其活絡起來。

## 《桃太郎之母》

這是石田英一郎於一九五六年出版的著作。「為什麼桃太郎和金太郎這些少年英雄沒有媽媽呢？」這個疑問使得石田開始進行研究，其中探討了母子神的主題，他一路追溯到希臘神話中的厄洛斯與阿芙蘿黛蒂（譯注：相當於羅馬神話中的邱比特與維納斯）等，與自己兒子的神組成一對的古地中海地母神，還討論到了抱著耶穌遺體的聖母瑪利亞像。

## 弗雷澤（詹姆斯爵士）

生於一八五四年，父親為蘇格蘭商人，同時也是虔誠的長老教會基督徒。弗雷澤就讀格拉斯哥大學，畢業後於劍橋大學專攻民俗學與神話學。一八九〇年出版其大作《金枝》，這本書對全世界帶來巨大的影響，為無數的文學與電影帶來啟發，據說日本民俗學家柳田國男也經常閱讀此書。

## 誇富宴

先是由卡爾．馬克思提出了「交換」的概念，接著牟斯的《論禮物》（1925）又進行深入的探討，從此，人類社會中的交換、交易或贈與問題，便經常成為學者研究的主題。就馬林諾夫斯基所發現的「庫拉圈」制度而言，人們會跨島傳遞、交換貴重的裝飾品，藉此穩定彼此的社會交流。

但牟斯所提出的「誇富宴」（potlatch），則顯示出當人們之間的贈與競爭變得相當激烈時，最後會毀掉自己所擁有最珍貴的物品，藉此表示一種更高的贈與型態。所謂的誇富宴就像是一種競爭性的交換大戰。

## 游牧民族

「游牧和農耕是同時出現的嗎？還是說這兩種不同的生活型態，是因為一種選擇住在歐亞大陸的內陸草原地帶，另一種選擇住在海岸地區的農耕地帶所致呢？」石田英一郎針對這個問題認真進行研究。石田的結論是，游牧民族將羊隻等動物從農耕社會帶到了草原地帶，這便是游牧民族的起源。

CLOSE UP!

# 神話學

●Mythology●

神話學研究希臘神話、羅馬神話，甚至從古代民族到未開化社會的神話皆為研究對象，同時也運用其他領域的研究手法擴展其研究的面向。

「很久很久以前……」傳說故事都是用這句話作為開場白，且故事本身具有較強的娛樂性質。傳說就是將實際發生的事情流傳下去。

相較之下，神話則是講述宇宙的誕生或人類的起源，故事內容幾乎比較不合理，具有神祕主義及祕教性質。釐清神話的起源和本質是一項極為困難的工作，打從古希臘時期就有許多學者著手這項工作，但一直要到十八世紀才真正建立起一門系統性的學問——神話學。

## 比較神話學

十九世紀後半，出現麥克斯・繆勒（德 1823-1900）等人的自然神話學派，該學派使用比較語言學的手法進行研究，主張神的形象是根據暴風或太陽等自然現象所創造的。不過，並不是所有神話的起源都可以追溯到自然現象，因此自然神話學派便遭到安德魯・蘭格（英 Andrew Lang, 1844-1912）等人嚴厲批判。

蘭格發展出一套比較神話學的方法論，亦即藉由將希臘神話等古代民族的神話，與未開化民族的神話進行比較，從中發現一些詮釋性的暗示。此舉對日後的學者影響甚鉅。

舉個例子，喬治・迪梅齊爾（法 1898-1986）比較、分析印歐語系的各種神話與宗教，發現其中都具有祭司、戰士、生產者這三種階級結構。迪梅齊爾將這個理論取名為「三功能假說」。

十九世紀後半，在心理學領域上也開始談到神話。精神科醫師西格蒙德・佛洛伊德（奧 1856-1939）認為現代人類社會的心理現象根本部分，都存在著希臘神話等故事。比如說，伊底帕斯情結就是以希臘神話的伊底帕斯故事（兒子弒父並跟母親結婚）為基礎，認為幼兒為了實現與母親合為一體的渴望，會有憎恨父親的傾向。

卡爾・古斯塔夫・榮格（瑞 1875-1961）則從心理學的角度研究神話，認為人類共同擁有的集體潛意識反映到了神話與夢境當中。他和匈牙利的希臘古典研究家兼神話學家卡爾・凱倫伊（1897-1973）合著了神話學的著作。

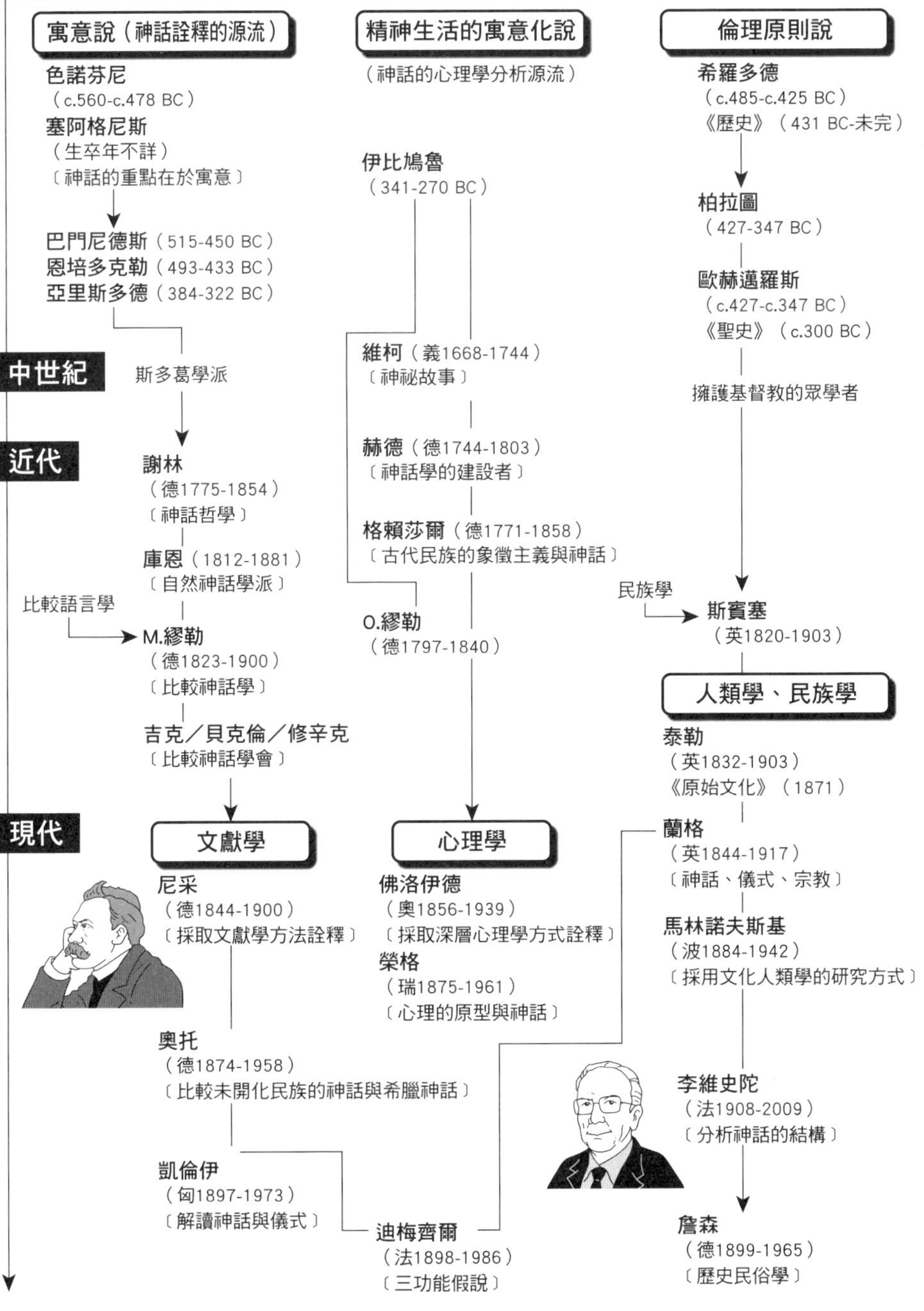
神話學的發展過程
古希臘
寓意說（神話詮釋的源流）
色諾芬尼
（c.560-c.478 BC）
塞阿格尼斯
（生卒年不詳）
〔神話的重點在於寓意〕
巴門尼德斯（515-450 BC）
恩培多克勒（493-433 BC）
亞里斯多德（384-322 BC）
精神生活的寓意化說
（神話的心理學分析源流）
伊比鳩魯
（341-270 BC）
倫理原則說
希羅多德
（c.485-c.425 BC）
《歷史》（431 BC-未完）
柏拉圖
（427-347 BC）
歐赫邁羅斯
（c.427-c.347 BC）
《聖史》（c.300 BC）
擁護基督教的眾學者
中世紀
斯多葛學派
維柯（義1668-1744）
〔神祕故事〕
近代
謝林
（德1775-1854）
〔神話哲學〕
赫德（德1744-1803）
〔神話學的建設者〕
格賴莎爾（德1771-1858）
〔古代民族的象徵主義與神話〕
庫恩（1812-1881）
〔自然神話學派〕
比較語言學
M.繆勒
（德1823-1900）
〔比較神話學〕
O.繆勒
（德1797-1840）
民族學
斯賓塞
（英1820-1903）
人類學、民族學
吉克／貝克倫／修辛克
〔比較神話學會〕
泰勒
（英1832-1903）
《原始文化》（1871）
現代
文獻學
尼采
（德1844-1900）
〔採取文獻學方法詮釋〕
心理學
佛洛伊德
（奧1856-1939）
〔採取深層心理學方式詮釋〕
榮格
（瑞1875-1961）
〔心理的原型與神話〕
蘭格
（英1844-1917）
〔神話、儀式、宗教〕
馬林諾夫斯基
（波1884-1942）
〔採用文化人類學的研究方式〕
奧托
（德1874-1958）
〔比較未開化民族的神話與希臘神話〕
李維史陀
（法1908-2009）
〔分析神話的結構〕
凱倫伊
（匈1897-1973）
〔解讀神話與儀式〕
迪梅齊爾
（法1898-1986）
〔三功能假說〕
詹森
（德1899-1965）
〔歷史民俗學〕

## 文化人類學的神話學

二十世紀的神話學一大特徵，便是與文化人類學之間有著密切的關係。透過田野調查的方式，收集未開化民族那些「活在現代」的神話，用整體性的方式理解當地文化，再根據這樣的基礎來進行神話的詮釋。

文化人類學的巨擘李維史陀，並不針對神話的各個元素進行研究，而是根據神話中所出現的眾神關係等面向來分析整體的結構，用這套方法進行美洲大陸各式神話的結構分析。

另外，羅馬尼亞的宗教學家兼文學家米爾洽·伊利亞德（1907-1986）藉著研究神話與祭祀等方面的事物，對世界各地的宗教思想進行比較研究。喬瑟夫·坎伯（美1904-1987）著有《千面英雄》(1949)等作品，其中的英雄神話論，帶給電影《星際大戰》等諸多作品深遠的影響。他們都是活躍於二十世紀神話學領域的重要學者。

比較神話學同樣也是相當盛行的一種研究方式，其工作內容是比較古代民族的神話到未開化社會的神話。當學者在考察民族的移動與文化傳播的情況時，發現世界各地都擁有相同的神話（例如：洪水神話），這背後有著重大的意義。而希臘神話和日本神話也擁有相同的元素，對於這一點，神話學家吉田敦彥（1934-）解釋，印歐民族與包含日本民族在內的烏拉爾－阿爾泰民族，也許曾經在歐亞大陸中央的草原地帶，交換過彼此的神話故事。

**如果你還想繼續學習神話學，一定要知道以下的基礎知識。**

### 海奴韋萊神話

這則神話故事的內容是有個名叫海奴韋萊（Hainuwele）的少女被人殺害並埋進土裡，之後這塊地就出現了食物與寶藏。而東南亞全境皆流傳了這則神話。

至於日本神話方面，《古事記》(712)和《日本書紀》(720)當中則有著同樣的故事。

### 女裝英雄

有不少的神話故事，都出現英雄（身分介於人類與神之間，死後會受到人們的祭拜）在扮女裝的情況下戰勝敵人的情景。

日耳曼神話有一位名叫索爾的雷神曾經扮成女神，假裝要和一名竊賊結婚並趁機將對方殺死。日本神話中的日本武尊，在殺死九州族長川上梟帥的時候也是男扮女裝。

### 喬治·迪梅齊爾

法國語言學家兼神話學家。迪梅齊爾的研究採取比較語言學的路線，和麥克斯·繆勒等自然神話學派學者所進行的比較神話學研究，著眼點並不相同。迪梅齊爾著眼於眾神所扮演的角色與結構，從神話與社會結構之間的關係來研究神話，「三功能假說」便是從這些研究當中得出的。

### 三功能假說

迪梅齊爾在研究了印歐語系的神話之後，認為在神話與宗教的根本部分，都深刻反映了人類社會的三個階級——祭司（國王和教士）、戰士（貴族）、生產者（農民）。這三個階級在印度可見於種姓制度，在這四個種姓當中，婆羅門相當於祭司、剎帝利相當於戰士、吠舍和首陀羅則相當於生產者（平民和奴隸）。

吉田敦彥則主張，日本天皇家的三大神器——鏡、劍、玉，也反映出相同的情況。

## 厄洛斯和賽琪

厄洛斯是個年輕的男神，相當於羅馬神話的邱比特。厄洛斯象徵古代農耕社會中的性的力量，故事提到他和賽琪在一片黑暗中交合。順帶一提，賽琪是希臘文，意指蝴蝶和靈魂。

凱倫伊對這則神話進行分析，他認為靈魂和蝴蝶同樣都會飛來飛去、往來於這個世界和冥府之間。

## 鍛造之神的譜系

希臘神話的英雄奧德修斯刺傷獨眼巨人波利菲莫斯的眼睛，波利菲莫斯是一個只有一隻眼睛的怪人，於是奧德修斯的父親海神波賽頓便對奧德修斯降下責罰。日本神話也有一個名叫天目一箇神的鍛造之神（「目一箇」就是一隻眼睛的意思）。

此外，希臘神話中的火與鍛造之神赫淮斯托斯是個瘸子。伊利亞德認為，現在的農耕之神的位置在以前是屬於鍛造之神的，於是鍛造之神受到輕蔑而在這個過程中得到了這副不健全的身體。

## 凱爾特神話

這是凱爾特（Celt）民族的神話，凱爾特民族主要殘留在愛爾蘭地區。凱爾特民族在希臘文稱為Keltoi，拉丁文則稱為Celtae或Galli，是由許多部族組成的。他們雖然在語言、文化、宗教等方面都很類似，卻沒有一個統一的政權，因此在經過部族間爭鬥、並且和異族同化之後，就隱沒到羅馬地區與北日耳曼地區了，目前學界普遍認為凱爾特人已消失在歐洲各地。

在希臘神話和羅馬神話中，眾神的分工相當明確，相反的，凱爾特神話的眾神、妖精、英雄與人類彼此都可以自由交流，自然界的生物和超自然界的生物可以轉變成形形色色的模樣，描繪一個不斷流轉的世界。我們可以在故事的基底上，窺探到其中流露出濃厚的靈魂不滅和轉世的思想。

## 洪水神話

這種神話會提到從前曾經發生過大洪水，而現在的人類就是當時少數存活下來的生還者子孫。像是舊約聖經的「諾亞方舟」就描述，神為了要懲罰墮落的人類，於是便降下洪水。雖然各地的洪水神話內容千變萬化，但是世界各地確實都存在著洪水神話，且各別都有理可循。

至於印度神話中關於洪水的故事中提到，人類始祖摩奴在洗衣服的時候，有一條魚落到他的手上，由於他好好對待了這條魚，所以發生大洪水時他就存活了下來。

CLOSE UP!

# 民俗學

● Folklore ●

日本的民俗學是由柳田國男所確立的，而現在的民俗學則以社會的風俗與文化作為研究對象。

所謂的民俗學，是透過有形無形的民俗資料如傳說、神話、習俗、祭祀、建築物、生活用具，及戲劇、舞蹈、民謠等表演藝術，來探究該民族的文化。與文化人類學的差別在於，民俗學主要是以自己民族的文化為研究對象，舊時還稱為「民間傳承學」。

說到日本的民俗學，就不能不提柳田國男（1875-1962）。他收集了日本各地的民間傳承與口頭流傳，撰寫出《遠野物語》（1910）等多本作品，而「常民」是柳田的核心概念之一。柳田所謂的「常民」，是指像農民這樣無論在哪個時代都過著相同生活的一般民眾。

柳田的身邊圍繞著各種領域的學者，有研究宗教民俗學或者稱為日本文學民俗學家的折口信夫（1887-1953），以及在黏菌學與博物學領域表現亮眼的南方熊楠（1867-1941）等眾多人物。此外，企業家澀澤敬三（1896-1963）提倡使用「民具（民間工藝品）」這個學術用語，並透過收集民具的方式進行民俗學研究，他對各式各樣的調查研究提供協助，培育出許多民俗學家。

## 日本民俗學的發展

民俗學跟重視文獻的歷史學不同，口頭流傳的傳說與故事、進行田野調查時從人民口中聽到的內容、以及民具與表演藝術等文字以外的資料，對於民俗學而言也是重要的研究材料。

宮本常一（1907-1981）等人在日本各地的村莊進行田野調查，撰寫了多本民俗誌，這些學者相當關注繪卷物（譯注：將故事以圖文並列方式繪製成的畫卷）等不被史學看作第一手史料的資料。網野善彥（1928-2004）和黑田日出男（1943-）等人繼承了這種運用視覺史料的研究方法，與根據時間的推移、使用歷時性的方式探討人類社會的史學，已經不再是對立的關係了。

目前的民俗學正處於重大轉變期。這是因為，從前的民俗學作為調查對象的那些農村與山村，現在的風貌已經大幅改變，當地的儀式與習俗也正急速消失，同時，自從邁入一九七〇年代後半開始，學者對於都市民俗的關注度也漸漸提高。現在出現了許多新的研究領域，以現代社會的風俗與文化為研究對象，例如：都市民俗學、環境民俗學、觀光民俗學等。不只如此，民俗學也開始嘗試對其他學術領域進行跨

## 日本民俗學的發展過程

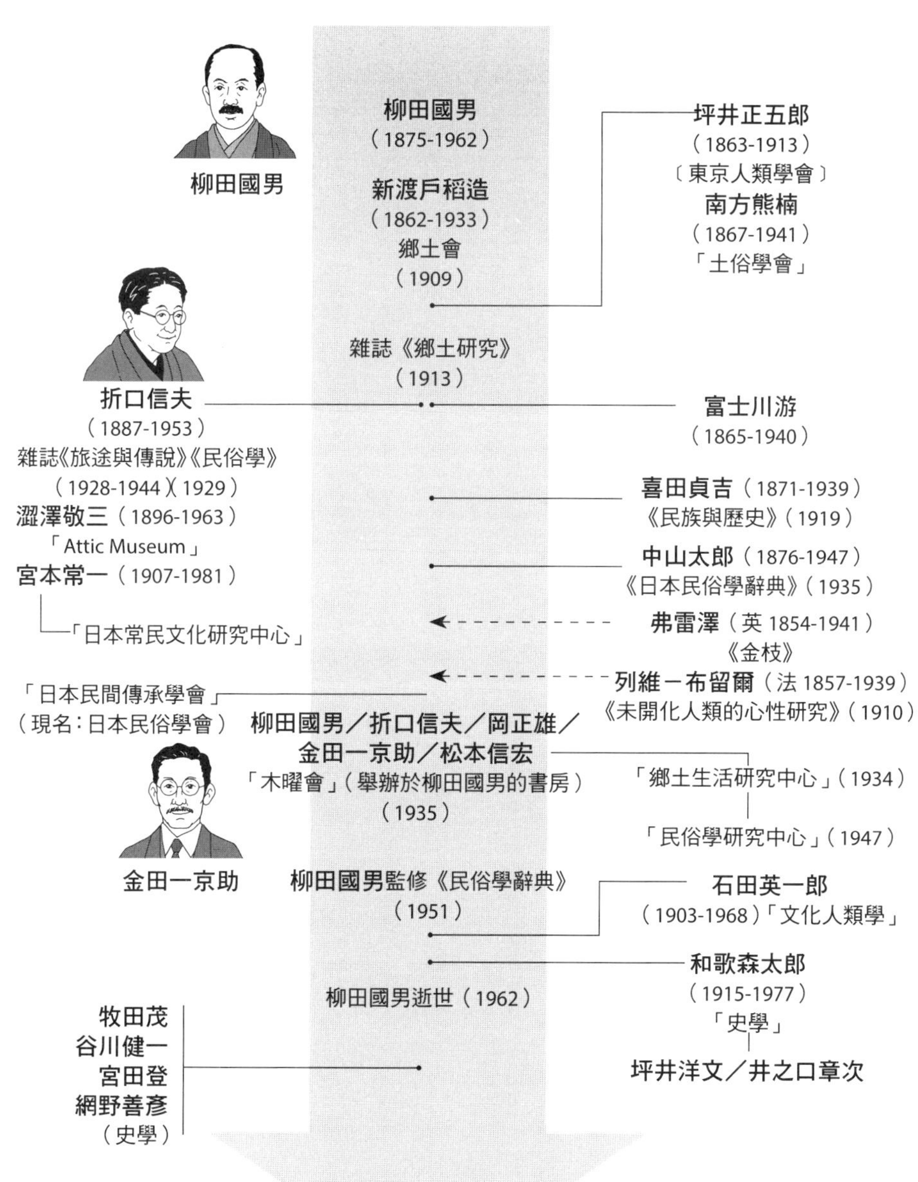

柳田國男
（1875-1962）
新渡戶稻造
（1862-1933）
鄉土會
（1909）
柳田國男
坪井正五郎
（1863-1913）
〔東京人類學會〕
南方熊楠
（1867-1941）
「土俗學會」
雜誌《鄉土研究》
（1913）
折口信夫
（1887-1953）
雜誌《旅途與傳說》《民俗學》
（1928-1944）（1929）
富士川游
（1865-1940）
喜田貞吉（1871-1939）
《民族與歷史》（1919）
澀澤敬三（1896-1963）
「Attic Museum」
宮本常一（1907-1981）
「日本常民文化研究中心」
中山太郎（1876-1947）
《日本民俗學辭典》（1935）
弗雷澤（英 1854-1941）
《金枝》
列維－布留爾（法 1857-1939）
《未開化人類的心性研究》（1910）
「日本民間傳承學會」
（現名：日本民俗學會）
柳田國男／折口信夫／岡正雄／
金田一京助／松本信宏
「木曜會」（舉辦於柳田國男的書房）
（1935）
「鄉土生活研究中心」（1934）
「民俗學研究中心」（1947）
金田一京助
柳田國男監修《民俗學辭典》
（1951）
石田英一郎
（1903-1968）「文化人類學」
和歌森太郎
（1915-1977）
「史學」
坪井洋文／井之口章次
柳田國男逝世（1962）
牧田茂
谷川健一
宮田登
網野善彥
（史學）

**民俗學的發展**

領域的調查與交流。民俗學家宮田登（1936-2000）和前述的網野善彥以及社會學家上野千鶴子（1948-）的《日本王權論》（2000），內容是三人針對天皇的王權進行對談，就是其中一個例子。

民俗學當初是以鄉土研究為基礎、以「一國民俗學」的姿態開始的，而現在民俗學也打破了這個歷史的傳統，比較民俗學日漸興起，在與國外進行比較的過程中，重新探究日本民族。為了超越一代巨擘柳田國男、建立起新時代的民俗研究，現在的民俗學仍舊不斷努力著。

CHECK THIS OUT!

**如果你還想繼續學習民俗學，一定要知道以下的基礎知識。**

### 《月亮與長生不老》

日本各地都留存著「迎若水」的習慣，認為元旦早晨首次汲取的水（稱為若水）能去除一年的邪氣。此外，日本自古以來便有「變若水」的信仰，認為只要喝下變若水便能返老還童，而變若水信仰也與月夜見（譯注：日本傳統的月亮之神）有關。

俄國的東亞學家尼古拉・涅夫斯基（Nikolai Nevsky, 1892-1937），前往日本收集沖繩與東北等地的民俗資料，撰寫了作品《月亮與長生不老》（1971），其中羅列了關於長生不老水的民間傳承。內容提到人類打翻神給的長生不老水，潑到了蛇的身上，從此人就會死亡、蛇則永遠不會死。蛇會反覆脫皮，而月亮則會不斷重複滿月到新月的變化，涅夫斯基從這一點認定兩者擁有相同的結構。

### 柳田國男

青年時期和田山花袋（1871-1930）等人一同以文學為志向，但之後進入農商務省工作，開始關注農民的生活與傳承。他從作家兼民俗學研究者佐佐木喜善（1886-1933）之處得知許多東北地區的民間傳承，於是彙整成為《遠野物語》，並發展出藉由地方上的傳說和傳承，來探討日本社會結構的一門學問——民俗學。

### 《蝸牛考》

這是柳田國男的作品。他調查蝸牛一詞的方言分布，發現方言是以京都為中心呈同心圓向外分布，於是他便提出方言周圈論。沖繩和東北等離京都較遠的區域，以及文化交流較少的半島，還殘存著古老的日語。舉例來說，古代日語的花念作「pana」（譯注：日文的花念作hana），h會念成p的音，而沖繩等地還殘存著這種發音。柳田認為這種現象可以擴展到除了語言以外的整個文化方面，自古以來，語言、文化與生活型態就是以京都為中心，呈波紋狀擴展到全日本的。

### 折口信夫

他的著作領域很廣，遍及日本文學、宗教學、表演藝術史等方面，因此不能單純將他定位在民俗學家。他的研究成果當中，特別有名的是「稀人論」、「貴種流離譚」（以故事的方式述說年輕神祇和貴族經歷四處流浪的試煉），以及將《萬葉集》（759）譯為白話版本，除此之外，他還針對天皇家的儀式與古代宗教做過許多考據。

**稀人論**

稀人也稱為客人，是以從遠方的異界迢迢而來，保佑農作物豐收後便離開的神明為原型。折口信夫認為祭典本身就是在演出該神明到來的情形，另外，從挨家化緣與念誦經文等底層宗教人士的遊行活動當中也可見其蹤影。不過，文化人類學家兼民俗學家的小松和彥（1947-）根據「殺害外來者」的故事情節，主張人們並不歡迎外來者、反而會加以排斥。

**遊女考**

民俗學家中山太郎（1876-1947）認為遊女（譯注：為古時對妓女的稱呼）原本是侍奉神明的巫女，為到訪的神明提供性服務，而折口信夫也提出一種「一夜妻」的習俗，亦即人們會將來自遠方的旅人視為神，提供自己的妻子給旅人一個晚上。另一方面，法制史學家瀧川政次郎（1897-1992）則認為所謂的遊女，是傀儡師之類的賣藝者（男）和賣春的女性兩兩一組，來回在定居者所居住的地區，學者認為瀧川此說是根據朝鮮半島的白丁等次等公民而來。但是關於這點至今仍未得出確切結論。

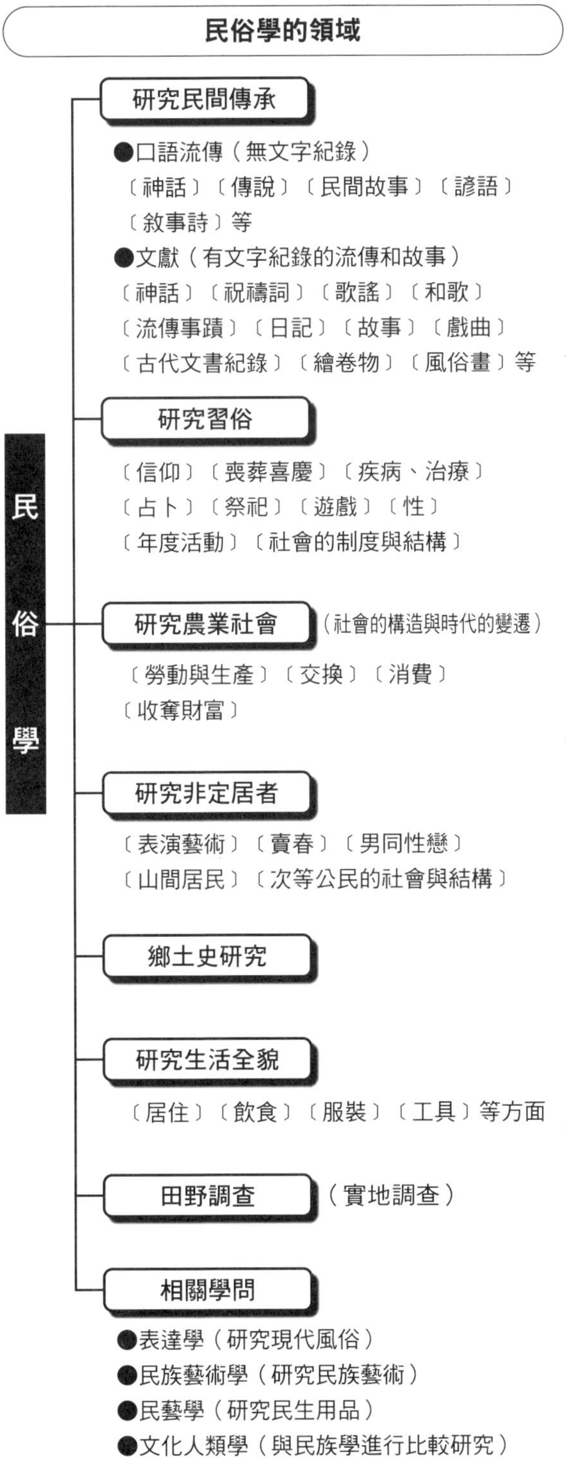

### 民俗學的領域

**民俗學**

- **研究民間傳承**
  - ●口語流傳（無文字紀錄）
    〔神話〕〔傳說〕〔民間故事〕〔諺語〕〔敘事詩〕等
  - ●文獻（有文字紀錄的流傳和故事）
    〔神話〕〔祝禱詞〕〔歌謠〕〔和歌〕〔流傳事蹟〕〔日記〕〔故事〕〔戲曲〕〔古代文書紀錄〕〔繪卷物〕〔風俗畫〕等
- **研究習俗**
  〔信仰〕〔喪葬喜慶〕〔疾病、治療〕〔占卜〕〔祭祀〕〔遊戲〕〔性〕〔年度活動〕〔社會的制度與結構〕
- **研究農業社會**（社會的構造與時代的變遷）
  〔勞動與生產〕〔交換〕〔消費〕〔收奪財富〕
- **研究非定居者**
  〔表演藝術〕〔賣春〕〔男同性戀〕〔山間居民〕〔次等公民的社會與結構〕
- **鄉土史研究**
- **研究生活全貌**
  〔居住〕〔飲食〕〔服裝〕〔工具〕等方面
- **田野調查**（實地調查）
- **相關學問**
  - ●表達學（研究現代風俗）
  - ●民族藝術學（研究民族藝術）
  - ●民藝學（研究民生用品）
  - ●文化人類學（與民族學進行比較研究）

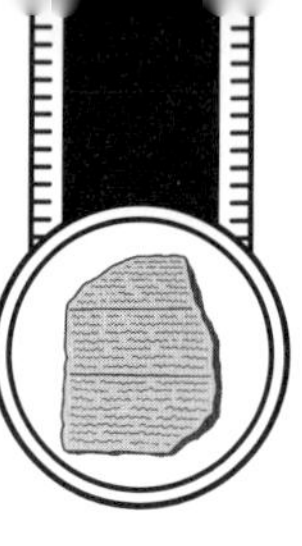

# 考古學

●Archaeology●

**考古學一開始的目標在進行古代研究，而自從出現了挖掘調查的研究方法後，便成為了一門更具實證性的學問。**

## 考古學的起源

一提到考古學，大家會立刻想到寫了《亨利．謝里曼回憶錄》(1891)的亨利．謝里曼(德 Heinrich Schliemann, 1822-1890)。謝里曼是近代最重要的考古學家。他原本是一名經商致富的企業家，之後運用這些財產在土耳其希沙利克山丘從事挖掘工作，證明特洛伊文明實際存在。除此之外，他還挖掘了邁錫尼文明等諸多遺跡，並為愛琴文明的研究揭開序幕，將「考古學」化為一門可以用挖掘調查加以實證的學問。

儘管古希臘最早的荷馬史詩《伊里亞德》(約於西元前八世紀中期)當中，描述古希臘軍和對岸現為土耳其的特洛伊軍進行歷時十年的戰爭，但人們基本上只將這個故事視為「神話」，並不認為是真實存在的歷史。小時候聽過這則史詩的謝里曼，在特洛伊城層層的土石當中，發現了一些疑似遭受戰火波及的陶器，從此人們才認為神話中的特洛伊戰爭是一項史實。

由於德國的古代研究學者奧特弗里德．繆勒(Otfried Müller, 1797-1840)建構出了一套古希臘史，這個方法可以廣泛對應到神話故事裡的時間，因此一開始考古學的工作在於研究政治、藝術、美術遺跡，與實際的挖掘工作是沾不上邊的。

歐洲的考古學源自於古典文化研究，與文藝復興運動和地理大發現的潮流有密切的關係，逐漸萌生成一門學問，十五世紀人們開始關注古代遺跡，而十六、十七世紀的王公貴族等人熱衷收集古董與美術品，博物館和美術館便於此時開始成立，十八世紀中期更開設大英博物館。德國的美術史家溫克爾曼(Johann Winckelmann, 1717-1768)在看了龐貝城的挖掘工作後，便以科學的觀點研究古希臘與古羅馬的美術品，撰寫而成《古代藝術史》(1764)，開啟了藉由實物進行古代研究的道路。繆勒在彙整《藝術考古學教科書》(1830)的內容後，將這門學問命名為「考古學(Archaeology)」。

另一方面，哥本哈根博物館負責人克里斯蒂安．湯姆森(丹 Christian Thomsen, 1788-1865)將展示品以按刃物與刀劍類的材質進行分類，於其著作《北方古物指南》(1836)提倡將人類史分類成「石器時代」、「青銅器時代」與「鐵器時代」。而身為他的學生、同時也是丹麥國立博物館館長的彥斯．雅各布．沃爾索(丹 Jens Jacob Worsaae, 1821-1885)，則根據挖掘調查證實了湯姆森的觀點，而沃爾索的功績還有釐清貝塚為人造現象而非自然堆積。這兩人皆為歷史上重要的考古學家。

或許自古以來人們就對埋在土裡的建築物與出土文物深感興趣，而且，根據基

# 考古學的建立

## 歐洲史前學

湯姆森
（丹1788-1865）
〔提倡區分出三個時代（石器、青銅器、鐵器）〕

拉爾泰
（法1801-1871）
〔研究石器時代〕

## 古典考古學

（研究古希臘・羅馬）

J.溫克爾曼
（德1717-1768）
《古代藝術史》（1764）

謝里曼
（德1822-1890）
〔挖掘特洛伊遺跡〕

## 研究中東地區

（埃及學、亞述學）

商博良
（法1790-1832）
〔解讀象形文字〕

C.羅林森
（英1810-1895）
〔解讀楔形文字〕

莫爾蒂耶
（法1821-1898）
〔確立地層學研究法〕

摩爾根
（美1818-1881）
《古代社會》
（1877）

J.盧伯克
（英1834-1913）
〔區分舊石器時代和新石器時代〕

達爾文（英1809-1882）
《物種起源》（1859）

J.D.摩根
（法1857-1924）
〔提出中石器時代〕

蒙特柳絲
（典1843-1921）
〔確立器物形態學研究法〕

### 史前時代確定區分為五個階段

〔鐵器、青銅器、新石器、中石器、舊石器〕

### 確立考古學的基本研究方法

M.牟斯
（法1872-1950）
《論禮物》（1925）

柴爾德
（澳1892-1957）
《歐洲文明的曙光》（1925）

### 文化人類學

利比
（美1908-1980）
〔放射性碳定年法〕

J.G.D.克拉克
（英1907-1995）
〔民族誌寫作範本〕

一般系統理論、統計學

賓福德（美1931-2011）
〔新考古學〕

督教教義「一切都是神創造的」，使得人們不會對這些古物置而不理、開始有系統的調查並記錄下來，最終建立起一門正式的學問。尤其是克里特島和邁錫尼區域的挖掘工作有所斬獲，於是研究古代後期文物成為考古學的一大指標。而挖掘出希臘雕刻和陶器繪畫一事，更使得包含古希臘在內的地中海地區文化研究工作，又往前邁進一大步。

## 考古學的發展

**隨著考古學的研究對象，從古希臘文明、基督教文明擴展到亞洲全境，研究手法和研究領域也變得越來越廣了。**

十九世紀之後，人們對於歐洲文明的發祥地——古地中海區域的關注度提高，研究興起於埃及、底格里斯河與幼發拉底河流域文明的近東考古學變得相當盛行，同時，以歐洲人的基本宗教．初期基督教的文化與藝術為研究對象的基督教考古學也開始發展。

舉個例子，在基督教之前，古羅馬士兵之間信仰的是從中東、近東地區傳來的密特拉教，歐洲全境都有密特拉教神殿的遺跡。雖然大部分都被基督教徒毀壞了，但是有些密特拉教的教堂位於地下室，這一點和初期基督教很像，於是也有學者針對這點進行比較研究。

此外，古猶太教身為基督教的源頭，也開始受到人們所關注，誕生於十六世紀前後的希伯來考古學以及聖經考古學等研究領域皆相當盛行。時序推移，一九四七年，貝都因族的少年在巴勒斯坦死海邊的洞窟發現了《死海古卷》，此事不只震驚希伯來考古學和聖經考古學的學者，也大大震撼了全世界。話雖如此，但其實一開始學者甚至還不清楚該文書究竟屬於哪個年代。

美國的近東研究學院所長威廉．奧爾布賴特（智利 William Albright, 1891-1971）對此相當感慨，因為就像謝里曼和德國考古學家德普費爾德（Wilhelm Dörpfeld, 1853-1940）等人發現與挖掘特洛伊遺跡一樣，大部分的考古學家和史學家都不認同死海文書的真實性與可信度，甚至還引發各式各樣的爭論，連國家與宗教都捲入其中，一直到二十世紀後半，才終於將那些挖掘、發現的考古學史料，完成科學研究並公諸世界。

另一方面，瑞典的考古學家歐斯卡．蒙特柳斯（Oscar Montelius, 1843-1921），從十九世紀後半開始就在考古資料編年以及決定相對年代方面留下巨大功績，而關於方法論，他則提倡使用器物形態學的編年研究法，確立了近代考古學、為此貢獻良多，對全世界影響甚鉅。

同時，在語言學方面，隨著印歐語系的研究有所進展，印度史前考古學也開始起步，學者闡明了在印歐民族入侵印度之前，印度文化究竟呈現何種樣貌，並印證印度文化與美索不達米亞等文化擁有相似性。

除此之外，由於亞歷山大大帝的東征，他所到之處，直到絲路都可見到希臘藝術的影響，犍陀羅等地的挖掘工作，讓學者得以釐清印度佛教藝術的起源與發展，以及往周圍地區擴展的過程。

**考古學與相關學科**

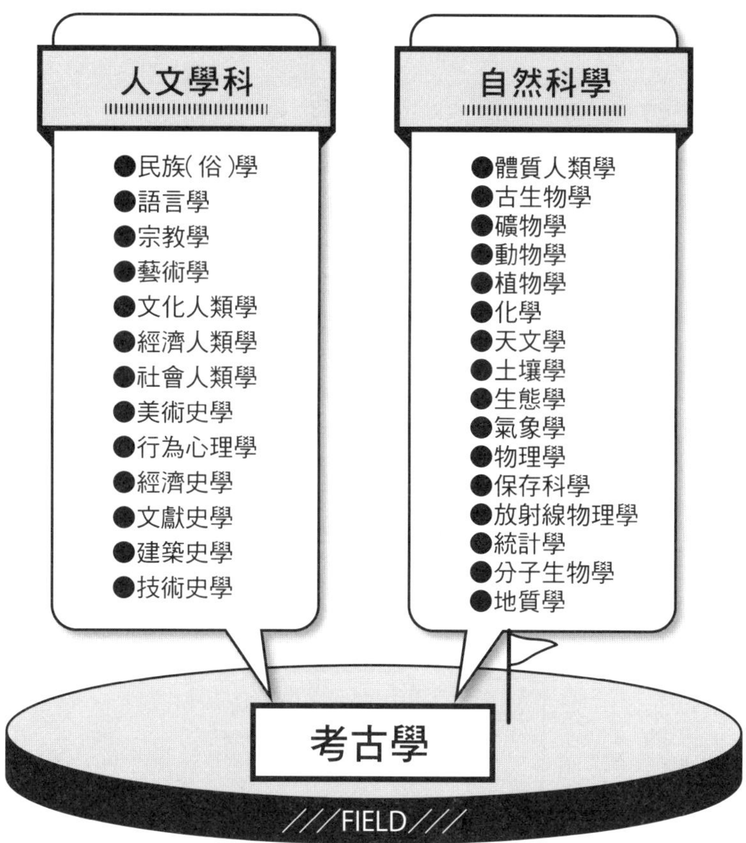


以這些歐洲考古學家為主的團隊進行亞洲全境的調查，甚至還深入到殷與周等古代中國文化，接著更放眼美洲大陸、發展出美洲考古學，同時也強調科學檢驗的重要性。

順帶一提，歐洲的考古學使用考古學的方式來驗證史前時代的資料，相反的，人類學要素則在美國成為主流。

## 日本的考古學

**日本的近代考古學起始於挖掘調查，一八七七年由於摩斯挖掘、發現了繩文時期的貝塚，於是又加速推進日本考古學的發展。**

日本原本傾向於將考古學視為歷史學的一個分支，主要工作在於替文獻學補足需要的紀錄文獻，定位為一門以挖掘資料的手法為基礎而進行歷史研究的學問。舉個例子，編纂《大日本史》（1657-1906）的德川光圀（1628-1701）在一六九二年派人調查位於栃木縣的五世紀前方後圓墳，這是日本首次的古墳挖掘工作，而幕末時期則有幕府進行天皇陵墓的挖掘工作。

一八七七年動物學家愛德華・摩斯（美Wdward Morse, 1838-1925）在東京大森一帶發現貝塚，學者普遍認為此事是近代日本考古學的開始，此外，學者將這些出土的陶器稱為「繩目文樣（繩子的紋路）的陶器」，這便是繩文一詞的由來。而在那之後到現在的這一百多年來，由於考古文物發現與出土的順序，未必與日本歷史原本的時間先後一致，加上舊石器時代的挖掘工作還曾爆發「造假事件」，使得日本人類史當中某些一度成為定論的內容又必須摒棄，發生學術倒退的情況，但自從摩斯發現貝塚之後，考古學已經成為一門現在進行式的學問了。除此之外，考古學也開始使用放射性碳定年法等科學方法，光是繩文時期就可以區分為草創期、早期、前期、中期、後期、晚期等六個時期。

到目前為止，日本歷史主要的研究主題有：區分時代（例如：繩文時期是依據繩文陶器的陶器形式判斷，而彌生時期則是根據稻米與金屬判斷）、何時出現農耕、邪馬台國的位置、古墳時代與大和王權、大和王權和地方性王權之間的關係、日本最早的文字、朝鮮半島和日本的關係等方面。考古學和文獻式的歷史研究之間，研究進展呈現拉鋸的狀態，彼此保持著一種平行的關係。

特別的是，由於考古學可以藉著實際的遺跡來驗證歷史概念，所以也扮演著證明文獻或假說是否為真的角色，但也因為科學技術進步而不斷發現、挖掘出新的遺跡，導致一些原本已經確定的說法又受到推翻，這就是考古學中的不安定要素，但同時也是考古學最大的魅力所在。

舉例來說，由於學者發現陶器底部附著了植物種子，而得知是屬於已出現稻作的彌生時期，而根據新的年代測量方法，又發現農耕是出現於繩文末期剛開始沒多久的時候。然而，比起日本的農耕究竟在何時出現一事，近年的國際研究更加關注的是，日本的繩文時期擁有優越的條件、以至於人民不需要農耕的這個特點。考古學的研究會因為觀點改變而增添研究的深度，這也是考古學獨具的特色。關於邪馬台國的位置，從銅劍、銅矛、尤其是銅鐸（譯注：日本彌生時期特有的祭祀禮器，由青銅鑄成）的分布狀況，或是來自中國的舶來品（關於這點仍有爭議）三角緣神獸鏡的出土位置等資料，學界不斷流傳出各種所謂「有力的說法」，但至今卻仍未有確切的證據可證明，這一點也相當有意思。

而說到邪馬台國的位置，長期以來學界分為九州說與近畿說爭論不休，而一九八九年在佐賀縣吉野里遺跡的大規模環濠聚落（譯注：周圍有護城河圍繞的聚落），發現瞭望台、倉庫區、規模最大的墳丘墓等遺跡，一時之間形勢大幅傾向於九州說，但二〇一一年奈良縣櫻井市的纏向古墳，在一個三世紀前半的大型建築遺跡、有學者聲稱為「卑彌乎的居所」，再往東邊五公尺左右之處發現另一個大型建築遺跡的其中一部分，建造時間確定在三世紀後半以後，不過至今尚未得出一個確切的結論、現正持續調查中。

日本的考古學從江戶時期就開始了，但近年的挖掘工作又發現了青森縣的三內

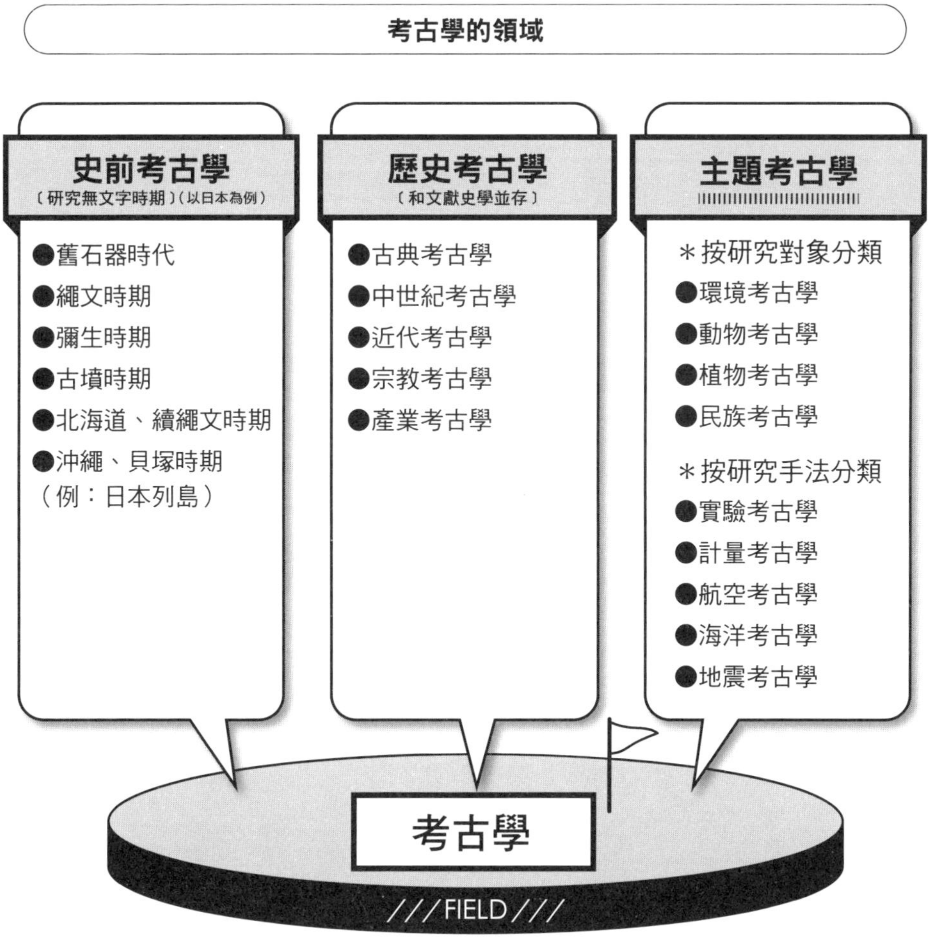

丸山遺跡，而此發現推翻了原先多項關於繩文時期的確切說法，除此之外，日本各地也不斷挖掘出青銅器，原本繪製完成的彌生時期青銅器分布圖又必須重新更改，而纏向遺跡的挖掘工作也有新的進展，導致邪馬台國的相關爭論白熱化。

明治時期以後，幾乎所有古墳都以「天皇的陵墓」這個名義禁止挖掘，但戰後學者又默默繼續了挖掘工作。其中最受矚目的應該要屬一九七二年在高松塚古墳牆壁上發現的「女子群像」和「四神圖」。這些圖畫以鮮豔的色彩繪製而成，精緻得令人吃驚，而學界也馬上指出這些畫作與古朝鮮的高句麗古墳壁畫有著相似之處。

另外，關於飛鳥時期的龜虎古墳，則於一九八三年在石室裡的彩色壁畫上發現玄武，這是繼高松塚古墳之後第二次發現中國風壁畫古墳，因此受到相當大的關注。而一九九八年又確認出青龍、白虎、天文圖的壁畫，二〇〇一年則新發現朱雀和十二生肖的圖像。龜虎古墳證實了日本與中國文化有所連結，從中又誕生了新的假說。

至於古代的飛鳥和藤原京，則可以從天皇的足跡和京城的制度設計，進一步明白日本和中國及朝鮮半島之間的接觸情形。而關於中世紀的歷史，則在戰國時期的武士館、連結各地的街道和人們的生活等方面有新的發現。文獻史學、歷史地理學、考古學已經能夠在互補的狀態下，推動各自的研究工作。即使如此，日本的考古學還有許許多多謎團，如天皇陵墓、海底遺跡等，等著學者進行挖掘調查。

**如果你還想繼續學習考古學，一定要具備以下的基礎知識。**

### 謝里曼

荷馬的《伊里亞德》是世界上最早的史詩。其中描述希臘士兵為了海倫王妃，而發起了長達十年的戰爭「特洛伊戰爭」，最後藉著有名的「特洛伊木馬」策略，在一夜之間攻陷傳說中的城市特洛伊城。而當時消滅的城市名叫伊利昂城（特洛伊城），這就是該作品名稱的由來。

有名少年看了這個故事，長大後成為富有的商人，便展開了特洛伊的挖掘工作。這個人就是謝里曼（德 1822-1890）。有關謝里曼詳細的挖掘情形，可以閱讀他的自傳《亨利・謝里曼回憶錄》（1891），而他在層層土石中挖掘到的陶器無疑受過戰爭破壞，此事證明了特洛伊戰爭是真實發生過的，而在此之前人們都認為特洛伊戰爭只是一則神話故事。儘管謝里曼建下巨大的功勞，但由於他的挖掘工作欠缺考古學知識的輔助，因此之後還花上了一段時間，才終於讓這份成果得到考古學會認可。

### 解讀古代文字

謝里曼挖掘出了古希臘（古典時期之前）的特洛伊遺跡，而繼承他工作的亞瑟・伊文斯（Arthur Evans, 英 1851-1941）則發現了兩種文字系統，並將其命名為線型文字A、線型文字B。

許多語言學家挑戰解讀這些文字卻都以失敗告終，而建築師文特里斯（英 Ventris, 1922-1956）卻出乎意料的解讀成功，語言學家約翰・查德威克（英 John Chadwick, 1920-1998）則接手這份工作，於一九五二年解讀出線型文字B。線型文字A目前仍無人成功解讀。

### 羅塞塔石碑

一七九九年拿破崙率領軍隊遠征埃及時，於尼羅河支流的河口處羅塞塔發現了這塊石碑，目前收藏於大英博物館。這塊石碑由埃及文的聖書體（Hieroglyph）、世俗體（Dometic）與希臘文，共計兩種語言與三種文體所寫成，一八二二年在法國的古埃及學者商博良（Champollion, 1790-1832）解讀下，人們終於能理解聖書體，此舉也促使學界日後陸續翻譯出由其他埃及文所寫成的文書。

### 死海古卷

一九四七年於死海西北方的昆蘭遺跡（Khirbet Qumran）周圍發現了九百七十二部抄本，統稱為死海古卷。此事震撼了全世界，或者說是全世界的猶太教學者與基督教學者。在這之前，最古老的猶太教聖經是收藏在亞歷山大港，用希臘文書寫的七十人譯本，以及四世紀耶柔米（Jerome, c.340-c.420）所翻譯的拉丁文聖經，然而，死海古卷卻是以猶太人的希伯來文寫成。過去也有一部稱為馬索拉抄本的希伯來文聖經，但此書一般認為是九世紀之作。到目前為止已在十一個洞窟挖掘到高達九百項的文書（斷簡殘片也計入），學界將這些資料皆視為死海古卷，正在進行解讀工作。

### 騎馬民族征服王朝說

江上波夫（1906-2002）提出有名的「騎馬民族征服王朝說」，運用人類學與考古學的史料，認為通古斯語系的游牧民族經過朝鮮半島來到日本，征服當時的日本民族而形成天皇家。但考古學家佐原真（1932-2002）則指出，飼養馬匹的游牧民族有為馬匹去勢的習俗，但日本卻沒有這個習俗，因此他主張騎馬民族未曾到過日本，與江上針對此事進行爭論。這套說法充滿夢幻感，緊緊抓住了一般歷史迷與考古迷的心，但學界對此抱有強烈的懷疑，認為江上總是不斷被人指出其中的破綻，接著再針對這些批判去修正、補強其主張。不過，這個主張發表距今已經超過五十年，卻仍然在一般人之間廣為流傳。

### 江上波夫

考古學家、東亞史學家。生於山口縣。東大東洋史學系畢業。擔任過東大東洋文化研究中心所長、日本中東學會會長、東亞史學會會長、日本考古學協會會長。江上長年於北歐亞大陸到西亞之間進行實地調查，並根據這些調查結果，致力於研究匈奴文化、東西文化交流，以及亞洲各地的民俗與文化形成過程。著有《歐亞大陸古代北方文化》（1950）、《江上波夫著作集》（共十二冊，1984-1986）等書。

### 三內丸山遺跡

三內丸山遺跡位於青森市，時間處於繩文時期的前期中間到中期階段，距離現在約五千到四千年的時間，是日本最大且最早的繩文遺跡。

該遺跡在江戶時期便為人知悉，山崎立朴的《永祿日記》（1623）是最早的紀錄。在這之後進行了多次學術性的挖掘調查，但在一九九二年興建縣立棒球場之前開始進行的調查當中，發現了面積高達七個東京巨蛋、前所未有的巨大聚落遺跡。挖掘到的文物包括：使用直徑一公尺左右的栗樹建成的大型干欄式建築、成人與兒童的墳墓、豎穴式建築等。

學者研判全盛時期是一個擁有一百棟左右住宅、五百人居住於此的聚落，但其全貌至今尚未釐清。

### 纏向遺跡

學者在奈良縣櫻井市三輪山的山腳，發現了疑似卑彌呼墳墓的箸墓古墳，以及纏向石塚古墳、勝山古墳、Hokeno 山古墳、矢塚古墳等古墳與遺跡，而這些遺跡便統稱為「纏向遺跡」。

由於纏向遺跡外地移入的陶器出土比例相當高且分布範圍很廣，加上土木器具比農具還要多，且學界普遍認為此地為前方後圓墳發祥地，因此有學者主張此處為初期大和政權所屬之處。

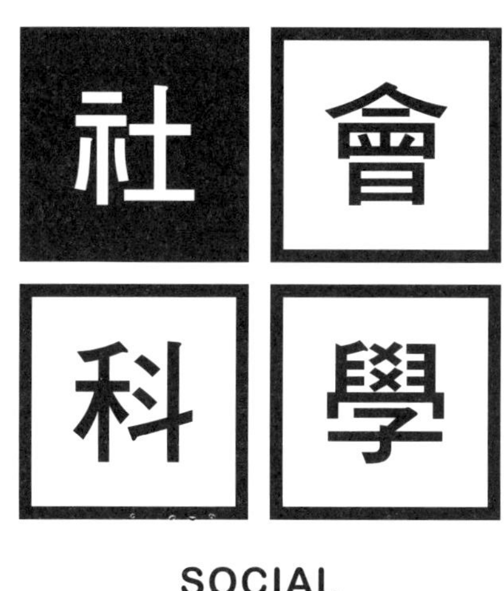


SOCIAL SCIENCE

政治學
經濟學
社會學
法學
教育學
統計學
企業管理學

# 政治學

**• Political Science •**

## 政治理論的建立

**人們在擺脫宗教的束縛後，建立了一套以人類本性為基礎的國家理論。**

古希臘史學家希羅多德撰寫《歷史》（431 BC-）、修昔底德（c.460-c.400 BC）撰寫《伯羅奔尼撒戰爭史》（431-404 BC），顯示出他們對於政治的關心，不過，學界普遍認為當今政治學這門學問的源頭，是來自古希臘的柏拉圖，以及亞里斯多德所著的《政治學》（約335 BC）。

柏拉圖的《理想國》（375 BC）和亞里斯多德的《政治學》，認為政治學要探討的內容，在於希臘城邦（一種以城市為單位的政治與宗教共同體）的政治性活動，以及找出公民參與希臘城邦活動的目的為何。對他們而言，政治學即是一門探究善與正義的學問，就這個意義上來說，政治學在所有學問裡占有最高的地位。

中世紀人討論的是「神學的國家觀」（國家是神意的體現），但經過文藝復興與宗教改革之後，經驗本位的思考方式逐漸普及，政治思想逐漸接近現代政治學。義大利的馬基維利於其著作《君主論》中，主張政治是利己的人類為了要建立秩序，所創造出的統治術（馬基維利主義）。

這是人們首次提出君主權力不是來自神的意志，而是建立於內在的「國家理性」之上。此時政治終於脫離了規範性與道德性的制約，開始往現代政治學邁進。

而英國的湯瑪斯・霍布斯（Thomas Hobbes, 1588-1679）的政治思想，更是完全脫離宗教與道德層面的定義。他認為人人皆平等享有自然權利，而為了要發揮自然權利，勢必會引發萬人對萬人的戰爭，因此，人類的理性便建構出一套社會秩序，以防止這種情況發生。這就是霍布斯的社會契約論。他在政治學領域留下了劃時代的功績，是近代政治學的開創者之一。

另外，英國的約翰・洛克則認為人們需要透過社會契約交給國家權力，讓國家來保護個人的生命、自由、財產等自然權利，而且，國家必須將權力分立為立法機關與執行機關。除此之外，洛克還提出革命權的概念，倘若國家違背了社會契約，那麼國民也有排除該政權的權利。

法國的尚－雅克・盧梭（Jean-Jacques Rousseau, 1712-1778）主張直接民主制，其思想成為日後法國大革命的理論基礎。

霍布斯、洛克、盧梭都是主張「近代自然法」的思想家，他們的理論皆認為在國家建立之前，社會處於一種「自然狀態」，而在締結「社會契約」後才形成了國家。他們把人放在探討政治原理的原點，提出了「政治本來就是為了人們而存在」這種新的政治觀點。

## 政治理論的發展

**在資本主義蓬勃發展的背景下，馬克**

# 政治理論的建立

希臘

（西元前8世紀） **荷馬**

（西元前5世紀） **希羅多德**（c.484-c.424 BC）

**修昔底德**（c.460-c.395 BC）〔政治史〕

〔辯士〕

## 倫理學的政治觀

**蘇格拉底**（c.469-399 BC）

**柏拉圖**（427-347 BC）〔理想政治〕

**亞里斯多德**（384-322 BC）〔政治的動物〕

**孔子**（c.551-479 BC）

**墨子**（c.470-c.390 BC）

羅馬

〔斯多葛學派〕

**西塞羅**（106-43 BC）

**塞內卡**（c.4-65 BC）

中世紀

## 神學的國家觀

**奧古斯丁**（354-430）
**多瑪斯・阿奎那**（義 c.1225-1274）

（文藝復興的人文主義）
（宗教改革）

**馬基維利**（義1469-1527）〔馬基維利主義〕

**布丹**（法1530-1596）〔主權概念〕

## 自由主義

**霍布斯**（英1588-1679）〔萬人對萬人的戰爭〕

**洛克**（英1632-1704）〔三權分立〕

**邊沁**（英1748-1832）〔效益主義〕

**彌爾**（英1806-1873）《論自由》（1859）

## 民主主義

**盧梭**（法1712-1778）〔公意〕

## 馬克思主義

**馬克思**（德1818-1883）

**恩格斯**（德1820-1895）

## 德國理想主義

**康德**（德1724-1804）〔普遍意志〕

**黑格爾**（德1770-1831）〔欲望的系統〕

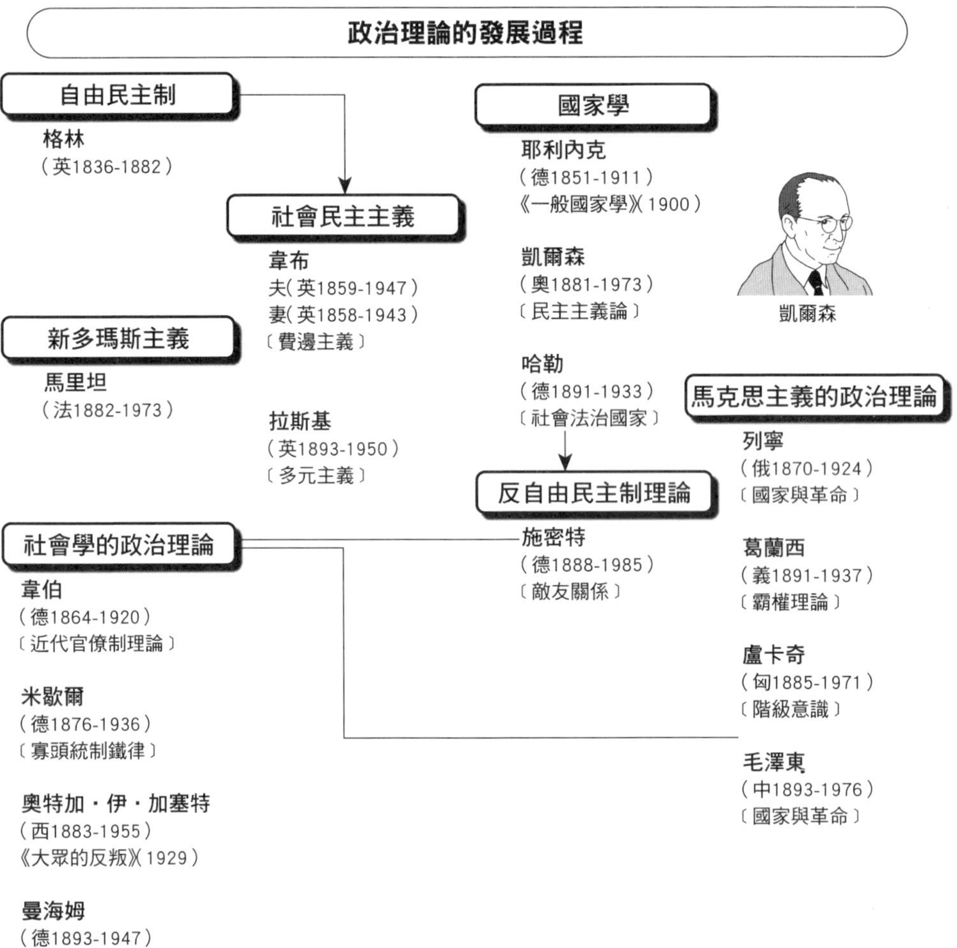


**思主義和自由民主制的政治理論逐漸擴展開來。**

關於十九世紀到二十世紀前半這段期間內，國際間資本主義蓬勃發展與其造成的社會問題，再也沒有其他理論能比「馬克思主義」的政治與經濟理論，更能確切掌握時代的整體樣貌了。俄羅斯的佛拉迪米爾·列寧（1870-1924）將馬克思主義改造成一套新的理論，讓原本的馬克思主義變得可以適用於俄國這個資本主義後進國，以及當時帝國主義瀰漫的國際局勢。他的理論促使俄國革命成功，因此也被全世界勞工運動與殖民地的民族解放運動視為指導原則。

另一方面，西歐各國則與馬克思主義運動的風潮互相抗衡，理論上本該無法相容的自由主義和民主主義思想結合在一起，形成了「自由民主制」的思想。當時英國勞工階級獲得了參政權，在這樣的背景下，湯瑪斯·希爾·格林（Thomas Hill Green, 1836-1882）看出自由放任主義將會面臨許多問題，因此主張在保障個人的

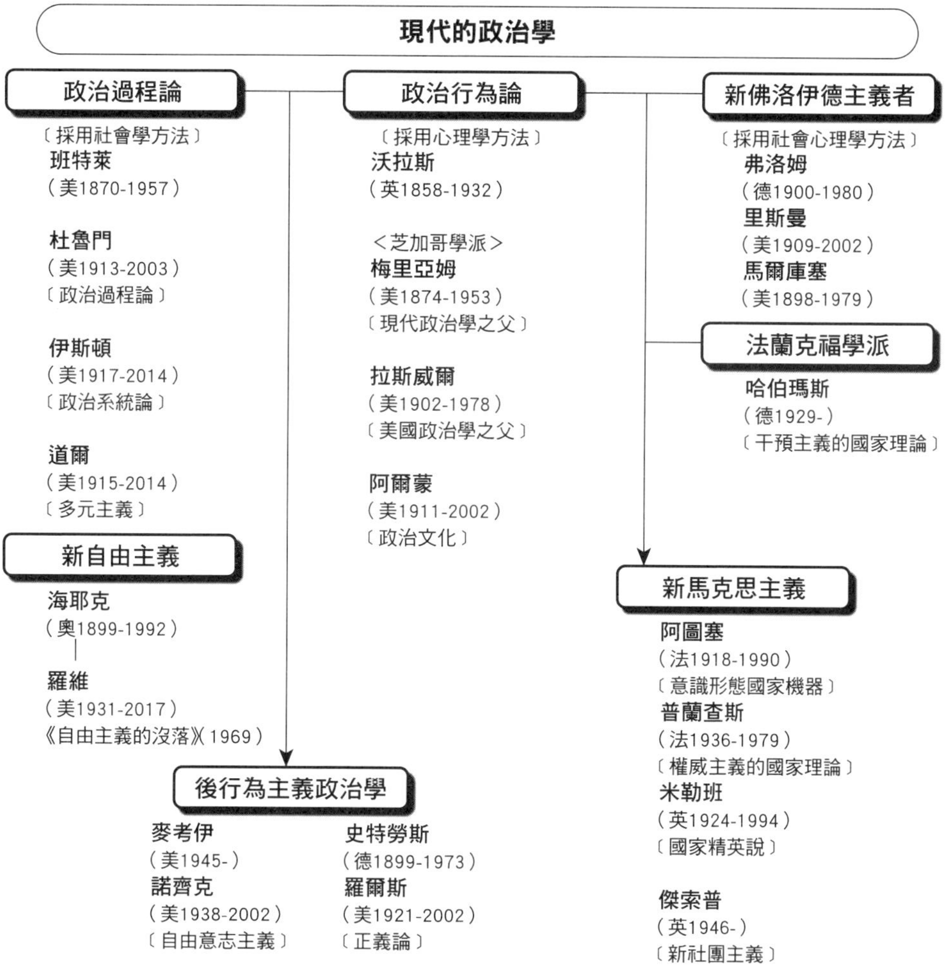

## 現代的政治學

### 政治過程論
〔採用社會學方法〕

**班特萊**
（美1870-1957）

**杜魯門**
（美1913-2003）
〔政治過程論〕

**伊斯頓**
（美1917-2014）
〔政治系統論〕

**道爾**
（美1915-2014）
〔多元主義〕

### 新自由主義

**海耶克**
（奧1899-1992）

**羅維**
（美1931-2017）
《自由主義的沒落》（1969）

### 政治行為論
〔採用心理學方法〕

**沃拉斯**
（英1858-1932）

＜芝加哥學派＞

**梅里亞姆**
（美1874-1953）
〔現代政治學之父〕

**拉斯威爾**
（美1902-1978）
〔美國政治學之父〕

**阿爾蒙**
（美1911-2002）
〔政治文化〕

### 後行為主義政治學

**麥考伊**
（美1945-）

**諾齊克**
（美1938-2002）
〔自由意志主義〕

**史特勞斯**
（德1899-1973）

**羅爾斯**
（美1921-2002）
〔正義論〕

### 新佛洛伊德主義者
〔採用社會心理學方法〕

**弗洛姆**
（德1900-1980）

**里斯曼**
（美1909-2002）

**馬爾庫塞**
（美1898-1979）

### 法蘭克福學派

**哈伯瑪斯**
（德1929-）
〔干預主義的國家理論〕

### 新馬克思主義

**阿圖塞**
（法1918-1990）
〔意識形態國家機器〕

**普蘭查斯**
（法1936-1979）
〔權威主義的國家理論〕

**米勒班**
（英1924-1994）
〔國家精英說〕

**傑索普**
（英1946-）
〔新社團主義〕

---

政治與社會自由的同時，也應該藉由國家政策解決經濟自由主義所產生的弊病。

另外，資本主義蓬勃發展導致社會的利害關係變得更加複雜，不只出現了工會，還產生了消費者協會、農業團體、婦女團體等社會團體。雖然英國很早就發展出各種社會團體，不過，英國的韋布夫婦（丈夫西德尼・韋布〔1859-1947〕和妻子佩特利絲・韋布〔1858-1943〕）則提出一套以消費者協會為中心的社會主義，與主張透過生產者協會取得自治權的基爾特社會主義（行會主義）互相抗衡，於是便形成了「社會民主主義」的理論。

除此之外，英國的歐內斯特・巴克（Ernest Barker, 1874-1960）和哈羅德・拉斯基（Harold Laski, 1893-1950）提出了「多元主義的國家論」，認為這些社會團體都各自擁有政治權力，並將國家定位在跟這些團體對等的地位，或是為各團體居中協調的角色，否定國家在政治上的絕對性，並且重視這些擁有政治功能的團體所扮演的角色。在這套思想出現之前，政治學的討論都聚焦在國家與政府，並針對其中的制度進行探討，這套思想擴展了政治學的研究對象與方法。

此外，德國研究政治的則是一門稱為國家學的學問，從制度或法律的面向探究政治現象，但德國市民社會形成時間較晚，這個現象反映到了學術領域上，造成德國的政治學並未脫離國家學而成為一門獨立的學問。不過，馬克斯・韋伯（Max Weber, 1864-1920）確立了一套以操作理念型為基礎的社會科學方法論，重視宗教理念和道德，並指出合理化和官僚制的重要性，為現代政治學帶來廣泛的影響。

## 現代的政治學

**具實證性的行為主義政治學和政治過程論等，這類在美國興起的政治學蔚為主流。**

在英國和美國方面，隨著教育普及與選舉權擴大，大眾也開始覺得自由民主制即將實現，但十九世紀的樂觀主義很快就遭到否定。龐大的民眾在社會當中感到茫然，對投票欲振乏力，不再關注政治議題。另一方面，獨裁者巧妙操縱媒體，大眾深深陶醉在媒體塑造出的形象中，並且越演越烈。在這樣的背景下，現代政治學必然誕生。

有人說「現代政治學即美國政治學」。事實上，在美國興起的那些政治學的理論與方法，確實成為世界的政治學中壓倒性的主流。

現代政治學的開端，可以追溯到大眾社會化現象開始的那個時代，一九〇八年所發行的英國格雷厄姆・沃拉斯（Graham Wallas, 1858-1932）的著作《政治中的人性》（1924），以及美國亞瑟・班特萊（Arthur Bentley, 1870-1957）的《政府的過程》（1908）。前者採用心理學方法探究人的性情或政治行為和環境之間的關係，後者則主張政治過程就等於是在利益團體施加的壓力下進行調整的過程。

第二次世界大戰後，美國在政治與經濟上蓬勃發展，大眾社會化的情形也不斷推進。在這樣的情況下，比較政治研究、市民的政治行為、團體的相互作用等研究的需求也隨之提高，美國的政治學盛極一時。

沃拉斯的心理學研究手法，在戰後由查爾斯・梅里亞姆（Charles Merriam, 1874-1953）和哈羅德・拉斯威爾（Harold Lasswell, 1902-1978）延續下來，進而發展為行為主義政治學。班特萊的政治過程論則由大衛・杜魯門（David Truman, 1913-2003）繼承。

當時「行為科學」運動成為一股熱潮，該運動旨在建構出綜合性的社會科學，在這股潮流中，大衛・伊斯頓（David Easton, 1917-2014）在個人與集團的政治行為研究上，使用科學手法來探討政治現象，創造出一套政治系統的理論模型。這種行為科學走向的（行為主義走向的）方法，也包含了前述的心理學方法以及團體理論，之後還更採用了計量手法等研究方法，在政治文化和選舉的研究上也有所斬獲。

然而，從一九六〇年代後半開始爆發的越戰與水門事件，象徵了政治的混亂，但行為主義政治學對此卻無計可施，被人批判是在迴避政治學根本上的課題，在這個情況下誕生了「後行為主義」的政治學，政治哲學（規範性的政治理論）再次興起。

此外，馬克思主義的政治學也因為共產國家實際上政治混亂且動盪不安，而迫使其不得不更新原有的理論。

**CHECK THIS OUT!**

**如果你還想繼續學習政治學，一定要具備以下的基礎知識。**

## 湯瑪斯・霍布斯

英國哲學家。霍布斯的核心思想在於，人類生來就有「生存」這項任何人都不可侵犯的自然權利，也就是說，人人皆擁有生存權。

霍布斯在著作《利維坦》（1651）提到，人人皆平等擁有自然權利，而為了要發揮自然權利，就必然會引發萬人對萬人的戰爭，因此，人類理性便建構出一套社會秩序，以防止這種情況發生。這套社會契約論讓他留下劃時代的功績。

## 洛克與自由主義

洛克在他的著作《政府論》（1689）主張人皆生而擁有平等與自由，且擁有自然權利，生命、健康、財產皆不應受到侵犯。而根據這項自然權利便可得知主權在民，政府建立的目的就只是為了要保護人民的自然權利。另外，立法機關則應該制定符合自然法的法律，執行機關則負責實行（權力分立）。

權力之所以要分立，是因為假使立法權和執行權都掌握在一個人手上，這個人就可以輕易逃脫法律的規定，也可以隨意訂定對自己有利的法律。除此之外，洛克也主張人民擁有「革命權」，要是政府背叛市民的信任，市民就有權利換一個政府。

洛克的思想便稱為「自由主義」，藉著多項制度限制掌權者、防範其任意行使權力，並注重個人的自由與保障。

## 盧梭與民主主義

盧梭在《社會契約論》（1762）裡，主張原本人人就是完全自由、平等的，而為了防止人類社會因此出現失序的狀況，於是人們締結了社會契約、建立政治體系。而建立起的這個政治體系，擁有著一份意志（一般意志）。

「一般意志」指的就是人們追求自由平等的集體意志，同時也是主權的基礎所在。盧梭認為國家是根據一般意志而建立的一種組織，目標在於守護社會的共同利益。在這套思想中，已經出現「人民既是被統治者也是統治者」的直接民主制概念，而實際上則構想出了一個自給自足的區域性社會。

盧梭的思想便是「民主主義」的思想，最強調的是「國家的權力基礎應該要民主化，政治是奠基在多數意志之上進行的」。

## 馬克思與恩格斯

卡爾・馬克思（德 1818-1883）和弗里德里希・恩格斯（德 1820-1895）主張，我們可以從人類的歷史看出，一個時代的生產方式與交換方式會形成該時代特有的社會組織，而該時代的政治和思想則是建構在這個社會組織的基礎上。

他們認為人類的歷史就是一部階級鬥爭的歷史。現階段則必須讓無產階級握有國家權力，並藉由廢除資本主義式的生產關係、消除那些造成階級存在的要素，以解放整個社會。國家是社會發展到一定階段後的產物，此外，由於各個階級在經濟上的利害關係是對立的，而這些階級為了不使自己和整個社會遭到毀滅，便需要透過國家的權力緩和衝突，並將階級對立的情況維持在有秩序的程度之內。

這套對於政治與國家的理論，本身已與實踐方面結合在一起，與自由主義的政治理論以及理想主義的政治哲學在根本上對立。

### 韋伯的政治理論

第一次世界大戰戰敗後，德國政治動盪不安，韋伯敏銳洞察政治現象。他的著作《政治作為一種職業》（1919）提到，政治是由統治者與被統治者所構成，而實際上承擔政治活動的只是少數者，這項事實便會導致人們進行權力鬥爭。

儘管韋伯強調政治與國家的權力面，但他認為政治不僅只在於行使權力，同時也需要服從方自發性的同意才行。而韋伯認為統治者的正當性，來自於「個人魅力」、「習俗慣例」、「法規理性」等三種。

### 伊斯頓與政治系統論

政治系統論認為整個政治系統的運作方式，就跟生命體相當類似。伊斯頓的政治系統論基本架構為，國民對政治系統提出某些要求或進行支持（此為「輸入作用」），政治系統再針對這些要求制定政策並加以實行（此為「輸出作用」），接著，這份作用會受到國民檢視，最後又回到國民對政治系統提出要求或進行支持的狀況（此為「回饋作用」）。這便是伊斯頓政治系統論的基本圖像。

### 政治文化論與政治發展論

政治系統設立了許多規定以規範人們的行為，而這些規定的背後則是由意識、態度、信念、感性所構成，政治文化論探討的便是這些內在的部分。

加百列・阿爾蒙（美 Gabriel Almond, 1911-2002）和西德尼・維巴（美 Sidney Verba, 1932-）合著的《公民文化》（1963），針對政治活動的頻率、政治交流的頻率、談論政治的頻率、對政治議題的關注程度，對德國、英國、法國、美國與墨西哥的市民進行訪談調查。這是學界初次在共同的架構下所進行的比較實態調查。

諸如此類比較各地區政治的學問，就稱為「比較政治學」。其中值得注意的是，當時具主宰地位的是「現代化理論」（以美國的政治社會作為範本），而阿爾蒙所發表的則是「政治發展論」（不以英美的政治社會為目標）。

### 新馬克思主義

一九六〇年代末期開始，由於資本主義社會出現變化，國際上的共產主義運動也變得相當混亂，再加上以現代政治學為中心的多門相關學問影響下，使得法國、英國、德國等西歐的馬克思主義政治學，開始從傳統的馬克思主義與列寧主義出現明顯的轉變。

每位學者出現的轉變各不相同，但整體還是具有一定的特徵。例如：從歷史的單線發展論，轉向複合式的發展論；從認為國家是一種抑制階級對立機構的國家觀，轉向講求統治階級自律性的國家觀；從提倡毀掉現有的國家轉變為無產階級獨裁，轉向將國家轉型為民主式並以多元民主的社會主義為目標。

## 國際政治學

這是出現於第一次世界大戰後的嶄新分支，研究目標為以系統性的方式探究國際關係。一直到第一次世界大戰為止，這方面的研究都是外交史和國際法的領域所進行的。不過，在經歷了世界性戰爭・第一次世界大戰之後，人們便開始思考如何才能避免這些很可能會導致全人類滅亡的戰爭發生。

另一方面，亞洲與非洲的獨立運動也日漸高漲，原本學界對於國際關係的探討都是以歐洲為中心，因此這時便明顯面臨瓶頸。於是，國際政治的變化就促使國際政治學這門新的政治學分支誕生了。

英國的國際政治學者愛德華・卡爾（Edward Carr, 1892-1982），把「將增強國力視為最優先項目，並對於國際合作抱持悲觀看法」的立場，稱為「現實主義」，稱呼那些冀望藉由國際聯盟和不戰條約取得和平的人們為「烏托邦主義」，並對此進行批判。

一九七〇年代至一九八〇年代則興起了新自由主義，在延續現實主義基本想法的同時，也在國際政治學當中採用了經濟學、認知科學、行為科學等手法，嘗試使用能夠量化的要素來說明國際政治情形。

新自由主義的想法與現實主義相反，認為只要國家能夠採取理性行動，就會促成國家之間相互合作，形成國際間的規則或達成一致的意見，為國際社會帶來一定的秩序。

## 美利堅和平

從第二次世界大戰後到一九六〇年代中期，美國憑藉其壓倒性的經濟實力、軍事實力與政治實力，持續維持西方世界的秩序。美國在西方世界所占據的這種霸權地位，便稱為「美利堅和平（又稱美利堅治世）」（Pax Americana），與美蘇二極體制並存。

關於冷戰後的國際社會應該用何種方式理解，有許多不同的說法。有人主張在冷戰中贏得勝利的美國，將挾帶壓倒性的軍事實力和金融實力形成超一極體系；也有人主張冷戰結束後不再是由美國一個國家管理世界的體系，而是在主要國家共同管理的體系下維持世界和平。而後者的情形便稱為多極體系（Pax Consortium 或 Pax Consortis）。

邁入二十一世紀，隨著中國勢力興起，也開始有人提出中國將會取代美國掌握霸權的說法。同時，也有人認為世界會因為不屬於任何國家的恐怖集團崛起，而造成情勢不安定，世界將變得相當混亂。

# 經濟學

●Economics●

## 經濟學的形成

**近代國家形成的同時也誕生了經濟學，並伴隨資本主義發展而變得更加細緻化。**

如果說人類與動物之間的區別，在於是否發明了生產方法（生產工具），那麼，我們的經濟生活可以說是從人類誕生開始就存在了。事實上，古希臘哲學家就已經對於經濟生活有所了解，只不過他們偏重於倫理學的角度，並未從人與社會之間的關係來探討經濟。

經濟要成為一門獨立的社會科學，得等到十八世紀的亞當斯密（英 1723-1790）出現為止。不過，其實早在十五世紀末西歐近代國家形成，人們奠定國家經濟政策的基礎時，經濟學就已經開始成形了。一直到亞當斯密登場為止的這段期間，便稱為「重商主義時代」。

從古代到中世紀時期，不論距離遠近，人們的商業活動一直都相當活絡，這一點自不待言。但自從近代國家成形後，人們便逐漸將貨幣視為國家財富的象徵，於是不光只著重國內市場的經濟政策，也開始會去考慮對外貿易行為中的經濟政策。

英國的約翰・海爾斯（John Hales, 1516-1571）所著的《論英格蘭王國的繁榮》（1549）是重商主義的理論先驅。當時英國的資本主義經濟蓬勃發展，發生了通貨膨脹、貨幣流出國外等許許多多的問題。海爾斯認為這些問題屬於王國的經濟問題，於是他在探究解決方法的過程中，同時也針對經濟生活進行分析。

到了十七世紀，英國和荷蘭展開激烈的貿易大戰。這時出現了托馬斯・孟（英 Thomas Mun, 1571-1641）的「貿易差額說」。孟本身擔任英國東印度公司的要職，他主張唯有透過對外貿易累積商業資本，才是國家財富的來源。

相較於海爾斯與孟將商品的流通過程視為國家財富的泉源，威廉・配第（英 William Petty, 1623-1687）則認為國家財富的泉源在於商品的生產過程。配第主張經濟上的富裕來自「土地與勞動」，他是第一個使用客觀性自然原理來解釋經濟生活的人。

進入十八世紀後，重商主義開始產生巨大變化，經濟的自由主義出現，尼可拉斯・巴本（英 Nicolas Barbon, 1640-1698）的《論貿易》（1690）和達德利・諾斯（英 Dudley North, 1641-1691）《貿易論》（1691）等自由貿易論開始盛行。

## 古典經濟學的建立與發展

**十八世紀誕生古典經濟學、十九世紀誕生馬克思經濟學。歷史可以說是和經濟學一同推進的。**

今日我們所稱的古典經濟學，是由亞當斯密所奠定，也使得經濟學正式成為一

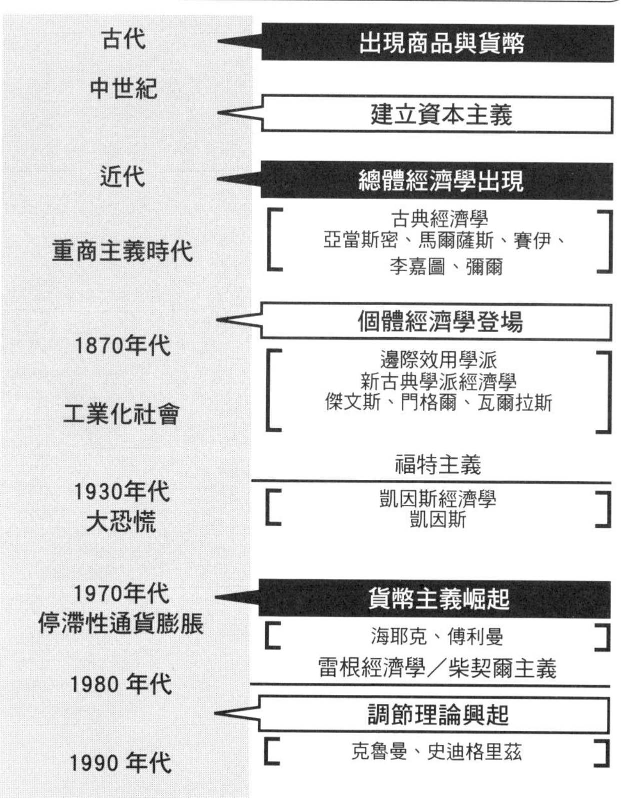


門學問。亞當斯密原本是道德哲學的教授，他認為唯有經濟繁榮才能為社會帶來秩序與正義，因此便轉而探究經濟問題。之後，亞當斯密和法國的重農主義經濟學家弗朗索瓦・魁奈（Francois Quesnay, 1694-1774）等人進行交流，接著便回到他的家鄉蘇格蘭，完成其主要著作《國富論》（全名為《論國民財富的性質和原因》）並於一七七六年出版。

亞當斯密所提出的經濟學思想，是在批判一直以來的重商主義。他認為國家若要繁榮就不該干預經濟，應該要採取放任的態度，讓每個人自由進行經濟活動。同時，他還提出「看不見的手」這句名言，認為這樣的作法最後會增進整體的利益。

亞當斯密是藉由對資本主義社會的經濟活動進行細密的分析，而推演出這套理論的。於是，一套擁有完整系統的古典經濟學就此建立。在這之後，大衛・李嘉圖（英 David Ricardo, 1772-1823）和約翰・史都華・彌爾（英 1806-1873）等人又一步步確立了資產階級經濟學。另一方面，在產業革命進展的過程中，周

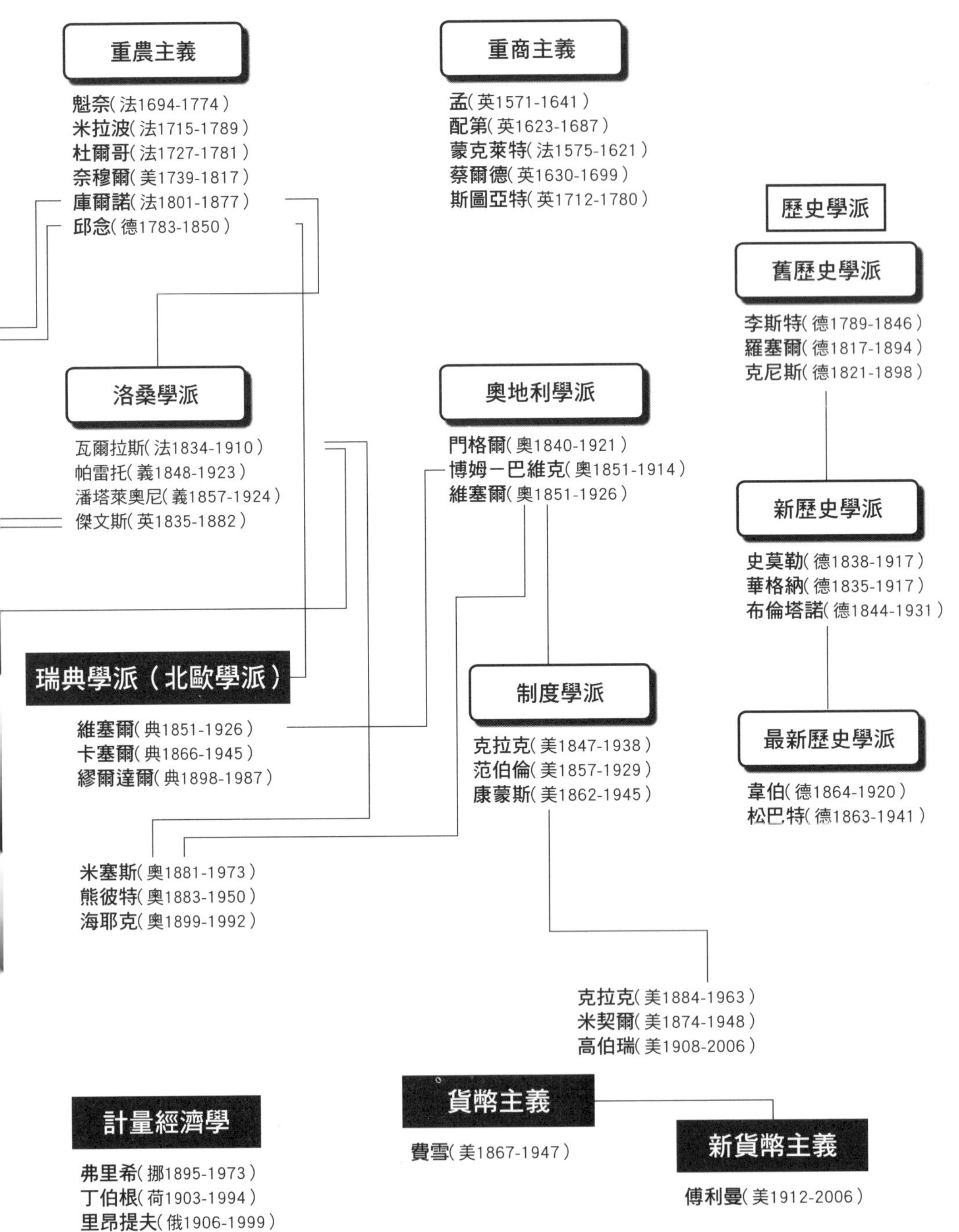

重農主義
魁奈(法1694-1774)
米拉波(法1715-1789)
杜爾哥(法1727-1781)
奈穆爾(美1739-1817)
庫爾諾(法1801-1877)
邱念(德1783-1850)
重商主義
孟(英1571-1641)
配第(英1623-1687)
蒙克萊特(法1575-1621)
蔡爾德(英1630-1699)
斯圖亞特(英1712-1780)
歷史學派
舊歷史學派
李斯特(德1789-1846)
羅塞爾(德1817-1894)
克尼斯(德1821-1898)
洛桑學派
瓦爾拉斯(法1834-1910)
帕雷托(義1848-1923)
潘塔萊奧尼(義1857-1924)
傑文斯(英1835-1882)
奧地利學派
門格爾(奧1840-1921)
博姆－巴維克(奧1851-1914)
維塞爾(奧1851-1926)
新歷史學派
史莫勒(德1838-1917)
華格納(德1835-1917)
布倫塔諾(德1844-1931)
瑞典學派（北歐學派）
維塞爾(典1851-1926)
卡塞爾(典1866-1945)
繆爾達爾(典1898-1987)
制度學派
克拉克(美1847-1938)
范伯倫(美1857-1929)
康蒙斯(美1862-1945)
最新歷史學派
韋伯(德1864-1920)
松巴特(德1863-1941)
米塞斯(奧1881-1973)
熊彼特(奧1883-1950)
海耶克(奧1899-1992)
克拉克(美1884-1963)
米契爾(美1874-1948)
高伯瑞(美1908-2006)
計量經濟學
弗里希(挪1895-1973)
丁伯根(荷1903-1994)
里昂提夫(俄1906-1999)
貨幣主義
費雪(美1867-1947)
新貨幣主義
傅利曼(美1912-2006)

## 經濟學的發展過程

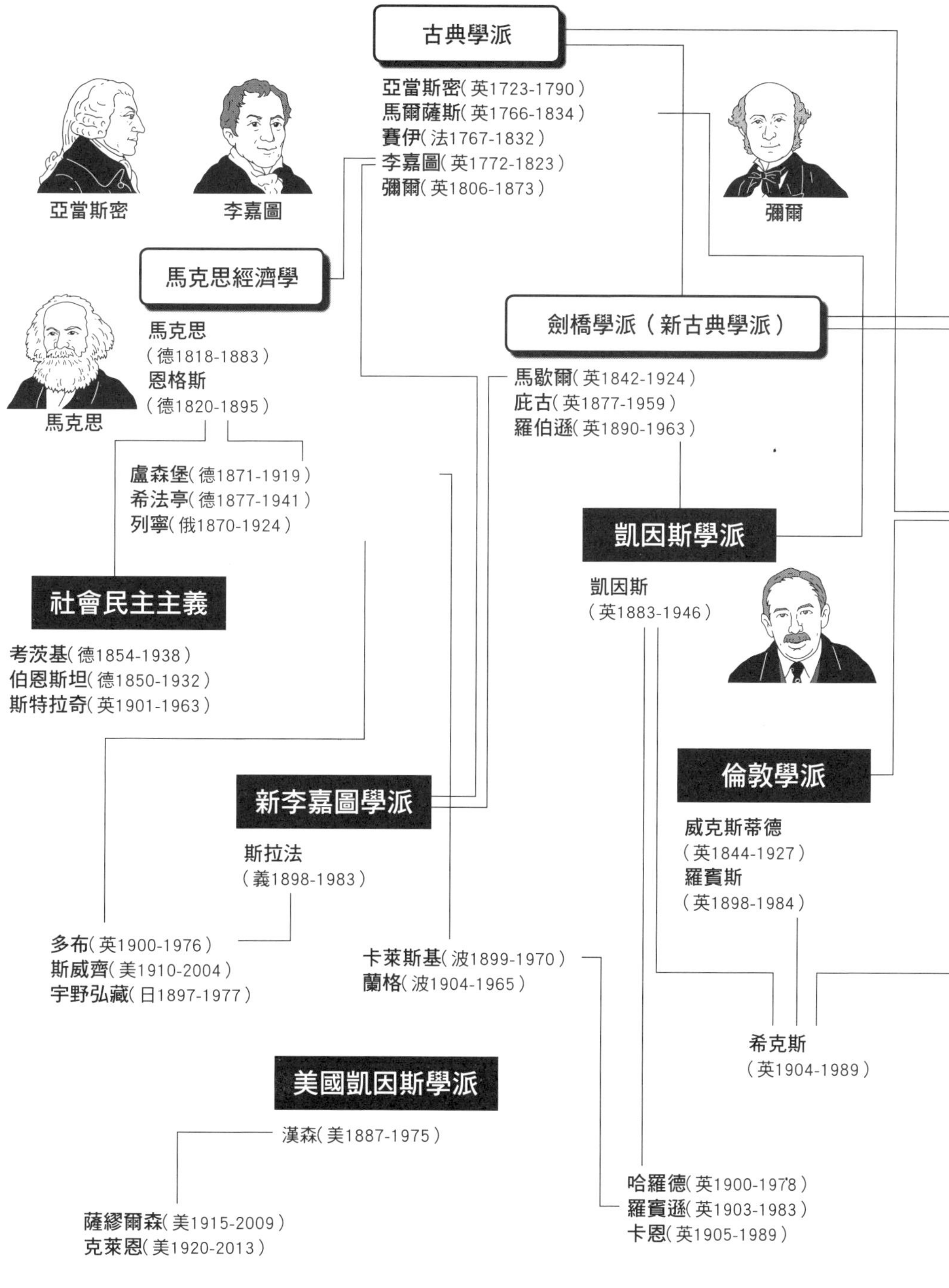
古典學派
亞當斯密(英1723-1790)
馬爾薩斯(英1766-1834)
賽伊(法1767-1832)
李嘉圖(英1772-1823)
彌爾(英1806-1873)
亞當斯密
李嘉圖
彌爾
馬克思經濟學
馬克思
(德1818-1883)
恩格斯
(德1820-1895)
馬克思
劍橋學派(新古典學派)
馬歇爾(英1842-1924)
庇古(英1877-1959)
羅伯遜(英1890-1963)
盧森堡(德1871-1919)
希法亭(德1877-1941)
列寧(俄1870-1924)
凱因斯學派
凱因斯
(英1883-1946)
社會民主主義
考茨基(德1854-1938)
伯恩斯坦(德1850-1932)
斯特拉奇(英1901-1963)
倫敦學派
威克斯蒂德
(英1844-1927)
羅賓斯
(英1898-1984)
新李嘉圖學派
斯拉法
(義1898-1983)
多布(英1900-1976)
斯威齊(美1910-2004)
宇野弘藏(日1897-1977)
卡萊斯基(波1899-1970)
蘭格(波1904-1965)
希克斯
(英1904-1989)
美國凱因斯學派
漢森(美1887-1975)
哈羅德(英1900-1978)
羅賓遜(英1903-1983)
卡恩(英1905-1989)
薩繆爾森(美1915-2009)
克萊恩(美1920-2013)

期性恐慌和大眾貧窮化逐漸成為嚴重的社會問題。資本主義並不像亞當斯密和李嘉圖等人所認為的那樣，是一種「永遠的自然秩序」。此時，卡爾．馬克思則非常銳利的點出資本主義負面的部分，並闡明資本主義根本的運作原理。

馬克思的經濟學如他在其著作《政治經濟學批判》（1859）所敘述的那樣，一開始先是批判古典經濟學，認為資本主義經濟是一個自然且最終社會秩序的思想。馬克思認為資本主義也不過只是歷史的其中一個過程，早晚會被其他學說取代。而「唯物史觀」便是他的核心思想。簡單來說，他認為整個社會就是奠定在經濟基礎之上，而歷史是在生產力和生產關係之間的對立關係中發展而成的。

在這之後，馬克思又撰寫了一共三卷的《資本論》（1867），徹底分析資本主義經濟的運作原理，並闡明其特殊的歷史性。由於一般人認為馬克思經濟學的核心，在於探討勞工貧窮化的原因，因此人們現在便認為這套理論已經失效，但是，我們反倒應該將馬克思經濟學的本質，看作是在闡明資本主義經濟的運作原理。就這個意義上而言，馬克思經濟學其實並未面臨終點。

## 近代經濟學的建立

**從古典經濟學邁向近代經濟學。二十世紀經濟學是以凱因斯為中心所發展的。**

到了一八七〇年代，經濟學又面臨了一次變革時期。也就是所謂的「邊際革命」。威廉．斯坦利．傑文斯（英 William Stanley Jevons, 1835-1882）、卡爾．門格爾（奧 Carl Menger, 1840-1921）、利昂．瓦爾拉斯（法 Léon Walras, 1834-1910）這三名經濟學者幾乎在同個時期提出了「邊際效用理論」。

古典經濟學認為財富是由勞動力所創造的，忽略了資源有限（稀少）這一點。「邊際效用理論」不再抱持「供給會創造本身的需求（賽伊法則）」的樂觀論點，轉而認為從原料到產品的銷售市場等任何階段都有其極限。同時也主張人們在探討經濟活動時，應該要意識到這份有限性與稀少性。這套理論與古典經濟學有所區別，於是便稱為新古典經濟學。

繼新古典經濟學之後，十九世紀末到二十世紀初期也出現了許多偉大的近代經濟學家，例如洛桑學派的維弗雷多．帕雷托（義 Vilfredo Pareto, 1848-1923）、劍橋學派的阿爾弗雷德．馬歇爾（英 Alfred Marshall, 1842-1924）、弗里德里希．馮．維塞爾（奧 Friedrich von Wieser, 1851-1926）、約瑟夫．熊彼特（奧 Joseph Schumpeter, 1883-1950）等人。

不過，二十世紀最具代表性的經濟學家，終究還是非約翰．梅納德．凱因斯（英John Maynard Keynes, 1883-1946）莫屬。凱因斯發表其著作《就業、利息與貨幣的一般理論》（1936），主張政府應該透過財政政策與金融政策積極介入經濟。自從亞當斯密出現之後，不論是古典學派還是新古典學派，都認為只要交由市場自行運作，最終就能達到供需平衡，不過，凱因斯卻認為這種「自由放任」的作法或許適用於個別產業（也就是個體經濟），但是

沒辦法適用於整體的經濟（也就是總體經濟）。因此，當經濟嚴重不景氣時，政府就必須採取某些經濟政策。事實上，一九三〇年代當時的資本主義經濟，就長期處於嚴重不景氣的情況。

在凱因斯之後，現代經濟學的系統大致上可區分為總體經濟學與個體經濟學。其中，總體經濟學是以凱因斯經濟學和古典學派經濟學兩者為中心所發展的。

其實，凱因斯的《就業、利息與貨幣的一般理論》並不是他一個人的研究成果，而是在五位劍橋大學的優秀經濟學家協助下所完成，分別是瓊・羅賓遜（英 Joan Robinson, 1903-1983）、理查・卡恩（英 Richard Kahn, 1905-1989）、皮耶羅・斯拉法（義 Piero Sraffa, 1898-1983）、奧斯汀・羅賓遜（英 Austin Robinson, 1897-1993）、詹姆斯・米德（英 James Meade, 1907-1995）。這五個人合稱「凱因斯馬戲團」。

另外，保羅・薩繆爾森（美 Paul Samuelson, 1915-2009）於一九四八年出版了《經濟學》，他提倡將凱因斯經濟學和新古典學派結合在一起。與此同時，資本主義國家毫無例外全都採納了凱因斯的理論，藉由制定財政政策與金融政策的方式介入市場，並且順利促成經濟成長，同時也涉及了教育、社會福利與醫療等社會保障的領域，達成社會福利國家的體系。

然而，一九七一年美國總統尼克森（1913-1994）宣布讓美元與黃金脫鉤（俗稱為尼克森震撼），再加上一九七三年發生了第一次石油危機，促使美國經濟進入低成長時期，之後更是同時發生通貨膨脹與經濟停滯，陷入停滯性通貨膨脹的狀況。由於新古典學派的經濟學家對此現象都無法提出任何有效的對策，因此該學派失去了原有的影響力。而取代新古典學派的則是重視市場價格的調節功能，否定政府採取財政政策與金融政策的思想，這套思想開始崛起。

這種自由放任主義的思想，是由弗里德里希．海耶克（奧 Friedrich Hayek, 1899-1992）提出的反理性主義。不過，反對凱因斯的經濟理論當中最具影響力的則是米爾頓．傅利曼（美 Milton Friedman, 1912-2006）。傅利曼認為「自由主義經濟這種沒有任何限制的作法，才是最為理想的作法，應該排除任何對市場的限制」。他的立場與凱因斯學派恰恰相反，認為通貨供給量應該以一定的幅度持續增加，才能為經濟帶來穩定。

這種貨幣數量理論稱為貨幣主義，對接下來的美國及全世界資本主義經濟帶來巨大的影響，「以需求與供給而言，只要加強供給面經濟就能成長」的供給面經濟學就此誕生。這種理論在美國的雷根政權和英國的柴契爾夫人政權時期，各別形成「雷根經濟學」、「柴契爾主義」，導入到實際的政策當中。

邁入一九九〇年代，電腦和網路日漸普及，美國經濟方面由於民間設備投資，尤其是資訊產業投資活絡，景氣持續擴張。資訊科技發展可以讓運送、生產、存貨、販售等方面達到最完美的狀態，如此一來，將消除供需時滯所造成的景氣循環（庫存循環）現象，這便是當時受到吹捧的「新經濟理論」。不過，自從資訊產業的泡沫於二〇〇一年破裂後，景氣呈現倒退的狀況，而這套理論也就乏人問津了。

二〇〇八年雷曼兄弟破產引發金融風暴，全世界都陷入了嚴重的金融危機。而由於這件事爆發前，在美國經濟界占據領導地位的新古典學派總體經濟學，未能事先預測及防止這個危機發生，因此遭到外界強烈批判。保羅．克魯曼（美 Paul Krugman, 1953-）是其中主要批判者，他主張現代總體經濟學應該要多採納那些受到新古典學派否定的凱因斯經濟學精髓。

不只是國家間的差距，先進國家富裕階級與貧窮階級之間的差距也不斷擴大。約瑟夫．史迪格里茲（美 Joseph Stiglitz, 1943-）透過《不公平的代價：破解階級對立的金權結構》（2012）等多本著作提出警告，指出「全球化和過度發展自由主義所造成的貧富差距擴大情形，會造成經濟與社會不穩定與混亂的狀態，最後所有人都將陷入危機」。二〇一三年法國經濟學家托瑪．皮凱提（Thomas Piketty, 1971-）也出版了《二十一世紀資本論》，主張政府必須進行財富重分配，以期導正貧富差距，該書成為國際暢銷書。

CHECK THIS OUT!

**如果你還想繼續學習經濟學，一定要具備以下的基礎知識。**

### 近代經濟學和馬克思經濟學

在一八七〇年代的「邊際革命」之後的經濟學統稱為近代經濟學，如果說近代經濟學著重於使用量化的方式探究經濟活動，那麼，馬克思經濟學便是以階級對立所產生的問題來理解經濟的運作方式了。

近代經濟學在美國和英國占據主流地位，但日本經濟學則是長期在「近代經濟學」與「馬克思經濟學」兩大陣營對立的情況下發展的。

### 個體經濟學與總體經濟學

一般而言，現代經濟學可大致區分為個體經濟學和總體經濟學。個體經濟學以個別的家庭或企業的經濟活動為單位，探討其中的經濟原理。另一方面，總體經濟學則在探討國內生產毛額、投資、儲蓄、物價等整個社會的經濟原理。最早為個體經濟學建立起一套公式的是瓦爾拉斯。總體經濟學的基礎則是由凱因斯所奠定的。

### 計量經濟學

英文為Econometrics。目標在藉由量化的方式探討經濟變數的關係，確立一套數學式的經濟理論。使用統計方法處理各式各樣的經濟資料，藉此驗證理論模型，同時也將理論擴充得更加完備，並嘗試預測未來的經濟狀況。

### 看不見的手

這句名言出現在亞當斯密的《國富論》。即使每個人只追求自己的利益，這隻「看不見的手」仍舊會為社會整體帶來利益。亞當斯密認為追求私利將會化為公益，講求自然調和，認為政府不需要干預市場經濟，最後便成為自由主義思想的基礎。「看不見的手」現在仍然是貨幣主義和理性預期理論的核心思想。

### 貨幣主義

強調貨幣政策的重要性，貨幣主義以批判凱因斯需求管理政策的姿態登場。

相對於凱因斯所主張的財政政策，美國經濟學家傅利曼則主張貨幣供給必須根據經濟成長率按一定比例增加。

### 供給面經濟學

這種經濟政策藉由減免所得稅、刪減政府支出、鬆綁限制等政策，將資源從公家機關轉往民間機關，從消費財轉為投資財，以增加生產力及穩定物價水準為目標。

### 新凱因斯學派

新古典學派經濟學預設市場價格擁有調節供需的功能，在這個前提之下分析生產資源要如何才能進行有效率的分配。相反的，凱因斯則指出市場的調節功能有限，並藉此釐清失業的原因。

「新凱因斯學派」將不完全競爭下的價格分析也加入考慮，並把市場價格調節功能不足的特性與失業問題結合在一起進行分析，藉此重新建構凱因斯經濟學。

# 社會學

●Sociology●

## 社會學的形成經過

**社會學不斷探究「社會的本質是什麼」；而社會學的出現是源自於「社會契約論」。**

社會學是一門「跨界的學問」，旨在突破社會現象中各種不同的面向，並進行跨領域的整合。

正因如此，所以有些學者認為社會學不具有基礎理論和共同理論。不過，社會學之所以建立，確實也是為了要因應時代的需求。現在就讓我們一步步追溯其中的緣由。

包含社會學在內的各門社會科學的萌芽，都是起始於十七世紀英國哲學家湯瑪斯·霍布斯以及人稱英國經驗主義之父的約翰·洛克等人提倡「社會契約論」思想，奠定了近代政治哲學理論基礎的那個時期。

事實上，法國重要的哲學家盧梭（Jean-Jacques Rousseau, 1712-1778）是第一個使用「社會契約」這個詞的人，該詞出現於他於一七六二年出版的《社會契約論》當中。社會契約論的核心思想在於，國家、法律和社會秩序的形成，是建立在人們的同意與約定之上，而盧梭則以公共意志和社會契約推導出其中的原理。

蘇格蘭哲學家大衛·休姆和以《國富論》為人所知的亞當斯密，則反對這種觀點。休姆撰寫的《人性論》（1739）將英國經驗論的哲學集大成。他認為典型的社會秩序並不是來自刻意訂定的約定或契約，而是一種自然發生的、非強制性的習慣。總而言之，霍布斯和洛克將法律和秩序看作是一種「契約」，而休姆則提出不同的想法，認為人們所形成的社會秩序並不是一種刻意造成的結果。

## 社會學誕生與古典理論形成

**從人們提出社會學的構想，到正式確立為一門學問為止，前後經過了一百年左右的時間。**

任何一門學問都很難指出開始的確切時間，但「社會學」這個名稱卻是例外。十九世紀前半，法國思想家孔德（Auguste Comte, 1798-1857）在所著的《實證哲學教程》（1838），首次使用了社會學「Sociologie」（法文，英文為Sociology）這個詞。它便是社會學一詞的來源。

孔德在該書的序文提到，社會運作中包含了秩序（重建）和進步（破壞）的過程，同時，他還指出社會學正是一門從實證主義的觀點出發，綜合經濟學、政治學、倫理學等學問的嶄新研究領域。

關於社會學誕生的經過，除了孔德之外，也不能不提斯賓塞。這兩人提出了社會有機體論，同時，他們為了提出一套符合社會進化論的知識，也倡說適者生存與自由放任主義。社會進化論的構想是來自

## 社會學的發展過程

**17世紀**

**奠定近代政治哲學理論的基礎**

霍布斯（英1588-1679）
洛克（英1632-1704）《政府論》

**18世紀**

**社會契約論出現**

盧梭（法1712-1778）《社會契約論》

✕ 對立

**自然狀態、原始契約**

休姆（英1711-1776）《人性論》
亞當斯密（英1723-1790）《國富論》

**19世紀**

**社會學誕生**

孔德（法1798-1857）《實證哲學教程》
斯賓塞（英1820-1903）《合成哲學系統》

**古典理論形成**

滕尼斯（德1855-1936）
齊美爾（德1858-1918）
韋伯（德1864-1920）
涂爾幹（法1858-1917）

**20世紀**

**芝加哥學派創立**

- **第一代**
  斯莫爾（美1854-1926）
  文森特（美1861-1941）等
- **第二代**
  帕克（美1864-1944）
  伯吉斯（美1886-1966）
- **第三代**
  布魯默（美1900-1987）
- **第四代**（新芝加哥派）

知名的達爾文進化論，社會進化論大大影響了之後十九世紀的美國社會和日本明治時期的自由民權運動，並成為社會系統理論的先驅。

社會學的構想來自於實證主義，而真正確立為一門獨立的學問，則是十九世紀末的事情了。撰寫了《共同體與社會》（1887）的斐迪南・滕尼斯（德 Ferdinand Tönnies, 1855-1936）、《論社會差異》（1890）的格奧爾格・齊美爾（德 Georg Simmel, 1858-1918）、撰寫社會學經典之一《新教倫理與資本主義精神》（1904-1905）的馬克斯・韋伯（德 Max Weber, 1864-1920）以及著有《社會分工論》（1893）的愛彌爾・涂爾幹（法 Émile Durkheim, 1858-1917）等人，在二十世紀前後現身。從整個歷史來看，可以說社會學的古典理論就是在這個時期形成的。

尤其是韋伯，他在探究近代化的根本原理時講求「合理性」，對社會學的各個領域皆影響甚鉅。美國政治人物班傑明・富蘭克林（Benjamin Franklin, 1706-1790）曾經說過「Time is money（時間就是金錢）」，這便是韋伯核心思想的標準例子。韋伯認為時間和貨幣是相同的，資本主義社會或者說近代社會，正是由「利用」時間的精神所形成的。

同時，他也冷靜分析宗教對人類而言，究竟扮演著何種角色，使用科學方法釐清宗教在社會中發揮的功能。簡單來說，他指出人們應該將經濟活動的「俗」和宗教活動的「聖」看成是一對的，同時也都是社會中不可或缺的要素。

涂爾幹在《社會分工論》當中，將分工尚未發達的社會稱為間接性社會，他主張這時人們處於機械連帶的狀態，彼此擁有相同的價值觀和習慣。另一方面，在分工發達的組織性社會，每個人對於整個社會的依賴度、以及人們彼此之間的依賴度都會提高，於是就轉變為複雜且有機連帶的狀態。

滕尼斯則主張資本主義不過是種法理社會，若要形成一個正常社會，就必須同時具備和法理社會相反的、由家庭或地區形成的禮俗社會，同時，資本主義也不過是種分工的異常形態，若要回復到正常的分工，就必須交由有機連帶的獨特道德意識所支持。

## 芝加哥學派誕生

**第一次世界大戰後，起步較慢的美國搖身一變為社會學研究的中心。**

當歐洲開始研究社會學的時候，美國還是個農業國家，南北戰爭（1861-1865）統一市場後，正式發起產業革命。雖然一開始美國人接受斯賓塞的「社會進化論」，但由於之後形成了大都會（Metropolis），導致美國也發展出一套獨特的社會學。

由榮耀與失敗所交織而成的大都會，為市民的生活樣貌帶來巨大的改變，「都市社會學」由此而生。提出都市社會學的是羅伯特・帕克（美 Robert E. Park, 1864-1944），他曾擔任報社記者，之後被芝加哥大學延攬至該校任教。芝加哥於十九世紀後半湧入大量移民，以及來自南部的勞工（以黑人為主），人口急速增加。再加上產業化與都市化，形成多人種、多語言、多文化的情況，當時的芝加哥簡直等於整個美國的縮影。

芝加哥大學是在一八九〇年由石油大王約翰・洛克斐勒（美John Rockefeller, 1839-1937）的基金所創立的，兩年後又設立了全世界第一個社會學系，自此成為美國的社會學研究據點，於是該校的社會學研究便稱為「芝加哥學派」。帕克身為芝加哥學派的核心人物，他以急速巨大化的芝加哥作為標準案例，以芝加哥爆發的社會問題為背景，建立「都市社會學」，以人類生態學的方式觀察都市現象。

喬治・賀伯特・米德（George Herbert Mead, 1863-1931）在《心理，自我和社會》（1925）一書中提到，人是社會化的產物，人會在人與人之間的關係中成長，因此，他主張社會之所以出現不具社會性的人，是因為這些人的成長過程有所缺失。此外，美國社會學協會的創始成員之一查爾斯・庫里（Charles Cooley, 1864-1929），最有名的主張為「鏡中自我」，認為個人和社會其實是一體兩面。

## 功能主義社會學開啟了新的時代

**功能主義出現於社會學發展成熟之時，讓人彷彿看見社會學實現了系統化的樣貌。**

十九世紀末到二十世紀初期的社會學已然成熟，此時理論社會學開拓出嶄新的局面。其中貢獻最大的便是美國社會學家塔爾科特・帕森斯（Talcott Parsons, 1902-1979）。

帕森斯將功能主義（研究某一部分對其他部分或整體會產生哪些幫助）與結構主義（將社會看作是一種結構，並致力於說明整體的結構與規律性）結合在一起，提出了結構功能主義。接著，他將人們的行動網絡視為一種系統，甚至還為該系統的變動原理建構出模型，創造出了一套龐大的理論系統。

帕森斯在他的著作《社會行動的結構》（1937-1939）中論述了四個系統，分別是①以個人的動機所建構而成的「人格系統」；②由多人交互作用所產生的「社會系統」；③由規範、價值、象徵所構成，為個人行為指引方向的「文化系統」；④以及帕森斯於後期加入的行動系統「行為有機體系統」。其中又特別以「社會系統」的理論架構可以普遍應用在各種方面，在分析日本、東歐諸國與開發中國家的近代化過程時，經常會用到這種分析方式，於是跨越各種不同體系的差異而擴展到全世界。

當時，帕森斯的理論以美國為中心風靡一時，但之後因為理論保守等原因而開始遭到批判，導致這股風潮急速衰退，一九六〇年代後甚至受到大量的批判與定罪。

## 歐洲社會學重新掌握主導權

**後工業化使得社會學的研究變得更加多樣化，在研究對象方面也分化出形形色色的分支。**

一九六〇年代，社會學迎來了嶄新的局面。繼帕森斯之後，屬於芝加哥學派第三代的赫伯特・布魯默（美 Herbert Blummer, 1900-1987）反對帕森斯的結構主義社會觀，布魯默提出符號互動論（又稱象徵互動論），主張人類活在一個賦予意義的世界裡，而該意義總是不斷變化。另外，歐文・高夫曼（加 Erving Goffman, 1922-1982）則將焦點縮小到人們的日常生活，並且用戲劇來比喻該秩序，以此釐清人與人之間的相互作用。

此外，丹尼爾・貝爾（美 Daniel Bell, 1919-2011）在《意識形態的終結》（1960）當中闡明資訊化社會之所以必定會引發現代和後現代對立的原因。

進入一九七〇年代後，後現代思想以法國為中心擴展到全世界。其關鍵在於語言學方面的研究。在近代語言學之父弗迪南・索緒爾、結構主義人類學的李維史陀、研究語言哲學的路德維希・維根斯坦（奧 Ludwig Wittgenstein, 1889-1951）等人登場後，法國哲學家米歇爾・傅柯（1926-1984）最後以社會學的手法完成了一份饒富興味的工作。

傅柯徹底剖析現代所具有的壓抑性，大大助長後現代主義的風潮。他站在所有潮流的匯合點，就像上個時代的帕森斯那樣，席捲了整個時代。

而德國方面，則是在尤爾根・哈伯瑪斯（Jürgen Habermas, 1929-）和尼可拉斯・盧曼（Niklas Luhmann, 1927-1998）兩位社會學家爭論不休的過程中，一步步建構出現代嶄新的社會學。哈伯瑪斯在著作《溝通行動理論》（1981）當中談到二十世紀的樣貌，就是由對話交流所構成的生活領域，不斷受到巨大的自動控制組織「系統」的侵蝕，唯有社會學才有辦法釐清這個現象。

另一方面，盧曼的《社會系統理論》（1984）則認為帕森斯的社會系統是一種多重的、互補的、相互滲透的系統，大至世界系統、小至個人的巢狀結構，都可以構成這種社會系統。盧曼後期明確拒絕以「個人」為出發點，構成一套理論。

英國方面，則有安東尼・紀登斯（Anthony Giddens, 1938-），他身為中間偏左的布萊爾工黨智囊，以第二次現代化的概念提出了「第三條路」的主張。紀登斯在重讀馬克斯和韋伯等人的經典著作後，根據「雙重詮釋」的方法提出了一套新的社會學理論與方法論，除此之外，紀登斯的著作《社會的構成》（1984）還討論到社會學的主要問題：社會結構和個人能動性，他認為這兩者不是因果的關係，也不需要以任何一方為優先，而主張以相關性的方式來理解這兩者的關係。

## 社會學汲取了各種不同的潮流

**社會學一面與各式潮流彼此交融、相互影響，同時不斷發展下去。**

進入本世紀後，社會學的學術中心又重新回到歐洲大陸。同時，國際上也不再出現某種特定理論支配社會學界的這種一元化情況了。

儘管世界各地都接二連三提出新的理論和典範，但這些主張未必都是由專業的社會學家所提出的。

當然，社會學也努力的汲取那些席捲現代的各式潮流或典範，並嘗試進行全新的整合。隨著社會學逐漸建立起完備的制度，這份工作也變得更加艱難，不過，由於與本土化相對的全球化、高度資訊化社會與風險社會出現的關係，使得社會學也逐漸建構出新的理論。

社會學的研究對象從原本的勞動、宗教、階級、家庭、社會性別等方面，擴展到當今網路所代表的社會流行現象。無論以什麼作為研究對象，觀點和研究者的立足點都有很大的差異，例如：用結構的角度來看、從功能的層面來看、用現象學的方式來看社會等。

一開始已經提過，社會學並不具有自身的基礎理論，但這絕對不是一項危機（弱點）。正因為現代是個多元化的時代，有許多性質皆不相同的問題散布在各個方面，這些問題彼此互有關聯、相互影響，因此，對此早已有所了解的社會學，從今以後還會繼續發展出形形色色的樣貌。

CHECK THIS OUT!

**如果你還想繼續學習社會學，一定要具備以下的基礎知識。**

### 價值自由

這是馬克斯．韋伯所使用的詞。價值自由在社會學研究是基本中的基本，但人們很容易誤會的是，這並不代表要捨棄自身的價值觀、變成不帶任何價值觀的狀態，也不是在要求人抱持價值中立的態度。價值自由是希望每個人在擁有自身價值觀和價值理念的同時，也不要困在自己的價值觀當中，能夠用有所自覺及反省的態度重新思考，並以價值自由的觀點探討社會現象並進行論述。

### 實證主義和經驗主義

繼勒內．笛卡兒、孟德斯鳩、聖西門（法 Saint-Simon, 1760-1825）等法國啟蒙思想家之後，接著誕生了孔德的社會學。孔德的社會學以實證主義為中心，其立場為只接受藉由觀察到的事實所得到的實際驗證。

另一方面，在法蘭西斯．培根、霍布斯、洛克、休姆、亞當斯密、約翰．史都華．彌爾等英國經驗主義思想的源流下，誕生的則是斯賓塞的社會學，這一派思想的立場只相信直接經驗到、有確切證據的事物。

### 禮俗社會；社區／法理社會；社會

一般指的是人格關係與物象關係這兩種類型，但社會學則是將社會分為兩種基礎類型。滕尼斯將社會區分為契約式社會和共同體式的社會，而初期的韋伯認為只要個人的行動被賦予主觀意義就稱為禮俗社會行動（價值理性行動），而目的合乎理性的情況則稱為法理社會行動（工具理性行動）。後期的韋伯認為在情緒、情感、傳統上擁有共同依歸為社區關係，為價值和目的賦予理性動機的利益調整則為社會關係。

### 社會性別

意指社會規範下的性別差異。一九六○年代美國發起的婦女解放運動，使得這個概念變成熱門的議題。社會性別與身體所見的性別（sex）完全不同，而社會性別一詞有時也指對於性別所抱持的信念、情感、態度等方面。「男子氣概」、「女人味」這些說法指的並不是人類根本上的性質，而是擁護父權社會的統治性臆測。社會性別是由社會層面、歷史層面或文化層面所形成的。

## 社會系統理論

社會系統理論是由理論社會學的帕森斯所提倡，旨在從系統的角度釐清社會的運作方式。現代持續發展系統理論，並繼承了探究先進國和第三世界之間關係的依賴理論，將世界視為單一系統，同時也提倡伊曼紐・華勒斯坦（美 Immanuel Wallerstein, 1930-）的世界系統理論，而世界系統理論也涵蓋了政治經濟學的面向。

## 迷亂（Anomie）

意指社會陷入混亂的狀態，失去促進人類幸福與自我實現的功能。這個詞是法國哲學家讓—馬利・居約（Jean-Marie Guyau, 1854-1888）在《未來的非宗教》（1887）當中所提出的，而涂爾幹接著將這個概念帶到社會學當中。

當約束個人的連帶性或統合力消失的時候，規範的約束力就會減弱，於是社會將會陷入毫無秩序的狀態。涂爾幹便是從這個問題意識出發的。

## 符號互動論（象徵互動論）

布魯默反對帕森斯的結構主義社會觀，他主張的是不斷變化的流動社會觀，認為每個人都是根據事物對於自身所具有的意義而採取行動，而該份意義又是從社會的相互作用當中產生的。

此外，在「意義會在詮釋過程中受到修正」的這份前提下，又可得知意義的產生與詮釋是來自於與他人的互動當中。此處所指的意義，會透過語言、行為、象徵而被人傳達出去與接收下來，布魯默便將這個過程稱為符號互動。

## 魅力型權威

此處的魅力是指超乎尋常且超自然的能力，如果要指人的話，就會是那些擁有一般人不具有的天賦特質的人。韋伯認為「魅力型權威」所建立的社會，和法理型權威及傳統型權威同屬具正當性的統治形式。

由於這種領導者（魅力型權威）本身擁有非凡或超自然的能力，藉著預言與奇蹟來帶領人們，因此，當日常生活陷入危機時這種領導者的勢力就會擴大，也有可能成為革命領袖統治的正當性來源。

## 《共同幻想論》吉本隆明

本書於一九六八年發行。馬克思說過「國家是一種共同的幻想」，吉本則以這個想法為基礎，指出幻想分成「自我幻想／對幻想／共同幻想」這三種層次，並藉由各種不同的事例，談論各個幻想層次所交織而成的樣貌。

在本書中，吉本從《遠野物語》解讀村落的共同幻想，還從《古事記》解讀初

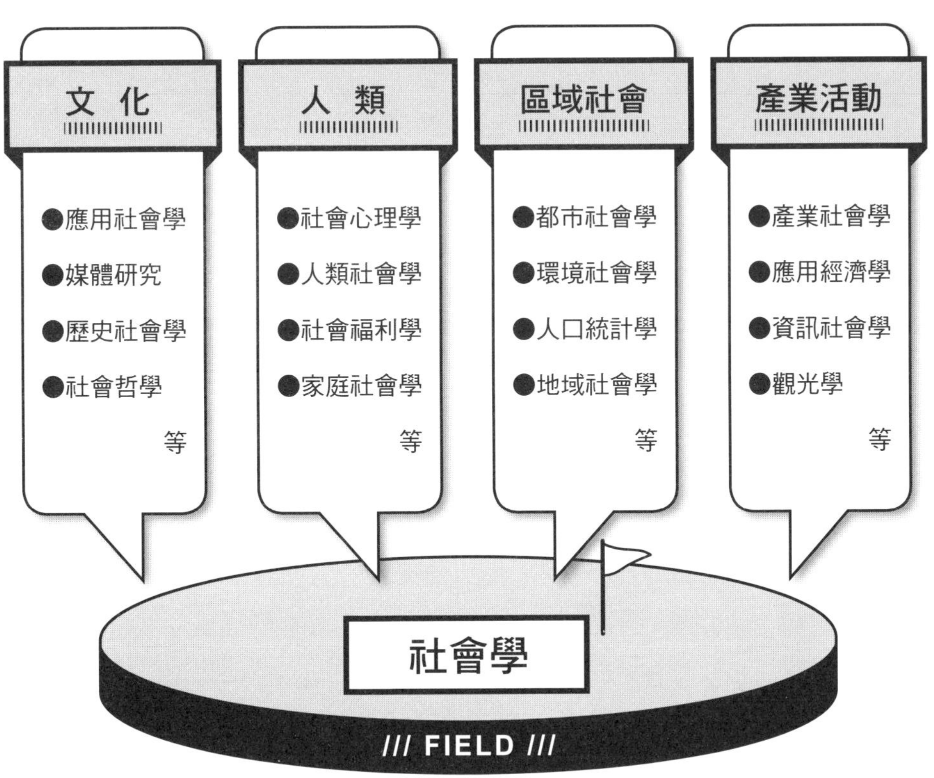


期國家的共同幻想。本書受到一九六〇年代的全共鬥世代瘋狂閱讀，帶給這些人強烈的影響。關於吉本的主張，至今仍有人指出其中的問題或進行批判，尚未有個確切的評價，不過，光是為了日本這個國家的形成與該國同一性的形成方面，這本書就相當值得一讀了。

# 法學

●Law●

## 法學的成立背景

**法學開始於古代自然法思想確立，到了中世紀時期，義大利大學則轉而著重於解釋羅馬法。**

法律在古代通常會與宗教和道德密切結合。人們意識到法律不同於宗教與道德，是一種獨立的規範，這一點是法律學要能建立所不可或缺的條件。此外，還需要有解釋法律、將法律加以運用的一群專家，而且這些專家在法律的解釋上還必須受過相當的訓練。

西元前五世紀後半，古希臘雅典的辯士將法律（nomos）與自然（physis）進行區分，主張法律只不過是種人為的產物，並非來自於自然與神話。

古羅馬設置平民會議，西元前四五〇年制定了世界最早的成文法「十二表法」，並設有「法務官」，負責解釋法律與著手法律相關事務。法務官根據十二表法進行貼合現實的解釋，而這套標準便形成了「市民法」。斯多葛學派認為法律（nomos）是一種符合理性（logos）的自然（physis）規則，於是便將自然與法律結合在一起，確立「自然法」的思想。這套思想傳入當時正一步步成為世界級國家的羅馬，接著由西塞羅（106-43 BC）等人加以發展，成為「萬民法」的根據來源。

之後，神父奧古斯丁（354-430）將斯多葛學派的自然法加以修改，融入基督教教義。這便是「基督教的自然法」（將一切法律根源都歸結於上帝的理性或意志）的原型。

除此之外，六世紀前半東羅馬帝國的查士丁尼（Justinianus, 483-565）匯集了當時為止所有的學說和法令，將混亂的法律體制進行整頓，編纂出《查士丁尼法典》（529-534）。

十二至十三世紀西歐建立了都市，商業活動日漸蓬勃，這時人們開始注意到法律制度有不完備的地方，於是歐洲最古老的大學·義大利的波隆納法學院等學校便開始研究並教授羅馬法。這一群十二、十三世紀的大學學者就稱為「註釋學派」，在羅馬法流傳到歐洲各國一事上，扮演著重要的角色。

## 法學的建立與發展

**啟蒙時代的自然法理論促使日後的民族國家誕生，同時也讓人們開始整頓法律體制，促使日後的近代法學誕生。**

在文藝復興、發現新大陸、自然科學蓬勃發展、宗教改革等背景下，羅馬教會失去了中世紀時所擁有的權威，原有的秩序徹底瓦解，於是中世紀那套神學的自然法便失去可靠的基礎，十七、十八世紀許多啟蒙思想家開始提出「近代自然法理論」。

## 法學的形成背景

**希臘**

（西元前5世紀後半，處於民主制的全盛期）
（伯羅奔尼撒戰爭戰敗後，社會動盪）

**辯　士**（價值相對主義與自然法思想的先驅）

**羅馬**

（c.450 BC　羅馬制定十二表法）
（367 BC　設置法務官）

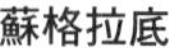
**蘇格拉底**
（c.469-399 BC）

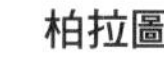
**柏拉圖**
（427-347 BC）

**亞里斯多德**
（384-322 BC）
〔正義論的先驅〕

（羅馬版圖擴大）
（訂定羅馬法）

**斯多葛學派**

（世界主義）

**芝諾**
（335-263 BC）

**羅馬的斯多葛學派自然法**

（萬民自然法）

**基督教自然法**

**查士丁尼**
（483-565）
〔編纂查士丁尼法典〕

**奧古斯丁**（354-430）

（12世紀初，波隆納法學院開始著手羅馬法的研究與教育）

**註釋學派**

**伊納留斯**
（義c.1050-1130）
〔註釋學派的始祖〕

**士林哲學**（理性的神學）……道明會

**多瑪斯・阿奎那**（義c.1225-1274）

**唯意志論**（雙重真理說）……方濟會

**奧坎**（英c.1285-c.1347）
**司各脫**（英c.1266-1308）

（13-16世紀）

**後期註釋學派**（註釋學派）

（出現學術法院、學術官員）
（歐陸諸國繼承羅馬法）

（英國實施法曹一元制）

（16、17世紀）

（分化出刑法、商法、公法、訴訟法）
（各國固有法的研究有所斬獲）

荷蘭的雨果．格勞秀斯（Hugo Grotius, 1583-1645）提倡近代自然法，他認為自然法即使是上帝也無法改變，無論上帝是否存在都具有其效力，從此將自然法世俗化。另外，國際法的訂定也是以自然法為基礎，透過自然法建構出一套有系統的法律。

十七、十八世紀啟蒙時期的近代自然法理論，提供了一套建立民族國家的原理，促進人權宣言與資產階級革命形成。法國方面，主張忠實解釋法律條文的「註釋學派」占據主流地位，於是建立了「近代法學」。而至於曾經分裂成小國的德國，則有弗里德里希．卡爾．馮．薩維尼（Friedrich Carl von Savigny, 1779-1861）主張，制定統一的法律不該從立法方面著手，而是應該要由法律專家根據古代羅馬法的研究加以制定才行，這套主張便稱為「歷史法學」。接下來，伯恩哈德．溫沙伊德（德 Bernhard Windscheid, 1817-1892）等人所提倡的「潘德克頓法學」開始盛行，影響了日後施行的德國民法典。

英國於十八世紀後半進入產業革命時期，此時休姆批判社會契約論，並提出一套相當於日後效益主義的主張。接著，邊沁開始提倡「效益主義」，期盼將「最大多數人的最大幸福」的原理，應用在法律制度當中，為當時充滿缺陷的英國法律提出改革方案。另外，約翰．奧斯丁（John Austin, 1790-1859）主張「分析法學」，認為法學的研究對象應該限定在實定法上面。

## 現代法學

**現代法學以實證主義的思想為中心，同時在相關學問蓬勃發展的刺激下，呈現百家爭鳴的情況。**

由於「潘德克頓法學」是藉由分析法律而得出新的概念，因此又稱為「概念法學」，但在德國民法典制定之後，法律的解釋與應用，就再也沒有隨著社會變化而進行更新了。

邁入二十世紀後，奧地利的歐根．埃利希（Eugen Ehrlich, 1862-1922）提出「概念法學」，主張當法律的歷史解釋不足以解決實際問題時，便應該運用自由法帶來的自由裁量權加以解決。

漢斯．凱爾森（奧 Hans Kelsen, 1881-1973）則發展出「純粹法學」的論點，不從社會或心理層面來看待實定法，而是將之視為一種規範的體制，認為法律規範的妥當性終究還是超出法律所要探討的範圍。

另一方面，美國南北戰爭結束後，在產業蓬勃發展的同時，也獨自形成了一套採用實用主義觀點的法律思想。霍姆斯（1841-1935）認為法律並非絕對的，他以美國聯邦最高法院大法官（1902-1932）的身分主張，執行判決的根本目的在於政策與社會利益的考量，並且特別強調司法裁判所發揮的立法功能。

龐德（美 Roscoe Pound, 1870-1964）在歐陸概念法學批判的影響下，發展出「社會學法學」，認為法律是一種控制社會的手段，同時也背負著調解社會問題的責任。羅克維爾（美 Rockwell, 1893-1962）等人更是強化了這份傾向，他們完全專注在研究法官實際行為所表現出的法律態

## 法學的建立與發展

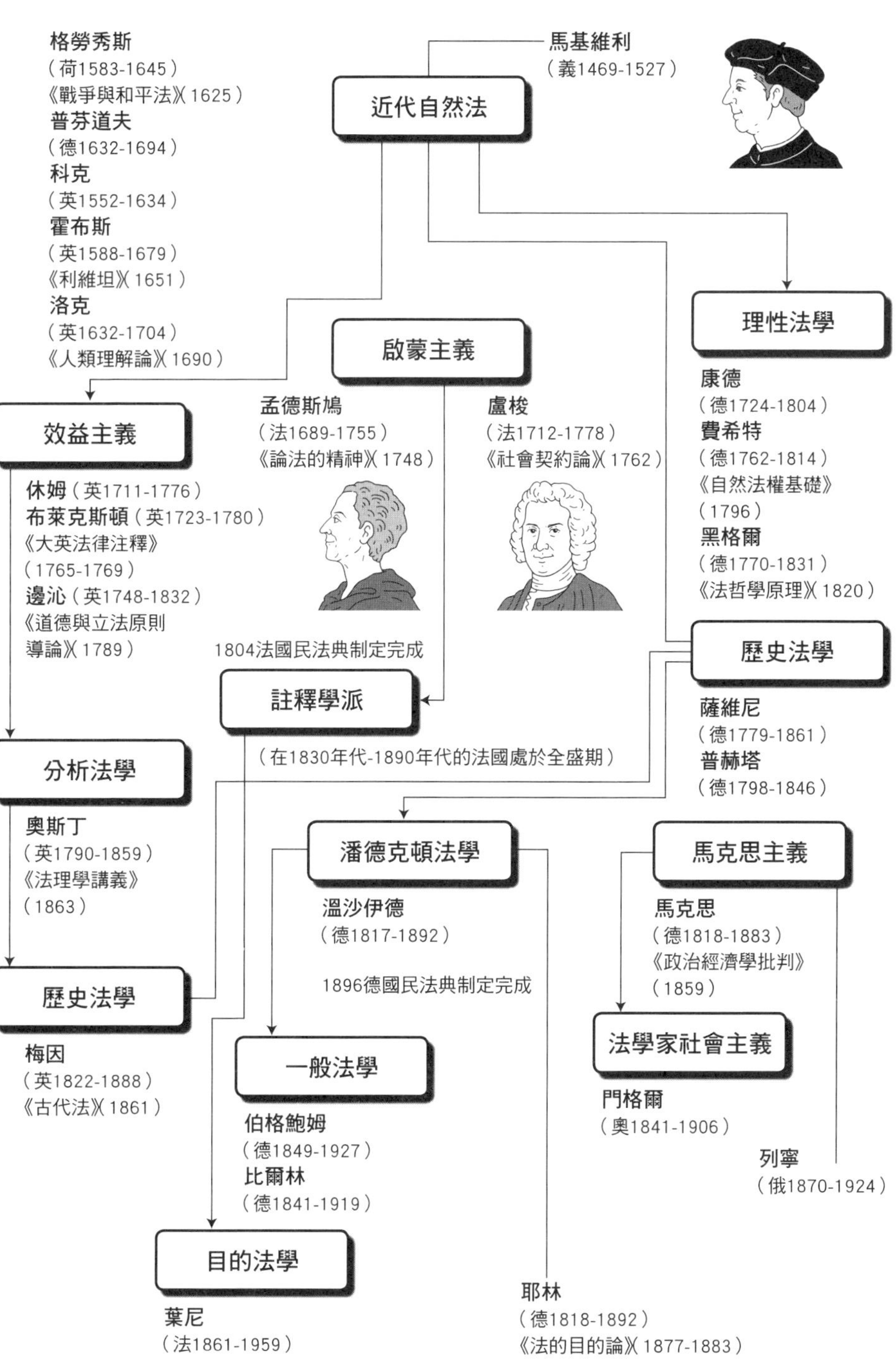
近代自然法
馬基維利（義1469-1527）
格勞秀斯（荷1583-1645）《戰爭與和平法》1625）
普芬道夫（德1632-1694）
科克（英1552-1634）
霍布斯（英1588-1679）《利維坦》1651）
洛克（英1632-1704）《人類理解論》1690）
理性法學
康德（德1724-1804）
費希特（德1762-1814）《自然法權基礎》（1796）
黑格爾（德1770-1831）《法哲學原理》1820）
啟蒙主義
孟德斯鳩（法1689-1755）《論法的精神》1748）
盧梭（法1712-1778）《社會契約論》1762）
效益主義
休姆（英1711-1776）
布萊克斯頓（英1723-1780）《大英法律注釋》（1765-1769）
邊沁（英1748-1832）《道德與立法原則導論》1789）
1804法國民法典制定完成
註釋學派
（在1830年代-1890年代的法國處於全盛期）
歷史法學
薩維尼（德1779-1861）
普赫塔（德1798-1846）
分析法學
奧斯丁（英1790-1859）《法理學講義》（1863）
潘德克頓法學
溫沙伊德（德1817-1892）
1896德國民法典制定完成
馬克思主義
馬克思（德1818-1883）《政治經濟學批判》（1859）
歷史法學
梅因（英1822-1888）《古代法》1861）
一般法學
伯格鮑姆（德1849-1927）
比爾林（德1841-1919）
法學家社會主義
門格爾（奧1841-1906）
列寧（俄1870-1924）
目的法學
葉尼（法1861-1959）
耶林（德1818-1892）《法的目的論》1877-1883）

度，這支派別稱為「法律現實主義」。

第二次世界大戰後，英國的赫伯特・哈特（Herbert Hart, 1907-1992）將日常語言分析學派的手法運用在法學領域裡，將法律看成是許多規則的集合體，這種思想稱為「新分析法學」（新分析實證主義法學）。繼哈特之後這套思想又分支出若干派別，除了採取「包容性法實證主義」立場的詹姆斯・柯爾曼（美 James Coleman, 1926-1995），還有主張「排他性法實證主義」的約瑟夫・雷斯（以 Joseph Raz, 1939-）和約翰・加德納（英 John Gardner, 1965-），以及提出一套「規範性綱領」，認為法律和道德必須進行切割的傑瑞米・沃爾德倫（紐 1953-）等。

除此之外，近年則有約翰・羅爾斯（美 John Rawls, 1921-2002）所掀起的「現代正義論」蔚為風潮。法律學界持續提出各種不同傾向的法哲學和法理學。

另一方面，「效益主義」則是正義論批判的對象，同時也是正義論亟欲超越的對手，目前最具影響力的效益主義者彼得・辛格（澳 Peter Singer, 1946-），則將他所主張的效益主義思想稱為「利益的平等思考」。

羅爾斯正視了「多元主義存在的事實」，多元價值無可避免的會彼此衝突。他放棄為正義原則奠定一套哲學的基礎，而為了在擁護多元價值的人們或群體間確立一套正義原則，於是他對正義問題採取消極的路線，也就是讓人了解關注不公不義之事（而非正義之事）的意義何在，讓人在間接意識到正義的過程中，對於何謂不公不義可以建立出一套共識。

現代的國際社會問題涵蓋的面向極廣，具體來說，包括大屠殺、南北分歧、人權普遍性與文化相對主義、人類的安全保障、國際社會中的法治和國際法、科學技術的發達與傷害原則，以及人工流產、代理孕母、基因檢測操作手續、複製人、器官移植、安樂死等生命倫理方面。

而日本社會方面，還出現了日照權、環境權、隱私權等新的權利問題，針對自然與動物的權利訴訟也有所增加，除此之外，還有討論不完的法哲學議題，例如：同一性與差異、使用配額制度等積極導正差異的措施、死刑存廢的議題、法治的多義性、憲法的解釋與修正問題、東京大審判的事後法問題等。

## 國際法

### 國家在自己國內可以運用自身主權制定國內法，那麼，與國內法相對的國際法也是「法律」嗎？

所謂的國際法，就是用來規範國際社會的法律，主要的法源來自條約與國際習慣法。被譽為現代國際法之父的奧本海（德 Oppenheim, 1858-1919）的定義則是，國際法是文明國家在他們彼此往來中有法律拘束力的規則或原則的總體。

國際法是由成文的部分（條約）、由習慣所形成的不成文部分（習慣法）以及一般法律原則所構成。現代除了國家和國際機構的行為以外，個人的行為（特別是國際人道法、國際刑事法）與跨國性企業的行為（特別是國際投資法）也受到國際法的規範。

## 現代法學

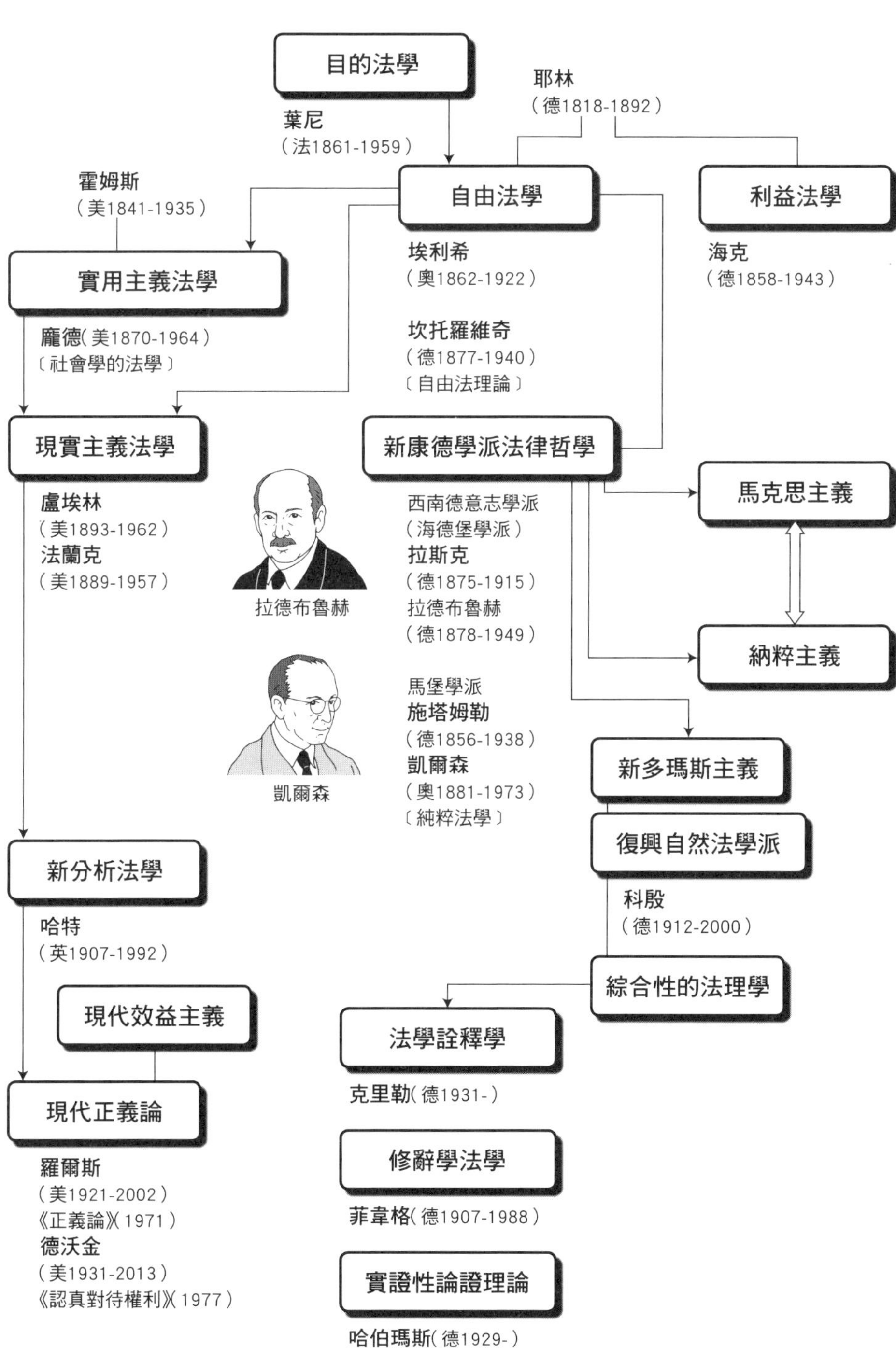

目的法學
葉尼
（法1861-1959）
耶林
（德1818-1892）
自由法學
利益法學
霍姆斯
（美1841-1935）
實用主義法學
埃利希
（奧1862-1922）
海克
（德1858-1943）
龐德（美1870-1964）
〔社會學的法學〕
坎托羅維奇
（德1877-1940）
〔自由法理論〕
現實主義法學
新康德學派法律哲學
盧埃林
（美1893-1962）
法蘭克
（美1889-1957）
拉德布魯赫
西南德意志學派
（海德堡學派）
拉斯克
（德1875-1915）
拉德布魯赫
（德1878-1949）
馬克思主義
納粹主義
凱爾森
馬堡學派
施塔姆勒
（德1856-1938）
凱爾森
（奧1881-1973）
〔純粹法學〕
新多瑪斯主義
復興自然法學派
新分析法學
科殷
（德1912-2000）
哈特
（英1907-1992）
綜合性的法理學
現代效益主義
法學詮釋學
克里勒（德1931-）
現代正義論
修辭學法學
羅爾斯
（美1921-2002）
《正義論》（1971）
德沃金
（美1931-2013）
《認真對待權利》（1977）
菲韋格（德1907-1988）
實證性論證理論
哈伯瑪斯（德1929-）

人文科學

社會科學

自然科學

文化藝術

現代的國際法也將個人視為權利與義務的主體，這一點可以從國際人權法與國際人道法看出。不過，話說回來，國際法真的是「法律」嗎？

雖然奧斯丁認為國際法不是法律而是一種「實在道德」，但事實上，國際法在許多面向都和國家法擁有相同的元素，扮演著類似國家法的重要角色，因此不僅只是一種實在道德或倫理而已。

日本的國際法學者大沼保昭為了探討這個問題，還討論到法律上「應該遵守的」合法性信仰、由法定權力所使用的強制力、法律上有所爭執時交由第三者裁決的概念、法律的技術性與特殊性格等面向。最後大沼作出這樣的結論：「儘管奧斯丁聲稱國際法是一種實在道德，但是所有的國家、相關人士與新聞工作者都並未將國際法看成是一種道德，也並未看成是政治或政策的一部分，因此實際上國際法就是一種法律，我們應該從這個前提出發。」

此外，法律的不溯及既往原則，也是國際法與國內法皆具備的原則，然而，在第二次世界大戰當時，「侵略罪」尚未明確訂定為一項犯罪行為，「遠東國際軍事法庭」卻以「侵略罪」的罪項懲罰日本。身為一個學習國際法的日本人，絕對不能忘記這項歷史的事實。

**如果你還想繼續學習法律學，一定要具備以下的基礎知識。**

## 法學的各項領域

法學也就是法律學，廣義上包含了所有以法律為研究對象的學問。大致可分為：

一、目的在於實踐與應用的實用法學。

二、基礎性、理論性的基礎法學。

實用法學又可分為①針對各領域的現有法律(實定法)進行解釋的法律解釋學；②為了實行特定政策而研究如何訂定有效法規的立法學與法政策學。

基礎法學則有①研究法律或制度歷史的法史學（法制史）、比較各國法律的比較法學，以及研究社會與法律之間關係的法社會學；②研究法律的概念和意義的法哲學（法理學，即為理論法學）。

本書所介紹的法學，主要是關於「法哲學」與「法律思想」的潮流。

## 歷史法學

這是由梅因（英 Maine, 1822-1888）所創立的學派，旨在探究從原始法律到成熟的法律體制之間，歷史性發展過程的一般理論。歷史法學主張法律在歷史發展當中是依序使用①擬制（經法律的規定，將非該事物視同為該事物處理）②衡平（從具體正義的觀點修改既有的法律）③立法（直接制定法律的手段）這三種方法。此外，梅因認為社會是從受到家庭或群體所束縛的停滯型社會，逐漸發展成由個人之間的自由契約所構成的進步社會，同時，他還用「從身分到契約」這一句話來形容法律的進步。

## 效益主義

邊沁的效益主義哲學，認為「能夠帶來快樂或幸福的行為就是善」、「對的行為」就是所有能將「效益」提升到最大的行為，而能夠帶來「最大多數人的最大幸福」，便是正確的行為或政策。邊沁主張「將所有人的個人幸福合計起來，就是整個社會的幸福，而我們應該將整個社會的幸福提升到最大」，不過之後他去掉了其中的「最大多數人」，只採用「最大幸福原則」。另外，邊沁還提出了「幸福計算」，認為只要計算某項行為所帶來的快樂數值，就可以決定該項行為的善惡程度。效益主義經過了邊沁的學生約翰·史都華·彌爾修正與擴充後，又加入了「公正原理」等概念。

## 分析法學

分析法學是由奧斯丁所創立的學派，目標是藉由羅馬法與英國法這類成熟的法律體制的結構和內容，以釐清法律的基本概念與理論。這派理論主張「法律實證主義」，將道德從研究對象當中排除，並忽略歷史的面向，將研究限定在實際的法律——實定法的分析上。奧斯丁採取「法律命令說」（法律是主權者的命令），認為唯有「在一個獨立的政治社會當中，由單一主權者或擁有主權的群體，對該社會成員所下達的命令」，才是法學的研究對象——實定法。

## 新分析法學

哈特將哲學的日常語言學派所採取的手法（透過分析日常語言解決哲學問題）應用在法理學當中，這種研究方法便稱為「新分析法學」。哈特所著的《法律的概念》（1961）提到，近代的法律體制是由課予義務的第一性規則，以及賦予功能的第二性規則所結合而成的。第二性規則是一種為了規則而存在的規則，其中又可分為承認成文法與習慣的妥當性，或效力優劣的規則、用來改變各項規則的規則、授予審判權力的規則。此外，儘管這一派仍舊採取將法律與道德進行切割的「法律實證主義」立場，但同時也針對法律和道德之間的密切關係進行探討。

## 現代正義論的發展

規範倫理學旨在探討正義、自由與平等，而即使到了二十世紀，效益主義仍舊在規範倫理學當中處於主導性的地位。不過，效益主義同時也面對許多批判，像是忽視人類的多樣性、讓少數人為多數人的利益而犧牲並且將此犧牲正當化等。在規範倫理學方面，羅爾斯的《正義論》（1971）將洛克、盧梭、康德等人的社會契約論與自然權思想，用現代的角度重新建立一套架構並加以擴充。羅爾斯首先假設一個「原初狀態」，認為任何反覆調整且獲得人們接受的原則都是符合正義的。

羅爾斯所提倡的正義具備以下兩個特點：①應該最優先保障人們的基本自由，且所有人都平等享有基本自由；②為了讓那些在社會上處於弱勢的人們分配到利益，而容許社會上、經濟上的不平等（差異原則）。

羅納德·德沃金（美 Ronald Dworkin, 1931-2013）在《認真對待權利》（1977）等著作當中，指出最基本的權利便是追求平等的關心與尊重的權利，他和羅爾斯一樣容許為了導正貧富差距而採取積極措施。不過，持正義論觀點的學者當中，對於「何為最基本的權利」，看法也是大相逕庭。

# 教育學

●Pedagogy●

## 教育學的誕生

**當宗教改革結束之後，走遍歐洲各地的康米紐斯提出了一套系統性的教育學。**

古希臘時期，柏拉圖探討過要如何培養出希臘城邦的哲學家國王，亞里斯多德曾針對年輕人的教育進行論述。柏拉圖與亞里斯多德的教育理論，以及古羅馬時期研究辯論方法的昆體良（Quintilianus, c.35-c.95）和雄辯家西塞羅（Cicero, 106-43 BC），都於文藝復興時期重新受到人們所重視。

進入中世紀時期，教會學校、修道院學校與大學撰寫了許多「知識傳授論」，但這其實只是以培養神職人員為目的所編纂的一種職業訓練理論。文藝復興時期的伊拉斯莫斯（荷 Erasmus, 1466-1536）主張教育的目的是要培育出良好的人格素養，他強調母語、實用學科與體育的重要性，同時也認為兒童必須擁有自動自發的能力。

接下來發生了宗教改革，馬丁·路德為了要教導人們讀聖經，而提出了「義務教育」的觀念，認為父母有義務讓小孩上學，他也是世界上首位提出義務教育思想的人。

十七世紀時，則出現了捷克的教育思想家康米紐斯（Comenious, 1592-1670），他是一名胡斯派的牧師，也是一位「教授、學者」，同時也是提倡泛智體系的先驅，被譽為現代教育思想之父，他所撰寫的《大教育學》（1657）是史上最早具有完整體系的教育書籍，書中有系統的彙整了兒童各成長階段所相應的學校體制、班級與教科書等方面，而這套理論也成為現代學校的構成元素。

## 教育學的成長與茁壯

**赫爾巴特主張教育學應該要奠基在科學的基礎上，從教育的目的到方法都建立起了一套理論系統。**

十七世紀末到十八世紀，出現於西歐的啟蒙思想家為了批判君主專制、啟蒙民眾的思想，因此對於教育方面極為關注。約翰·洛克對於崛起的中產階級，主張應該要在家庭中進行紳士教育，而對於貧民子弟，則主張應該要在義務性質、不收學費的工作學校，培養其必要的技術。由於洛克於後者加入了國民教育的思想，因此其主張被稱為「二元的教育課程理論」。

法國大革命時期，孔多塞在國民公會提出了一套方案：①父親擁有「子女養育權」，同時也是一項義務。②父母對於小孩擁有「教育自由」。③教育能夠造福社會與人類，因此政府有義務建立「國民教育制度」。④為了避免出現對立與問題，學校應該要世俗化、排除教派之分、男女共學、單一體制、引進免學費與獎學金制

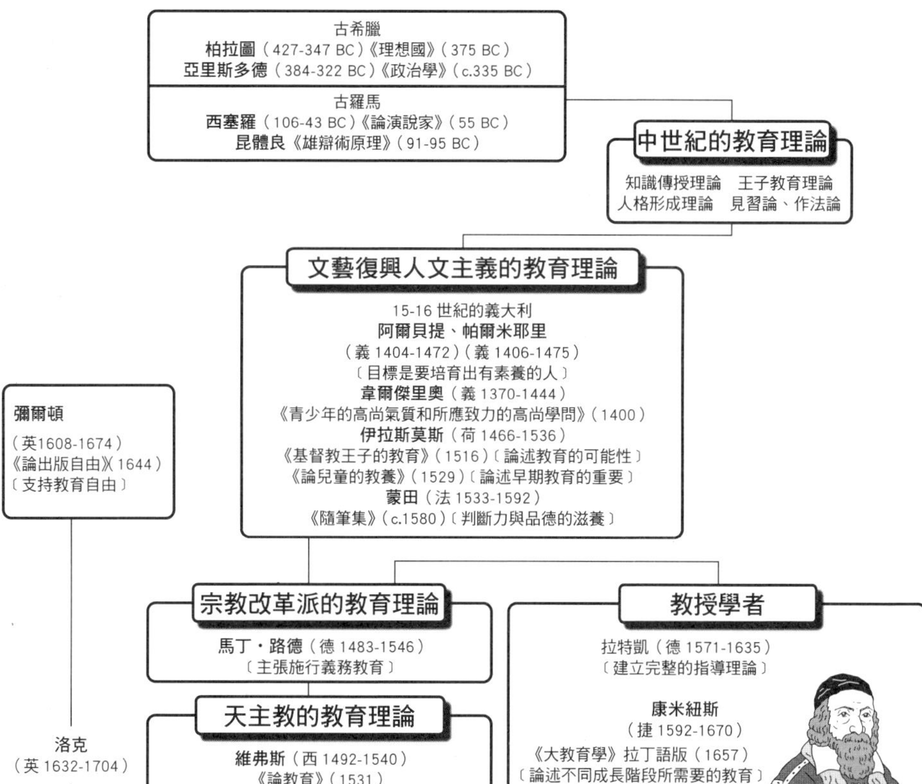


度、在管理學術機構方面採取學者之間互選的方式、學年越高自治權也隨之擴大。而這也就是現代教育制度的原型。

啟蒙思想家所採取的教育理論建立在理性上，認為人之所以為人在於擁有理性，不過，盧梭（法 1712-1778）的教育理論更是突破了這種想法，他認為應該尊重兒童時期所具有的那份「自然」，而教育者的職責則是協助兒童發現其固有的能力並充分發展，扮演協助者的角色。法國大革命時期的山岳派受盧梭所影響，反對孔多塞的法案，他們認為智育雖然只有少數人可以擁有，但道德教育卻應該是所有人皆普遍享有的，因此提出「國民教育寄宿學校」的方案，主張兒童在初等教育階段應該要生活在一起，在國民教育寄宿學校共同接受道德教育。

至於德國方面，康德主張教育是兒童的權利。赫爾巴特受到康德影響，認為教育不該建立在經驗或習慣之上，而是應該奠基在科學的基礎上。他建構出一套完整的教育學系統，著有《普通教育學》（1806）、《教育學講授綱要》（1841）。赫爾巴特的教育目標在於塑造良好的品德，以及培養多方面的興趣。特別是他的「四階段教學法」教學過程理論，日後由「赫爾巴特學派」持續發展並擴展到全世界。

## 教育學的發展

**二十世紀初期左右，教育學擴大了自身領域，並掀起「新教育」的強大趨勢。**

十九世紀末到二十世紀初期，一股名為「新教育」的風潮從歐美席捲到日本。「新教育」以初中等教育為主，在各種不同的方面採取嶄新的作法，新教育的誕生是源自於對「舊教育」的批判，舊教育強調教育要由國家管理，並強調老師是絕對的，而新教育則採取兒童中心主義，強調受教兒童的自由，認為教育者的角色在於激發兒童的興趣與創造力。在這樣的背景之下，新興的實驗醫學、心理學、社會學等學術領域對於兒童的實證研究也有所進展，教育生理學、發展心理學、教育心理學等教育科學的基礎，就是在這個時候奠定的。

法國社會學家愛德蒙・狄摩林（Edmond Demolins, 1852-1907）學習英國的教育制度，期盼能為法國僵化的教育制度進行改革，他將解放孩童所擁有的創造力一事稱為社會化，並以此為教育目標設立了私立學校。他的學校重視兒童的自主學習能力與個人特性，縮減人文學科並增加實用學科的課程比例，重視工廠作業，同時還擴展到學科以外的教育。他的作法成為日後「鄉間教育寄宿學校」（在鄉間設立以兒童為中心的私立學校）系統的新教育思想根據。

美國的杜威（1859-1952）同時也是一位哲學家，他認為教育必須根據每個兒童的心理狀況與需求來著手，而教師則必須教導兒童學習的方法與條理。他主張社會若要進步，則必須建立在「藉由民主制度培養每個人的自發性與關注度」的前提之上。他的思想成為一九二〇年代美國「進步主義教育」運動的理論綱要。

另一方面，德國的凱欣斯泰納（Kerschensteiner, 1854-1932）為資本主義蓬勃發展所帶來的社會變化感到憂慮，他根據人格形成與職業教育的面向，主張「勞作教育」，但他最終的目標其實是要塑造出一種道德共同體，但他的思想還是屬於舊教育那一方。

此外，在馬克思主義方面，則有克魯普斯卡雅（俄 Krupskaya, 1869-1939），她是蘇聯革命家列寧的夫人，也是一位教育學家。克魯普斯卡雅批判新教育只是用來滿足資產階級部分人士的工具，同時她也提出讓學校進行「綜合技術教育」的作法，以幫助學生發展自身的特色。新教育本身是由地方自治團體所構成的，需要讓勞工參與學校的管理與教育過程，相對的，克魯普斯卡雅所主張的這種學校，則可以看出新教育所沒有的觀點。

就結果而言，新教育的概念成為孕育出現代所謂的各式「另類教育」的土壤。

## 教育學的現狀與未來

**現在這個時代會根據兒童的年紀與成熟程度而重視兒童的意見。同時，也開始**

## 教育學的成長與茁壯

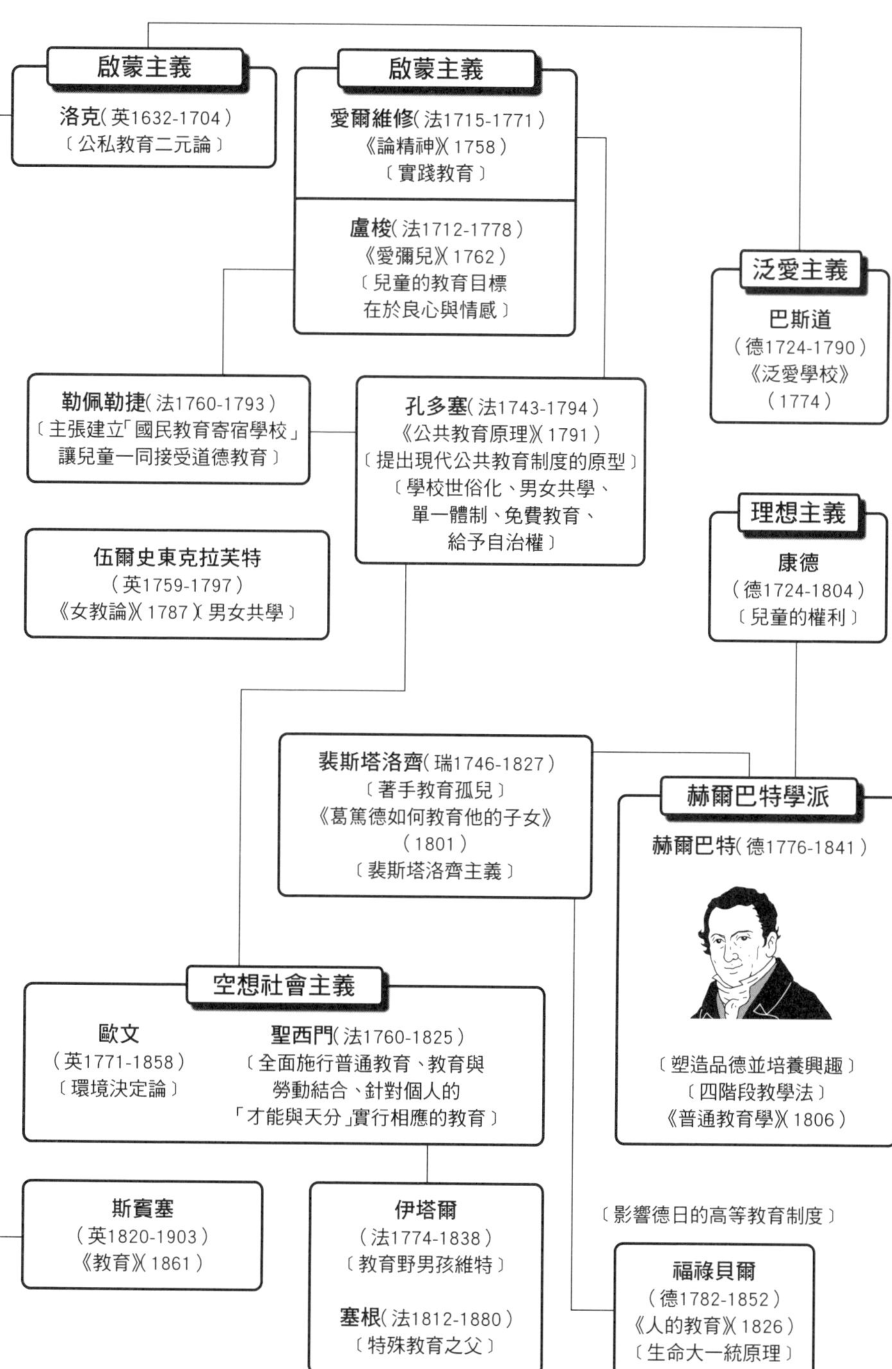
啟蒙主義
洛克（英1632-1704）
〔公私教育二元論〕
啟蒙主義
愛爾維修（法1715-1771）
《論精神》（1758）
〔實踐教育〕
盧梭（法1712-1778）
《愛彌兒》（1762）
〔兒童的教育目標
在於良心與情感〕
泛愛主義
巴斯道
（德1724-1790）
《泛愛學校》
（1774）
勒佩勒捷（法1760-1793）
〔主張建立「國民教育寄宿學校」
讓兒童一同接受道德教育〕
孔多塞（法1743-1794）
《公共教育原理》（1791）
〔提出現代公共教育制度的原型〕
〔學校世俗化、男女共學、
單一體制、免費教育、
給予自治權〕
伍爾史東克拉芙特
（英1759-1797）
《女教論》（1787）〔男女共學〕
理想主義
康德
（德1724-1804）
〔兒童的權利〕
裴斯塔洛齊（瑞1746-1827）
〔著手教育孤兒〕
《葛篤德如何教育他的子女》
（1801）
〔裴斯塔洛齊主義〕
赫爾巴特學派
赫爾巴特（德1776-1841）
〔塑造品德並培養興趣〕
〔四階段教學法〕
《普通教育學》（1806）
空想社會主義
歐文
（英1771-1858）
〔環境決定論〕
聖西門（法1760-1825）
〔全面施行普通教育、教育與
勞動結合、針對個人的
「才能與天分」實行相應的教育〕
斯賓塞
（英1820-1903）
《教育》（1861）
伊塔爾
（法1774-1838）
〔教育野男孩維特〕
塞根（法1812-1880）
〔特殊教育之父〕
〔影響德日的高等教育制度〕
福祿貝爾
（德1782-1852）
《人的教育》（1826）
〔生命大一統原理〕

**要學習新的公共性，以成為「地球公民」為目標。**

UNESCO（聯合國教科文組織）在推動女性主義與社會性別等教育思想的同時，也於一九八五年提出了「學習權宣言」，主張「學習」可以幫助人們追求幸福，是人們不可或缺的權利。從原本兒童中心主義那種被動接受的教育，進而發展成一種可以主動爭取的權利。一九八九年聯合國大會通過了「兒童權利公約」，認為在二十一世紀的學習與教育上，兒童應該憑藉自己的意志主動參與社會。羅傑・哈特（英 Roger Hart, 1950-）則提出「兒童參與階梯理論」，使用前瞻性的八階段理論呈現出社會參與的實踐方法。哈特的主張不只關係到兒童，也成為了下個世代「公民權」誕生的契機。

時代變遷使得同一個國家會在對等關係下存在多樣文化，在互相交融的過程中又會創造出新的文化，這種多元文化共存的社會已經到來。而美國的多元文化教育研究者首推詹姆斯・班克斯（James Banks, 1941-），他將多元文化教育課程區分為以下五個階段：①單一民族學習；②多民族學習；③多民族教育；④多文化教育；⑤制度化。

同時，隨著全球化不斷發展，多元文化的情況也日益明顯，教育領域加入了「公民權」這種新的社會成員概念，各自採取「社群主義的教育」或「政治性的教育」兩種相對的教育方式，而英國則結合了這兩種作法，發展出新的教育政策。一九九八年以政治學家貝爾納・克里克（Bernard Crick, 1929-2008）為主的相關人士，發表了「公民權責教育與學校民主教學報告書」（俗稱克里克報告），二〇〇二年開始成為中等教育階段的必修科目。

此外，關於身心障礙兒童方面，也重新建構了一套教育體制，先是從特殊教育發展為特別支援教育，接著更進一步發展出融合教育。教育學這門學術領域不只加深了公共性，與政治及社會之間的關係也變得更加密切。

日本方面，一九九二年開始推動學校上課五天制（一九九五年進行改革、二〇〇二年徹底實施），一九九八年實施「以四十人為班級上限」，但此舉只改善了教職員的工作環境，卻沒照顧到學生的權益。其中一個最顯著的例子，就是二〇〇二年所實施的俗稱「寬鬆教育」的政策，其中又以「綜合學習時間」為最重要的一環，這種作法被批判為會受老師個人的意願與能力所影響，只會導致學生的學力呈現相對性與絕對性的低落，於是在實施了十年左右便宣告結束。日本也和其他許多國家一樣，亟需擬定以兒童為中心的教育政策，並且為目前的教育政策進行修改與提升。

**如果你還想繼續學習教育學，一定要具備以下的基礎知識。**

## 教育學的研究領域

教育學的研究領域可以分為①探討何謂教育、要教育誰的「教育哲學」；②研究自古至今教育與教育現狀的「教育史」、「教育社會學」、「教育心理學」；③探究

## 教育學的發展

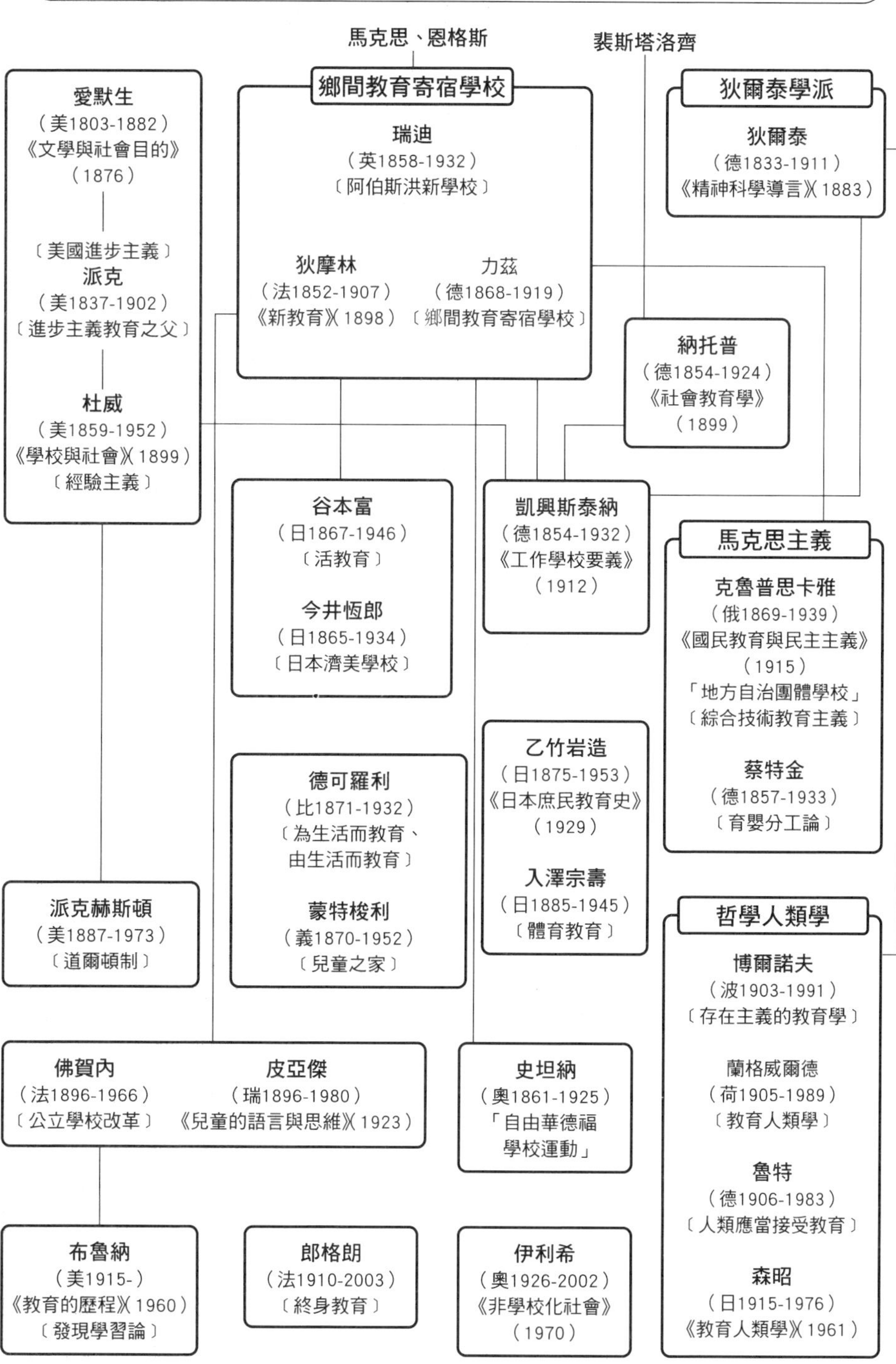
馬克思、恩格斯
裴斯塔洛齊
愛默生
（美1803-1882）
《文學與社會目的》
（1876）
〔美國進步主義〕
派克
（美1837-1902）
〔進步主義教育之父〕
杜威
（美1859-1952）
《學校與社會》（1899）
〔經驗主義〕
鄉間教育寄宿學校
瑞迪
（英1858-1932）
〔阿伯斯洪新學校〕
狄摩林
（法1852-1907）
《新教育》（1898）
力茲
（德1868-1919）
〔鄉間教育寄宿學校〕
狄爾泰學派
狄爾泰
（德1833-1911）
《精神科學導言》（1883）
納托普
（德1854-1924）
《社會教育學》
（1899）
谷本富
（日1867-1946）
〔活教育〕
今井恆郎
（日1865-1934）
〔日本濟美學校〕
凱興斯泰納
（德1854-1932）
《工作學校要義》
（1912）
馬克思主義
克魯普思卡雅
（俄1869-1939）
《國民教育與民主主義》
（1915）
「地方自治團體學校」
〔綜合技術教育主義〕
蔡特金
（德1857-1933）
〔育嬰分工論〕
乙竹岩造
（日1875-1953）
《日本庶民教育史》
（1929）
入澤宗壽
（日1885-1945）
〔體育教育〕
德可羅利
（比1871-1932）
〔為生活而教育、
由生活而教育〕
蒙特梭利
（義1870-1952）
〔兒童之家〕
派克赫斯頓
（美1887-1973）
〔道爾頓制〕
哲學人類學
博爾諾夫
（波1903-1991）
〔存在主義的教育學〕
蘭格威爾德
（荷1905-1989）
〔教育人類學〕
魯特
（德1906-1983）
〔人類應當接受教育〕
森昭
（日1915-1976）
《教育人類學》（1961）
佛賀內
（法1896-1966）
〔公立學校改革〕
皮亞傑
（瑞1896-1980）
《兒童的語言與思維》（1923）
史坦納
（奧1861-1925）
「自由華德福
學校運動」
布魯納
（美1915-）
《教育的歷程》（1960）
〔發現學習論〕
郎格朗
（法1910-2003）
〔終身教育〕
伊利希
（奧1926-2002）
《非學校化社會》
（1970）

教育應該如何塑造與如何進行的「教育政策」、「各式教育學」。

## 教育所帶來的成長

「教育所帶來的成長」的特徵有①是有意、有計畫性的進行。如果恰巧因為打工的經驗而促使人格成長，並不能稱為教育所帶來的成長。②來自於教育者對青少年所進行的教導。和宗教人士進行教化活動所帶來的宗教成長並不相同。③雖然這份教導是外來的，卻會通往受教育者的內在。④發生在社會內部，會受到社會的型態所影響。

## 蒙特梭利與「兒童之家」

義大利的瑪莉亞・蒙特梭利（Maria Montessori, 1870-1952）於一九〇七年開設了「兒童之家」，教育貧窮家庭的三歲至七歲兒童。蒙特梭利認為這個階段對於環境是最敏感的，如果能充分鍛鍊感官功能，便能為日後智力與道德發展打下良好的基礎。這套主張對全世界的幼兒教育界影響甚鉅。

## 自由華德福學校

這是一所由魯道夫・史坦納（奧 Rudolf Steiner, 1861-1925）於一九一九年創立的德國學校。雖然納粹下令而關閉，但戰後史坦納的教育運動逐漸推廣開來，世界上到處都設立了相同的學校。

史坦納的教育目標是要培養兒童自己思考人類究竟是什麼，並且不斷尋找答案的能力。他將〇至二十一歲分成三等份，設定各個階段相應的目標。史坦納兼重於培養思考力、感情、意志力這三種能力，其中又特別重視藝術性的感情，認為所有學科的教育都應該用藝術的方式進行。他設計了多項獨特的科目，例如其中一門名叫「優律思美（Eurythmy 意為有靈魂的體操）」的課程，將身體當成是一種樂器，用動作表現出音樂、語言、數字的概念。

## 終身教育與回流教育

在社會劇烈變化、科學與技術進步、資訊爆炸、休閒時間增加、人際關係疏離等背景下，UNESCO的教育專家保羅・郎格朗（法 Paul Lengrand, 1910-2003），在一九六五年的UNESCO成人教育促進會議上，提議要建構出一套能讓所有人在任何年齡都能夠學習的教育制度。至於日本方面，一九八一年中央教育審議會則提出了「關於終身教育」的諮詢報告，並接著擬定相關政策。

另外，「回流教育」則是經濟合作暨發展組織（OECD）於一九七三年所提出的其中一種終身教育構想。

## 伊利希的反學校論

一直以來，人們都認為只要能改善教育制度，社會理所當然也會隨之進步，因此便從終身教育的觀點，主張必須將教育制度進行改革與重組，但其實這一點是建立在學校存在的前提上的。

接下來出現了「反學校論者」，這些人對於以學校為中心的教育制度提出質疑。其中最重要的便是撰寫了《非學校化社會》（1970）的奧地利哲學家伊萬・伊利希（Ivan Illich, 1926-2002），他批判道：「雖然學校制度讓人們相信，光是存在著學校制度就能創造出教育的需求，接受越多教導就越能增加自身價值，但是，有時候接受教導反而會阻礙想像力的發展。除此之外，學校制度還是一種虛假的公營事業，儘管是由大眾共同負擔成本，但真正受益的卻只有一小部分的人。」伊利希認為若要讓教育真正落實，必須具備①用品，②技能，③同伴，④教育人士，這四種學習網絡。而當學生在學習技能的時候，則支付與之相應的教育信用額度。

### 公民權（citizenship）

日文翻譯成公民制或市民性。所謂的公民教育，目的是為了在這個變化快速的現代社會下，讓小孩將來能夠充分扮演好公民的角色，而近年來歐美各國紛紛將這門科目導入了學校教育當中。這個詞翻譯成「市民權」或「公民權」，類似國籍或參政權的概念，現在則又進一步擴展成「在公民社會中該具備的能力」的概念。現在英國有一門比日本「公民」課更加完備的學科，已經成為新的必修科目。

### 兒童參與階梯理論

這是羅傑．哈特所提出的理論模型，他將兒童的參與情況分成八個階段，並針對各項進行解說。①—③為非真正參與階段，④—⑧則為真正參與階段。

①操縱（用糖果引誘小孩或用哄騙的方式讓小孩參與）。②裝飾性質（小孩不再因為糖果或哄騙的方式而上當，這次大人換成是告訴小孩會讓小孩參與其中來吸引小孩，雖然小孩其實不懂但還是願意參與）。③只有名義（大人表面上裝作聆聽小孩的意見，實際上並不予以採納）。④派工作給小孩，並讓小孩充分了解自身工作內容（小孩被賦予明確的職責，大人會給予小孩必要資訊，讓小孩明白如何參與、為何參與）。⑤大人找小孩討論並提供小孩資訊（小孩可以對大人所做的計畫提出意見，小孩提出的意見最後是否採納，大人也會告知）。⑥雖然由大人主導，但小孩也可以參與決策（構想是由大人提出，但決定的過程也開放給小孩參與）。⑦由小孩提出構想，大人再加以指導（大人只是從旁協助）。⑧由小孩主導，大人被動參與（小孩擬定構想並做出決定，而在決定的過程也開放給大人參與）。

### 綜合學習時間

日本文部科學省對於綜合學習時間的定義為：「為因應變化劇烈的社會，應該培養出學生自己發現問題、自己學習、自己思考、自己判斷、經常自行解決問題的能力，同時，在『知識社會』的時代下也講求思考力、判斷力、表達能力，因此綜合學習時間所扮演的角色便日漸重要。」

要是教師和兒童（學生）的意願很高，這種學習方式就很容易成功，但是有一個很明顯的缺點，那就是功效會受到教師的能力和意願所左右。此外，要用什麼來作為成功與失敗的判斷標準，也是一個很大的問題。有些學校確實能夠按照目標進行，但也有不少學校就只是將這些時間用來提升學生的學業能力而已，例如用來填補因為這項計畫而遭到刪減的那些科目的授課時間等。

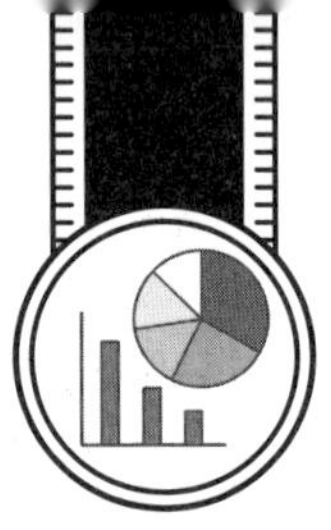

# 統計學

●Statistics●

**英國的人口調查、德國的國勢調查、法國的機率論彼此結合，於是創造出了統計學。**

## 統計學的建立

統計這門領域的歷史相當悠久，早在西元前三〇〇〇年左右的埃及，與西元前二三〇〇年前後的中國，就進行過人口調查，西元前四三五年，羅馬則進行過定期的人口普查，一般認為這是世界首次進行的國勢調查。中世紀時期，各國製作了關於耕地、財產、生產物品、各階層人口等項目的一覽表，但並未發展出統計的方法與理論。

十六、十七世紀進入重商主義時代，歐洲各國為了達成培植產業與促進人口增加的目的，需要正確掌握國家局勢的能力。這時德國便誕生了國勢學，系統性的記述各國土地、居民、組織、租稅、軍事等項目，國勢學在十七世紀後半到十八世紀的這段時間相當盛行，而這就是「國勢學派（記述學派）」。德文的統計學一詞「Statistik」，便是由該學派所創。

英國方面，在資本主義蓬勃發展，以及法蘭西斯．培根「哲學的經驗主義」影響之下，誕生了「政治算術學派」，根據數據資料探究數理上的因果關係。葛蘭特（John Graunt, 1620-1674）以倫敦的死亡人數推算出倫敦市的人口。威廉．配第從數據的角度觀察各都市的人口與經濟。政治算術學派這個名稱，就是來自他的著作《政治算術》（1690）。此外，發現哈雷彗星的愛德蒙．哈雷（Edmond Halley, 1656-1742）則推算出各年齡階層的死亡率與生存率。

另一方面，法國則相當盛行研究機率。原本只有賭骰子的賭徒會進行實用性的機率研究，但帕斯卡（Pascal, 1623-1662）和費馬（Fermat, c.1607-1665）解開了賭徒的問題，開啟組合機率的研究之路。此外，雅各布．柏努利（瑞 Jacob Bernoulli, 1654-1705）是世界第一個將機率論建立在數學基礎上的人，皮埃爾－西蒙．拉普拉斯（法 Pierre Simon Laplace, 1749-1827）則樹立了古典機率的定義。

比利時的阿道夫．凱特勒（Adolphe Quetelet, 1796-1874）用數理的方式探究生物學現象和社會現象，將統計學視為一種用來改革社會的工具。此時統計學終於成為近代科學之一。

## 統計學蓬勃發展

**從應用在生物學與農業上的手法，發展出敘述統計學與推論統計學，構成現在統計學的領域。**

自從凱特勒出現之後，人們越來越習慣使用自然科學的手法來研究社會現象，「數理統計學」就是在這個時候誕生的。

# 統計學的建立與發展

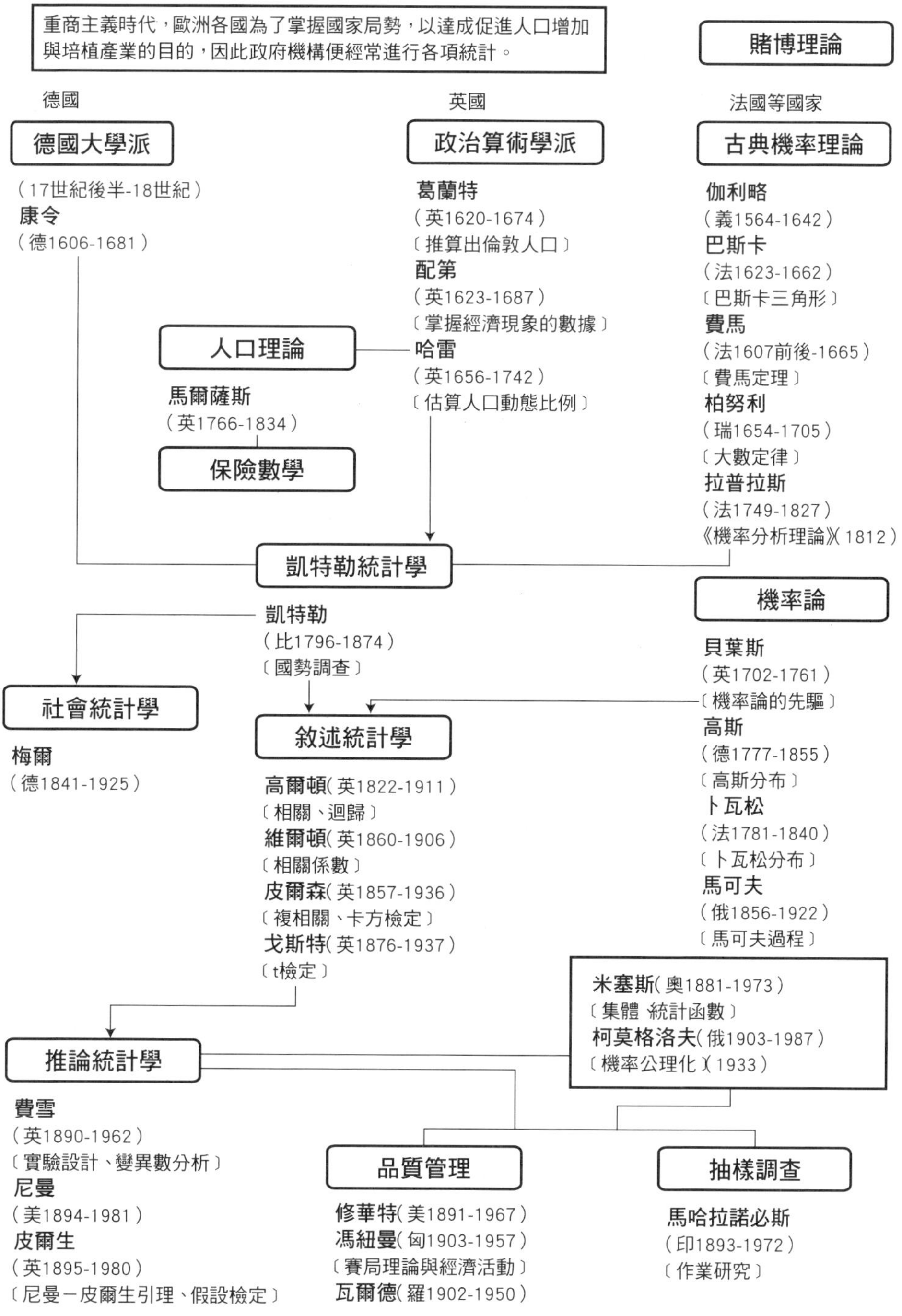

重商主義時代，歐洲各國為了掌握國家局勢，以達成促進人口增加與培植產業的目的，因此政府機構便經常進行各項統計。

德國

**德國大學派**

（17世紀後半-18世紀）
**康令**
（德1606-1681）

英國

**政治算術學派**

**葛蘭特**
（英1620-1674）
〔推算出倫敦人口〕
**配第**
（英1623-1687）
〔掌握經濟現象的數據〕
**哈雷**
（英1656-1742）
〔估算人口動態比例〕

**人口理論**

**馬爾薩斯**
（英1766-1834）

**保險數學**

**賭博理論**

法國等國家

**古典機率理論**

**伽利略**
（義1564-1642）
**巴斯卡**
（法1623-1662）
〔巴斯卡三角形〕
**費馬**
（法1607前後-1665）
〔費馬定理〕
**柏努利**
（瑞1654-1705）
〔大數定律〕
**拉普拉斯**
（法1749-1827）
《機率分析理論》（1812）

**凱特勒統計學**

**凱特勒**
（比1796-1874）
〔國勢調查〕

**社會統計學**

**梅爾**
（德1841-1925）

**敘述統計學**

**高爾頓**（英1822-1911）
〔相關、迴歸〕
**維爾頓**（英1860-1906）
〔相關係數〕
**皮爾森**（英1857-1936）
〔複相關、卡方檢定〕
**戈斯特**（英1876-1937）
〔t檢定〕

**機率論**

**貝葉斯**
（英1702-1761）
〔機率論的先驅〕
**高斯**
（德1777-1855）
〔高斯分布〕
**卜瓦松**
（法1781-1840）
〔卜瓦松分布〕
**馬可夫**
（俄1856-1922）
〔馬可夫過程〕

**米塞斯**（奧1881-1973）
〔集體 統計函數〕
**柯莫格洛夫**（俄1903-1987）
〔機率公理化〕（1933）

**推論統計學**

**費雪**
（英1890-1962）
〔實驗設計、變異數分析〕
**尼曼**
（美1894-1981）
**皮爾生**
（英1895-1980）
〔尼曼－皮爾生引理、假設檢定〕

**品質管理**

**修華特**（美1891-1967）
**馮紐曼**（匈1903-1957）
〔賽局理論與經濟活動〕
**瓦爾德**（羅1902-1950）

**抽樣調查**

**馬哈拉諾必斯**
（印1893-1972）
〔作業研究〕

數理統計學可分為「敘述統計學」與「推論統計學」，這兩個分支共同構成現在的統計學。卡爾・皮爾森（英 Karl Pearson, 1857-1936）導入了「卡方檢定」等方法，將敘述統計學集大成。

敘述統計學認為若能收集越多資料，則越能正確解釋（敘述）現象，但接下來誕生的推論統計學卻抱持不同的看法。推論統計學不只有普遍調查，還運用數學手法根據「機率論」確立了抽樣調查，旨在從少部分的資料盡可能推論出大部分的規律性。威廉・戈塞（英 William Gosset, 1876-1937，筆名為學生氏）從樣本規模較小的研究中發現了「學生氏T分布」。羅納德・費雪（英 Ronald Fisher, 1890-1962）人稱「現代統計學的創始者」，他從農業實驗的觀察當中，明確區分出母體和樣本，建立了一套掌握兩者之間關係的方法。

此外，由於「抽樣調查」的理論蓬勃發展，於是便擴大了統計學的應用範圍。印度的馬哈拉諾必斯（Mahalanobis, 1893-1972）一九四〇年代於孟加拉地區進行大規模的農業調查，確定了隨機採樣的有效性。亞伯拉罕・瓦爾德（羅 Abraham Wald, 1902-1950）運用馮・諾伊曼（匈 Von Neumann, 1903-1957）「賽局理論」的構想，確立了「統計決策理論」，將五花八門的統計問題都統一起來。

## 統計學的發展

**隨著電腦科技蓬勃發展，將複雜的現象如實掌握的手法也日漸發達。**

大約從一九六〇年代開始形成了「多變量分析」和「資料分析」等領域，這些分支盡可能將複雜的現象從多面向如實掌握並加以分析，以期獲得一切有用的資訊。七〇年代以後，隨著電腦科技的發展，這些統計學方法也開始盛行。

其中，日本文部科學省統計數理研究中心的林知己夫（1918-2002）提出了一連串的「數量化理論」，美國的杜奇（John Tukey, 1915-2000）等人也開發了「探索性資料分析（ＥＤＡ）」。法國方面，貝內澤（Benzécri, 1932-）批判數理統計學並提倡「對應分析」。另外還有「集群分析」，這種方法主張盡可能客觀的「分類」，按照資料之間的距離區分為數個集群，並且以樹狀圖來表示。

這些資料的分析手法形成了統計學上一股巨大的潮流，同時，隨著電腦科技進步，也形成了「計算統計學」這個研究領域。

進入二十一世紀，統計學開始應用到各領域當中，其中特別受到倚重的是以十八世紀機率論為基礎的「貝氏統計」。它除了應用在數學、經濟學、資訊科技、心理學、商業活動、廣告行銷等方面，在網路普及所造就出的大數據時代下，貝氏統計也是不可或缺的統計方法，此外，在網路銷售中的一種名為長尾效應的統計現象上，貝氏統計也不可或缺。

儘管統計學看似是一門進展快速的學問，但基本的理論都已經出現在十八世紀的論文當中了，或許用「溫故知新」（知道基本概念後再加以應用）一詞最能體現統計學的本質。統計學與現代複雜的資訊社會結合得更加緊密，分析出的結果變得

## 現代統計學的組成結構

**應用**
- 國勢調查、市場調查、輿論調查、農業、生物學、工程學、保險、量子力學、遺傳學、醫學、災害、生態學、語言學等方面

**手法**
- 計算統計學

**理論**
- 次數分配、平均值、標準偏差、相關係數
- 實驗設計、統計估計、假設檢定、賽局理論、統計決策理論、模型選擇
- 縮放理論、量化研究、多元尺度法（MDS）、對應分析、探索性資料分析（EDA）、分類法、集群分析

**門柱**
- 敘述統計學（敘述特性）
- 推論統計學（找出特性）
- 資料分析（發現問題）

- 數理統計學

---

更加五花八門，如今，關於「如何將分析結果用簡單易懂的方式呈現出來」的研究也出現大幅進展，發展出了一門稱為「資訊圖表」的領域。

統計學之所以會因為大數據登場而備受關注，原因在於人們可以藉由分析大數據，而在擬定經營策略或行銷策略、開發新產品或新服務等方面，獲得巨大的成果。人們開始明白不該藉由經驗或直覺，而應該根據資料進行科學分析後再做出決策，原本的統計學是以「母數」為出發點，而現在這個時代則更加重視以「資料」為出發點的貝氏統計方法了。不過，其實一直以來人們也都很清楚，就一門穩固的學術領域而言，統計學在歷史的根基和理論系統上都頗為貧乏，日本尚未有大學設立統計學系就是一個證據。

邁入大數據時代之後，人們可以輕易取得手機位置的資訊、IC晶片卡、網站的瀏覽紀錄、購買紀錄、網路留言紀錄等資訊。而企業行銷最終的目標，仍然是希望能夠確切知道某個使用者目前想要何種商品、正打算購買何種商品。以前人們要知

道使用者的嗜好，會從性別、年紀、居住地、可支配所得等，這類相對變化較小的屬性和價值觀或生活方式等特性著手，然而，要用這種方法預測個別消費者下次會購買何種商品，幾乎是不可能的事，而這一點大數據與統計學就做到了。網站上總是會自動列出「您可能感興趣的商品」，就是運用這個方法而來的。

大數據還會一直不斷累積下去，但如果光是累積數據、資料是沒有任何意義的。統計學隱藏著深不可測的可能性，現在這個時代正是統計學建立起穩固學術地位的絕佳機會。

CHECK THIS OUT!

**如果你還想繼續學習統計學，一定要具備以下的基礎知識。**

## 機率

意指某個情況發生的確定程度。如果說擲骰子出現一至六點的機會相同的話，那麼，一點的出現機率就是六分之一——這便是拉普拉斯所定義的「古典機率（先驗的機率）」。然而，之後有人開始懷疑一至六點出現的機會是否真的相同，再加上這個定義也無法套用在實際發生的生物學現象等方面。於是新的想法便出現了，不再從一開始就決定事物的機率，而是先提出一套最能完整說明的假設，接著再一步步推展理論。

舉個例子，米塞斯（奧 Ludwig von Mises, 1881-1973）所提出的「經驗機率（後驗的機率）」，就先假設無限次擲硬幣時，硬幣出現反面的頻率有多少。目前對於機率的定義，則是採取這兩種機率理論皆適用的基本性質，也就是所謂的「客觀機率」。此外，貝氏統計方法將機率區分為事前就能得知的機率（事前機率），以及事後得到資料再計算而出的機率（事後機率），近年來在進行經營分析等方面時經常使用貝氏分析。

## 貝氏統計

這種統計方式的創始人為湯姆斯・貝葉斯（英 Thomas Bayes, 1702-1761）。以身為人壽保險創始人之一而知名的理查・普萊斯（Richard Preston, 1723-1791），在貝葉斯過世三年後，發現他的遺稿《〈機率論〉中一個問題的解決》，接著又由身兼數學家與物理學家的拉普拉斯加以編排，將其核心的定理取名為「貝氏定理」。邁入二十一世紀後，「貝氏定理」在數學、經濟學、資訊科技、心理學等廣泛的領域上皆受到相當大的關注，在現代的機率論、統計理論、資訊理論等學術領域裡，都扮演著不可或缺的角色。貝氏的理論跟原本的統計學在對母數（母數會決定機率分布）的處理方式上有很大的不同，貝氏統計不將機率分布的母數視為常數（固定值），而是當作一種「隨機變數」，再從得到的資料當中調查出該母數的機率分布。簡單來說，原本的統計學是以母數作為出發點，「貝氏統計」則是以資料作為出發點。

## 檢定

統計學會依據目標提出一個適當的假設（虛無假設）和另一個對立的假設，接著從母群體進行隨機抽樣，根據結果來決定要放棄還是採納該假設。這個過程就稱為「檢定」。

若假設為真，就要決定一個極少出現統計值的場域，稱為拒絕域。如果樣本得到的數值落在拒絕域裡，就必須捨棄該假設，對立假設則為真，應該採納對立假設。如果沒有落在拒絕域，就不能說假設是錯的，因此就要採納該假設。

這種檢定方法稱為「尼曼—皮爾生引理」。除此之外，在檢定假設的時候，如果是第一次得到樣本或樣本數較小的話，並沒有辦法了解母群體的分布狀態。在這種沒辦法了解分布狀態的情況下，就需要使用一種稱為「無母數統計分析」的檢定方法，依序將順序資料或類別資料轉換為數值再加以運用。順帶一提，現實中進行假設檢定的時候，往往會因此而獲利或造成損失，而瓦爾德的「統計決策理論」則考量了可能會出現的獲利與損失，是一種符合現實的檢定方法。

## 多變量分析

多變量分析大致分成兩種方法，一種用於具有某種特別性質（效標變項）的情況下，另一種則用於不具有特別性質的情況下。

舉個例子，假設用收視率作為效標變項，這時會影響到收視率的事物（主題、演員、劇本、主題曲、贊助商等）就稱為「項目」。各個項目所具有的種類（當項目為主題時，種類就有推理、疾病、戀愛等）稱為「分類」，多變量分析會將這些質性資料轉變為數量。質性資料可分成按照程度大小排序的「順序尺度」（例如：喜歡、普通、討厭），以及顯示出對象屬性的「名目尺度」（例如：節目主題）。如果效標變項存在的話，可以使用「數量化一類」、「數量化二類」等統計方法。當我們清楚效標變項的時候，就能找出效標變項和資料之間的因果關係，了解效標變項會如何影響資料。

相反的，當效標變項不存在的時候（例：想知道某個班級的學生喜歡什麼藝人），光是要得到數量化的資料就已經煞費工夫。當我們想要將模式進行作業分析，找出其中的某些關聯或結構的時候，會使用「數量化三類」、「多元尺度法（MDS）」、「集群分析」、「主成分分析」、「因子分析」等統計方法。

## 柏拉圖原理（八〇／二〇法則）

這是一種行銷原理。主張所有商品的「前二〇％」，占了「總營業額的八〇％」；所有顧客的「前二〇％」，占了「總營業額的八〇％」。

## 長尾理論（效應）

長尾理論顛覆了原本占據領導地位的八〇／二〇法則，長尾理論指出當商品透過網路販售時，不再受到展示場所這類物理性的限制，於是就可以輕鬆販售非暢銷商品（長尾），因此在實體店面賣不好的那些商品，在網路販售時的銷售比例就會提高。

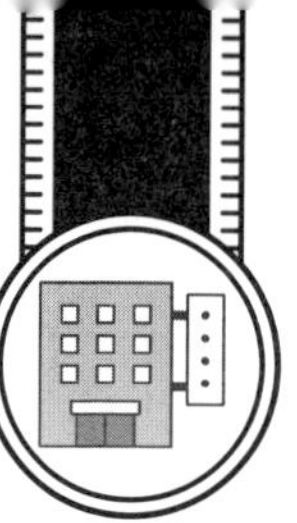

# 企業管理學 • Business Administration •

## 企業管理學的誕生

**第一次世界大戰後產業蓬勃發展，美國與德國便於此時發展出企業管理學。**

美國結束了南北戰爭後，產業擴張到中西部，其中的機械工業、金屬加工業，在工具機進步與零件標準化的影響下，公司內部的分工變得越來越明確。在這樣的背景下，誕生了一種稱為機械技師的職位，專門管理工廠的生產情形。十九世紀末發起了「系統化管理運動」，期望能用系統化的方式解決管理問題。

同時，由於生產機械化且競爭益發激烈，工廠開始需要大量的勞工，但大部分的勞工都是來自東歐與南歐的移民，屬於不熟練工人。這些不熟練工人階級身處在鋼鐵、纖維、機械工業等低薪資、高工時的惡劣勞動條件下。此時，機械計師弗雷德里克．泰勒（Frederick Taylor, 1856-1915）提出一套「差別計件制」，將一直以來按照經驗或直覺的凌亂管理方式，轉變為一種建立在時間研究與作業研究的系統，他將這套制度稱為「科學管理」。

一九二〇年代，從工廠的作業管理發展為各項職位的時間研究與動作研究，紛紛成立了針對販賣、購買、財務等方面的管理理論。各所大學紛紛開設商學院以培育企業管理專家，促使企業管理學建立完整的系統。亞歷山大．丘奇（1866-1936）提出和泰勒不同的見解，他認為管理的根本在於調整，並建立一套綜合性的管理理論。這套理論在一九二〇年代商業信託（托拉斯）盛行的美國，相當受到經營者的歡迎，占據企業管理學的中心位置。

同時，雇用管理者彼此之間也發起了「雇用管理運動」。斯科特（Scott, 1869-1955）開發出人事管理的方法，而狄德（Tead, 1891-1973）和梅特卡夫（Metcalf, 1867-1942）則發展出一套理論，指出唯有針對人際關係進行調整，才能做到真正的人事管理。

另一方面，德國本身擁有匯聚實踐性知識的「商業學」傳統。尼克利施（Nicklisch, 1876-1946）提出了規範性企業經濟學，在企業重建方面扮演著領導性的角色，但之後又主張集體主義式的管理學。施馬倫巴赫（Sehmalenbach, 1873-1955）則提倡技術理論的企業經濟學，發展出成本會計與訂價策略的理論。

企業管理學誕生於第一次與第二次世界大戰之間的這段時間，是一門非常新的學術領域。

## 企業管理學的發展

**二次大戰後，出現了管理過程論、人際關係論、決策論等各式各樣的理論潮流，而進入低成長時代後，便開始以解決產業空洞化與公害等問題為主要目標。**

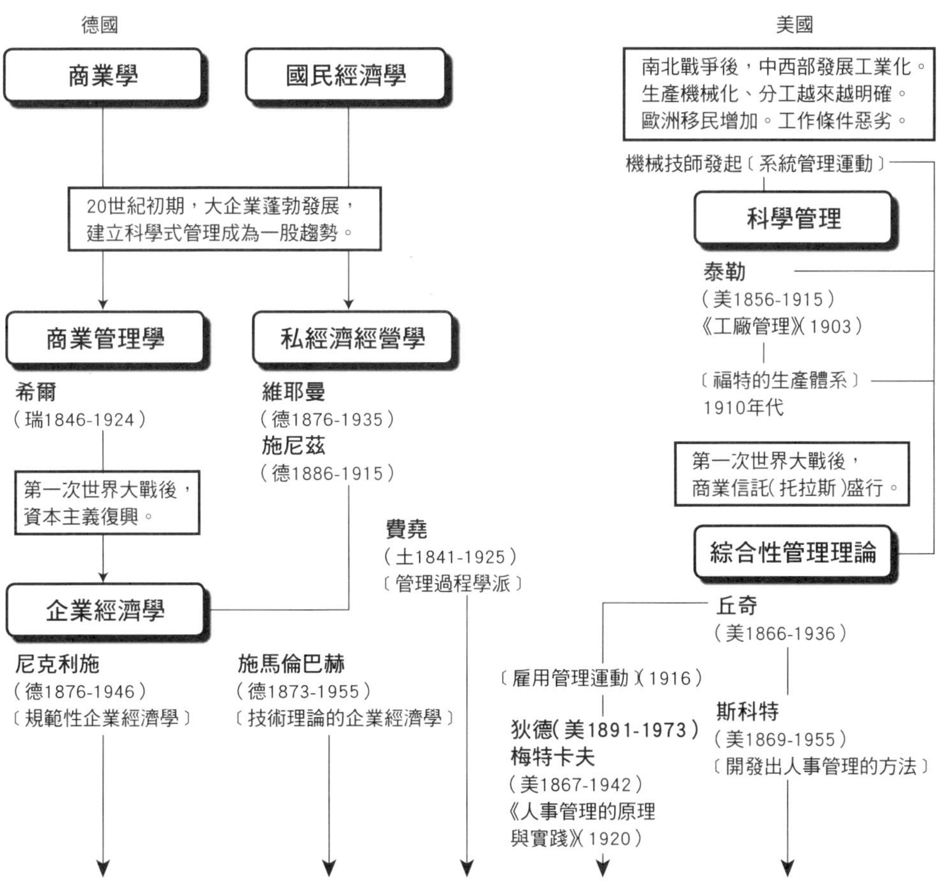


美國的產業從第二次世界大戰後一直到六〇年代都持續著一片欣欣向榮的景象，「管理過程學派」便是此時美國企業管理學的主流，管理過程學派以從礦山技師一路做到經營者的亨利・費堯（土 Henri Fayol, 1841-1925）思想為基礎，將管理職能分成①計畫，②組織，③指揮，④控制，並依序逐步實行。

此外，「產業心理學」在美國從第一次世界大戰中就開始受到關注，產業心理學的內容是研究在不同的工作條件下，離職率和效率所出現的變化。埃爾頓・梅奧（澳 Elton Mayo, 1880-1949）主張心理上與情感上的動機比起環境而言，對生產效率會產生更大的影響，而這是因為同事之間會自然形成非正式組織的緣故。

曾擔任 AT&T 總裁的切斯特・巴納德（Chester Barnard, 1886-1961）於一九三八年出版了《經理人員的職能》，一九五八年，赫伯特・西蒙（Herbert Simon, 1916-2001）和詹姆斯・馬奇（James March, 1928-）共同將該書內容建立起完整的系統並加以擴充。這套理論不同於管理過程論和人際關係論，將人視為進行理性決策的主體，並且指出「決策」的重要。

在這之後，一九六二年勞倫斯（Lawrence, 1922-2011）和洛希（Lorsch, 1932-）等人提出「權變理論」，認為每一個組織都需要不同的管理方式，主張應該要釐清環境和組織之間是否合適。

美國產業的繁榮景況在六〇年代邁向巔峰，「策略管理」成為企業管理學領域相當盛行的理論。策略管理是以杜邦公司的成功為借鏡，所建立的一套以多角化策略為中心的理論。艾爾佛雷德．錢德勒（Alfred Chandler, 1918-2007）所撰寫的《戰略與結構》（1962），便從歷史層面一步步追溯美國多角化策略的形成與發展過程。

接著，理查．魯梅特（美 Richard Rumelt, 1942-）於一九七四年指出「超大型企業多角化經營的情況，是在一九五〇至一九六〇年代，尤其是一九六〇年代的時候發展而成」。伊戈爾．安索夫（俄 Igor Ansoff, 1918-2002）於一九六五年提出「綜效」等許多新的概念，以闡述如何擬定多角化經營的計畫。不過，美國在一九七〇年之後邁入了一個不確定的時代，企業為了求生存而不得不開始轉型。在這種企業環境的背景下，亞伯那齊（美 Abernathy, 1933-1983）於一九七八年提出了「革命性創新策略」。

同時，由於消費者主義與環境公害問題日益嚴重，於是人們開始了解到企業與社會之間必須維持平衡，並且更加強調經理人的重要性。被譽為管理理論學家先驅的彼得．杜拉克（奧 1909-2005），於一九七四年出版的著作中，列舉出經營階層的工作有：①達成企業特有的目的與使命；②提高生產率、提高員工達成目標的欲望；③對社會衝擊與社會責任方面進行妥善管理。同時，杜拉克也創造出「知識工作者」、「顧客至上」、「分權管理」等許多管理的理論和概念。

另外，由於日本產品大量流入美國，於是美國也開始關注日本的經營模式。威廉．大內（美 William Ouchi, 1943-）的祖父母是日本人，他比較美國與日本的經營模式，整理而成「Z理論」。至於歐洲方面，則形成了「半自治性工作團隊」的理論，主張要盡可能給予團隊自治的空間以達到理想目標，瑞典 Volvo 工廠就是運用這套作法。

企業管理學的理論在心理學與統計學的影響下日趨細膩，但為了因應經營環境所發生的改變，同時也發展出許多宏觀性的理論。

## 企業管理學的變革與新發展

**由於商學院崛起的緣故，使得人們經常會用到策略管理與管理理論。**

一八八一年賓州大學所設立的華頓商學院，是全球第一間商學院。一九〇八年哈佛商學院成立了MBA（企業管理碩士）課程，採取「案例研究」的上課方式為其特別之處。事先提供學生案例的狀況，學生必須於課前先自行分析案例，而上課時主要是彼此討論，此舉使得企業管理學從原本學習管理理論的學科，轉變為一門討論管理實務的學科。

各間商學院在課程安排上略有不同，

## 管理學的發展

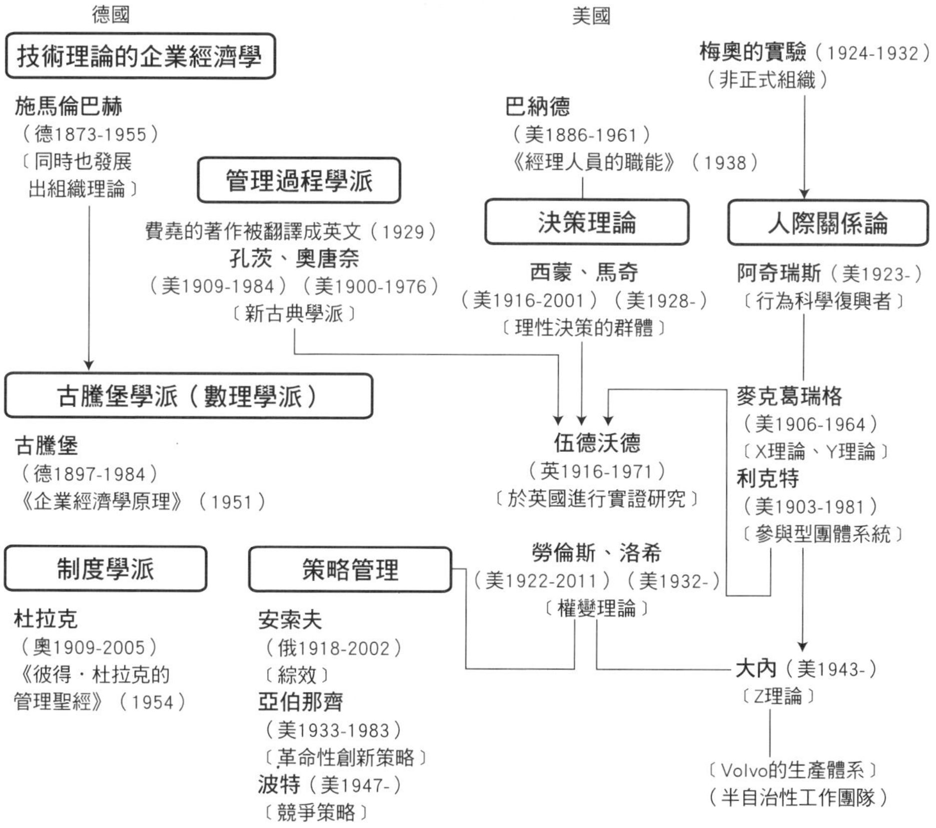

德國

**技術理論的企業經濟學**

施馬倫巴赫
（德1873-1955）
〔同時也發展出組織理論〕

**管理過程學派**

費堯的著作被翻譯成英文（1929）
孔茨、奧唐奈
（美1909-1984）（美1900-1976）
〔新古典學派〕

**古騰堡學派（數理學派）**

古騰堡
（德1897-1984）
《企業經濟學原理》（1951）

**制度學派**

杜拉克
（奧1909-2005）
《彼得・杜拉克的管理聖經》（1954）

**策略管理**

安索夫
（俄1918-2002）
〔綜效〕
亞伯那齊
（美1933-1983）
〔革命性創新策略〕
波特（美1947-）
〔競爭策略〕

美國

巴納德
（美1886-1961）
《經理人員的職能》（1938）

**決策理論**

西蒙、馬奇
（美1916-2001）（美1928-）
〔理性決策的群體〕

伍德沃德
（英1916-1971）
〔於英國進行實證研究〕

勞倫斯、洛希
（美1922-2011）（美1932-）
〔權變理論〕

梅奧的實驗（1924-1932）
（非正式組織）

**人際關係論**

阿奇瑞斯（美1923-）
〔行為科學復興者〕

麥克葛瑞格
（美1906-1964）
〔X理論、Y理論〕
利克特
（美1903-1981）
〔參與型團體系統〕

大內（美1943-）
〔Z理論〕

〔Volvo的生產體系〕
（半自治性工作團隊）

## 現代企業管理學的組成結構

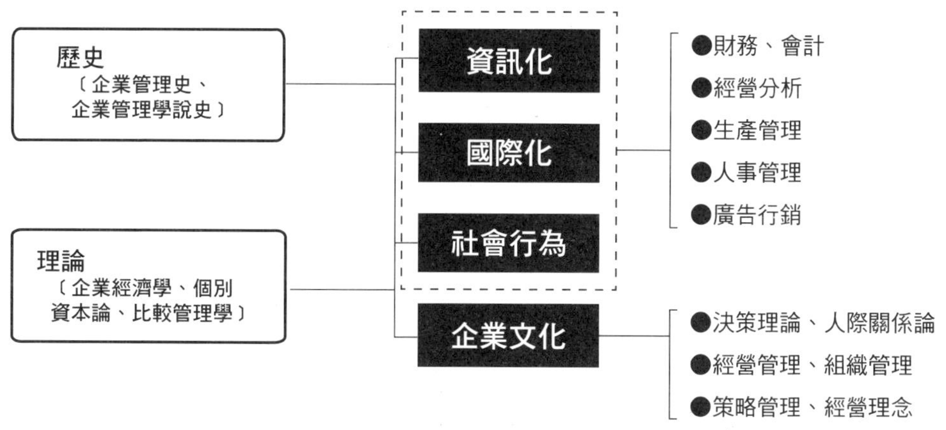

但是都一樣要學習「會計管理」：商業簿記與財務報表等基礎知識以及財務比率與管理會計手法等分析能力、「廣告行銷」：創造出顧客真正想要的產品或服務，並了解要如何有效的將產品價值傳達給顧客、「管理科學」：學習定量分析的具體方法理論與有效的手法，以解決管理問題以及提升決策品質。

其他的必修科目還有「組織管理」：需要從微觀組織行為和宏觀組織行為兩種觀點進行學習，微觀組織行為是探討組織內個人或群體的行為，宏觀組織行為則探討管理上採取的組織與策略。「財務管理」：學習財務策略、併購與企業重整的相關知識，以培養財務觀念的基礎以及經營策略的手段。「生產策略」：企業在運作過程中具有提供產品與服務的「生產與供給功能」，為此則需要培養出發現作業問題並進行分析與改善的能力。「綜合管理」：學習當你站在高階領導人位置時，如何擬定策略並同時指揮實務運作。企業管理學這門領域就是在修習管理的相關基礎，接著再針對實踐性的管理理論，透過討論的方式來體會其中的精髓。

在杜拉克預言了一個「不連續的時代」之後，人們受到日本的管理方式所啟發，開始關注全面品質管理（TQM），並引發了一股龐大的日本風潮。不過正如杜拉克所預測的那樣，九〇年代由於「資訊科技的衝擊」，邁入了一個「發展更快速的時代」。同時，批判古典學派「管理職能論」的亨利．明茲伯格（1939-），於一九九八年所發表的《策略巡禮》一書中，界定了「策略管理的十大學派」，並提出一套獨特的觀察策略管理好壞的方法，此舉使得起源於錢德勒的「形構學派」與彼得．聖吉（美 Peter Senge, 1947-）等人所主張的「學習學派」，又重新受到人們所重視。

**如果你想繼續學習企業管理學，一定要具備以下的基礎知識。**

### 科學管理

這是由機械技師泰勒所提出的生產管理系統。泰勒認為不良的薪資制度會導致勞工工作意欲低落，因此他主張採取「差別計件制」，首先使用科學的方式決定一個標準產量，對於達到標準產量的工人，會支付較高的薪資，而未達成的工人則支付較低的薪資。為此，泰勒也提倡設置專門進行時間研究的計畫部門，並且製作標準產量的公告表，設立職能領班制，以將工作條件與作業工具進行標準化。

### 專案組合管理

專案組合管理（PPM, Project Portfolio Management）是由波士頓顧問公司所開發出的策略研擬方法。這套方法可以幫助多角化經營的企業，根據各項事業體的市場成長率（事業體的成熟度）與市占率（事業體的強度）這兩個重點，掌握企業的整體情況，接著再運用管理策略來調整各項事業體的資源分配。基本的作法為將各事業體分成：①高成長、高市占的「明星事業」，②低成長、高市占的「金牛事業」，③高成長、低市占的「問號事業」，④低成長、低市占的「落水狗」。把「金牛事業」當作企業的資金來源，並將資金集中在「明星事業」和「問號事業」上面，讓「落水狗」退出市場。

## 綜效

這是安索夫於其著作《企業策略》（1965）當中提出的概念。可以分成以下幾種：①銷貨綜效（多項產品使用同一個銷貨管道），②作業綜效（用同一種技術製造多種產品），③投資綜效（使用同樣的設備以節省額外的投資），④管理綜效（將舊產品在市場上發生過的問題，用於解決新產品的管理問題）。

## 事業部制與策略事業部門

在經營多項事業的企業裡，單一組織要掌握所有事業的營運、製造、開發的資訊並制定適當的決策是非常困難的，因此就會採取事業部制的管理方式。這個方法的優點是，將各事業部的決策委託事業部的管理者執行，最高階管理者便能專心思考整間公司大方向的策略，但是這種管理方法也會衍生出許多問題，像是各事業體之間會形成勢力關係以及各事業之間的銜接問題等。

策略事業部門（SBU）則負責處理那些不適合交由事業部進行的決策。感覺就像是在事業部制上面，再加上一種專門制定策略的特別組織那樣。策略事業部門的特色是本身為單一事業體，明確背負著最高階管理者所交付的任務，專門負責擬定策略的工作，隸屬於最高階管理者，能夠控制一定的公司資源，因此便可以獨立於其他部門之外自行研擬計畫。

## 權變理論

英國的伍德沃德（Joan Woodward, 1916-1971）根據實證研究發現，使用大量生產技術的組織最適合採取機械式組織結構（職務權限明確、呈金字塔型、資訊集中、強調服從指令），接單生產的組織最適合採取有機式組織結構（職務權限具有彈性、呈網絡狀、資訊分散、重視屬下建議）。而勞倫斯和洛希則釐清了環境和組織之間的關係，並主張企業應該要根據自身所處的環境，建立適合該環境的組織。

## 革命性創新策略

當主力事業成長趨緩，或是預料將會出現此情形時，為了回復企業的成長力，於是便會拓展新的事業，或是運用新的策略刺激既有的事業。這套主張共分成四個階段：①了解到市場已趨成熟；②不斷在錯誤中學習如何擬定策略；③重新擬定策略；④改變模式再次擴大生產。

## X理論、Y理論

這是道格拉斯．麥克葛瑞格（Douglas McGregor, 1906-1964）在其著作《企業中人的方面》（1960）中所提出的人性假設。

X理論是傳統管理者所持的想法，認為人類天生討厭工作，會盡可能避免工作，需要被命令才會做事，因此企業若想要達成理想的目標，就需要用命令、強制、懲罰的方式才行。

相反的，Y理論則認為人類自然而然會想藉由工作發揮自己的能力，如果目標跟自己有關係的話就會主動工作，是否竭盡全力達成目標是取決於達成目標時所得到的報酬，而現代的企業只發揮出員工一小部分的能力而已。麥克葛瑞格根據Y理論，主張管理者應該要採取員工參與制度並讓員工自主設定目標。

### Z理論

這是大內於《Z理論》(1981) 一書中提出的管理理論。大內將管理組織區分為日本型組織(J型)與美國型組織(A型)。J型的特徵為長期雇用、升遷緩慢、非正式的管理機構、集體合議制、全身心投入參與；相反的，A型的特徵則是短期雇用、升遷快速、正式的管理機構、上位者進行決策下位者只負責執行、委任部分。不過，大內認為美國的優良企業同時具備了兩者的優點，採取建立在互信互助上的群體式管理，這套理論便稱為Z理論。

### 不連續的時代

這是杜拉克於一九六八年發行的著作。他預測之後將會邁入一個技術、經濟政策、產業結構、經濟理論、公司治理、經營管理、經濟問題等一切事物都產生不連續性（不再適用）的時代。在這個時代下，原本的產業系統會受到否定，並且出現一個嶄新的企業社會。

### 明茲伯格界定的《十大學派》

第一學派－設計學派：安德魯斯等人。運用SWOT分析方法，清楚掌握自身企業的優缺點，分析企業在競爭市場上的機會和威脅，再接著擬定合適的策略。

第二學派－規劃學派：安索夫等人。以時間軸與組織的階級制度為基礎，建立一套擬定策略的程序，控制組織的運作流程。

第三學派－定位學派：麥克・波特等人。為了讓企業在市場上能夠獲得比競爭對手更有利的條件，而將策略擬定的重點放在定位自身企業上面。

第四學派－創新學派：熊彼特等人。在策略的擬定與實行上，倚重的是領導人的直覺、知識、智慧、經驗等方面。

第五學派－認知學派：赫伯特・西蒙等人。著眼於領導人或決策者的內心世界，運用認知心理學等手法進行分析，研究策略的擬定過程。

第六學派－學習學派：彼德・聖吉等人。不採取形式上的計畫，而是將組織內部所出現的行為或構想轉換為一種策略，讓組織加以實行並與此緊密結合。

第七學派－權力學派：弗里曼等人。運用個人或組織的影響力，引導企業內外的利益關係人往理想中的策略邁進。

第八學派－文化學派：理查・諾曼等人。由於組織的文化或價值觀是來自該組織共同擁有的利害關係，因此擬定出的策略便會充分反映出該組織的特性。而因為這份策略會維持穩定，所以當企業要變更策略時，便容易受到員工抗拒或拒絕。

第九學派－環境學派：梅爾等人。這是由權變理論衍生而出的學派，主張擬定策略時要根據所處的環境而定。

第十學派－形構學派：錢德勒等人。認為該組織會根據自身所處的狀況，自然形成適合讓策略持續發展的形態（組織的結構與該結構的配置），同時也必然會伴隨著一些轉換。形構學派嘗試囊括、整合並融合其他學派的思想。

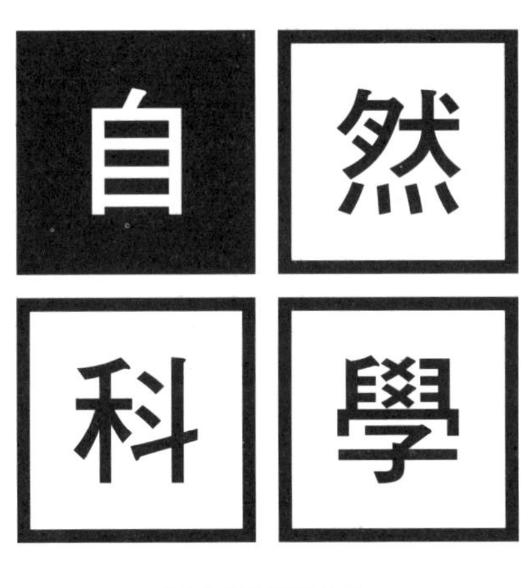


NATURAL
SCIENCE

# 物理學

●Physics●

## 物理學的起源

**自然哲學始於希臘，經過伊斯蘭科學的洗禮後，開拓出了一條屬於物理學的道路。**

自從人類誕生以來，就對各式各樣的自然現象抱有莫大的興趣。古代將這些自然現象與神或未知世界做聯結，創造出神話與宗教。而世界上首先從神話的世界當中抽身出來，嘗試用理性方式說明自然現象的，是希臘哲學家。

首先是出生於愛奧尼亞的泰勒斯（c.624- c.546 BC）。泰勒斯是世界上第一位用自然當中的事物來說明自然現象的人。由於泰勒斯和他的後繼者活躍於米利都（位於現今土耳其地中海沿岸的一座城市），因此該學派便稱為米利都學派。

泰勒斯在觀察自然現象的過程中，認為「水」是物質的根源物質。從此，探究根源物質（arche）為何，就成為日後希臘哲學家的重要課題。主張「萬物流變」的赫拉克利特（Heraclitus, 540-c.480 BC）認為萬物的根源是「火」；恩培多克勒（Empedocles, 490-c.430 BC）主張一切物質都是由「水」、「氣」、「火」、「土」這四個元素所組成。另外，德謨克利圖斯（Democritus, 460-c.370 BC）則提出了「原子」的概念。

接下來，亞里斯多德（384-322 BC）將米利都學派開始的所有知識，彙整成一套完整且有條理的系統。亞里斯多德將知識區分成理論知識和實踐知識，神學、數學與自然哲學屬於前者，政治學與倫理學則屬於後者。這裡所說的自然哲學就是現在的物理學。事實上，自然哲學寫成 Physics，後來成為「物理學（Physics）」一詞的語源。

自然哲學開始於古希臘，之後在埃及的都市亞歷山卓又出現重大的進展，接著歷經羅馬時期，由阿拉伯（伊斯蘭世界）傳承下來。「代數（algebra）」和「演算法（algorithm）」都是來自阿拉伯語，由此就能看出伊斯蘭科學一直影響到後世。希臘自然哲學由伊斯蘭地區繼承並繼續發展下去，後來又反過來傳回中世紀的歐洲地區。中世紀時期的自然哲學，主要的課題在於思考要如何將亞里斯多德的系統融合到基督教的理論當中。

在某個意義上而言，哥白尼（波 Nicolas Copernicus, 1473-1543）的「日心說」再次脫離了宗教的束縛，重新回歸到以自然事物解釋自然現象的作法上。事實上，神學家安德列亞斯・奧西安德（德 Andreas Osiander, 1498-1552）在哥白尼辭世後所出版的《天體運行論》（1543）序言中，就寫著：「地動說僅僅只是一種假說，天文學只不過是種觀察和計算的工具而已。」

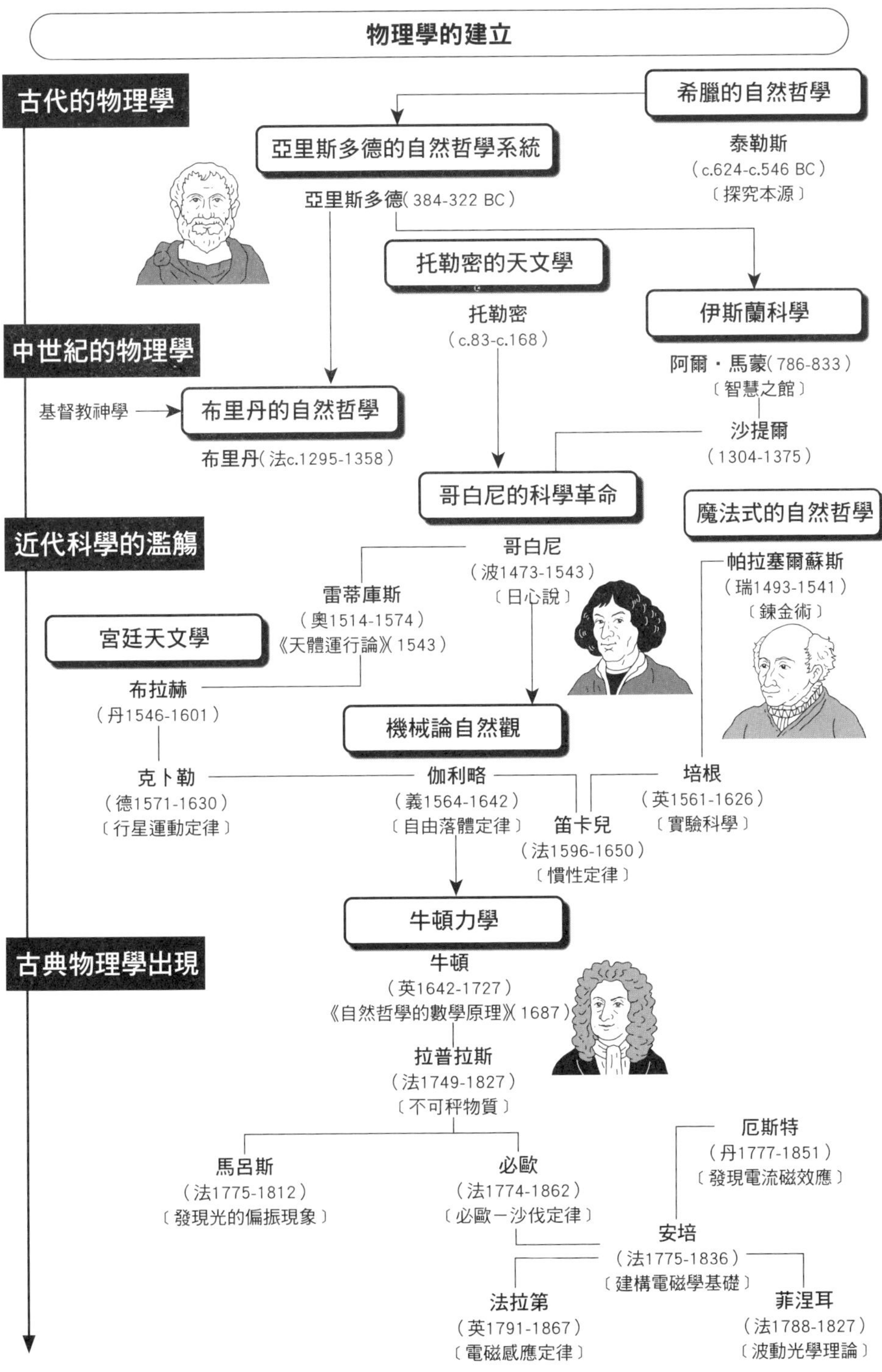
物理學的建立
古代的物理學
希臘的自然哲學
泰勒斯
（c.624-c.546 BC）
〔探究本源〕
亞里斯多德的自然哲學系統
亞里斯多德（384-322 BC）
托勒密的天文學
托勒密
（c.83-c.168）
伊斯蘭科學
阿爾・馬蒙（786-833）
〔智慧之館〕
沙提爾
（1304-1375）
中世紀的物理學
基督教神學
布里丹的自然哲學
布里丹（法c.1295-1358）
哥白尼的科學革命
魔法式的自然哲學
近代科學的濫觴
哥白尼
（波1473-1543）
〔日心說〕
雷蒂庫斯
（奧1514-1574）
《天體運行論》1543）
帕拉塞爾蘇斯
（瑞1493-1541）
〔鍊金術〕
宮廷天文學
布拉赫
（丹1546-1601）
機械論自然觀
克卜勒
（德1571-1630）
〔行星運動定律〕
伽利略
（義1564-1642）
〔自由落體定律〕
培根
（英1561-1626）
〔實驗科學〕
笛卡兒
（法1596-1650）
〔慣性定律〕
牛頓力學
古典物理學出現
牛頓
（英1642-1727）
《自然哲學的數學原理》1687）
拉普拉斯
（法1749-1827）
〔不可秤物質〕
厄斯特
（丹1777-1851）
〔發現電流磁效應〕
馬呂斯
（法1775-1812）
〔發現光的偏振現象〕
必歐
（法1774-1862）
〔必歐－沙伐定律〕
安培
（法1775-1836）
〔建構電磁學基礎〕
法拉第
（英1791-1867）
〔電磁感應定律〕
菲涅耳
（法1788-1827）
〔波動光學理論〕

## 古典物理學的建立與集大成

**古典物理學由牛頓所創立，接著再由馬克士威的電磁學集大成。**

十六世紀後半開始出現了天文學家，他們將天文學看成是自然哲學的一種。代表人物為約翰尼斯・克卜勒（德 Johannes Kepler, 1571-1630）。克卜勒是宮廷天文學家第谷・布拉赫（丹 Tycho Brahe, 1546-1601）的助手，克卜勒在整理布拉赫的觀察紀錄時發現火星的軌道其實是呈橢圓狀，而在物理學史上留下劃時代的功績——「行星運動的三大定律」。

不過，十六世紀的代表人物還是帕拉塞爾蘇斯（瑞 Paracelsus, 1493-1541），從這一點可以看出，儘管這個時代科學開始萌芽，但同時也是鍊金術這種魔法的自然觀相當發達的時代。到了十七世紀，出現了一種以新式運動論為基礎的科學思想，與魔法的自然觀和一直以來的亞里斯多德自然哲學都不一樣。其代表人物就是伽利略和哲學家笛卡兒。

伽利略於比薩大學及帕多瓦大學任教時，發現了「單擺的等時性」，也就是無論鐘擺擺動的幅度如何，完成一次擺動所需的時間皆同，並於一六〇四年左右發現了「自由落體定律」（落下距離與落下時間的平方成比例）。另一方面，笛卡兒在他的自然哲學著作《宇宙論》(1633)當中，確立了「慣性定律」，主張粒子運動時若沒有任何阻礙，粒子將永遠直線前進。

接著，艾薩克・牛頓綜合了哥白尼的「日心說」、克卜勒的「行星運動定律」、伽利略的「自由落體定律」、笛卡兒的「慣性定律」等研究成果，建構出一套奠定近代科學基礎的理論系統。《自然哲學的數學原理》（1687）是牛頓的重要著作，書中提出了運動力學、重力的理論、萬有引力定律、流體力學、太陽系行星的運行方式等，這些理論幾乎可以完全說明宇宙的各種面向，成為日後物理學所倚賴的基準。

邁入十九世紀後，人們對於牛頓的萬有引力所無法解釋的熱、光、電、磁力等現象，開始產生極大的興趣。皮埃爾－西蒙・拉普拉斯和他的學生嘗試使用數學理論解釋這些物理現象。拉普拉斯還使用「可秤物質」（擁有重量、引力與斥力會交互運作）與「不可秤物質」（沒有重量）來說明自然界的形成方式。

而繼安德烈－馬里・安培（法 André-Marie Ampère, 1775-1836）使用數學方式建立電磁現象的理論，以及法拉第（英 Michael Faraday, 1791-1867）提出了「電磁感應定律」之後，接下來登場的馬克士威（英 James Clerk Maxwell, 1831-1879）建立了結合光學與電磁學的理論。馬克士威的電磁學使用同一套理論統一說明光與電磁現象，將始於牛頓的古典物理學系統集大成。

## 二十世紀的物理學

**二十世紀的物理學由量子力學揭開序幕，而如今的物理學則致力於揭開宇宙誕生之謎。**

隨著二十世紀揭開序幕，物理學界也

## 物理學的發展過程

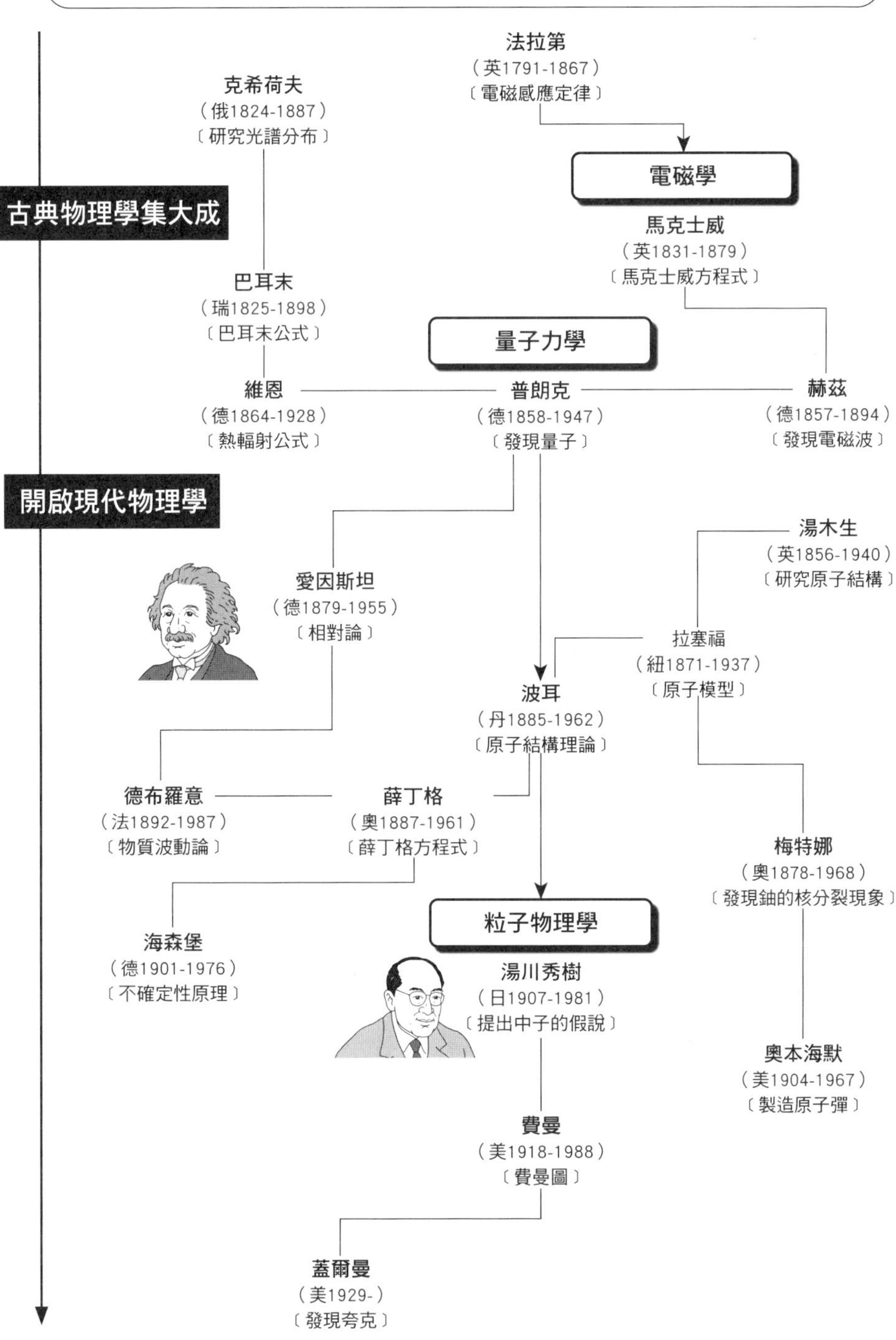
古典物理學集大成
開啟現代物理學
法拉第
（英1791-1867）
〔電磁感應定律〕
克希荷夫
（俄1824-1887）
〔研究光譜分布〕
電磁學
馬克士威
（英1831-1879）
〔馬克士威方程式〕
巴耳末
（瑞1825-1898）
〔巴耳末公式〕
量子力學
維恩
（德1864-1928）
〔熱輻射公式〕
普朗克
（德1858-1947）
〔發現量子〕
赫茲
（德1857-1894）
〔發現電磁波〕
湯木生
（英1856-1940）
〔研究原子結構〕
愛因斯坦
（德1879-1955）
〔相對論〕
拉塞福
（紐1871-1937）
〔原子模型〕
波耳
（丹1885-1962）
〔原子結構理論〕
德布羅意
（法1892-1987）
〔物質波動論〕
薛丁格
（奧1887-1961）
〔薛丁格方程式〕
梅特娜
（奧1878-1968）
〔發現鈾的核分裂現象〕
海森堡
（德1901-1976）
〔不確定性原理〕
粒子物理學
湯川秀樹
（日1907-1981）
〔提出中子的假說〕
奧本海默
（美1904-1967）
〔製造原子彈〕
費曼
（美1918-1988）
〔費曼圖〕
蓋爾曼
（美1929-）
〔發現夸克〕

發表了一篇對日後的物理學領域帶來巨大影響的論文。這篇論文就是馬克斯・普朗克（德 Max Planck, 1858-1947）於一九○○年十二月所發表的一篇關於光能的論文。就在此時，二十世紀的物理學——量子力學誕生了。

普朗克當時研究的是金屬等物質加熱後之所以會發亮，以及溫度上升後顏色之所以會隨之改變的原因。古典物理學本身已經是融貫的系統，能夠解釋宇宙的運作原理，但是對於上述這些理所當然的現象，古典物理學卻沒有辦法清楚說明，因此普朗克才會著手研究這些現象。

在普朗克之前的物理學家所提出的解釋為，金屬受熱後會刺激到原子中的電子，於是就會連續性釋放出能量。不過，它並無法說明為什麼隨著溫度提高，金屬會從橘色轉變為黃色，甚至到黃白色。

這個時候，普朗克發現能量釋放的情況並不是連續性而是斷續的，簡單來說，是以「能量的粒子：量子」的形態釋放而出的。於是，普朗克計算出了「普朗克常數」，專門用來計算波長（顏色）的能量粒子：量子。而愛因斯坦（德 Albert Einstein, 1879-1953）承繼了普朗克的思想，將光稱為「量子」，指出光既是粒子也是波。

接下來僅僅過了十多年，一九一三年尼爾斯・波耳（丹 Niels Bohr, 1885-1962）便確立了起始於普朗克的量子力學。波耳運用光譜分析，將巴耳末公式與拉塞福（紐 Ernest Rutherford, 1871-1937）的原子模型，以及普朗克與愛因斯坦的量子概念整合在一起，提出了「原子結構理論」。

波耳的原子論將古典力學與量子理論連繫在一起，讓當時的物理學家深深為此著迷，於是量子力學家輩出。其中包括了德布羅意（法 Louie de Broglie, 1892-1987）和薛丁格（奧 Schrödinger, 1887-1961）。

從一九三○年代開始，學界接二連三發現了中子、正電子、介子等新的基本粒子，物理學開始著眼於原子核與基本粒子這類微觀世界的研究。而這份研究同時也幫助人類揭開宇宙誕生之謎。

邁入二十世紀後半，在觀測裝置與實驗裝置技術大幅進步的同時，宇宙學與粒子物理學的領域也出現飛躍性的進步。對於一心想要完成「統一場論」（用僅僅的理論說明宇宙間的所有現象）的物理學者而言，基本粒子的「標準理論」可說是一套最完備的系統，二○一二年物理學家在迴旋加速器的實驗當中發現了「希格斯粒子」，學界人士認為這個發現很有可能證明一九四六年舊蘇聯的喬治・加莫夫（George Gamow, 1904-1968）所提出的「大霹靂理論」，對此感到相當期待。

CHECK THIS OUT!

**如果你還想繼續學習物理學，一定要具備以下的基礎知識。**

### 古典物理學

古典物理學起始於牛頓，並由馬克士威集大成。現代物理學研究的是微觀世界，相反的，古典物理學則是研究我們能夠直接觀察到的現象，也就是所謂的巨觀世界。古典物理學的基礎建立在牛頓力學與馬克士威的電磁學之上。

## 物理學的領域

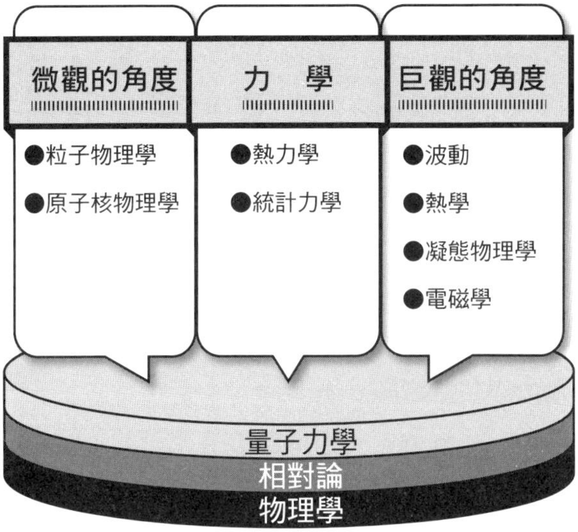

| 微觀的角度 | 力　學 | 巨觀的角度 |
| --- | --- | --- |
| ●粒子物理學 | ●熱力學 | ●波動 |
| ●原子核物理學 | ●統計力學 | ●熱學 |
| | | ●凝態物理學 |
| | | ●電磁學 |

量子力學
相對論
物理學

### 牛頓力學

牛頓力學是用來說明作用於物體的力與運動的關係。雖然在我們的生活層面上，所有的運動現象都可以用牛頓力學（古典力學）加以說明，然而對於分子與原子的運動，牛頓力學卻無法給出一個正確的答案。

### 重力

不論哪兩個物體之間都有引力，其引力和兩物體的距離平方成反比，這種力稱為重力或萬有引力。雖然流傳牛頓發現萬有引力是因為看到蘋果落下所致，但最近的傳記研究卻指出，其實牛頓一開始研究的是鍊金術，後來才在因緣際會下發現萬有引力的。

### 量子力學

量子力學說明了古典力學不能完全說明的那些微觀世界的運動現象。舉例來說，電子與光子擁有粒子和波兩種性質。古典力學就沒辦法說明這些事物，但普朗克所開拓的量子力學卻可以用徹底融貫的方式理解這些現象。在原子物理學與化學的領域裡，量子力學也是不可或缺的。

### 相對論

這是由愛因斯坦所提出的理論。包含了一九〇五年發表的「狹義相對論」和一九一五年發表的「廣義相對論」。「狹義相對論」探討的是靜止狀態下和以一定速度運動時之間的關係，「廣義相對論」則進而探討到加速運動時的狀況。

### 電磁學

這是馬克士威所建立的理論，專門探討電與磁的現象。馬克士威將多項電與磁的定律（庫倫定律、安培定律、電磁感應定律）統整起來，並用微分方程式的形式呈現，另外，他還預言了有電磁波存在。

## 流體力學

流體力學研究的是流體本身的運動，以及流體中物體的運動。流體力學廣泛應用於航海領域方面。流體指的不光是液體，也包含了氣體。

此外，航空界與汽車領域會使用到的空氣動力學，也是流體力學的其中一個分支。

## 熱力學

熱力學研究的是物質之間包含熱在內的各種能量轉換情形，以及在能量移動時物質所產生的性質變化。熱力學不研究物質的微觀結構與運動，而是根據從巨觀角度觀察到的物質間關係所獲得的原理或法則，所建立而來。

熱力學的研究對象稱為熱力學系統，氣體、液體、固體等巨觀世界的現象皆符合熱力學裡的兩大定律。熱力學第一定律是「能量守恆定律」（能量的總量不會增加也不會減少）。這條基本定律不論在巨觀還是微觀世界都成立。相對之下，熱力學第二定律則是指巨觀世界特有的現象，又稱為「熵增原理」。巨觀物質除了能量以外還有一種名叫熵的量，而這條定律則是說熵在自然界裡的量是不會減少的。

## 原子物理學

研究對象為分子、原子這類微觀的世界。物質是由分子與原子所構成，原子則是由原子核與電子所組成，原子核又可以再細分出質子與中子。而質子與中子是由夸克所構成的。原子物理學就是在探討這麼細微的微觀世界。

## 凝態物理學

凝態物理學從「物質的原子結構」角度來研究固體、液體、氣體等物質的性質。凝態物理學致力於運用原子核、電子的電荷引力與斥力說明物質的性質。凝態物理學的應用範圍很廣，像是電晶體與雷射都運用了這種技術。

## 粒子物理學

粒子物理學是在研究構成物質的最小粒子，以及這些粒子的運作方式。不同時期對於「何為基本粒子」都有不同的看法，目前則認為輕子、夸克、規範玻色子這三種粒子是基本粒子。基本粒子是用人為方式製造的，在一種名為「迴旋加速器」的裝置裡，讓質子與反質子互相衝撞而產生。物理學界便是運用這種方法，接二連三發現到新的粒子。

## 頂夸克

夸克是構成物質的最小粒子。夸克至少有六種，其中最後發現的頂夸克，是於一九九五年由擁有全世界最大迴旋加速器的美國費米實驗室所發現的。

## 天文物理學

這個物理學分支旨在從物理學角度探究宇宙的各種現象。又稱為宇宙物理學。一直到十九世紀末為止，天文學的研究方式都是以天體力學為主流，但是自從二十世紀量子力學誕生之後，天文物理學便有了飛躍性的進展。天文物理學藉由觀測電磁波與數值模擬的方式，探究宇宙的結構與構成物質，進而致力於揭開宇宙的誕生之謎。

## 光速

光在真空中會以同樣的速度前進，速度與波長、亮度、光源速度無關。舉個例子，即使光是來自於會動的光源，那麼，光源移動的方向雖會影響到光的波長與頻率，但都會是一樣的速度。此外，如果讓光從會動的鏡子反射出去，就會改變波長與頻率，但速度還是不會變。光速的這種特性就稱為「光速恆定原理」。在所有情況下，光在真空中的傳送速度都是秒速三十萬公里（可以繞地球七圈半）。

## 量子場論

初期的量子力學存在兩種不同觀點，分別是維爾納·海森堡（德 Werner Heisenberg, 1901-1976）的質點以及薛丁格的波動。薛丁格方程式將量子看成是一種物質波，認為電子像波一樣散布在原子核周圍，但實際觀測到的電子總是呈現出質點的樣態。另一方面，如果將光看成是質點的話，又沒辦法以量子力學的角度描述光的吸收與放出情形。而對於這個問題，英國的理論物理學家保羅·狄拉克（Paul Dirac, 1902-1984）應用馬克士威方程式，提出了將波動場量子化的波動場量子理論，這套理論就是量子場論。

## 希格斯粒子

英國物理學家彼得·希格斯（Peter Ware Higgs, 1929-）於一九六四年預測，所有的宇宙空間裡都充滿了某種粒子。現代物理學的標準理論（萬柏格－薩拉姆模型）預料到有夸克和輕子等十七種基本粒子存在，但只有希格斯粒子並未在上述的粒子實驗中出現，物理學家一直到二〇一二年才發現了希格斯粒子。希格斯粒子所扮演的角色，是在宇宙剛出生的那個瞬間，賦予宇宙一切物質「質量」、也就是「重量」。

## 宇宙最終的命運

「宇宙會永遠存在下去，不會出現任何改變。」二十世紀初期以前，這種穩態學說一直是物理學界的主流。但是，自從一九二〇年代愛德溫·哈伯（美 Edwin Hubble, 1889-1953）發現宇宙正不斷膨脹後，學界便紛紛討論起宇宙的開始與結束。儘管大部分的科學家都同意「宇宙起源於大爆炸」的一假說，但關於宇宙的結束卻沒有一個定論，除了前述的穩態學說之外，大致上還可以分成兩派。一派主張宇宙會在一瞬間接連出現膨脹與收縮的情況、就此邁向死亡，另一派則主張宇宙內的一切會達到完全平衡的狀態，並永遠保持這種狀態走向末日。

# 生物學

**•Biology•**

## 生物學的源流

**博物學與生物哲學是近代生物學的兩支源流。**

生物學是在研究包含人類在內的所有生物。人們往往會覺得生物學是一門相當古老的學問，但其實生物學的歷史並沒有想像中的那麼久遠。事實上，生物學（Biology）一詞出現，是十八世紀末到十九世紀初的事情。德國的醫學家特里維蘭納斯（Treviranus, 1776-1837）和法國的生物學家拉馬克（Lamarck, 1744-1829）幾乎在同一時期創造出這個詞。

當然，人類自古以來就對形形色色的生物甚感興趣。不過，這份興趣在古代、中世紀與文藝復興時期的階段，是以各種不同的形式所呈現，各家自成一派並一脈相傳。

在這些生物學的眾多源流當中，大致上可以分成博物學與生物哲學這兩大源流。博物學是在記錄自然界各式各樣的生物，可以說是在探究生物的多樣性。

博物學的始祖是古希臘的哲學家亞里斯多德。亞里斯多德藉由對動物進行實際的觀察與研究，而明白不同種類的動物各自具有的特色，撰寫成《動物史》（c.400 BC）。由亞里斯多德所發展出的博物學研究，於日後的羅馬時代出現大幅進展，西元七七年老普林尼（c.23-79）撰寫而成的《博物誌》（共三十七卷）一書中匯集了豐碩的成果。

然而，亞里斯多德之所以會進行生物研究，其實只是為了替他的生命論扎下理論的基礎。亞里斯多德認為生物的本質是「生命，也就是靈魂（psyche）」，而按照靈魂的完美程度可以區分成三個階段。他做博物學研究的目的是要證明他的「靈魂三分說」。

而另一個源流，生命哲學，則是在探究一套所有生命共通的法則。之後，生命哲學的源流逐漸形成了解剖學與生理學，主要化為醫學這門領域。

希波克拉底
（c.460-c.370 BC）
〔醫學之父〕

蓋倫
（129-c.199）
〔古羅馬醫學〕

阿維森納
（980-1037）
〔中世紀伊斯蘭醫學〕

**鍊金術性質的科學**

帕拉塞爾蘇斯
（瑞1493-1541）
〔化學的生命觀〕

笛卡兒的機械論生命觀

馬爾比基
（義1628-1694）
〔研究生物體的構造〕

格魯
（英1641-1712）
〔比較解剖學〕

沃爾夫
（德1733-1794）
〔新生論〕

李比希的發酵理論

**微生物學**

巴斯德
（法1822-1895）

科赫（德1843-1910）
〔細菌學〕

**分子生物學**

韋弗
（美1894-1961）

**遺傳工程**

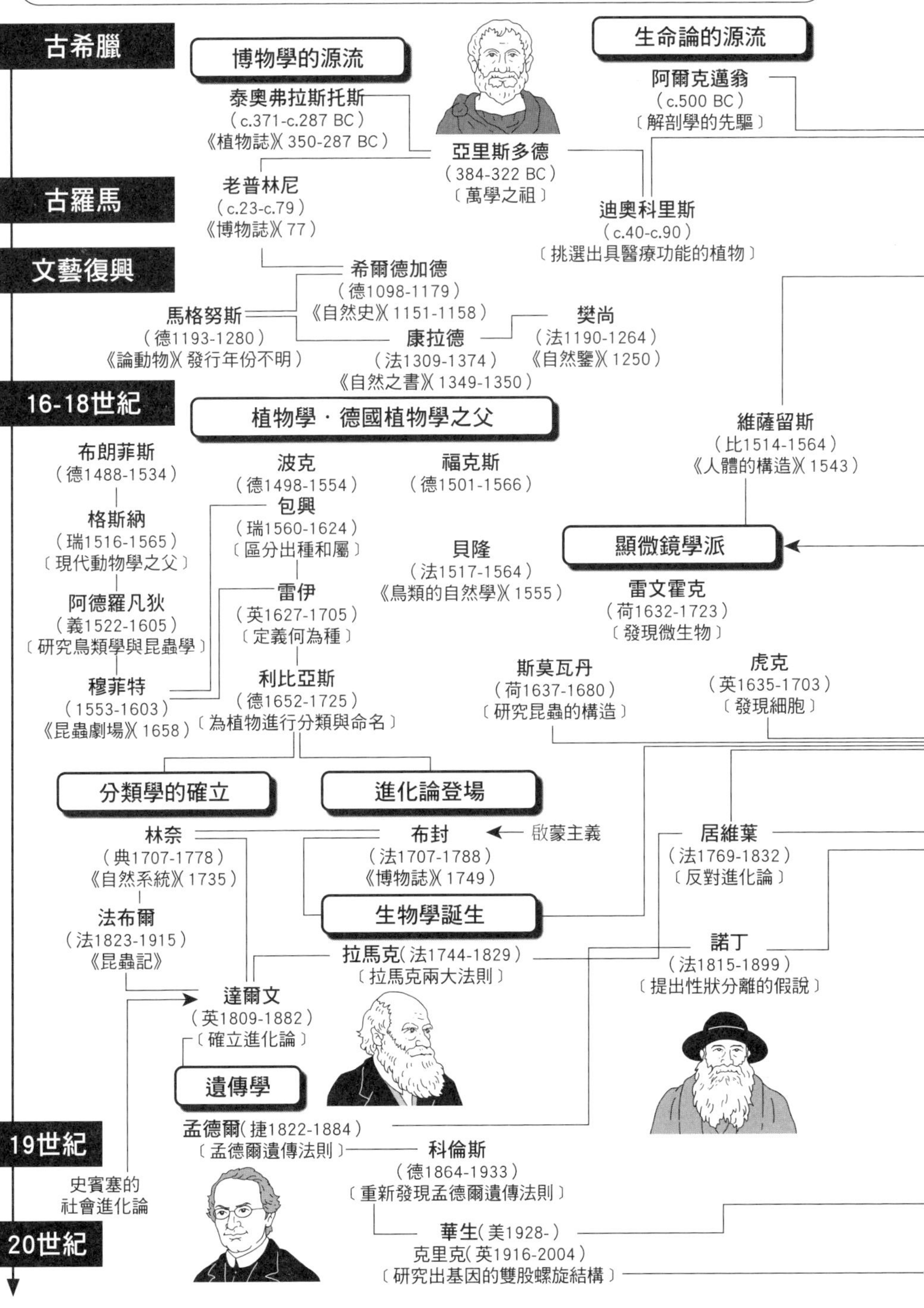
生物學的建立
古希臘
古羅馬
文藝復興
16-18世紀
19世紀
20世紀
博物學的源流
泰奧弗拉斯托斯
（c.371-c.287 BC）
《植物誌》350-287 BC）
亞里斯多德
（384-322 BC）
〔萬學之祖〕
生命論的源流
阿爾克邁翁
（c.500 BC）
〔解剖學的先驅〕
老普林尼
（c.23-c.79）
《博物誌》77）
迪奧科里斯
（c.40-c.90）
〔挑選出具醫療功能的植物〕
希爾德加德
（德1098-1179）
《自然史》1151-1158）
馬格努斯
（德1193-1280）
《論動物》發行年份不明）
康拉德
（法1309-1374）
《自然之書》1349-1350）
樊尚
（法1190-1264）
《自然鑒》1250）
植物學・德國植物學之父
布朗菲斯
（德1488-1534）
波克
（德1498-1554）
福克斯
（德1501-1566）
維薩留斯
（比1514-1564）
《人體的構造》1543）
格斯納
（瑞1516-1565）
〔現代動物學之父〕
包興
（瑞1560-1624）
〔區分出種和屬〕
貝隆
（法1517-1564）
《鳥類的自然學》1555）
顯微鏡學派
雷文霍克
（荷1632-1723）
〔發現微生物〕
阿德羅凡狄
（義1522-1605）
〔研究鳥類學與昆蟲學〕
雷伊
（英1627-1705）
〔定義何為種〕
斯莫瓦丹
（荷1637-1680）
〔研究昆蟲的構造〕
虎克
（英1635-1703）
〔發現細胞〕
穆菲特
（1553-1603）
《昆蟲劇場》1658）
利比亞斯
（德1652-1725）
〔為植物進行分類與命名〕
分類學的確立
進化論登場
林奈
（典1707-1778）
《自然系統》1735）
布封
（法1707-1788）
《博物誌》1749）
啟蒙主義
居維葉
（法1769-1832）
〔反對進化論〕
法布爾
（法1823-1915）
《昆蟲記》
生物學誕生
拉馬克（法1744-1829）
〔拉馬克兩大法則〕
諾丁
（法1815-1899）
〔提出性狀分離的假說〕
達爾文
（英1809-1882）
〔確立進化論〕
遺傳學
孟德爾（捷1822-1884）
〔孟德爾遺傳法則〕
科倫斯
（德1864-1933）
〔重新發現孟德爾遺傳法則〕
史賓塞的
社會進化論
華生（美1928-）
克里克（英1916-2004）
〔研究出基因的雙股螺旋結構〕

這條源流的開創者有身為解剖學與生理學先驅的阿爾克邁翁（Alkmaion, c.500 BC），以及醫學之父希波克拉底（Hippocrates, 460-c.370 BC）等人。阿爾克邁翁藉著解剖動物，了解大腦、視神經、眼球之間的關係，提出了一套關於視覺的理論。希波克拉底則主張「體液說」，認為人之所以會生病，是因為體內的體液喪失平衡所致。他們都一樣將生命的組成結構作為研究目標。

## 生物學的建立與發展

**進化論讓博物學的發展達到頂點，接著博物學與生命論融合而建立了生物學，並持續擴充下去。**

中世紀受基督教神學所支配，以現代的觀點來看，正可謂是一段學術停滯的時期。文藝復興時期（十四至十六世紀）慢慢擺脫了宗教的束縛，理性的自然觀逐漸萌芽。於是，這個時期便誕生了哥白尼、克卜勒、伽利略以及牛頓等一連串的科學家。這些科學家所提出的力學自然觀，自然也影響到人們的生命觀。這種思想最後便形成了「機械論的生命觀」（認為生物和機器是相同的結構）。提出這套主張的是哲學家笛卡兒與著有《人是機器》（1747）的拉美特利（法 La Mettrie, 1709-1751）。

各位也都很清楚，機械論生命觀誕生的那個時代，各種工具在技術上大幅進步。而技術進步也讓博物學領域有了新的突破，人們因為顯微鏡發明而發現了微小世界。

以雷文霍克（荷 Leeuwenhoek, 1632-1723）為首的顯微鏡學家發現了微生物，這對之後分類學的建立影響甚鉅。顯微鏡學家在生物學上扮演著相當重要的角色，馬爾比基（義 Marcello Malpighi, 1628-1694）發現了微血管，羅伯特・虎克（英 Robert Hooke, 1635-1703）發現了細胞，斯瓦默丹（荷 Swammerdam, 1637-1680）則為昆蟲學帶來相當大的貢獻。

十八世紀時，著有《自然系統》（1735）的林奈（典 Carl von Linné, 1707-1778）和撰寫了《博物誌》（1778）的布封（法 Georges Buffon, 1707-1788），這兩位偉大的博物學家為分類學這門近代科學打下了基礎。而十九世紀的居維葉（法 Frédéric Cuvier, 1769-1832）則將分類學集大成。

十八至十九世紀是博物學的全盛期，這個時候也正處於探索新大陸的地理大發現時代。達爾文的「進化論」便是在地理大發現的探險背景下誕生的。達爾文的進化論不光侷限於生物學的領域裡，同時也對社會思想帶來了深刻的影響。

生物學一詞出現於十九世紀，背後的原因就是當時有些學者將原本在各自領域所進行的生命研究，用科學方法統一起來。同時，學者的研究重點也開始從觀察方法轉變為實驗方法。發現「遺傳法則」的孟德爾（捷 Gregor Mendel, 1822-1884），以及在微生物研究領域留下巨大功績的巴斯德（法 Louis Pasteur, 1822-1895），是這個時候具代表性的生物學家。

近代生物學是由博物學與生命哲學兩大源流交織而成，但二十世紀後的生物學反而開始將重心放在生命哲學的面向上。

## 如今的生物學

**分子生物學的進步迫使人們思考生命的本質，同時也大大改變了人們一直以來的生命觀。**

第二次世界大戰是生物學轉變的一大契機，此時生物學開始邁向分子生物學的新階段。分子生物學一詞是韋弗（英 Warren Weaver, 1894-1978）於一九三八年所提出的。不過，分子生物學一直要到戰後才開始出現革命性的進步。

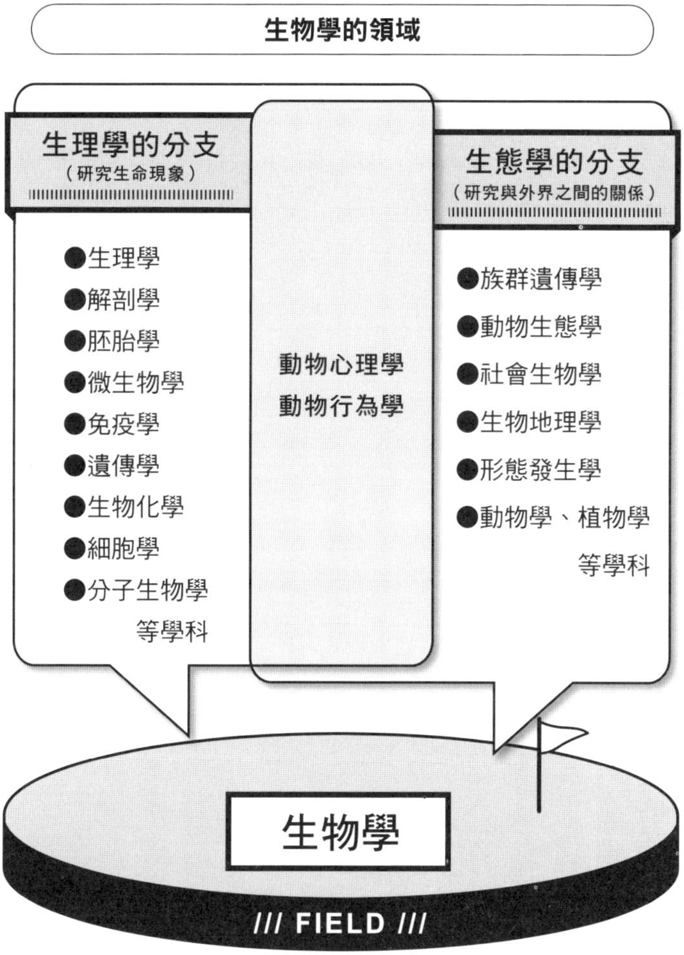

這是因為物理學與化學在二戰中快速發展，為生物學奠定了相關的基礎。在此之前，生物學只是一門尚未開發的學術領域，到了戰後，無數的物理學家開始著手研究生物學的問題，於是發展出了分子生物學。即使說分子生物學是物理學家所開創的也不為過。

分子生物學藉由釐清核酸與蛋白質這兩種高分子物質的結構與功能，以期用統一的方式掌握生命現象。分子生物學這個領域便是以核酸與蛋白質的研究作為基礎。

此外，電子顯微鏡的出現使得人們有辦法觀察細胞的細微結構，細胞生物學的研究因而出現重大進展。

一九五三年法蘭西斯・克里克（英 Francis Crick, 1916-2004）和詹姆士・華生（美 James Watson, 1928-）共同研究出「DNA的雙股螺旋結構」，為分子生物

### 生物學的領域

生理學的分支
（研究生命現象）

- 生理學
- 解剖學
- 胚胎學
- 微生物學
- 免疫學
- 遺傳學
- 生物化學
- 細胞學
- 分子生物學

等學科

動物心理學
動物行為學

生態學的分支
（研究與外界之間的關係）

- 族群遺傳學
- 動物生態學
- 社會生物學
- 生物地理學
- 形態發生學
- 動物學、植物學

等學科

生物學

/// FIELD ///

學帶來劃時代的進步。根據這套雙股螺旋結構的假說，確立出遺傳訊息的傳遞路線為「DNA→mRNA→蛋白質」，在解開基因之謎上邁進了關鍵的一步。這套假說的重要性可媲美達爾文的進化論。

資訊理論與系統理論與物理學、化學一同影響了分子生物學。基因工程與生物科技透過資訊理論的幫助，甚至直接與工程學結合在一起。

舉例來說，數學家維納（美 Norbert Wiener, 1894-1964）認為機械的自動控制系統和生物體內的控制系統具有相似性，提出了模控學的概念。除此之外，還出現了生物資訊學，以及以生命現象與生物學為中心的物理、化學、醫學、藥學等進行綜合研究的生命科學領域。

此外，由於技術與儀器越來越進步，使得生物科技（將生物與生命現象應用在生產方面的一門科技）與資訊科技一同成為二十一世紀的核心產業。但與此同時，也衍生出許多重大課題，例如：器官移植與體外人工受精（試管嬰兒）方面的生命倫理以及遺傳方面的問題等。

CHECK THIS OUT!

**如果你還想繼續學習生物學，一定要具備以下的基礎知識。**

## 博物學家

博物學家對歷史上的生物學發展貢獻良多。十八至十九世紀出現了許多偉大的博物學家，有編纂《塞爾博恩博物誌》（1789）的懷特（英 Gilbert White, 1720-1793）、為地理學奠下基礎的亞歷山大．馮．洪堡（德 Humboldt, 1769-1859）、同時身兼畫家並且畫了《美國鳥類》（1838）的奧杜邦（美 Audubon, 1785-1851）、著有《湖濱散記》（1854）的梭羅（美 Henry Thoreau, 1817-1862）以及撰寫了《昆蟲記》（1878）的法布爾（法 Jean-Henri Fabre, 1823-1915）等人。

## 解剖學與生理學

講到生物學的歷史，也不能不提到解剖學與生理學的領域。如果將生物學粗分為博物學與生命哲學這兩大分類的話，解剖學與生理學就是屬於生命哲學的範疇。

解剖學與生理學一方面建構出了醫學的基礎，另一方面也在生物學的領域裡形成了科學生命觀的根基。

在解剖學方面，文藝復興時期的李奧納多．達文西繪製出的解剖圖，以及維薩留斯（比 Andreas Vesalius, 1514-1564）所撰寫的《人體的構造》（1543）都是相當知名的。

在生理學方面，則有威廉．哈維（英 William Harvey, 1578-1657）提出血液循環原理。哈維同時也建構了近代實驗醫學與實驗生理學的基礎。

## 生機論與機械論

生命是什麼？生物學的起源便是在釐清這個謎團。亞里斯多德將「生命」這種特殊原理稱為靈魂（psyche）。生機論的生命觀就是像亞里斯多德這樣，認為生物擁有靈魂或生命力，並從這些角度說明生命現象。

相反的，機械論的生命觀則是像笛卡兒與拉美特利所採取的立場，認為生命只不過是一種物質現象。

## 進化論

關於生物進化的思想，其實早在古希臘的自然哲學便已經萌芽，但一般所謂的進化論則是指十八世紀中期開始發展出的進化論。在達爾文提出進化論之前，就已經先有布封、狄德羅（法 Diderot, 1713-1784）與霍爾巴赫（德 Baron d'Holbach, 1723-1789）等法國進化論思想家。英國方面，則有斯賓塞（英 1820-1903）提出社會進化論。順帶一提，達爾文所確立的進化論，不只影響到生物學，甚至還為社會與思想的領域帶來巨大的影響。

## 描述生物學

這個領域是在記錄生物所擁有的主要性狀，以便將生物進行分類。林奈以生物的性狀作為分類基準，將生物的分類學集大成。現在生物學將新種或新屬這類初次記載到分類群裡的內容，稱為原始記載。植物學名必須使用拉丁文，動物學名則可以使用拉丁文之外的語言。

## 生態學

這個領域是在研究生物與生物之間的關係，以及生物與環境之間的關係。這是由海克爾（德 Ernst Haeckel, 1834-1919）於一八六六年所界定出的一門學術領域。日本則於明治時期將這門領域翻譯為生態學。

生態學根據不同的研究對象與研究方法，可以區分為種群生態學、動物生態學、水圈生態學、實驗生態學等數個分支。由於生態學與環境問題有所關聯，因此最近開始受到人們所關注。

## 寒武紀大爆發

地球上開始出現生物，是超過三十億年前的事了。之前學者一直認為地球的生物是從單細胞生物慢慢進化為多細胞生物的，但現在學界則傾向於認為距今六億年左右的寒武紀初期，發生了飛躍性的生物進化大爆發現象。

之所以會形成這套說法，是因為學者從寒武紀的化石當中，發現了許多前所未見的奇特生物。

## 粒腺體夏娃

這是一種人類單地起源說，主張二十萬年前位於非洲的「粒腺體夏娃」是人類的共同祖先。這套主張與之前認為尼安德塔人與北京猿人是人類祖先的多地起源說對立。

根據現代的粒腺體與人類白血球抗原（ＨＬＡ）研究顯示，粒腺體夏娃是相當有力的說法。

## 電子顯微鏡

原本的顯微鏡照射的是光線（可見光），電子顯微鏡照射的則是電子（電子束）。電子顯微鏡的特色是可以觀察胞器這類非常微小的構造。另外，病毒也是用電子顯微鏡發現的。

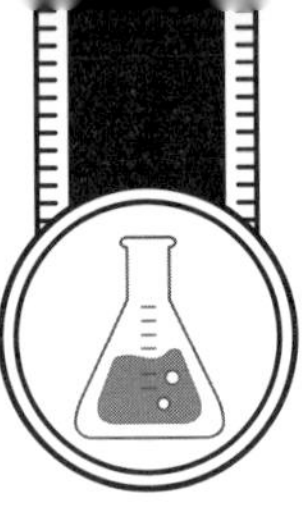

# 化學

**●Chemistry●**

## 化學的起源

**鍊金術是化學的源頭，本身擁有相當悠久的歷史，為化學建構出學術的基礎。**

化學的歷史極為悠久，人類的歷史有多長，化學的歷史就有多長。從人類釀酒與精煉金屬的行為便可見一斑，因為其中必須具備發酵與冶金的化學技術。事實上，化學（Chemistry）這個詞的語源普遍認為是來自埃及語的 Khem（意指尼羅河所帶來的黑土）。也就是說，學者推測早在被譽為擁有最先進技術的埃及古文明開始，人們就已經將化學稱為埃及之術了。

這些化學技術日後傳入希臘，希臘哲學家也將化學看作和其他學問一樣，都是一門真理的探究對象，對此抱有強烈的興趣。亞里斯多德便嘗試過為金屬的形成過程建立一套理論。而在希臘時代之後，希臘化時代當時最具代表性的科學家，亞歷山卓的希羅（Hero of Alexandria, c.10-c.70），則提出一套關於氣體與燃燒現象的假說。

不過，化學是在阿拉伯才真正被人當作一門技術，加以發揚光大。像是鹼（alkali）、酒精（alcohol）這類一般的化學用語全都是來自於阿拉伯文。據說化學（kham）這個詞也一樣，是因為阿拉伯文的 khemeia 再加上接頭詞 al，最後才形成了歐洲所說的鍊金術（alchemy）。在阿拉伯的鍊金術師當中，最有名的要屬賈比爾（Jabir ibn Hayyan, c.720-c.815）。賈比爾為亞里斯多德所提出的四元素說，建構出更完整的理論系統。

在十世紀到十一世紀的這段時間，歐洲與伊斯蘭世界之間開始有所接觸，於是鍊金術又傳回歐洲，繼續蓬勃發展。然而由於當時的歐洲受到基督教所統治，因此鍊金術也曾經被視為異端思想。

十五世紀中期東羅馬帝國滅亡後，基督教的權威也逐漸減弱，人們越來越將化學當作一門學問來看待。德國的礦物學者格奧爾格・阿格里科拉（Georgius Agricola, 1494-1555）撰寫了《論礦冶》（1533-1550）一書，將當時為止的所有冶金學的知識與經驗集大成。

化學的源頭除了鍊金術師以外，還可以追溯到藥劑師。帕拉塞爾蘇斯（瑞 Paracelsus, 1493-1541）將藥劑與鍊金術結合在一起。在那之前的醫藥都是使用動植物性的原料，而帕拉塞爾蘇斯則主張礦石在使用鍊金術方法處理後，也可以發揮醫療效果。

化學真正發展成一門近代科學，是在十七世紀後半的時候。波以耳（愛 Boyle, 1627-1691）是近代化學的先驅，他在所著的《懷疑的化學家》（1661）一書中，主張化學研究應該要依據實驗與觀察而成立。

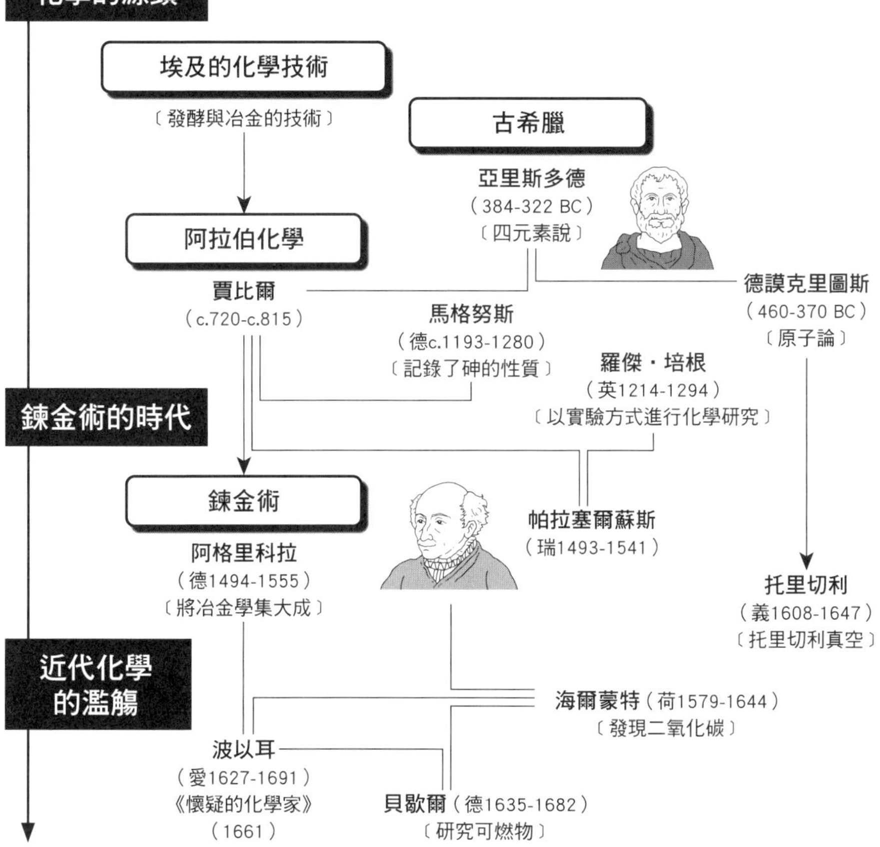


## 近代化學的發展

**近代化學的確立時間比物理學來得晚，必須一直等到十八世紀的時候。**

拉瓦節（法 Lavoisier, 1743-1794）按照波以耳所主張的實驗與觀察方法，建構出了近代化學，將那些無法證明的神祕力量一掃而空。近代化學誕生的時間，之所以會比波以耳所處的時代還要晚一個世紀以上，是因為實驗技術的水準不夠高。如果說在物理學領域方面，建構出近代科學基礎的，是與波以耳同一時期的牛頓，那麼，化學很明顯就比物理學還要晚個一世紀以上了。

拉瓦節使用定量的實驗方式觀察化學變化，因此而發現了「質量守恆定律」與「燃燒理論」等各式各樣的化學理論，並且將這些成果匯聚在《化學基本論述》（1789）當中，這本書可以說是世界上第一本近代化學教科書。除此之外，拉瓦節還為化學命名法建立一套系統，此舉大大促進了化學的進步。

還有一個幾乎與拉瓦節同時代的人，也同樣建構出了近代化學的基礎，這個人就是道爾吞（英 Dalton, 1766-1844）。道爾吞將氫的原子量定為1，以此決定其他元素相對數值，建立了世界上第一張原子量表。接著，古柏（英 Scott Couper, 1831-1892）提出了原子價理論，為有機化合物的合成建構出合理的系統。而門得列夫（俄 Dmitr Mendeleev, 1834-1907）則按照原子量將元素依序排列，建立週期表，使得人們能夠根據這張表上的空缺，而預測到還有一些尚未發現的元素存在。

十八、十九世紀初期奠定了近代化學的基礎，同時也是化學出現顯著進步的時代。現在我們所用的化學符號，是由貝吉里斯（典 Berzelius, 1779-1848）所創造的。此外，將物質區分為有機物與無機物，也是貝吉里斯的一項創舉。

十九世紀末，X光的發現為化學界帶來了重大的變革。法國物理學家亨利．貝克勒（Henri Becquerel, 1852-1908）發現鈾的化合物可以放射出X光。之後，生於波蘭的化學家瑪麗．居禮（居禮夫人）（Marie Curie, 1867-1934），在丈夫皮埃爾．居禮（Pierre Curie, 1859-1906）的協助之下，於一八九八年成功分離出放射性元素鐳與釙。

而一九〇二年，拉塞福與索迪（英 Frederick Soddy, 1877-1956）則證明出放射線是來自於擁有超高速原子核與電子殼層。

放射性元素的發現，撼動了原本近代化學所建構出的原子不變性與恆常性概念，同時也為無機化學的世界開拓出新的領域。

差不多在同個時期，一八九七年約瑟夫．湯姆森（英 Joseph Thomson, 1856-1940）發現了電子，化學家認為電子正是讓人能夠在真正意義上共同探討無機化學與有機化學的關鍵，因此便創造出了有機電子學這門領域。不過，如今有學者指出有機原子學其實存在著許多錯誤之處。

在原子結構與電子方面，物理學方面的快速發展也帶給化學領域很大的影響。學者以尼爾斯．波耳（丹 Niels Bohr, 1885-1962）的理論為基礎，發展出了價鍵理論，就是一個很好的例子，而學者同樣也在這個時期，根據量子力學而創造出了量子化學。

## 現代化學

**化學技術進步造成環境破壞的問題，而化學現在正在這種情形下努力摸索出新的方向。**

化學蓬勃發展，跟我們現在如此便利的生活最是息息相關。從染料、化學肥料、農藥、化療、化學纖維、到塑膠……等眾多層面，都與化學密不可分。如果說現代文明之所以能夠如此便利，正是化學技術的功勞，恐怕一點也不為過。

事實上，十九世紀後半開始興盛的化學工業，創造出了各種各樣的化學技術，其中又以染料工業為中心的有機化學為首。二十世紀，施陶丁格（德 Staudinger, 1881-1965）開拓出高分子化學這個領域，人們從此能夠生產聚乙烯（ＰＥ）這種高

## 化學的發展過程①

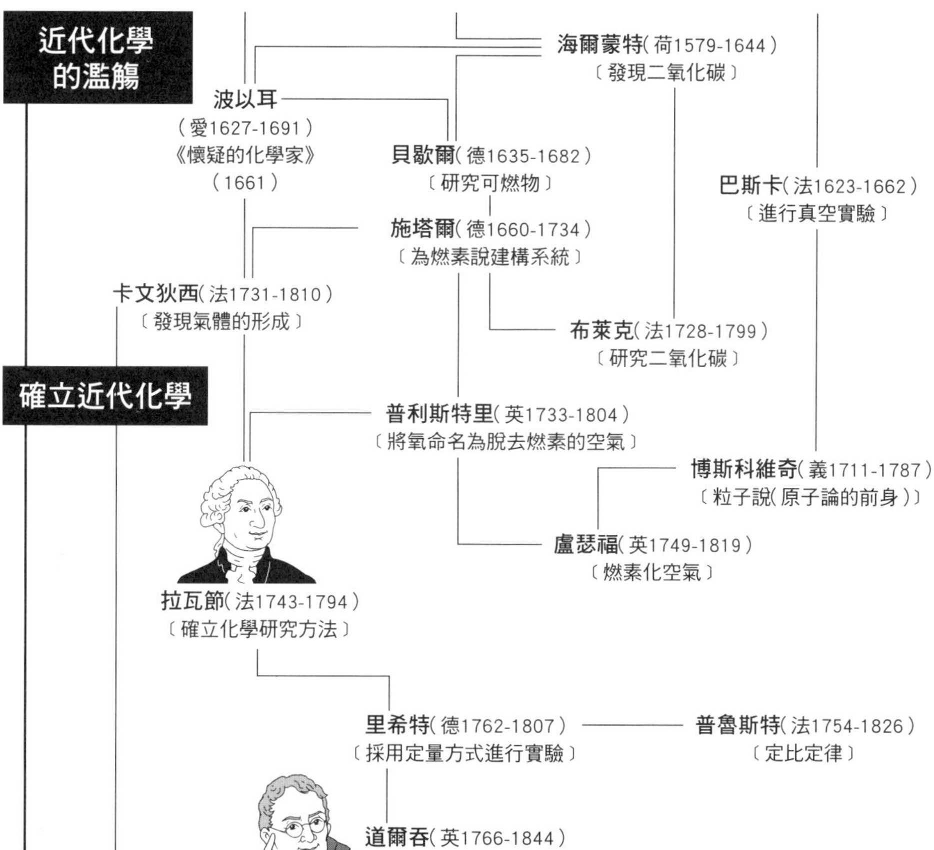


分子物質。高分子化學的黃金時代則持續到一九七〇年代，直到出現石油危機、人們對於環境保護的意識高漲為止。

不過，化學現在正面臨一個重大的轉折點。一九六二年，美國的海洋生物學家瑞秋・卡森（Rachel Carson, 1907-1964）在《寂靜的春天》（1962）一書中，嚴正指出化學技術濫用造成了環境破壞的問題。化學從此不再只是一種帶給我們便利生活的「夢幻鍊金術」。事實上，化學所帶來的弊害不只產生了公害問題，甚至從農藥問題到醫藥方面都以各式各樣的樣貌顯現出來。

現今化學所要探討的主要課題，無疑就是如何與大自然取得平衡。其中特別受到矚目的便是地球化學的領域。地球化學一詞早在十九世紀末前後就已經出現，美國地球化學家克拉克（Frank Wigglesworth Clark, 1847-1931）為該領域的先驅人物。克拉克調查地殼中的元素含量，制定出元素含量標準，名為「克拉克值」。地球化學的研究範圍不僅限於地殼，也包含平流層的化學反應等方面，藉由這些研究而取得各種與地球環境相關的數據資料。

另外，太陽能可以用來取代石油能源與核能，而化學在太陽能的開發上也扮演著相當重要的角色。其中，擁有超導現象的超導材料，已經成功應用到許多方面。比方說，目前正在開發的常溫超導電線可以讓電力長途輸送，普遍認為對於太陽能的普及化將帶來重大幫助。醫療領域方面，MRI（核磁共振）則已經應用了此項技術。除此之外，研究人員也研發出了超導馬達與磁浮列車等嶄新技術。

另一方面，人稱「二十世紀最後的夢幻分子」的「富勒烯」，是由六十個碳原子組成，結構類似足球的形狀。二十一世紀後越來越受到世人所注目。其用途從超導材料橫跨到奈米生物科技等半導體領域，除此之外，富勒烯還具有抑制愛滋病毒活性的作用，也可以藉著本身的抗氧化作用，而將造成老化原因的活性氧無害化。富勒烯可以應用到廣泛的領域當中，頗受眾人期待。

CHECK THIS OUT!

**如果你還想繼續學習化學，一定要具備以下的基礎知識。**

## 無機化學與有機化學

一般來說，構成生物體的化合物是有機化合物，其餘的則稱為無機化合物。現在的定義是，以碳元素與氫元素為主體的化合物，稱為有機化合物，以其他元素為主體的則稱為無機化合物。

化學開始分化出無機化學與有機化學，是在十九世紀初期。雖然化學原本就會進行動物、植物與礦物的區分，但是瑞典化學家貝吉里斯於一八〇六年才第一次使用了有機化合物這個詞。

## 生化學

這是從分子的層次探究生命現象的一門化學領域。在研究方法與研究內容方面，有許多部分都與分子生物學相同。生化學開始於十八世紀末拉瓦節研究從純糖到酒精的發酵現象。目前生化學則在研究蛋白質、核酸、脂質、維生素等生物分子的化學結構，以及對生物產生的作用。另外，研究基因中遺傳訊息的分子結構，也是生化學領域其中一個重要的研究主題。

## 物理化學

意指使用物理學的理論與實驗手法進行的化學研究。自從十九世紀初期人們發現分子之後，就開始將熱力學這項能量理論，應用在研究物質結構、物理性質與化學反應的化學領域當中。一八八七年，范特霍夫（荷 Van't Hoff, 1852-1911）、奧斯華德（德 Ostwald, 1853-1932）與阿瑞尼斯（典 Arrhenius, 1859-1927）等人確立了物理化學這門領域。

## 原子量與分子量

首先以碳原子的質量十二為基準，相對於它的各原子質量，就是原子量。氫是1.0079，氧是15.999，鈾是238.029。至於分子量方面，只要知道一個分子是由幾個原子所組成，就可以從原子量以計算出分子量。舉例來說，水分子是由兩個氫原子與一個氧原子所構成，因此水的分子量

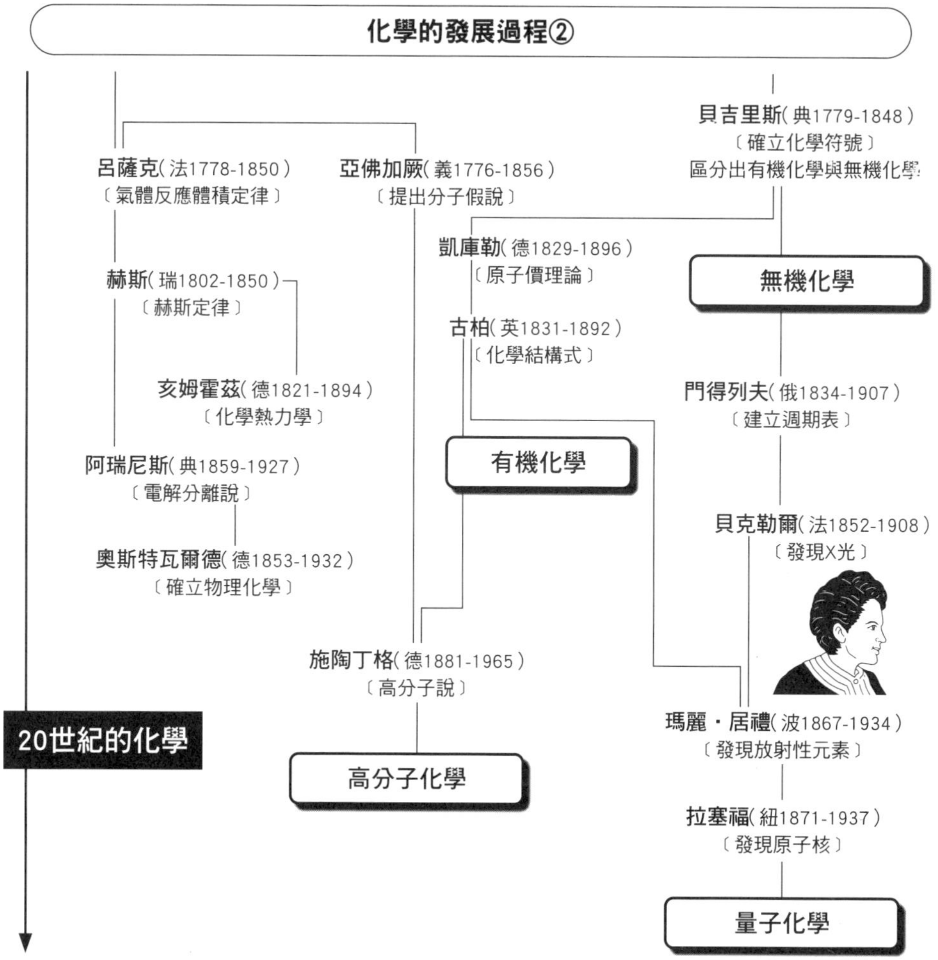

## 化學的發展過程②

呂薩克（法1778-1850）〔氣體反應體積定律〕

亞佛加厥（義1776-1856）〔提出分子假說〕

貝吉里斯（典1779-1848）〔確立化學符號〕區分出有機化學與無機化學

凱庫勒（德1829-1896）〔原子價理論〕

赫斯（瑞1802-1850）〔赫斯定律〕

無機化學

古柏（英1831-1892）〔化學結構式〕

亥姆霍茲（德1821-1894）〔化學熱力學〕

門得列夫（俄1834-1907）〔建立週期表〕

有機化學

阿瑞尼斯（典1859-1927）〔電解分離說〕

貝克勒爾（法1852-1908）〔發現X光〕

奧斯特瓦爾德（德1853-1932）〔確立物理化學〕

施陶丁格（德1881-1965）〔高分子說〕

20世紀的化學

瑪麗・居禮（波1867-1934）〔發現放射性元素〕

高分子化學

拉塞福（紐1871-1937）〔發現原子核〕

量子化學

計算方式，就是1.0079×2＋15.999×1＝18.0148，分子量大約等於十八。

### 莫耳

莫耳是國際單位制裡計算物質數量的基本單位。莫耳的定義是：「1莫耳是指化學物質所含基本微粒個數等於12克的碳-12所含原子個數。使用符號為mol。」

這邊所說的基本微粒，是物質在化學上最小的單位，包括原子、分子、離子、電子與其他粒子。也就是說，莫耳是用來表示構成物質的基本微粒之數量單位。1 mol裡含有6.022140 ×1023個基本微粒，而這個數值就稱為亞佛加厥數。

### 離子

離子指的是帶電荷的分子或原子。這是由於分子或原子失去電子或得到電子所致。將某種物質加熱融解後，溶液的電阻會變小，於是就會擁有導電性。也就是說，原本呈電中性的原子或分子，會變成帶正負電荷的狀態。

離子這個詞最早是英國化學家法拉第

（1791-1867）所提出，他之所以使用這個詞是為了要說明鹽類、酸、鹼的水溶液擁有導電性且可以進行電解。之後，瑞典物理化學家阿瑞尼斯則證明了溶液中的電解質會分解成離子。

### 高分子化合物

意指分子量較高的化合物，又稱為聚合物。高分子化合物包含了蛋白質、纖維素、聚乙烯等合成樹脂、澱粉等。高分子化合物與分子量較小的普通化合物，在許多方面都擁有不同的性質。而研究高分子化合物的化學領域則稱為高分子化學。

### 形狀記憶高分子聚合物

這種高分子材料即使一度變形，只要經過加熱就能恢復到原本的形狀。目前已經開發出的有聚降冰片烯（polynorbornene）、反式聚異戊二烯、聚氨酯等種類。與原有的形狀記憶合金相比，這種高分子聚合物的價格較低，變形率也大幅提升了三〇〇%，而且重量較輕、容易塑形，甚至還可以上色，因此可望能用於廣泛的領域當中。

### 磷灰石

這是一種占人類骨骼與牙齒成分六十五%的無機物質，主要成分為磷酸鈣。目前將磷灰石的其中一種——氫氧基磷灰石，用於製作人工骨、人工牙根（人工植牙）。與金屬製及塑膠製材料相比之下，這種材質對生物體組織有更佳的親和性。

### 生物可分解塑膠

氫氧化細菌與固氮生物會進行生物合成而形成一種聚酯，生物可分解塑膠所運用的就是這項原理。一九八二年英國的帝國化學工業集團培養氫氧化細菌，成功製作出微生物聚酯的產品「Biopol」。

目前我們一般使用的塑膠，擁有長時間不易腐蝕的優點，但這反而造成了重大的環境問題。而由於生物可分解塑膠很容易被生物分解，因此在環境保護的層面上頗受關注。

### 催化性抗體（抗體酶）

當生物受到來自外界的異物侵入後，就會製造出抗體吞噬這些異物。

這個過程就稱為抗原抗體反應。只要將某種特定分子作為抗原來製造出抗體，就會出現催化分子反應的情形。這便稱為催化性抗體或抗體酶，是一種藉由生物所合成的人工酶。催化性抗體是透過生物化學與合成化學的跨領域研究所獲得的成果，因此相當受到矚目。

### 超導物質

當特定的金屬或化合物等物質冷卻到極度低溫時，電阻會急速趨近於零，這種現象便稱為超導現象。這是一九一一年由海克・卡末林・昂內斯（荷 Heike Kamerlingh Onnes, 1853-1926）所發現的現象。在二十世紀末到二十一世紀的這段期間，學者又發現了高溫超導體，可以用相對便宜的液氮加以冷卻，目前還需要研究如何加以應用。

超導量子干涉元件（SQUID）與醫

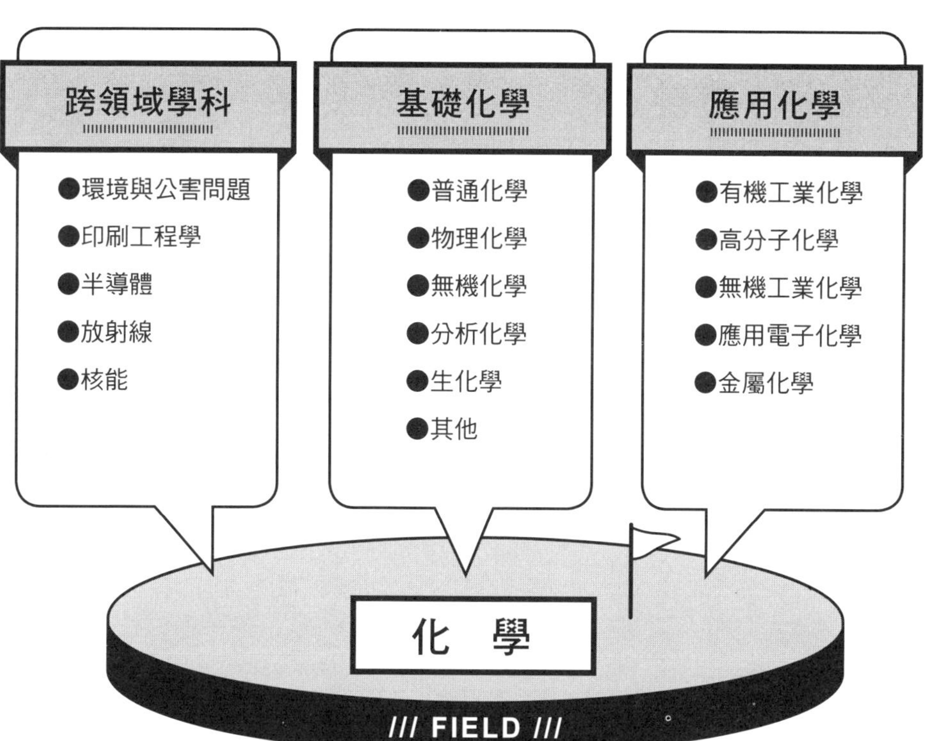


療用的核磁共振攝影（MRI），是目前已經成功加以應用的項目。除此之外，能夠克服軌道接地行駛問題的磁浮列車，以及能夠消除輸電過程中所產生的消耗（將電阻化為零）的超導直流輸電，也是相當受到期待的應用項目。

## 富勒烯

這是繼石墨與鑽石之後所發現的第三種碳的同素異形體。一九八五年由哈羅德・克羅托（英 Harold Kroto, 1939-2016）、理查・斯莫利（美 Richard Smalley, 1943-2005）與羅伯特・柯爾（美 Robert Curl, 1933-）等人所發現。富勒烯在物理上、光學上與科學上皆具有極佳的特性，由六十個碳原子所構成，而最早發現的富勒烯呈現足球般的形狀。

富勒烯可以應用的領域相當廣泛，例如：鋰電池、太陽能電池或燃料電池的材料、治療癌症與愛滋病、製作抗老化的保養品等。是一種備受期待的奈米材料。

# 數學

**●Mathematics●**

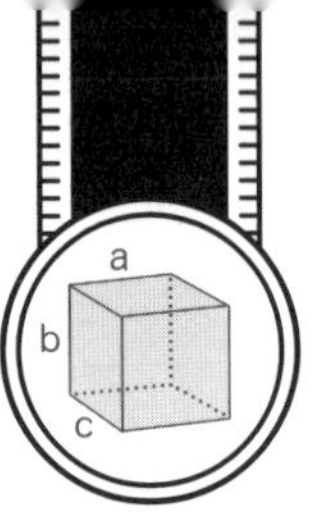


## 數學的起源

**數學是一種脫離實用性的理論系統，起源於希臘的幾何學，接著再發展出阿拉伯的代數學。**

數學在所有學問裡屬於歷史最悠久的一類。普遍認為最早的數學——幾何學，出現於數千年前埃及的尼羅河畔。希臘文的幾何學一詞原本是「土地測量」的意思，由此便能看出，數學一開始是為了「測量」這個實用的目的而誕生的。

這些經驗性的知識傳到希臘後，逐漸脫離了實用的目的，發展成為一種理論性的系統。就這層意義而言，數學這門學問可以說是起始於希臘的。

而率先發展希臘數學的，就是人稱「幾何學先驅」的泰勒斯（Thales of Miletus, c.624-c.546 BC）。學界普遍認為泰勒斯證明出了許多幾何學定理。畢達哥拉斯（Pythagoras, 582-496 BC）與其學派繼承了泰勒斯的工作。畢達哥拉斯學派不只研究幾何學，同時還研究數論而發現了無理數。此外，當時被稱為職業教師的一群雅典辯士，在解決數學各式各樣的難題上也貢獻良多。

接下來，希臘數學歷經柏拉圖與其學派後，由歐幾里得（Euclid of Alexandria, c.330-c.275 BC）集大成。歐幾里得的《幾何原本》（300 BC，共十三卷）將當時為止所有的數學命題用邏輯的方法建立一套系統，因此後人將之譽為歐幾里得幾何學。

希臘數學裡還有一位偉大的數學家，那就是阿基米德（Archimedes of Syracuse, 287-212 BC）。如果說歐幾里得將希臘數學發展到極致的話，那麼，阿基米德的求積法則大大影響了日後的數學。阿基米德最具革命性的成果，在於導入了原本希臘數學一直避而不談的「無限」與「定量角度」的概念。

羅馬時期的人們幾乎不太重視希臘在數學上的成就，將希臘數學持續發展下去的反而是阿拉伯。相對於希臘數學著重在探討運動現象背後的本質，阿拉伯數學的特色則是將重心放在將運動現象定量化。這種思考方式，發展出小數的數量符號法，同時也發展出了代數學。

波斯數學家花拉子米（Al-Khwarizmi, 800-c.845）撰寫了世界上第一本關於代數學的書。代數學是一門用來求未知數的方程式理論，但當時尚未建立一套以 X 表示未知數的符號法。不過，學界普遍認為當時關於方程式的思考形式，已經發展到了相當程度。

阿拉伯的代數學由中世紀的士林哲學家傳承下來，接下來又逐漸形成了近代歐洲的新數學——近代代數學。

## 數學的建立

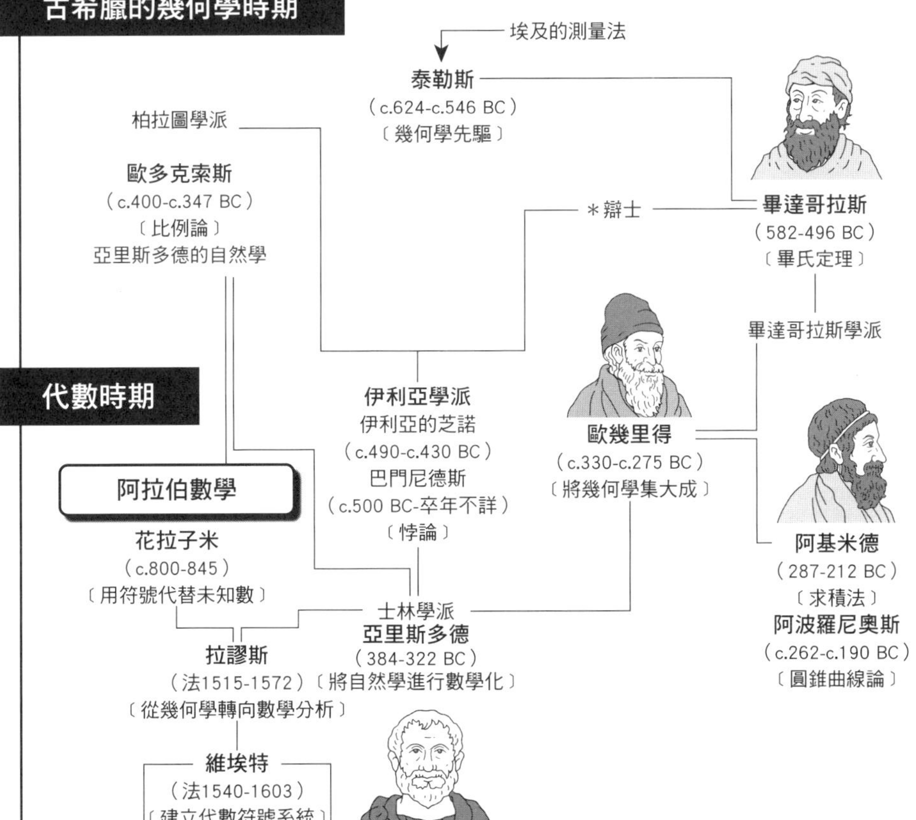


## 近代數學的建立

**從確立代數符號一直到發展出近代解析學。接下來，近代數學開始踏上趨於嚴密的道路。**

十五世紀到十六世紀之間的義大利，正處於文藝復興的全盛期，這時的人們熱衷於研究三次方程式與四次方程式的解法。而代數符號出現並被人們所接納，便是這股研究熱潮的背景。省略標記法原本是手抄本時代為了節省勞力與紙張所創造出來的，讓人們寫方程式的時候能夠盡可能省略內容，但這項方法在一四三八年發明印刷術之後，仍然不斷延續下去。

義大利數學家帕喬利（Luca Pacioli, c.1445-1517）將商業簿記的手法運用在數學上，像是他導入了省略符號，以co代表未知數、p代表加法、m代表減法，徹底簡化了算式的書寫方法。發展出省略符號，對於義大利數學家解方程式帶來很大的幫助。

法拉利（Ludovico Ferrari, 1522-1565）

成功計算出了四次方程式的公式解，而卡當（Girolamo Cardano, 1501-1576）則解出了阿拉伯代數學家無法解開的三次方程式。不過，現代的代數符號法卻不是由義大利確立的，而是原本屬於數學後進國的法國。法國數學家維埃特（Francois Viete, 1540-1603）將義大利的省略符號加以發展，建立出一套更有條理的代數符號系統。而笛卡兒又將維埃特的符號法，修改為現在我們所使用的形式（在字母後方加上未知數 x、y、z……，前方則寫上已知數 a、b、c……）。

而笛卡兒也創造出了現在稱為「解析幾何學」的嶄新數學，近代數學終於在這時邁出了步伐。笛卡兒的數學與歐幾里得不同，歐幾里得幾何學處理的是在靜止與不動狀態下的問題，而笛卡兒的幾何學則一併考慮了運動與變化的狀態。由笛卡兒所開拓出的近代數學，同時也成為自然科學研究完成顯著進步的強力武器。牛頓力學便是藉由微分方程式才得以推導而成。此外，和牛頓同時期的萊布尼茲（德 Gottfried Wilhelm Leibniz, 1646-1716）則確立了微積分法。萊布尼茲也被認為是符號邏輯學的創始者，他創造出許多人們現在仍在使用的符號法。「微分」、「積分」、「函數」等名稱也都是他所命名的。

十七世紀到十八世紀間的數學，因為笛卡兒開創出數學分析方法的緣故，而出現了前所未有的進步。不過，進入十九世紀之後，對於以微積分為核心的數學分析領域，開始有人批判其中的基礎概念與方法，並且為了讓數學變得更加嚴密而發起改革運動。

## 現代數學的誕生

**數學從近代的解析幾何邁向算術的時代。隨著科技大幅進步，現代數學也創造出了許許多多的成果。**

對於十八世紀的數學分析，最早提出質疑的是傅立葉（法 Joseph Fourier, 1768-1830）。傅立葉使用方程式表示熱的傳導現象，開創出所謂的傅立葉分析之先河。傅立葉的數學分析撼動了「無限小」與「無限大」的微積分根本概念。

一直到十九世紀為止，數學分析都一直單純的相信「無限小」與「無限大」這兩個在邏輯證明上有所困難的概念，相反的，由傅立葉所開啟的十九世紀數學，則為無限概念建立起一套邏輯基礎，也就是所謂的數學分析嚴密化。其中又以魏爾斯特拉斯（德 Karl Weierstrass, 1815-1897）為代表。魏爾斯特拉斯將數學分析嚴密化稱為「數學分析算術化」，他用數學分析為算術亦即自然數論打下基礎，於是數學嚴密化重新建構數學的根本概念，同時也為自然數建立了公理系統並且為邏輯學建立形式，甚至還開啟了一條通往集合論的道路。

數學嚴密化的成果之一，便是創立出數學分析當中一個相當大的獨立領域——複變函數論。柯西（法 Cauchy, 1789-1857）和高斯（德 Gauss, 1777-1855）對於複變函數的建立貢獻良多。除此之外，高斯還在他所著的《算術研究》（1801）當中為代數的數論建立系統。而在代數領域方面，伽羅瓦（法 Galois, 1811-1832）則

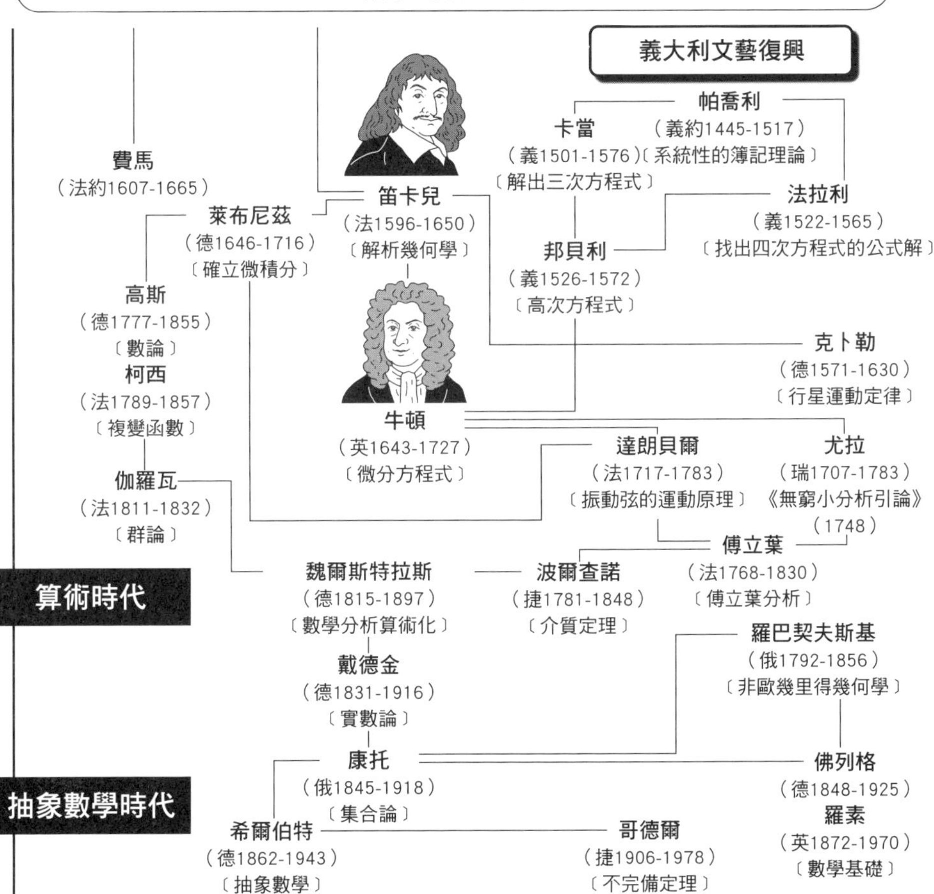


找出了解開五次以上的代數方程式所需要滿足的條件。

另一方面，幾何學領域也出現了重大變化。羅巴契夫斯基（俄 Lobatchevsky, 1792-1856）提出了非歐幾里得幾何學（非歐幾何），否定歐幾里得的平行線公理。羅巴契夫斯基所創造的幾何學，則建立在如下的平行線公理上：若平面上有一條直線與線外一點，則可以找到至少兩條相異的直線不會與該條直線相交。

一八七四年，康托（俄 Cantor, 1845-1918）首次發表了他的集合論。二十世紀後，佛列格（德 Frege, 1848-1925）與羅素（英 Earl Russell, 1872-1970）繼承了康托的集合論，並且進而從集合論發展出數學基礎論，而數學基礎則迫使學界對數學全面進行深刻的反思。

繼承康托集合論的羅素，發現集合論當中會出現悖論，因此他主張不能單純將滿足某個條件的所有事物稱為集合。舉個例子，假設有個克里特人說：「克里特人總是說謊。」如果「～」裡的內容為真，那麼克里特人所說的就是謊話，「～」為假。而要是克里特人所說為真，那麼「～」裡的內容就不成立了。在集合論出現這種危機下，希爾伯特（德 David Hilbert, 1862-1943）建立了一套不會出現邏輯矛盾的數學基礎。

希爾伯特在一九〇〇年於巴黎舉行的國際數學家會議上，聲稱「數學是所有精密科學的認知基礎」，並且提出了著名的二十三則數學問題。不過，一九三一年哥德爾（捷 Kurt Gödel, 1906-1978）所發表的「不完備定理」，則對於希爾伯特的這番「數學基礎」說法給出否定性的解答。

隨著時序來到二十世紀後半，形形色色的問題都因為電腦等諸多技術的革新而獲得了解決與證明。一九七六年證明出了四色定理，一九九五年證明出了費馬最後定理，而邁入二十一世紀後，二〇〇三年格里戈里．佩雷爾曼（俄 Grigori Perelman, 1966-）也證明出千禧年大獎難題中的龐加萊猜想。

數理邏輯學、拓樸學、混沌理論、賽局理論等新穎的數學領域，為數學帶來了不同的手法。

CHECK THIS OUT!

**如果你還想繼續學習數學，一定要具備以下的基礎知識。**

## 發現零

學界普遍認為最早發現零是在七世紀的印度。這裡所說的「發現零」，指的是將零當作一個實數來看待，將其置於正數與負數中間。如果是概念層面的零，早在古代的巴比倫文明、馬雅文明與古希臘就已經有了，當時人們將零當成是一種空位符號。然而，由於印度是用採十進位計算的數字計數法來書寫計算過程，所以才能夠創造出零這個數字。

## 數

在數學領域裡提到「數」的時候，通常指的是複數，但有時也會專指實數。複數可分成實數與虛數，實數又可分為有理數與無理數，有理數可再細分為整數與小數，而整數則包括了自然數、零以及負的整數。

## 圓周率

學界普遍認為阿基米德是最早建立完整圓周率理論的人。自古以來人們就從經驗中所得知，圓周長差不多等於直徑的三倍多一點。古希臘數學家歐幾里得的《幾何原本》一書中，就證明了「圓的面積與直徑的平方成正比」。雖然書中並未討論到圓周長度，但推測他已經知道「圓周率」是固定的，與圓的大小無關。不過，真正根據嚴密計算求出比值的則是阿基米德。他從正六邊形開始，逐步求出邊數為兩倍的正 n 角形的周長，一路求到了正九十六角形。所得出的值也與現在極其接近。

## 十進位法與二進位法

一般使用的數字標記法稱為十進位法。也就是 1,2,3,4,5,……這樣的表示方法。二進位法則是 1,10,11, 100, 101,110,111……這樣的表示方法。

由於電腦只能用電流通過與否，也就是1或0來表示，因此便以二進位法為基本方式。

## 數學的領域

**數學**

- **數學基礎論**：邏輯學／集合論／自然數論等
- **代數學**：線性代數／抽象代數／整數論／布林代數／群論等
- **解析學**：泛函分析／微分方程式／測度論／變分法／複變函數／級數等
- **幾何學**：角法／歐幾里得幾何學／非歐幾里得幾何學／解析幾何／投影幾何／代數幾何／微分幾何等
- **拓樸學**：點集拓樸／低維拓樸／流形／逐段線性拓樸學／圖論／紐結理論／不動點定理／突變理論等
- **應用數學**：機率論／統計學／模控學／資訊理論／賽局理論／大數定律／組合數學／作業研究等

### 虛數

人們在解方程式的過程中發現了虛數。阿拉伯數學家花拉子米發現二次方程式的根有兩個，而正數的平方根有正與負兩種，但負數卻沒有平方根，他就是第一個發現虛數、並使用-1這個符號的人。卡當在使用代數的方法來解三次方程式的過程中，證明無論如何都一定會遇到虛數。

另外，使用i來表示$\sqrt{-1}$的這個方法，則是由瑞士的歐拉（Leonhard Euler, 1707-1783）所提倡的。

### 質數

質數指的是指在大於1的自然數中，除了1和該數自身外，無法被其他自然數整除的數。質數的研究早在古希臘時期就已經開始了，歐幾里得證明質數是無限多的，而同時期的埃拉托斯特尼（Eratosthenes, 275-c.195 BC）則找出一種可以從自然數當中挑選出質數的方法（稱為「埃拉托斯特尼篩法」）。高斯曾嘗試求出質數分布的公式解卻未能成功。目前已經在電腦科技的幫助下，發現了22,338,618位數的質數。

## 函數

當兩個變數x、y之間具有函數關係時，只要確定x的值，就會得出與其對應的y值。此時y稱為x的函數。除此之外，這種對應規則本身也稱為函數，寫作y＝f（x）。

## 集合論

集合的概念在十九世紀後半導入，是為了讓數學的敘述更加明確化。康托是第一個為集合論建構出有效理論的人。他將此定義為：「集合是我們直覺或思考的對象，將那些能夠明確區別出的事物匯集在一起，這個整體就稱為集合。」集合論對二十世紀的邏輯學與數學基礎帶來很大的影響。

## 機率論

第一個以科學角度探討機率論的，是法國哲學家數學家帕斯卡（Blaise Pascal, 1623-1662）。帕斯卡之所以會著手研究機率論，據說是因為賭徒鐸莫勒詢問他關於賭博的問題，就此掀起了機率論研究的序幕，之後不斷有許多著名的數學家持續研究下去。著有《猜度術》的雅各布·柏努利（瑞 Jakob Bernoulli, 1654-1705）發現大數定律，皮埃爾－西蒙·拉普拉斯（法 Pierre-Simon Laplace, 1749-1827）則導入數學分析方法而將機率論集大成。

## 哥德爾的不完備定理

二十世紀後，集合論被羅素等多名邏輯學家指出各式各樣的悖論。希爾伯特延續了這套思想，主張數學基礎論證明「公理化的實數系統不會產生矛盾」。對於希爾伯特所提出的問題，哥德爾則以不完備定理給出了一個否定的答案。哥德爾證明，如果自然數的公理沒有矛盾的話，就會是一個不完備的定理。也就是說，倘若自然數的公理不存在矛盾的話，就沒辦法用這個公理推導出沒有矛盾。相反的，如果公理具有矛盾的話，任何命題都能透過這個公理而獲得證明。此舉便將希爾伯特所提出的數學基礎論畫下了句點。

## 布林代數

根據以下規則所進行的演算以及帶有＋的算術，稱為布林代數。

$0 \cdot 0 = 0$　$1 \cdot 0 = 0$　$0 \cdot 1 = 0$

$1 \cdot 1 = 0$　$0 + 0 = 0$　$1 + 0 = 1$

$0 + 1 = 1$　$1 + 1 = 0$

這裡的1、0、「·」、「＋」，都是一種符號。喬治·布林（英 George Boole, 1815-1864）為了能夠進行邏輯的數學分析而提倡這種代數方法，而這種方法之後則被運用於使用二進位的電腦設計上，持續發展下去。

## 數學分析

微積分、微分方程式、變分學、實函數、複變函數論統稱為數學分析。數學分析最早始於阿基米德用來求圖形面積與體積的方法。十六世紀人們正式開始對此進行研究，十七世紀，笛卡兒、帕斯卡、費馬（法 Pierre de Fermat, 1607-1665）等人又研究得更加深入。而萊布尼茲與牛頓幾乎在同時期建立了微積分。萊布尼茲是從切線的問題著手，牛頓則是從力學的觀點著眼，進而推導出微積分的思考方式。在微積分的幫助下，許多懸而未解的問題都一一解開了，大大推進了數學的歷史。

## 拓樸學

拓樸學的領域大致上可以區分為點集拓樸學與位相幾何學。點集拓樸學是將歐幾里得空間的部分集合、距離與函數等面向抽象化。位相幾何學是在探求圖形連續變化下不變的性質，並研究在這種變形方式下，可以出現多少種不同的圖形。

## 應用數學

數學原本是以實用為目的。之後，慢慢脫離了實用性質，轉變為抽象化、理論化的樣貌。雖然一般都會認為數學的歷史是如此發展的，但其實數學配合時代的需求，呈現不同的樣貌，反而提升了它的應用價值。

舉個例子，牛頓想出微積分，是為了解釋物體的運動。在這之後，電、磁、光、聲音等形形色色的物理現象，也因為應用了數學分析學，而得到了重大的進展。就這個層面而言，微分方程式、傅立葉級數、複變函數、特殊函數、變分學等數學領域，或許都可以說是應用數學的核心。

二十世紀量子力學誕生後，便開始應用到機率統計的方法。也就是說，量子現象的研究重點並不在於找出一個確定的答案，而更像是在進行機率的研究，分析出哪種結果最容易發生。此外，機率與數理統計學也廣泛應用在經濟學與社會學等領域。

## 賽局理論

賽局理論（game theory）在探討遊戲中行動個體，即比賽者，為了追求各自的最大利益會採取何種行為，並且使用數學方式分析最為合理的行為，以及採取該行動會產生何種結果。不過，賽局理論所研究的只有包含策略要素的遊戲，並不探討純粹隨機性質的遊戲。

## 千禧年大獎難題

數學到現在仍然有許多尚未解決的問題。其中，美國克萊數學促進會（Clay Mathematics Institute）於二〇〇〇年懸賞一百萬美元所徵求解答的七個問題，就稱為千禧年大獎難題。其中的龐加萊猜想已經解決了，目前尚未獲得證明的問題為以下六個：

P≠NP問題、霍奇猜想、黎曼猜想、楊－米爾斯存在性與質量間隙、納維－斯托克斯存在性與光滑性、BSD猜想。

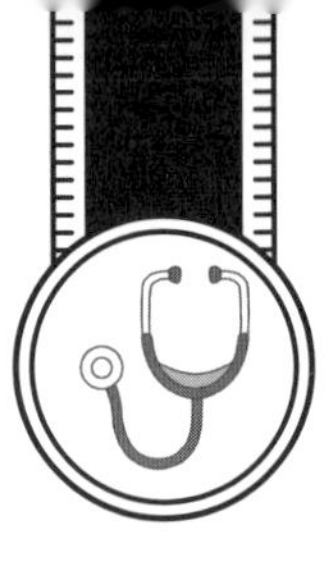

# 醫學 Medical Science

## 醫學的起源

**醫療技術起始於古代，在解剖學與鍊金術化學的發展下也隨之進步。**

一般認為古埃及是擁有最先進醫學知識的古文明。在紙莎草的莖所製成的莎草紙上寫成紙草文稿，記載了許多古埃及的醫學知識。

其中尤以艾德溫・史密斯紙草文稿（c.1600 BC）與埃伯斯紙草文稿（c.1550 BC）特別知名。中國方面，也有醫書《黃帝內經》（c.200 BC）。這些事蹟告訴了我們，醫學從古代開始就是一門人類所不可或缺的學問。

不過，現代醫學的源頭終究還是希臘醫學。其中最為知名的是被譽為醫學之父的希波克拉底（460-c.370 BC）。以希波克拉底為代表人物的希臘醫學，最大的特色是將重點放在根據症狀給予適合的治療，而不是研究疾病本身。換句話說，希臘醫學可以說是以生理學為基礎而發展出的技術。

希波克拉底強調醫學是以人為對象的技術，提出了學、術、道合一的 Ars 一詞。希波克拉底的這份「醫者專業精神」，一直延續到今時今日。

希臘醫學之後又經過了亞歷山大時期，接著由羅馬傳承下來。這個時期最重要的醫學家便是蓋倫（Galen of Pergamon, c.129-c.200）。蓋倫既是解剖學家也是生理學家。

當時人們尚未進行人體解剖，但蓋倫已經藉由解剖動物（豬），而大幅推進了關於肌肉與骨骼的知識。此外，蓋倫所提出的「精氣說」與血液循環有關，是生理學領域中值得特別記載的理論。

蓋倫之後的中世紀時期，在醫學領域上毫無進展。一直等到文藝復興時期，醫學研究才出現重大進展。而解剖學就是為醫學開拓出嶄新局面的大功臣。

其中最偉大的解剖學家便是維薩留斯（比 Andreas Vesalius, 1514-1564）。維薩留斯以二十八歲的年輕之姿完成了《人體的構造》（1543），書中對於蓋倫的解剖學進行大幅修正，同時也建構出實證性的近代醫學基礎。

這個時期還有另外一位傑出的人物，那就是帕拉塞爾蘇斯。帕拉塞爾蘇斯本身也是一位鍊金術師，他將礦物作為治療藥物使用，從化學的角度研究醫學，為醫學帶來重大貢獻。在這之前的藥劑主要是由動植物所製成，而帕拉塞爾蘇斯則以礦物製作出化學性的治療藥物，為日後的醫學開拓出一條康莊大道。

## 近代醫學的確立

**在生理學與顯微鏡解剖學蓬勃發展的同時，也確立了近代醫學——臨床醫學。**

## 醫學的建立

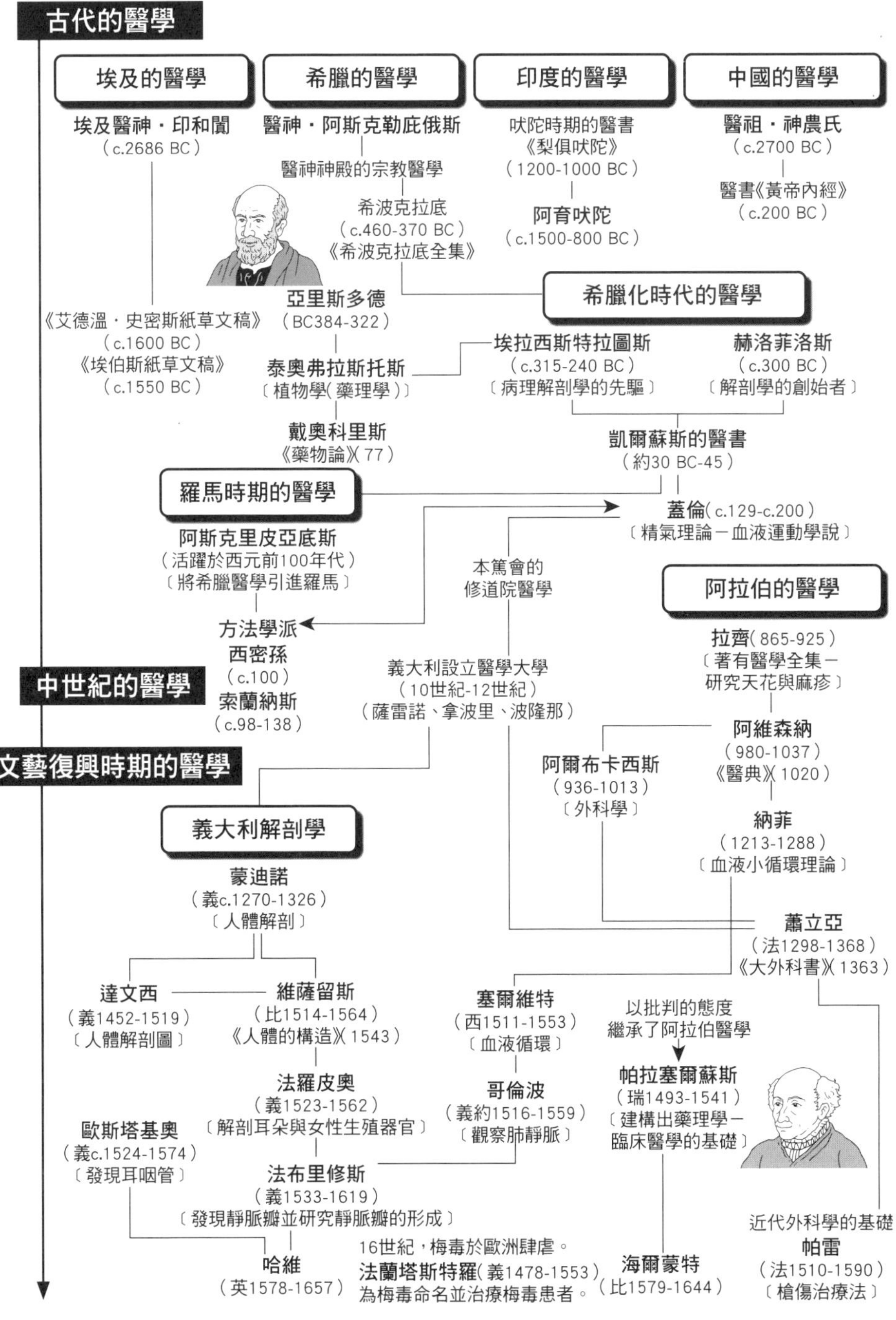
古代的醫學
埃及的醫學
埃及醫神・印和闐
（c.2686 BC）
《艾德溫・史密斯紙草文稿》
（c.1600 BC）
《埃伯斯紙草文稿》
（c.1550 BC）
希臘的醫學
醫神・阿斯克勒庇俄斯
醫神神殿的宗教醫學
希波克拉底
（c.460-370 BC）
《希波克拉底全集》
亞里斯多德
（BC384-322）
泰奧弗拉斯托斯
〔植物學(藥理學)〕
戴奧科里斯
《藥物論》(77)
印度的醫學
吠陀時期的醫書
《梨俱吠陀》
（1200-1000 BC）
阿育吠陀
（c.1500-800 BC）
中國的醫學
醫祖・神農氏
（c.2700 BC）
醫書《黃帝內經》
（c.200 BC）
希臘化時代的醫學
埃拉西斯特拉圖斯
（c.315-240 BC）
〔病理解剖學的先驅〕
赫洛菲洛斯
（c.300 BC）
〔解剖學的創始者〕
凱爾蘇斯的醫書
（約30 BC-45）
羅馬時期的醫學
蓋倫（c.129-c.200）
〔精氣理論－血液運動學說〕
阿斯克里皮亞底斯
（活躍於西元前100年代）
〔將希臘醫學引進羅馬〕
方法學派
西密孫
（c.100）
索蘭納斯
（c.98-138）
本篤會的
修道院醫學
阿拉伯的醫學
拉齊（865-925）
〔著有醫學全集－
研究天花與麻疹〕
中世紀的醫學
義大利設立醫學大學
（10世紀-12世紀）
（薩雷諾、拿波里、波隆那）
阿維森納
（980-1037）
《醫典》(1020)
阿爾布卡西斯
（936-1013）
〔外科學〕
納菲
（1213-1288）
〔血液小循環理論〕
文藝復興時期的醫學
義大利解剖學
蒙迪諾
（義c.1270-1326）
〔人體解剖〕
蕭立亞
（法1298-1368）
《大外科書》(1363)
達文西
（義1452-1519）
〔人體解剖圖〕
維薩留斯
（比1514-1564）
《人體的構造》(1543)
塞爾維特
（西1511-1553）
〔血液循環〕
以批判的態度
繼承了阿拉伯醫學
法羅皮奧
（義1523-1562）
〔解剖耳朵與女性生殖器官〕
哥倫波
（義約1516-1559）
〔觀察肺靜脈〕
帕拉塞爾蘇斯
（瑞1493-1541）
〔建構出藥理學－
臨床醫學的基礎〕
歐斯塔基奧
（義c.1524-1574）
〔發現耳咽管〕
法布里修斯
（義1533-1619）
〔發現靜脈瓣並研究靜脈瓣的形成〕
近代外科學的基礎
帕雷
（法1510-1590）
〔槍傷治療法〕
哈維
（英1578-1657）
16世紀，梅毒於歐洲肆虐。
法蘭塔斯特羅（義1478-1553）
為梅毒命名並治療梅毒患者。
海爾蒙特
（比1579-1644）

醫學在應用了解剖學與化學知識後，開拓出一條嶄新的道路。進入十七世紀，醫學成為一門更具實證性的學問，持續發展下去。十七世紀是笛卡兒、牛頓、克卜勒（德 1571-1630）、波耳（愛 1627-1691）的世紀，同時也是確立了所謂科學思考的時代。在醫學領域方面，奠定在實驗與觀察上的科學研究也不斷出現進展。其中的生理學與顯微鏡解剖學，就是這時所開拓出的最重要領域。

十七世紀血液循環的發現，為生理學帶來革命性的進展。在這之前，醫學界一直受到羅馬時期的蓋倫所提出的理論所主導。而威廉・哈維（英 William Harvey, 1578-1657）推翻了這套理論，釐清血液流動方式與心臟所扮演的角色。

一六二八年，哈維發表一篇名為〈動物心臟和血液運動的解剖研究〉的論文，主張血液之所以會流動，是因為心臟收縮產生了幫浦作用所致。哈維導入了數學方法與計量方法，實際觀察動物心臟，計算心臟每次搏動所輸送出的血液量，以及一定時間內的搏動次數。另外，哈維也釐清了動脈與靜脈的功能，但是仍未能說明動脈與靜脈之間是如何聯繫的。

而解開這些細微結構之謎的，則是一群稱為顯微鏡學家的學者，馬爾皮基（義 Marcello Malpighi, 1628-1694）便是這些先驅人物之一。馬爾皮基發現了微血管，將哈維的血液循環建構成更加完整的理論，同時也一併弄清了肺、腎臟、肝臟、皮膚等部位的細微結構。

另一方面，雷文霍克則在提升顯微鏡性能上貢獻良多，他還發現了細菌與精子等許多新的事物。此外，以發現紅血球而知名的斯瓦默丹，也是相當重要的人物。

十八世紀後半，醫學建立了更加完備的系統，逐漸確立出臨床醫學，赫爾曼・波哈維（荷 Hermann Boerhaave, 1668-1738）是此時最具代表性的醫學家。波哈維確立並實踐了一系列的臨床方法，「根據患者出現過的症狀來掌握目前的狀況，並加以診斷與治療」，被人們稱為歐洲名醫。莫爾加尼（義 Morgagni, 1682-1771）則將病理變化與臨床醫學結合在一起，確立了病理解剖學。他撰寫《疾病的位置與病因》（1761）一書，記載疾病的成因以

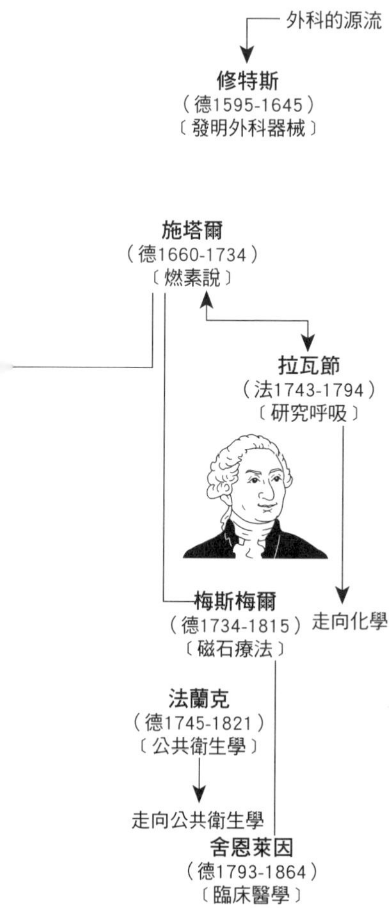

外科的源流

**修特斯**
（德1595-1645）
〔發明外科器械〕

**施塔爾**
（德1660-1734）
〔燃素說〕

**拉瓦節**
（法1743-1794）
〔研究呼吸〕

走向化學

**梅斯梅爾**
（德1734-1815）
〔磁石療法〕

**法蘭克**
（德1745-1821）
〔公共衛生學〕

走向公共衛生學

**舍恩萊因**
（德1793-1864）
〔臨床醫學〕

# 醫學的發展過程①

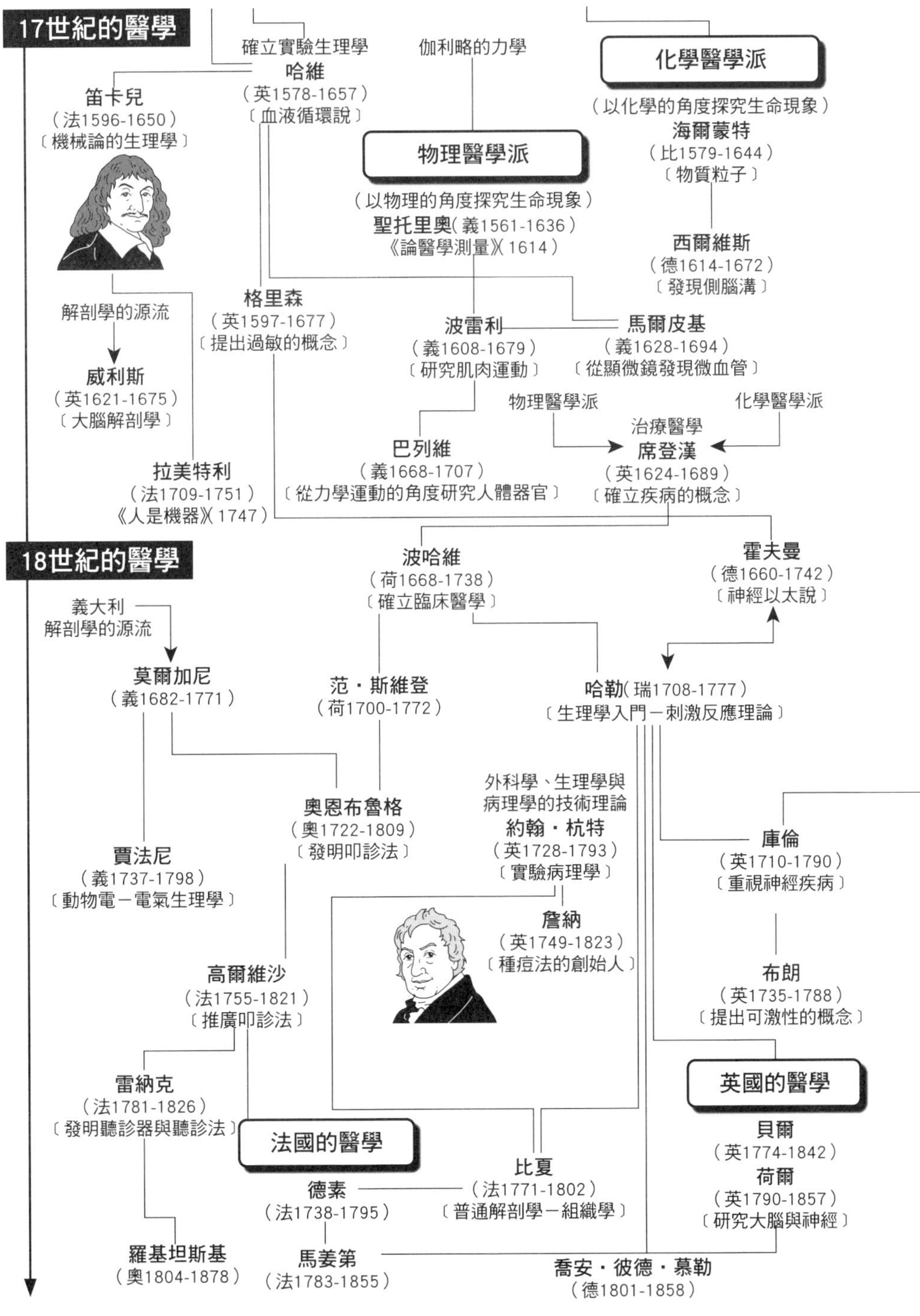
17世紀的醫學
確立實驗生理學
哈維
（英1578-1657）
〔血液循環說〕
伽利略的力學
化學醫學派
（以化學的角度探究生命現象）
海爾蒙特
（比1579-1644）
〔物質粒子〕
笛卡兒
（法1596-1650）
〔機械論的生理學〕
物理醫學派
（以物理的角度探究生命現象）
聖托里奧（義1561-1636）
《論醫學測量》（1614）
西爾維斯
（德1614-1672）
〔發現側腦溝〕
解剖學的源流
格里森
（英1597-1677）
〔提出過敏的概念〕
波雷利
（義1608-1679）
〔研究肌肉運動〕
馬爾皮基
（義1628-1694）
〔從顯微鏡發現微血管〕
威利斯
（英1621-1675）
〔大腦解剖學〕
物理醫學派
化學醫學派
治療醫學
席登漢
（英1624-1689）
〔確立疾病的概念〕
巴列維
（義1668-1707）
〔從力學運動的角度研究人體器官〕
拉美特利
（法1709-1751）
《人是機器》（1747）
18世紀的醫學
波哈維
（荷1668-1738）
〔確立臨床醫學〕
霍夫曼
（德1660-1742）
〔神經以太說〕
義大利
解剖學的源流
莫爾加尼
（義1682-1771）
范・斯維登
（荷1700-1772）
哈勒（瑞1708-1777）
〔生理學入門－刺激反應理論〕
外科學、生理學與
病理學的技術理論
約翰・杭特
（英1728-1793）
〔實驗病理學〕
奧恩布魯格
（奧1722-1809）
〔發明叩診法〕
庫倫
（英1710-1790）
〔重視神經疾病〕
賈法尼
（義1737-1798）
〔動物電－電氣生理學〕
詹納
（英1749-1823）
〔種痘法的創始人〕
布朗
（英1735-1788）
〔提出可激性的概念〕
高爾維沙
（法1755-1821）
〔推廣叩診法〕
英國的醫學
雷納克
（法1781-1826）
〔發明聽診器與聽診法〕
法國的醫學
貝爾
（英1774-1842）
荷爾
（英1790-1857）
〔研究大腦與神經〕
德素
（法1738-1795）
比夏
（法1771-1802）
〔普通解剖學－組織學〕
羅基坦斯基
（奧1804-1878）
馬姜第
（法1783-1855）
喬安・彼德・慕勒
（德1801-1858）

及該疾病的病理解剖。這本記錄了諸多解剖案例的書，對之後的臨床醫學發展貢獻甚鉅。

## 從近代醫學邁向現代醫學

**人們開始從研究疾病的治療方法，轉為研究疾病本身，並且開始挑戰將基因工程運用在治療上。**

邁入十九世紀後，醫學導入了自然科學的研究成果，使得解剖學、生理學、病理學、藥學等基礎醫學出現大幅進步。此外，醫院增加也是近代醫學進步的其中一個重要原因。醫院原本是扮演避難所的角色，但隨著社會都市化程度越來越高，醫院也慢慢變成一種收留患者的機構。這使得臨床觀察與驗屍解剖變得更加容易，便開始累積了許多醫學資料。十九世紀同時可以說是醫院醫學的時代。

十九世紀後半特別值得注意的是發現了病原微生物。巴斯德與羅伯特・科赫（德 Robert Koch, 1843-1910）這兩位偉大的化學家，在這之後確立了細菌學的領域。細菌學對於醫學的功勞不只在於發現病原菌，同時也開發出了預防疫苗，為醫學帶來劃時代的成果。

一九二八年，亞歷山大・弗萊明（英 Alexander Fleming, 1881-1955）發現了盤尼西林（青黴素），促使化學治療的領域出現大幅進展。一九三〇年代也逐漸了解造成傳染病的病毒究竟為何物。一九四〇年代在電子顯微鏡的幫助下，全面掌握了病毒的樣貌。

到了二十世紀後半，因為電子技術進步，開發出許多從前無法想像的醫療技術，像是器官移植、內視鏡檢查、超音波診斷、電腦斷層攝影等，技術的進步彷彿永無止境。但是與此同時，人們也開始大幅重視醫學的社會性，探討醫師與病人的關係、醫院的醫療問題等方面。

二十世紀的醫學最值得矚目的，就是醫學與生物學、尤其是與分子生物學之間的關聯。其中，詹姆士・華生與法蘭西斯・克里克揭開了DNA結構的祕密，此

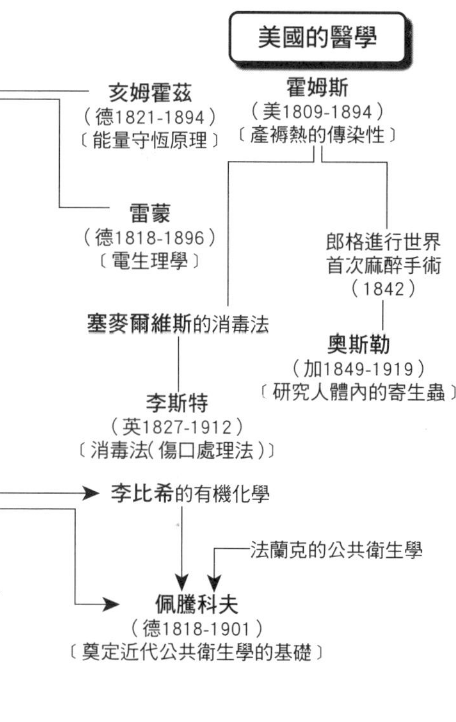


科赫

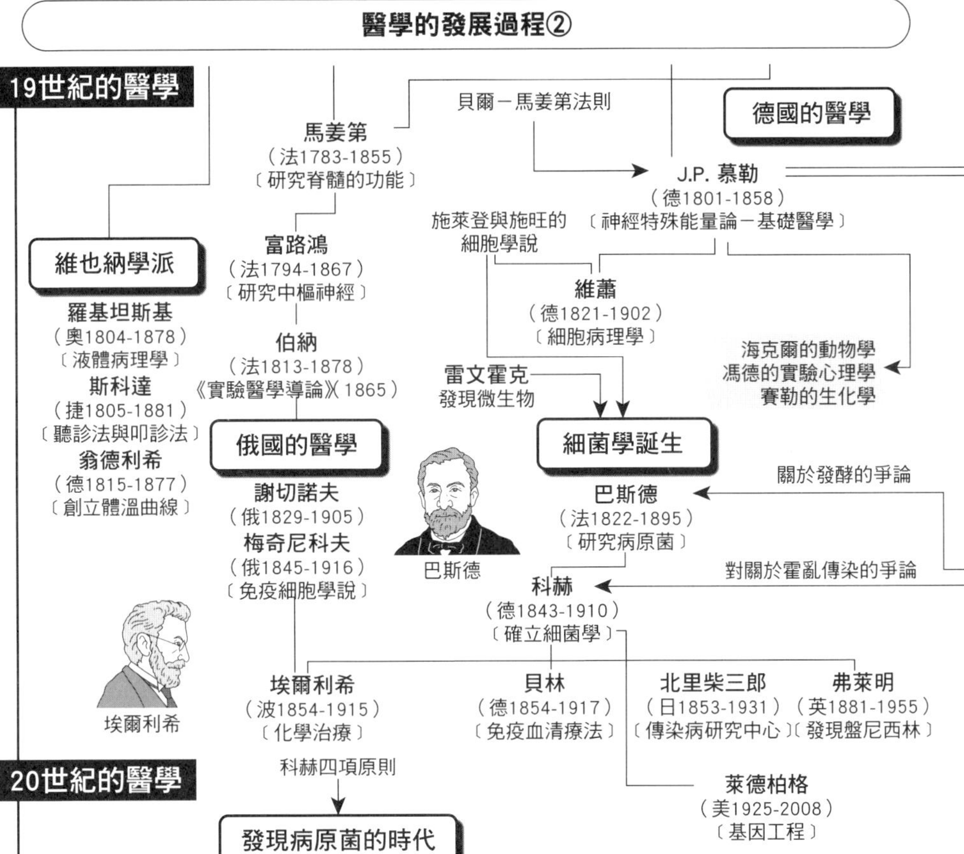


學也對醫學帶來重大的影響。不過，基因工程這門領域之所以在醫學上變得如此重要，解開DNA結構之謎確實是其中一個原因，但也是因為約書亞·萊德柏格（美Joshua Lederberg, 1925-2008）發現細菌彼此之間會交換遺傳物質。這項發現促使醫學往基因工程邁出了大大的一步。接下來，一九七〇年相繼發現限制酶與反轉錄酶，使得人們真的能夠運用基因工程進行基因治療。一九九〇年美國嘗試將此用於重度免疫不全患者的治療上，結果大獲成功。而日本也於一九九五年由北海道大學醫學系取得相同的成功。

在這之後，日本以癌症治療為中心，總共進行了五十次左右的基因治療臨床研究。不過，同時也面臨許多爭議，像是基因的運送與功能問題、倫理上的問題以及可能造成的生物性危害，另外也發生過死亡事件，因此，現在則將研究方向轉向以胚胎幹細胞（ES細胞）與誘導多能性幹細胞（iPS細胞）為中心的幹細胞治療。

**如果你還想繼續研究醫學，一定要具備以下的基礎知識。**

## 解剖學

這是藉著解剖生物體，以釐清生物構造的學問。人們早在古埃及文明當時就會為了醫學目的而進行人體解剖。古巴比倫的漢摩拉比法典當中，已經有了外科手術的相關記載，而外科手術本身便需要具備解剖學的知識。

開拓出近代解剖學的則是維薩留斯。目前解剖學大致上分成人體解剖學、動物解剖學與植物解剖學。

## 顯微鏡學家

顯微鏡學家是指十七世紀的一群用顯微鏡研究生物細微結構的學者。雷文霍克發現微血管，大大提升了顯微鏡的性能，羅伯特·虎克（英 1635-1703）發現了細胞，斯瓦默丹發現紅血球。使用顯微鏡了解細微結構一事，同時也為解剖學帶來重大的進展。

## 物理醫學派與化學醫學派

十七世紀的歐洲醫學分成了這兩派。物理醫學派將物理學作為武器來思考醫學，化學醫學派則根據化學原理建構醫學。這兩個學派出現，反映了當時的自然科學基礎是由物理學與化學所建構而成。物理醫學派以伽利萊·伽利略為開山始祖，化學醫學派則以帕拉塞爾蘇斯為開山始祖。

## 確立預防天花的方法

在十八世紀的歐洲，天花是兒童的主要死因之一。當時人們已經會使用「大痘種痘法」，但這種方法非常危險。一七九六年，英國醫生愛德華·詹納（Edward Jenner, 1749-1823）使用牛痘所創造出的「種痘法（牛痘接種法）」成功解決了天花，確立出更安全的預防接種方式。從此大幅降低了天花所造成的死亡人數。

## 細菌學

早在十六世紀，自然科學家法蘭卡斯特羅（義 Fracastoro, 1478-1553，梅毒與斑疹傷寒的命名者）就已經提出了「疾病是某些微生物透過接觸的媒介所傳染產生」的想法。但是，一直要到十九世紀發現了病原微生物後，法蘭卡斯特羅的這個說法才真正獲得證明。

世界第一個發現細菌的人是雷文霍克，但真正證明疾病是細菌所造成的，則是達維努（法 Casimir Davaine, 1812-1882）與雷耶（法 Pierre Rayer, 1793-1867）。而十九世紀後半，巴斯德正式確立了細菌學這門學問。

## 抗生素

抗生物是由微生物所產生的，卻能阻止微生物生長的物質。抗生物在治療細菌感染方面貢獻良多。一九二八年，亞歷山大·弗萊明所發現的盤尼西林（青黴素），是世界首次發現的抗生物。之後，霍華·佛羅理（澳 Howard Florey, 1898-1968）與恩斯特·伯利斯·柴恩（德 Ernest B. Chain, 1906-1979）開發出盤尼西林的應用方法，使得抗生素研究出現急速進展。

目前抗生素的數量已經超過四千種，其中有五十多種使用在臨床上。

## 化學治療（化療）

化學治療是一種使用化學物質殺死體內病原體的治療方法，是十九世紀後半由保羅・埃爾利希（波 Paul Ehrlich, 1854-1915）創立。化學治療的發展，建立在由巴斯德與科赫所確立的細菌學上。因此，化學治療的適用範圍以感染症為中心，而目前最受人注目的用途則是用於抑制癌症成長。

## 電腦斷層攝影（CT）

這是一九七三年英國所開發出的X光診斷用裝置，它跟原有的X光攝影不同，可以拍攝到人體剖面，接著由電腦重新組成影像。從此人們便能更加詳細的掌握人體內部構造，現在已經是臨床診察上所不可或缺的檢查方法。

### 醫學的領域

**醫學**

- ●基礎醫學（著眼於人體）
  - 解剖學、生理學、生化學、細菌學、病理學、藥理學、免疫學等
- ●臨床醫學（著眼於人類）
  - 〔治療醫學〕
    - 內科學、神經科學、外科學、小兒科學、眼科學、耳鼻喉科學、整形科學、精神醫學等
  - 〔復健醫學〕
- ●社會醫學（著眼於群體）
  - 公共衛生學、衛生學、法醫學等

## 基因工程

基因工程是一種運用基因重組的方法導入異種生物的基因，以達到培育生物物質或以人工方式改變物種的技術。基因工程廣義上是指與基因相關的應用技術，在醫學領域上則專指運用基因工程的治療方式。基因工程是在分子生物學蓬勃發展的過程中誕生的，一九七〇年代發現了「限制酶（一種能從特定位置將雙股DNA切開的水解酶）」，從此確立了異種生物間基因重組的技術，甚至連人類的基因都有辦法運用這項技術。

## 精準醫學

由於人類基因組計畫完成，人們已經有辦法取得DNA序列與個人的單核苷酸多型性等許多資訊，於是將來可望能夠提供每一名患者最適合的治療方式。而這就是精準醫學所追求的目標。

# 工程學

**•Engineering•**

**法國絕對專制時代設立了專門培育土木工程師的學校，工程學就在這個時候誕生了。**

## 工程學的誕生

工程學（Engineering）一詞來自於engine，而engine是發明的意思，engineer則是發明武器並使用武器的人。一般認為近代的工程學開始於十八世紀中期所設立的專門培育工程師的學校，但其實這些學校所教授的也是軍事性質的工程學。

當時處於絕對王權下的法國，傾盡全力建設道路、橋梁、運河等交通網絡，以期達到振興產業與全國統一的目的。法國為了培育工程師，於一七一六年組成了「工兵隊」，更於一七四七年設立了近代最早的技術學校「土木學校」，教授貝利多爾（Bernald Bélidor, 1693-1761）等人首次將數學與力學應用在技術上面，創造出世上最早的工程學「土木工程學」。

法國大革命後，革命政府為了要建設一個新的社會而亟需工程師，因此一七九七年便將原有的技術學校結合在一起，設立了「法國綜合理工學院」。「結構力學」這門運用了數學、圖學、力學的學科在該學校蓬勃發展，大約在十九世紀初期確立了「工程學的基礎理論」。法國綜合理工學院培育出許多工程師與科學家，並成為德國與美國高等技術教育的典範。

法國工程學的誕生，刺激了正值工業革命時期的英國工程師。一八一八年，英國組成了世界上第一個職業工程師協會，名為英國土木工程師協會，成員主要是土木工程師，會長為特爾福德（1757-1834）。該協會的英文原文為Institution of Civil Engineers，從名稱便能發現，他們不再像從前那樣以軍事技術為目的，而是為了將便利的技術提供並推廣給市民（civil）。這個協會將工程學定義為：「引導大自然的龐大能源為人類所用而帶給人類福祉的藝術。」

當時英國的紡織機械、蒸汽機、工具機已經相當發達。一八四七年機械工程師從土木工程師協會當中獨立出來，成立了機械工程師協會，以發明火車的史蒂文生（George Stephenson, 1781-1848）為會長。不過，由於當時的工程師都埋首於研究，因而未能為技術性知識建立一套完整的系統。

一八四〇年，英國的格拉斯哥大學設立了全世界第一個工程學系，由蘭金（Rankine, 1820-1872）擔任系主任，從此為技術性知識的系統化拉開序幕。其中最重要的成果，是將「熱力學」具體運用於蒸汽機方面，建立起「熱機學」的基礎。

## 工程學的發展

**電機工程學建立在高度發展理論上；化學工程學則是伴隨工業化開始而出現。**

# 工程學的發展過程①

※ ▒▒ =工業革命

## 美國

1807
**富爾頓**（1765-1815）
〔發明蒸汽船〕

## 英國

1768
**凱伊**
（1735-1830）
〔改良織布機〕

〔工業革命〕

**瓦特**
（1736-1819）
〔改良蒸汽機〕

約1764
**哈格里沃斯**
（約1720-1778）
〔發明珍妮紡紗機〕

1771
**阿克萊特**
（1732-1792）
〔發明水力紡紗機〕

1785
**卡特萊特**
（1743-1823）
〔動力織布機專利〕

約1790
〔焦炭高爐法普及〕

1799
〔發明漂白粉〕

1800
**莫茲利**
（1771-1831）
〔發明螺紋切削車床〕

**道爾吞**（1766-1844）
〔原子論〕

1818
成立「土木工程師協會」
會長為特爾福德
（1757-1834）

1825
〔世界第一條商用鐵路開通〕

## 法國

1716
〔設置工兵隊〕

1747
〔國立土木學校〕

**〔土木工程學〕誕生**

**貝利多爾**（1693-1761）

1789
〔法國大革命〕

1794
〔設立「法國綜合理工學院」〕

**蒙日**（1746-1818）等人
〔確立工程學的基礎理論〕

1824
**卡諾**（1796-1832）
〔卡諾循環〕
（奠定熱力學的基礎）

## 德國

**貝克曼**
（1739-1811）
〔提倡「技術學」〕

1800
**伏特**
（義1745-1827）
〔發明電池〕

1824
**李比希**
（1803-1873）
〔在大學設立化學實驗室〕

一八七〇年以前，工程學領域仍以土木工程與機械工程為主流，但「電機工程學」在這之後就變得越來越重要了。對於土木工程與機械工程而言，理論科學的進展只會對其帶來些微影響，真正重要的是技工本身的經驗與獨有的知識。相反的，電機工程則完全是將理論科學的研究成果實際應用而成，而這時德國在工程學的領域上也凌駕了英國與法國。

一八七一年，英國成立了「電報工程師協會」，首位會長是德國人威廉・西門子（William Siemens, 1823-1883），一八八八年該協會更名為「電機工程師協會」。威廉的哥哥維爾納・馮・西門子（Ernst Werner von Siemens, 1816-1892）則於德國組成「電機工程學會」，他同時也是完成發電機的人。比利時的格拉姆（Gramme, 1826-1901）於一八六九年成功將發電機實用化，也當作馬達使用，因此不必再受限於電源，而電機工程便於此時註定日後將會蓬勃發展。

美國的愛迪生（Thomas Edison, 1847-1931）著手改良白熾燈泡，他於一八八三年發現只要在燈泡裡加入附加電極，將附加電極連接於電源的正極，就會產生電流（愛迪生效果）。這不單純只是發現熱電子效應，同時也開啟了真空管的研究。一九〇四年，愛迪生的部屬約翰・弗萊明（英 John Fleming, 1849-1945）在研究熱電子效應後發明了真空管。於是「電子學」就這麼誕生了。

義大利的馬可尼（Marconi, 1874-1937）是世界首位將電磁波實際應用的人。一八九九年，馬可尼使用高壓電成功進行無線電通訊，一九〇二年發明了接收能力更佳的磁檢波器。接下來，又陸續發明了礦石檢波器、電晶體、IC（積體電路）、LSI（大型積體電路），造就電子學日後蓬勃發展的開端。

在德國，狄塞爾（Diesel, 1858-1913）於一八九三年製作出柴油引擎，為「內燃機學」建立出一套完整的系統。普朗特（Ludwig Prandtl, 1875-1953）結合了十八世紀以來的流體力學與十九世紀的水力學，創造出航空流體力學。這套理論可以說是「現代流體力學的基本理論」，同時也開啟了「航空工程學」。

在氣體運動論與熱力學的幫助下，人們開始能夠用量化的方式來掌握化學反應，於是便出現了「物理化學」這門領域。而奧斯華德指出觸媒在合成化學技術中扮演極為重要的角色，於是，在工業的硫酸製造上，使用觸媒的接觸法就取代了原本所使用的鉛室法，接著人們又完成了哈伯法（用來合成氨），從此便能進行工業大規模生產。

直到十九世紀末為止，用來進行化學反應的設備都是由機械工程師所設計，與實驗室所使用的設備沒有太大的差異。隨著化學開始工業化，一九二三年美國的沃克（William H. Walker, 1869-1934）將從事生產的工程加以分類，主張建立「化學工程學」這個專門著眼於化學設備的領域。之後，在有機合成與電化學的蓬勃發展下，學者們也針對化學反應的機制，確立出了一套完整的化學工程學系統。

## 工程學的發展過程②

### 美國

1810-1860
〔工業革命〕

1835
**莫爾斯**(1791-1872)
〔有線電報〕

〔鐵的生產採用互換式量產法，促使工具機蓬勃發展〕

1861-1865
〔南北戰爭〕

1861 創立麻省理工學校

1862 通過莫里爾法案而設立各所州立大學

〔將工業教育推行到全國〕

### 英國

1837
**法拉第**(1791-1867)
〔奠定電磁理論的基礎〕
〔建立電磁學〕

**機械工程學獨立**

1847
成立「機械工程師協會」
(會長為史蒂文生)
(1781-1848)

〔1840-大學設立工程學系〕

**蘭金**(1820-1872)
〔集合了各項研究而建立熱機學基礎〕

1856
**柏斯麥**(1813-1898)
〔轉爐法〕

1861
**索爾維**
(比1838-1922)
〔發明氨鹼法生產碳酸鈉〕

### 法國

1830
〔七月革命〕

1830-1860
〔工業革命〕

1864
**馬丁**
(1824-1915)
〔平爐法〕

### 德國

1834
〔成立關稅同盟〕

1840-1880
〔工業革命〕

1847
**亥姆霍茲**
(1821-1894)
〔能量守恆定律〕

**勒洛**(1829-1905)
〔確立「機械運動學」〕

1856
成立「技術協會」

1865～
〔設立工科大學〕

1865
**凱庫勒**(1829-1896)
〔發表苯環結構假說〕

---

## 現代的工程學

**在大型工程的推動下，工程學開始細分出許多領域，形成了現代工程學。**

工程學可以說是以自然科學的理論為基礎，運用存在自然當中的能源與資源的一門學問與技術。工程學在邁入二十世紀後，分化出越來越多的專門領域，同時，工程學方法所應用的範圍也顯著變廣。尤其是在第二次世界大戰的期間內，包含工程學在內的所有科學技術都出現了大幅改變。

第二次世界大戰時，各國動員了所有的科學家與工程師，將科學技術使用在戰爭上。於是各門工程學便開始蓬勃發展，奠定了戰後科學技術發展的基礎。舉例來說，為軍事行動帶來決定性影響的雷達研究，對於戰後的通訊電子領域發展貢獻良多。此外，為了要決定戰略與計算彈道，需要高速運算的能力，於是便促進了電腦的開發。除此之外，在原子物理學高度發展的背景下，科學家還開發出了原子彈，而到了戰後這項科學技術便應用於核能發電上。在第二次世界大戰的這個契機下，各國紛紛投入龐大的預算與人員，大型科技工程應運而生。

在這之後，誕生了許多橫跨自然科學的嶄新領域，像是核子工程學、太空工程學、海洋工程學、生命工程學、控制工程學、材料工程學等。然而，現代科學技術在蓬勃發展的同時，也引發了全球性的環境問題與能源問題，迫使人們不得不對此深刻的反省。

而在另一方面，工程學的方法也擴及到人文學科與社會科學領域，人體工學、工業工程、社會工程、都市工程、環境工程、資訊工程、系統工程等名稱相繼出現，工程學應用到相當廣泛的領域上。

此外，為反映上述需求，工程教育界開始嘗試教授「基礎工程」（教授內容從自然科學的基礎理論，到能源工程、材料工程、人體工學、資訊工程等基礎工程學，將這些內容綜合在一起再重新編排而成），以及從人文學科與社會科學的角度切入的「技術史」與工程學概論。

CHECK THIS OUT!

**如果你還想繼續學習工程學，一定要具備以下的基礎知識。**

### 系統工程

如果遇到相當複雜的問題，無法用既有的單一方法來解決，這時明確設立出待解決的課題，接著再應用既有的方法或開發出新的方法解決課題，這套計畫並實施的綜合性方法就稱為系統工程。系統工程是第二次世界大戰為了進行作戰計畫所形成的，而一九六〇年代登陸月球的阿波羅計畫則是其中最經典的應用範例。

系統工程所著眼的「系統」是指其中的要素，具有以下特色：①由兩種以上的要素所構成；②各個要素彼此互有關聯並相互影響；③系統擁有特定的目的；④可以從系統外側進行掌控。

### 人體工學

這門領域在設計工具、機器、設備、衣服、居住、組織等方面的時候，會考慮到人的心理層面、生理層面與身體層面的特性，讓人用起來感到既舒適又有效率。

### 地球工程

目前全球性的環境問題有：地球暖化、臭氧層破洞、酸雨、海洋污染、沙漠化等，而地球工程就是用來解決這些問題的綜合性方法。地球工程除了需要應用到地球科學與生物科學等各種科學與尖端技術之外，也需要針對社會制度、經濟制度與國際局勢進行研判。

### 金屬疲勞

意指金屬在頻繁的振動下所造成的結構劣化現象。當金屬表面出現微小裂痕後，每次振動裂痕就會逐漸擴張，超過某個界限後金屬便會變得極其脆弱，最終將會斷裂。一般來說，在設計機器的時候會乘上足夠的安全係數，避免金屬疲勞而造成斷裂的現象，不過高強度材料通常較容易引起金屬疲勞，對於追求輕量化的航空器而言安全性較低。金屬疲勞是工程設計當中的一項基本概念。

# 工程學深入發展

## 美國

1879
**愛迪生**
(1847-1931)
〔發明鎢絲燈泡〕

1898
〔於尼加拉大瀑布
建立交流發電站〕

1903
〔萊特兄弟的飛機成功飛行〕
**威爾伯・萊特**(1867-1912)
**奧維爾・萊特**(1871-1948)

1911
**福特**(1863-1947)
〔開始量產汽車〕

## 英國

### 電機工程學誕生

1871
〔成立「電報工程師協會」〕

1873
〔世界經濟恐慌⊠國家壟斷資本主義〕

1884
**帕森斯**(1854-1931)
〔蒸汽渦輪發動機〕

1888
〔改名為「電機工程師協會」〕

## 德國

1868
〔合成天然茜素染料〕
1871〔德意志帝國建立〕

1885
**戴姆勒**(1834-1900)
〔製造出世界第一輛汽車〕

**西門子**(兄1816-1892)
組織「電機工程協會」

1893**狄塞爾**(1858-1913)
〔發明柴油引擎〕
(建立「內燃機學」的系統)

1897**布朗**(1850-1918)
〔發明陰極射線示波管〕

1898**克尼奇**(1854-1906)
〔改良靛藍染料合成法
將硫酸製造法改良成接觸法〕

1900
**普朗克**(1858-1947)
〔建立量子論基礎〕

1905
**愛因斯坦**
(1879-1955)
〔提出狹義相對論〕

1904-1925
**普朗特**(1875-1953)
航空流體力學
〔確立現代流體力學的基本理論〕

### 化學工程學誕生

1906
**哈伯**(1868-1934)
〔使用哈伯固氮法來合成氨〕

1909
**奧斯華德**
(1853-1932)
〔指出觸媒的重要性〕

1920
**薛丁格**(1881-1965)
〔提出高分子化合物學說〕

**〔第一次世界大戰1914-1918〕**

1923
**沃克**(美1869-1934)
〔主張建立化學工程學〕

1935**卡羅瑟斯**(美1896-1937)
〔發明尼龍〕

**〔第二次世界大戰1939-1945〕**
軍事技術民生化
＜通訊電子＞＜電腦＞＜核能＞

## 模糊邏輯

有時候人被要求回答「是」或「不是」的時候，一時之間會不知道該說什麼，覺得兩者都不是或兩者皆是，於是便給出一些模稜兩可的答案。人類本身就是使用這種模糊的想法與判斷才得以將問題處理妥當的，而模糊邏輯則是用來說明這種模稜兩可想法的一種理論。「模糊控制」是一種應用這套理論的控制方法，以人類的經驗與直覺為模型。世界上第一個應用模糊控制技術的是日本仙台市地下鐵的自動運行裝置。

自從一九九〇年在洗衣機的控制上採用了此項技術後，便從此開啟了應用的先河。一開始是運用在冷氣、電鍋等家電用品以及電梯管理的產業機械方面，之後更是拓展到了醫療機器、語音辨識、模式辨識等廣泛的領域當中。

## 智能材料

這是藉由利用物質原有的特性，或是將不同的材料加以組合，所創造出的一種能夠檢測、診斷自身的劣化情形，並視情況加以修復的智能材料。目前正不斷開發出能夠應用於大樓、橋梁、航空器等的結構材料。

## 原子操縱術

這是移動一顆顆原子所進行的一種超細微加工技術。一九九〇年，美國ＩＢＭ公司在一種名叫「掃描穿隧式顯微鏡」（ＳＴＭ）的特殊顯微鏡觀察下，用極細的針將原子一個一個排列出「ＩＢＭ」的字樣。在這之後，人們不斷開發出加工到原子等級的超細微電子原件。人們用埃格斯特朗（千萬分之一公釐／簡稱為埃）來表示原子大小的單位，所以也有埃格斯特朗技術這個名詞。

## 微型機器

這是一種大小在數公釐以下的微小機器。隨著電子學進步以及生物細微構造的研究出現重大進展，帶動了微型機器的研究。目前已經試做出約為甲蟲大小的微型機器人，能夠刻出萬分之一公釐的溝槽。微型機器目前可能的應用方式有：進入人體內進行疾病的診斷與治療、進入發電設備當中進行幫浦的檢查與修補。

## 氫燃料電池車

這是一種以氫氣為燃料取代汽油與柴油的汽車。氫能源是一種備受期待的潔淨能源，運用的是氫氣燃燒後會產生水的原理。在汽車上裝備與儲存氫氣的方法有許多種，而日本、美國與德國等國家，則使用一種非常容易吸收氫氣的金屬（儲氫合金）來儲藏氫氣，當需要氫氣的時候便釋放出適量的氫氣，接著再加以燃燒。目前這些國家已經以這種方式，成功開發出氫燃料電動車了。

## 大型同步輻射光

將電子加速到接近光速時，如果在磁場的磁力作用下而突然偏轉的話，電子就會喪失部分能量而形成輻射光。這種光便稱為「同步輻射光（ＳＲ）」。同步輻射光具有以下特色：①極為明亮，②包含了各種波長的光，從可見光到Ｘ光皆有，③

## 工程學的領域

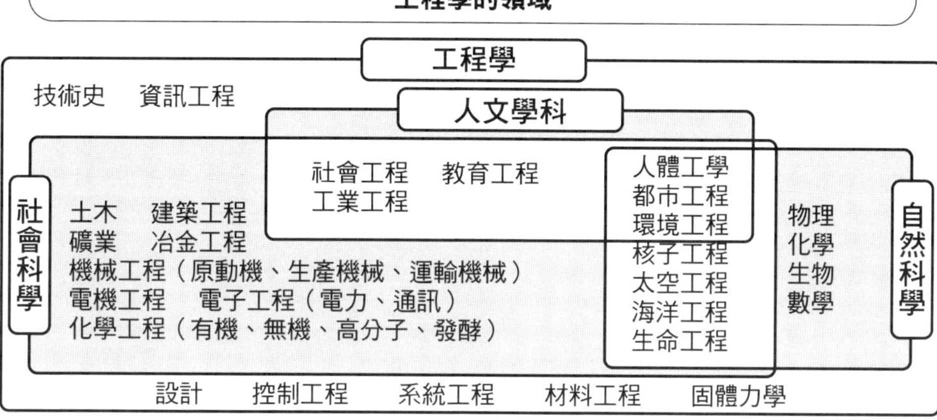


光線的行進方向皆一致。此項技術目前已經應用於材料工程與生命工程的領域當中。日本於播磨科學公園都市設立了大型同步輻射設施，該設施進行的研究有：研究蛋白質構造、在接近地球內部的超高溫／超高壓狀態下進行物質分析等。

### 蛋白質工程

蛋白質是由二十種胺基酸形成數十到數千種長鏈狀的立體結構，在生物體內發揮著驚人的力量。蛋白質工程主要是運用「基因工程」的技術（運用電腦科技設計出新的蛋白質，並預測該蛋白質的功能，對於DNA這種儲存遺傳訊息的分子施行人為切斷或連結），以合成新的蛋白質。蛋白質工程目前的研究目標為：將一種稱為酶的蛋白質改造成能夠用於工業的形態，同時也致力於開發為醫療用品。

### 卓越研究中心

卓越研究中心（CoE, Centre of Excellence）意指在某個研究領域上，進行世界最尖端研究的研究組織。其必要條件有：具挑戰性的研究主題、能夠進行跨領域研究的研究人員、優秀的領導者、具有彈性的研究管理系統、公正且嚴格的研究評鑑、卓越的設備、充足的工作人員。卓越研究中心受到全世界所有鎖定同樣目標的研究人員熱切關注，成為該領域的最新資訊發送基地。目前世界各國為了要促進自身的高科技研究，而積極建立卓越研究中心。

### VR（virtual reality）

又稱為虛擬實境。這種技術能將電腦之類的科技所創造出來的人工世界，讓人感受像身歷其境一般，除了影像與聲音這種視覺與聽覺上的部分之外，同時還講求觸覺、嗅覺、味覺，將人類的五感全都考慮進去。這個詞原本是超現實主義詩人安東尼・亞陶（法 1896-1948）自創的詞彙。一般認為虛擬實境最早可追溯到一九六八年伊凡・蘇澤蘭（美 Ivan Sutherland, 1938-）所設計出的頭戴顯示器（HMD）。

目前此項技術應用於相當廣泛的領域上，除了電玩遊戲方面，也運用於遠距操縱機器人與模擬航空器的駕駛上。

CLOSE UP!

# 資訊工程學

Information Engineering

資訊工程學是二十一世紀出現的一門「知識」的工程學。人類在歷經農業社會與工業社會之後，現在邁向資訊社會。

說起來，「資訊」到底是什麼呢？資訊對應的英文是information，源自於拉丁文informationem，這個詞是賦予心靈與精神一個形體的意思。這麼說起來，或許可以說資訊就是圍繞在我們身邊的一切事物。

所謂的資訊，與生命、心靈、知識體系、教育、交流、通訊、控制等廣泛的概念皆有關聯，不過，現在資訊一詞所指涉的對象之所以會變得如此廣泛，與電腦科學、通訊與控制工程領域的蓬勃發展大有關係。而資訊工程學便是一門將資訊的力量加以運用的領域。

## 夏農奠定了資訊工程的基礎

克勞德・夏農（美 Claude Shannon, 1916-2001）的資訊理論用科學的方式定義資訊，提出使用算式與方程式來處理資訊的概念，奠定了資訊工程的基礎。夏農與馮諾伊曼（匈 von Neumann, 1903-1957）及圖靈（英 Alan Turing, 1912-1954）共同為資訊、通訊、加密、資料壓縮、符號化等現在資訊社會所不可或缺的領域，進行先驅性的研究，奠定了今日電腦技術的基礎。

資訊工程學應用夏農等人所開創的資訊理論，具有五大要素，分別是產生資訊、傳遞資訊、收集資訊、累積資訊、處理資訊。

產生資訊是指創造出新的資訊。舉例來說，像是創造出人工圖片或過場動畫等電腦繪圖作品，以及從大量資料中提取所需知識的資料探勘技術。傳遞資訊指的是資訊交流的技術，包含了網路與網站設計等方面。

收集資訊是指從搜尋引擎等網路上，收集所需的資訊或進行圖像感測，以獲得現實世界的資訊。累積資訊則是為了要能有效率保存資訊所進行的壓縮技術。

處理資訊則專指使用電腦來進行計算處理、信號處理、影像處理等行為。

## 機器人工程是資訊工程的集大成

在現代的資訊社會當中，這五項要素並不會單獨使用，而是以複合性的方式加以運用。而其中最具代表性的例子恐怕就是機器人工程學了。

機器人工程學需要利用到

## 資訊工程學的五大要素

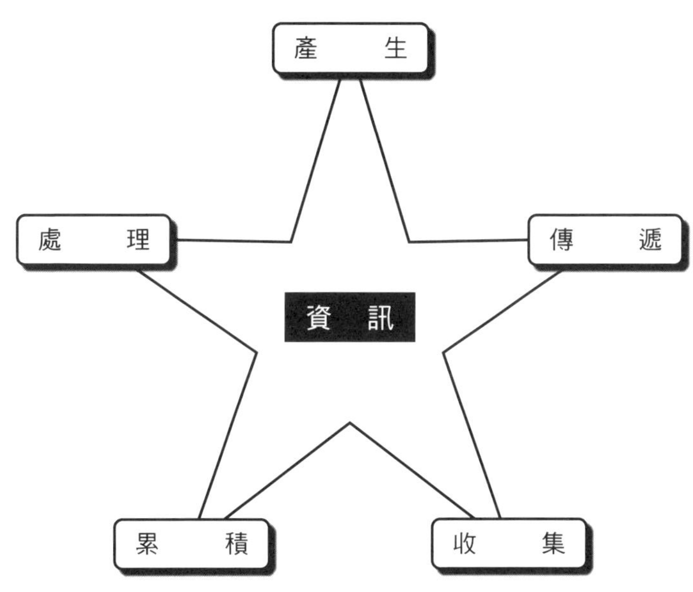


與資訊有關的所有技術，例如：讓機器人手腳動起來的致動器、用來感知外界訊息的感測技術、用來控制機器人行動的控制技術、讓機器人能夠對所有資訊進行綜合性判斷的人工智慧相關技術等諸多技術。

除此之外，資訊工程也涵蓋了數位家電、智慧型手機、自動駕駛、3D列印、無人航空載具等廣泛的領域。由此看來，儘管資訊工程是於二十世紀後才剛建立的嶄新領域，卻已然是我們身邊所不可或缺的技術。

若要建立一個無所不在社會，提供「任何時間、任何地點、任何人、都能輕鬆使用的服務」，資訊工程便是其中最為重要的技術。

CHECK THIS OUT!

**如果還想繼續學習資訊工程學，一定要具備以下的基礎知識。**

### 克勞德・夏農

夏農是一位美國的電機工程師與數學家，被譽為「資訊理論之父」。他不只研究資訊與通訊方面，在加密、資料壓縮、符號化等方面也進行了許多卓越的研究。在電腦誕生之前，夏農就已經提出用「位元」來作為資訊量基本單位的概念。當時的電腦尚處於計算機的階段，夏農便早已提出資訊的概念，奠定了今日電腦技術的基礎。

### 機器人三大法則

機器人三大法則分別是「保

障人類安全、服從人類命令、自我防衛」。最早是科幻小說家伊薩・艾西莫夫（俄 Isaac Asimov, 1920-1992）在他的小說中提出的。但這三大法則在實際上使用時卻會遇到框架問題。

框架問題的意思是「人工智慧所擁有的資訊處理能力是有限的，無法應付現實生活中所發生的一切狀況」。簡單來說，就是人工智慧只能對應到框架範圍內的事物。

### 無所不在社會

「任何時候、任何地點、任何人，都能輕鬆使用。」無所不在社會，是一種藉由電腦網路等諸多網絡互相連結的方式，提供各式各樣的服務，讓我們的生活變得更加豐富的社會結構。

其實，「無所不在（ubiquitous）」這個詞在基督教當中的意思是，「耶穌超越了時間與空間而遍在（存在於所有地方）」。美國施樂公司帕勒阿爾托研究中心的科學家馬克・維瑟（美 Mark Weiser, 1952-1999）則將這個詞轉化為現在所使用的「無所不在」的概念。

維瑟將普及計算（Ubiquitous computing）一詞定義為「在生活環境中的任何地方都打造成資訊通訊的環境，讓使用者能夠在毫無意識到的狀態下自然而然的使用」。

日本方面，則推出了名為u-Japan的計畫，委託各式各樣的研究機構與企業以推動這項計畫。

現在構想出的無所不在社會所具有的樣貌，不光是指擁有智慧型手機等數位產品、電子票卡、電鍋等智能（人工智慧）家電，而是一種不存在任何資訊落差的社會。例如：「在超市購物時，只要直接帶著商品走到出口，就會自動從消費者的銀行帳戶扣掉商品的費用」、「打造出無人計程車，乘客只要告知目的地就會自動將乘客載到」、「發明出身體不便的人也能隨心所欲使用的科技產品。」

### 人工智慧（AI）

人工智慧是指配備人類智慧的電腦系統。

儘管有些專家認為，藉由深度學習技術，總有一天電腦的智慧將會超越人類，但學界至今對於「電腦究竟能模仿人類的智力到什麼程度」，仍然持有各種不同的見解。

### 無人航空載具

意指使用遠距操控與自動控制等方法，可無人駕駛的機器。最近引起話題的無人機（drone）也屬於這個範疇。英文drone的意思是「無線操控的無人機、雄蜂」。

無人航空載具的大小差別相當懸殊。其歷史比大家想像中還久，早在第一次世界大戰時，就已經有人提出無人飛機的構想，以軍事用途為目的進行研究。

在這之後，據報導指出阿富汗與伊拉克的戰爭中也曾使用無人機進行攻擊，而日本方面，則將此技術運用於噴灑農藥等產業領域上。

國際航空法基本上是以有人、也就是有人乘坐進行操縱為前提所設立的，因此便衍生了沒有法律可以管制的問題。不過，無人飛機確實有許多便利的用途，例如：將貨物宅配到偏僻的地點、拍攝人無法涉足的地點等。

「無所不在」就是……

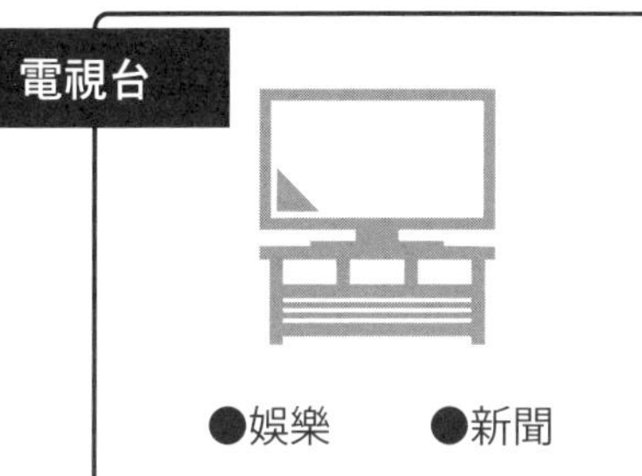
電視台
●娛樂
●新聞

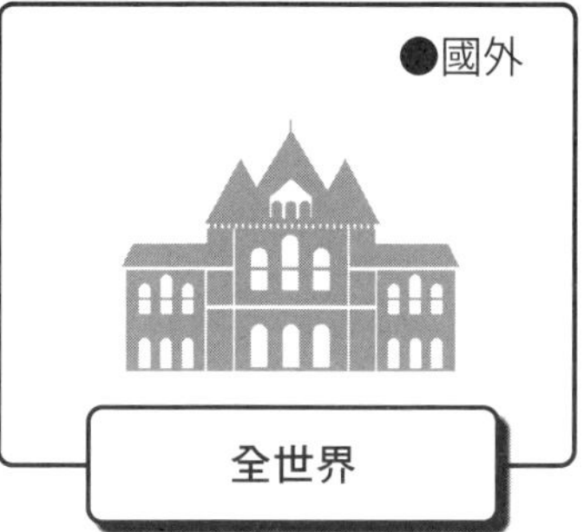
●國外
全世界

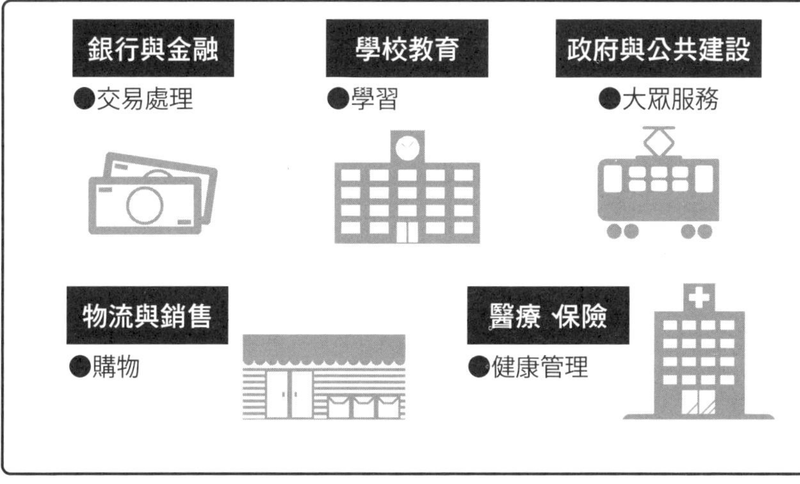
銀行與金融
●交易處理
學校教育
●學習
政府與公共建設
●大眾服務
物流與銷售
●購物
醫療 保險
●健康管理

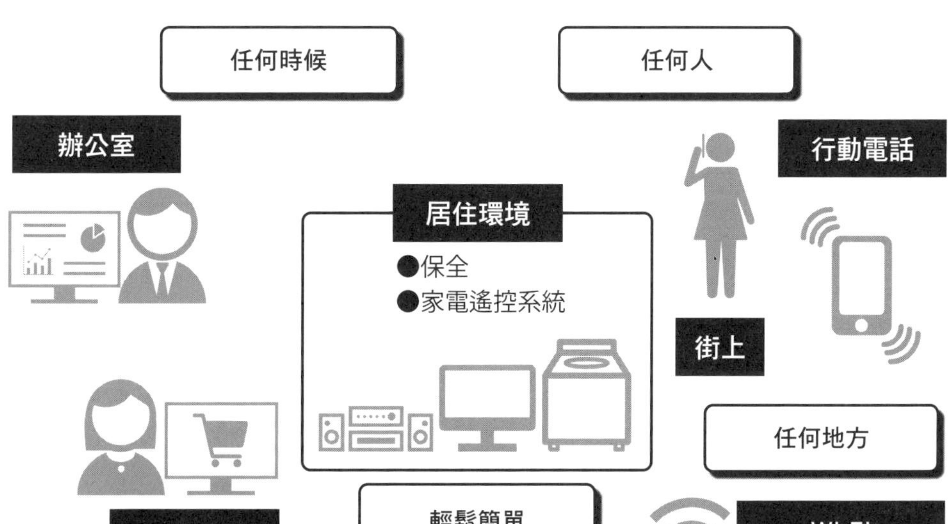
任何時候
任何人
辦公室
居住環境
●保全
●家電遙控系統
行動電話
街上
任何地方
家中
輕鬆簡單
Wi-Fi

CLOSE UP!

# 航空太空工程學

**• Aerospace Engineering •**

航空太空工程學（航太工程）突破了航空工程學與太空工程學的界線，持續為人類帶來夢想與希望。

自古以來，人類就時常仰望天空，對宇宙抱有無盡的嚮往。「在那遙遠的另一端究竟有些什麼呢？」前往太空曾經是人類遙不可及的夢想。

舉個例子，日本的百人一首當中就曾歌詠對月亮的思慕之情；西方也曾用月亮的盈缺來象徵神明，巴比倫的豐饒之神伊斯塔是滿月，希臘的狩獵女神雅典娜是新月，死亡女神黑卡蒂則是朔月。

航太工程其實是建立在航空工程與太空工程這兩個學問體系之上。航空工程主要的研究範圍為飛機等航空器在大氣層內的飛行部分，而太空工程則主要是研究關於火箭與人造衛星這類與太空有關的部分。

由於兩者都與飛行有關，彼此關係深厚，在學術發展上一直都呈現並進的狀態，因此，現在人們經常將兩者合稱為航太工程。翱翔天空，或許一直都是人類的夢想。

## 太空飛行的構想源自於牛頓

若想學習太空方面的知識，就必須擁有非常廣泛的知識，除了要有高度的數學、物理與化學的基礎之外，也需要具備力學與開發設計的能力。此外，如果想要實際參與飛行，還必須得精通航空或太空方面的相關技術。

關於太空之旅的理論構想，起始於牛頓所出版的《自然哲學的數學原理》（1687）。接下來的十八至十九世紀期間，歐拉（瑞 Leonhard Euler, 1707-1783）與拉格朗日（法 Lagrange, 1736-1813）等多位數學家也為古典力學打下了深厚的數學基礎。

如此一來，太空之旅在理論上便已經辦得到了，但是一直要等到超過二十世紀中期時，人們才真正實際飛往了人稱「科幻小說之父」的儒勒・凡爾納（法 Jules Verne, 1828-1905）與赫伯特・喬治・威爾斯（英 Herbert George Wells, 1866-1946）等人曾經描繪出的那個外太空世界。

二十世紀初期的康斯坦丁・齊奧爾科夫斯基（俄 Konstantin Tsiolkovski, 1857-1935）為火箭推進器方面進行理論探究，一九二〇年代羅伯特・戈達德（美 Rober Goddard, 1882-1945）則開發出液體燃料的火箭，這些人的努力為日後航太工程的蓬勃發展開啟了序幕。

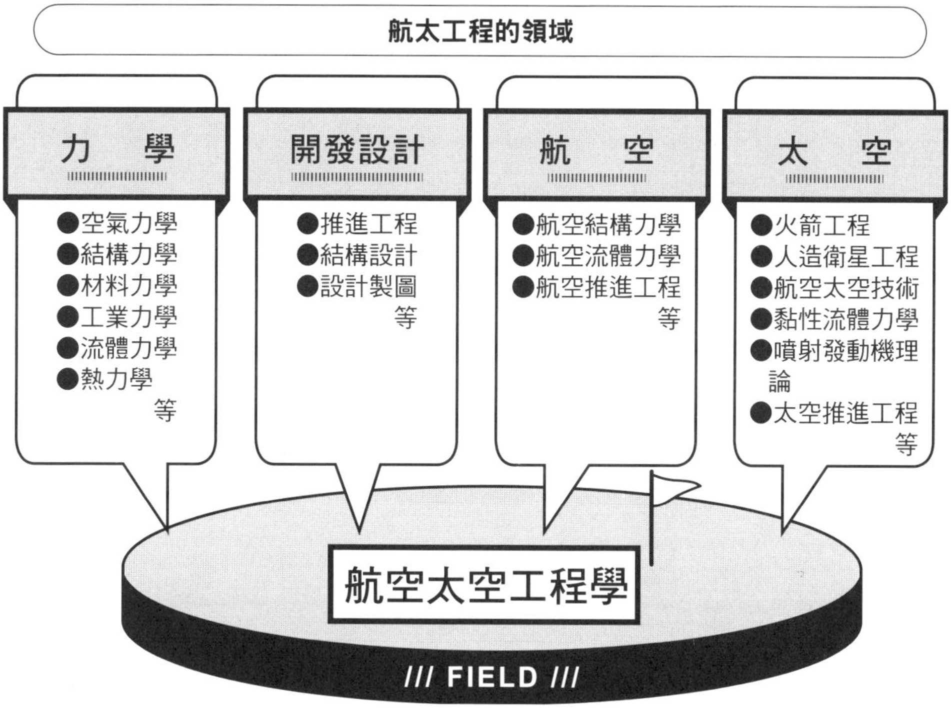

## 航太工程的領域

**力　學**
- 空氣力學
- 結構力學
- 材料力學
- 工業力學
- 流體力學
- 熱力學

等

**開發設計**
- 推進工程
- 結構設計
- 設計製圖

等

**航　空**
- 航空結構力學
- 航空流體力學
- 航空推進工程

等

**太　空**
- 火箭工程
- 人造衛星工程
- 航空太空技術
- 黏性流體力學
- 噴射發動機理論
- 太空推進工程

等

**航空太空工程學**

/// FIELD ///

### 轉為太空探勘與技術應用的時代

一九六一年蘇維埃聯邦的尤里·加加林（Yuri Gagarin, 1934-1968）乘坐東方一號，是世界首次的載人太空船飛行。另一方面，在美國與舊蘇聯所進行的太空競賽當中，原本處於落後的美國後來居上，致力於開發太空船（阿波羅計畫），終於在一九六九年成功以阿波羅十一號登陸月球。在這之後，由於預算遭到刪減，從此取消了載人太空飛行計畫，轉而開發能夠重複使用的太空船，進行星探查與太空梭計畫，航海家計畫便是其中的首例。與此同時，各國也從太空競賽轉而進入互相協助的時代，以國際太空站的形式持續進行相關研究工作。

這些太空技術的發展，為我們的日常生活帶來莫大的幫助。像是氣象預報、衛星電視、衛星定位系統都要歸功於太空技術。另外，監視攝影機這類產品則應用了精細的相關技術。

CHECK THIS OUT!

**如果還想繼續學習航太工程學，一定要具備以下的基礎知識。**

### 哈伯太空望遠鏡

這是世界上唯一一個太空光學望遠鏡，美國於一九九〇年以發現號太空梭將其運送到地球軌道上。該名稱取自美國天文學家哈伯（1889-1953）之名，而哈伯是發現宇宙持續膨脹的人。哈伯望遠鏡上配備的主要觀測儀器為：第二代廣角行星相機、暗天體照相機、近紅外線多重物件光譜儀、太空望遠鏡影像攝譜儀等。

哈伯望遠鏡的貢獻有拍攝到木星與土星的極光、得到黑洞存在的證據等。

## GPS

GPS是Global Positioning System的簡稱，又稱全球衛星定位系統。這是美國所研製的衛星定位系統，原本作為軍事上的用途，不過現在主要使用於行車的衛星導航與個人數位產品等民生用途。

由於支援GPS的衛星壽命約在七年半左右，因此每年都會發射新的衛星上去。

## 航海家計畫

一九七七年NASA（美國太空總署）發射了兩架無人太空探測器（航海家一號與二號），而航海家計畫的目標則是探測太陽系的外行星與太陽系外情況。該項計畫的成果有發現各行星的新衛星，以及土星的泰坦衛星有大氣層存在等。

值得一提的是，兩架航海家探測器上裝有「地球聲音」的唱片（名為航海家金唱片），裡面收錄了給外星高智慧生物的留言。

## 重力助推

又稱為重力彈弓效應或繞行星變軌。利用天體的萬有引力來改變飛行器的軌道或增減速度。由於可以幾乎不使用燃料就改變飛行軌道，因此不只能節省燃料，科學家將探測器送出太陽系外的時候也經常使用這項技術。隼鳥號、隼鳥二號也都運用了這項技術。

**GPS衛星軌道概念圖**

以二十四個以上的衛星
環繞地球的地心軌道，
涵括全地球。
由與衛星的位置關係，
計算出所處位置的經度
與緯度。

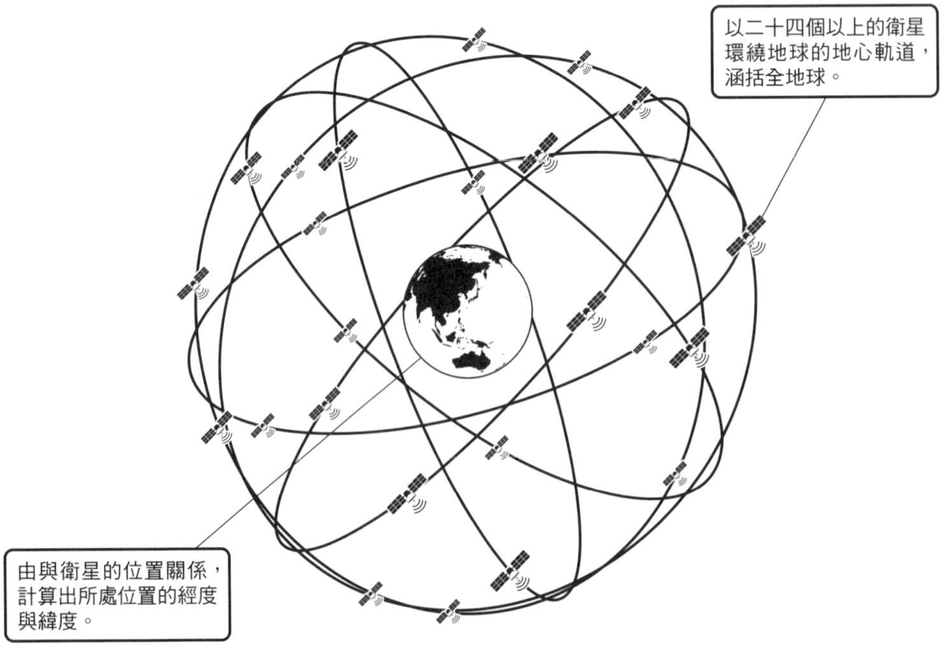

## 重力助推

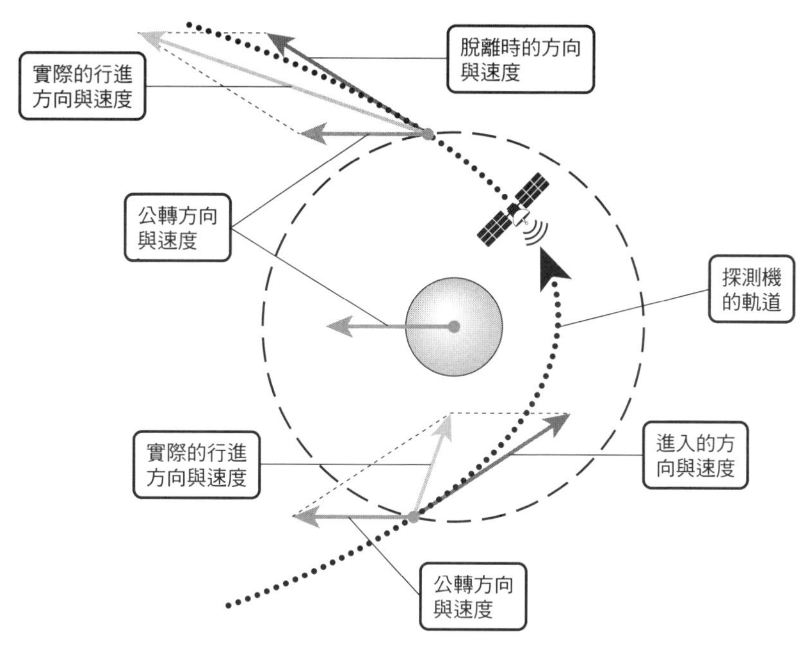


### 毛利衛

一九四八年生於日本北海道。毛利衛在宇宙開發事業團（現為宇宙航空研究開發機構）首次招募日本太空人時參加徵選。一九八五年與向井千秋（1952-）及土井隆雄（1954-）一同獲選成為太空人。

一九九二年九月，以科學工程師的身分搭上奮進號太空梭，成為首次搭上太空船的日本人。

二○○○年就任日本科學未來館的首任館長，積極培育科學技術人才。

### 隼鳥號

這是一架小行星探測機。開發名稱為第二十號科學衛星MUSES-C。二○○三年五月由ISAS（日本太空科學研究中心）於日本鹿兒島縣的內之浦發射。

隼鳥號的目標為進行離子推進器的實際測試，以及前往系川小行星（該星球擁有與地球類似的軌道）帶回某種物質的樣本。二○○五年抵達系川小行星並採取樣本後返回地球，本體於大氣層燒毀。

隼鳥號裡的隔熱膠囊著陸於澳洲的烏美拉沙漠，裡面裝有系川小行星的塵土樣本。這是世界首次成功登陸地球重力圈之外的星球固體表面，並且將採集到的樣本送回地球。

目前正持續研究採取到的樣本，人們已經越來越明白系川小行星究竟是由何種物質所構成，以及如何形成的。

# 地理學

●Geography●

**地理學起源於古希臘，隨著人們接觸到的世界範圍逐漸擴大，地理學也越來越進步。**

## 地理學的起源

地理學（Geography）一詞是由希臘人所創造的。這個詞在希臘文裡是描述（graphein）大地（ge）的意思。地理學的兩種基本觀點——區域地理學與系統地理學，早在古希臘當時便已經存在了。

區域地理學稱為地誌學，在描述特定區域的地理狀況。而系統地理學（又稱普通地理學）的研究則是放眼整個地球。

最早出現於地誌學這條分支的地理學者，是古希臘的歷史學家希羅多德。希羅多德在他的著作《歷史》（431 BC- 未完）當中用地誌學的方式記載了他所到過的國家，包括了埃及、波斯與斯基泰地區（相當於現在的南俄羅斯）等地。有一種說法認為希羅多德已經知道裡海是內陸海。

另一方面，以米利都的泰勒斯為首的愛奧尼亞自然學家，從西元前六世紀開始，就對地球的形狀與大小，以及地球在宇宙中所處的位置，抱有相當大的興趣。其中，埃拉托斯特尼則是系統地理學這條分支最早的人物，可以說是系統地理學的創始者。

雖然當時早就已經有畢達哥拉斯學派提出了地圓說，主張地球是圓形的，但埃拉托斯特尼想更進一步知道地球究竟是多大的球體，於是他便實際進行測量。

區域地理學之所以會在希臘與羅馬大幅進展，可想而知，是因為亞歷山大大帝東征與征服羅馬，使得國家版圖擴大所致。另一方面區域地理學的發展也帶動天文學的進步。

中世紀在地理學領域上同樣是一個沉寂的時期，尤其是系統地理學完全呈現衰退的狀態。直到文藝復興時期，地理學才終於重獲新生並進入昂首飛翔的時代。十五、十六世紀又稱為「地理大發現時代」，這時人們進行了無數的大規模航海活動。馬可．波羅（義 Marco Polo, 1254-1324）所著的《馬可．波羅遊記》（c.1295）便是這個時代的先驅之作。

十五世紀以哥倫布（義 Christopher Columbus, 1451-1506）發現新大陸為開端，接著，瓦斯科．達伽馬（葡 Vasco da Gama, c.1469-1524）開闢了西歐到印度的航道，而麥哲倫（葡 Fernando de Magallanes, 1480-1521）則是史上第一位環繞世界一圈的人。

文藝復興時期的地理發現，在發明印刷術的幫助下，促使地圖學出現飛躍性的進展。就在這個時期，賽巴斯丁．繆斯特（德 Sebastina Müster, 1489-1552）的《宇宙誌》（1544）嘗試使用概括全世界的記述方式，此舉使得地誌學的記述出現了前所未有的進展。

人文科學
社會科學
自然科學
文化藝術

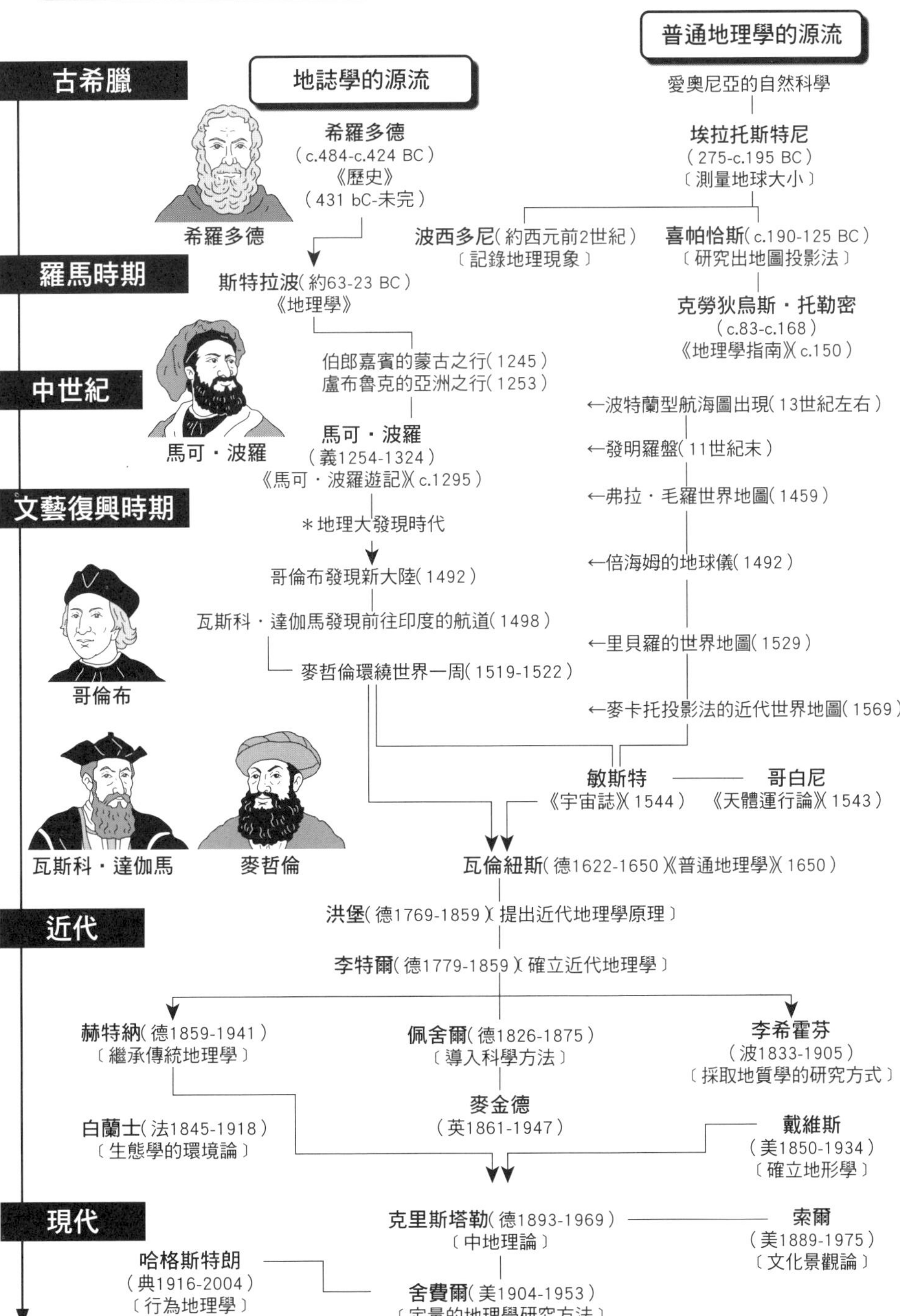
地理學的發展過程
普通地理學的源流
古希臘
地誌學的源流
愛奧尼亞的自然科學
希羅多德
(c.484-c.424 BC)
《歷史》
(431 bC-未完)
埃拉托斯特尼
(275-c.195 BC)
〔測量地球大小〕
希羅多德
波西多尼(約西元前2世紀)
〔記錄地理現象〕
喜帕恰斯(c.190-125 BC)
〔研究出地圖投影法〕
羅馬時期
斯特拉波(約63-23 BC)
《地理學》
克勞狄烏斯・托勒密
(c.83-c.168)
《地理學指南》c.150
伯郎嘉賓的蒙古之行(1245)
盧布魯克的亞洲之行(1253)
中世紀
←波特蘭型航海圖出現(13世紀左右)
馬可・波羅
(義1254-1324)
←發明羅盤(11世紀末)
馬可・波羅
《馬可・波羅遊記》c.1295
←弗拉・毛羅世界地圖(1459)
文藝復興時期
＊地理大發現時代
←倍海姆的地球儀(1492)
哥倫布發現新大陸(1492)
瓦斯科・達伽馬發現前往印度的航道(1498)
←里貝羅的世界地圖(1529)
麥哲倫環繞世界一周(1519-1522)
哥倫布
←麥卡托投影法的近代世界地圖(1569)
敏斯特
《宇宙誌》1544
哥白尼
《天體運行論》1543
瓦斯科・達伽馬
麥哲倫
瓦倫紐斯(德1622-1650)《普通地理學》1650
近代
洪堡(德1769-1859)〔提出近代地理學原理〕
李特爾(德1779-1859)〔確立近代地理學〕
赫特納(德1859-1941)
〔繼承傳統地理學〕
佩舍爾(德1826-1875)
〔導入科學方法〕
李希霍芬
(波1833-1905)
〔採取地質學的研究方式〕
麥金德
(英1861-1947)
白蘭士(法1845-1918)
〔生態學的環境論〕
戴維斯
(美1850-1934)
〔確立地形學〕
現代
克里斯塔勒(德1893-1969)
〔中地理論〕
索爾
(美1889-1975)
〔文化景觀論〕
哈格斯特朗
(典1916-2004)
〔行為地理學〕
舍費爾(美1904-1953)
〔定量的地理學研究方法〕

## 近代地理學的建立

**近代地理學是十八世紀中期到十九世紀末以德國為中心所建立的。**

地理大發現一直持續到十七、十八世紀，但當時大部分的書籍都不過是些用來滿足人們好奇心的異國故事而已。就在此時，出現了一部可謂近代地理學先驅的劃時代著作，那就是瓦倫紐斯（德 Bernhardus Varenius, 1622-1650）的《普通地理學》（1650）。

瓦倫紐斯將地理學區分為普通（系統）地理學與特殊地理學（地誌學），特別是普通地理學方面，進行了古代以來第一次系統性記述。不過，瓦倫紐斯卻一直要到下個時代才會真正受到人們所重視。

接下來，十八世紀誕生了地質學，布封和赫登（英 James Hutton, 1726-1797）等早期的地質學家，開始研究今日自然地理學所探討的各種現象。

十八世紀中期，從德國發起了確立科學化地理學的革新運動。這起革新運動一直持續到十九世紀末，將近代地理學的原理確立完成。該運動的核心人物是亞歷山大・馮・洪堡與卡爾・李特爾（Carl Ritter, 1779-1859）。

這兩位偉大的地理學家又稱為「近代地理學之父」。洪堡既是一位博物學家，也是一位大旅行家，對於地表的各式現象，他主張應該要從彼此的關聯中進行觀察，而不是將各個項目獨立開來。除此之外，他還主張人文現象與土地、氣候、植被有著密切的關係，並且提出了許多嶄新的觀察方法，像是導入等溫線圖與剖面圖以協助掌握地形特性等。洪堡同時也是第一個開始重視瓦倫紐斯的人。

李特爾則將洪堡所提出的近代地理學原理建立起完整的系統。他所撰寫的《地學通論》（1852）提出了作為一門學術領域的地理學理論架構，該書決定了日後地理學的基本方向。

在李特爾過世之後，出現了將自然科學方法導入地理學的佩舍爾（Oscar Peschel, 1826-1875）、本身學習地質學的李希霍芬（Richthofen, 1833-1905）、繼承了德國地理學傳統的赫特納（Alfred Hettner, 1859-1941），這些人為近代地理學奠定了堅實的根基。

另外，在法國則有白蘭士（Blanche, 1845-1918）提出了從生態學角度著眼的環境論。英國則有麥金德（Mackinder, 1861-1947）確立了地緣政治學。美國方面，出現了人稱近代地形學先驅的威廉・莫里斯・戴維斯（William Morris Davis, 1850-1934），以及提出文化景觀理論的索爾（Sauer, 1889-1975）。

## 現代地理學的發展

**學者運用空間理論與計量分析，否定了一直以來所使用的傳統方法，現代地理學便由此而生。**

一九五三年，美國地理學家弗萊德・舍費爾（Fred Schaefer, 1904-1953）發表了一篇名為〈地理例外論：方法論的檢查〉的論文，反對傳統地理學的研究方法，也就是用個人的經驗來記錄地理特色。舍費

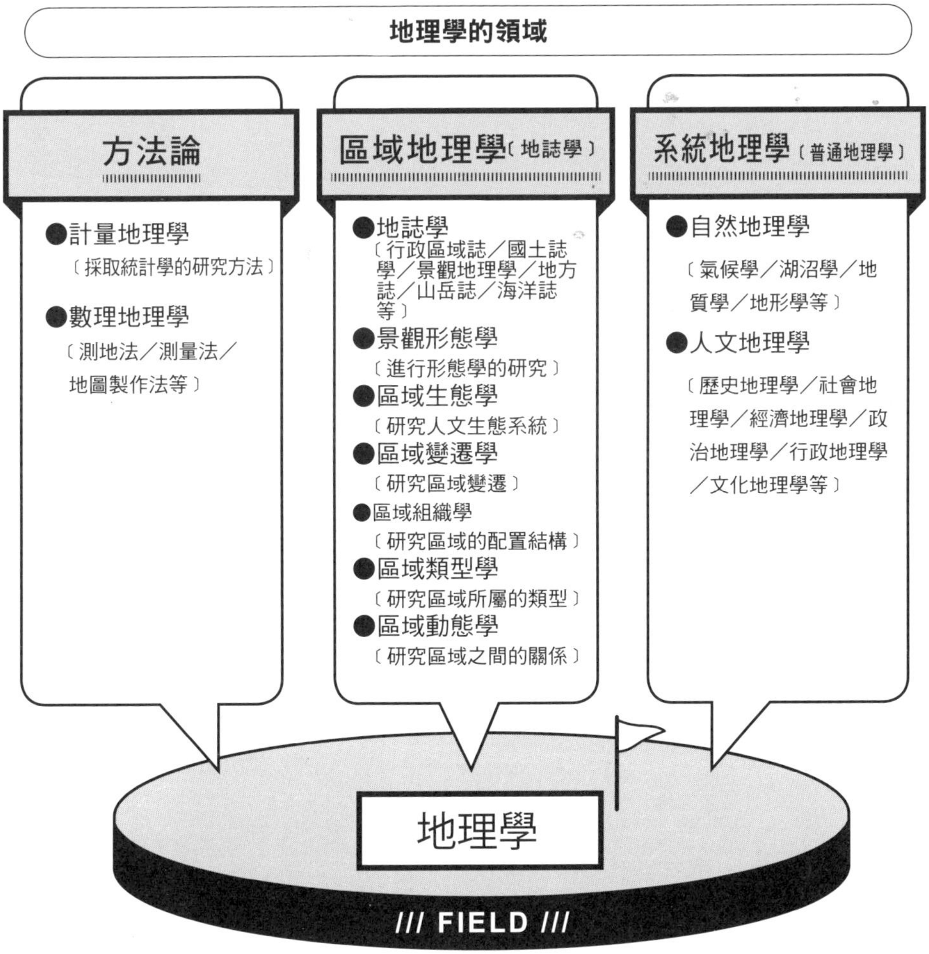

**地理學的領域**

**方法論**

●計量地理學
〔採取統計學的研究方法〕

●數理地理學
〔測地法／測量法／地圖製作法等〕

**區域地理學**〔地誌學〕

●地誌學
〔行政區域誌／國土誌學／景觀地理學／地方誌／山岳誌／海洋誌等〕

●景觀形態學
〔進行形態學的研究〕

●區域生態學
〔研究人文生態系統〕

●區域變遷學
〔研究區域變遷〕

●區域組織學
〔研究區域的配置結構〕

●區域類型學
〔研究區域所屬的類型〕

●區域動態學
〔研究區域之間的關係〕

**系統地理學**〔普通地理學〕

●自然地理學
〔氣候學／湖沼學／地質學／地形學等〕

●人文地理學
〔歷史地理學／社會地理學／經濟地理學／政治地理學／行政地理學／文化地理學等〕

**地理學**

/// FIELD ///

爾認為以往的地理學研究方法並不合乎探究普遍性原理的科學研究法。地理學要成為一門真正的學問，就不能只是記載個別現象，而應該徹底釐清個別現象背後的原理。同時，他認為地理學的目的是在探究「關於空間配置方面的地理學原理」，並提出「建立在定量的科學推論之上」的研究方法。

一九五〇年代後半，華盛頓大學的地理學家（華盛頓學派）認真實踐了舍費爾所提出的新式地理學研究方法。班奇（William Bunge, 1928-2013）撰寫了《理論地理學》（1962），認為地理學應該要以建構空間理論為目標。同樣身為華盛頓學派的貝利（Brian Berry, 1934-）則導入計量手法，用矩陣的方式表示地理上的資料。貝利將各個區域的特性當作變數，確立了一套探究變數之間的基本關係與空間配置的特色。

德國地理學家克里斯塔勒（Christaller, 1893-1969）便是其中一位新地理學的先驅人物。克里斯塔勒根據經濟原理來說明城市聚落的坐落地點，而這套理論則稱為中地理論，成為新地理學的理想模型。而瑞典的地理學家哈格斯特朗（Hägerstand, 1916-2004）則是另一位同樣對現代地理學影響卓著的人物。哈格斯特朗以理論方式與數理方式探究文化的傳播方式，致力於釐清人類在空間上所採取的行為。同時，他也是日後即將登場的「行為地理學」的先驅性人物。

一九六〇年代，採納了空間理論與計量手法（統計學手法與數學手法）的現代地理學，不只停留在盎格魯薩克遜系統的國家，也進一步拓展到了全世界。另外，由於電腦科技蓬勃發展，使得計量手法也出現大幅進步，於是形成了「計量地理學」。這些嶄新的地理學領域，對於人口地理學、經濟地理學、社會地理學領域的發展帶來特別大的影響。一九七〇年之後，開始有學者對於上述的這些計量主義、邏輯實證主義、空間主義發起批判，認為收集與分析資料數據應該是地理學的手段而非目的，同時也對於著重個人主觀的人文主義地理學重新進行探討。

CHECK THIS OUT!

**如果你還想繼續學習地理學，一定要具備以下的基礎知識。**

### 系統地理學

系統地理學是將某個土地空間內的地形、人口、農業、交通與城市等要素與現象抽取出來並進行分析，使用圖示的方式表示這些地理要素在一個國家、一塊大陸或全世界當中的分布型態，或是再更進一步的進行分類或比較研究。系統地理學又稱為「普通地理學」。

系統地理學又可再細分成自然地理學與人文地理學，研究自然現象為自然地理學，研究人文現象則為人文地理學。

### 區域地理學

區域地理學又稱為地誌學，研究特定區域內的各種現象與要素。一般會進行實地調查，並運用系統地理學的研究成果，進行各個區域的比較研究，藉著這種方式來了解各區域的特性。

### 計量地理學

又稱為「理論地理學」或「數理地理學」。運用統計分析、數學模型、數值模擬、非數值模擬等計量手法，來分析或解釋地理現象，藉此找出一套共通的法則。一九六〇年代學界發起「計量革命」，大幅推進了計量地理學的發展。計量地理學與原本以記述為中心的地理學不同，計量地理學旨在找出隱藏在地理現象背後的法則。

### 地緣政治學

這門領域是根據各種地理上的要素，來研擬一國的外交政策。一開始成立的目的是要用來當作一種國家戰略理論。地緣政治學這個詞是由瑞典的魯道夫·哲倫（Rudolf Kjellén, 1864-1922）所創造的。地緣政治學在德國蓬勃發展，卡爾·豪斯霍弗（Karl Haushofer, 1869-1946）認為國家掠奪更多生存空間是合理的行為，這套想法成為了納粹德國擴張主義的後盾。而確立現代地政緣政治學的，則是英國地理學家麥金德。

## 景觀分析

不同的景觀在地形、植被、水、聚落、產業、土地利用等面向也會有所不同。景觀分析就是運用科學方法，從景觀的角度分析各式各樣的地理現象。景觀與景色不同，景色往往帶有主觀的含義，景觀則是建立在客觀的資料之上。景觀分析研究的不只是自然景觀，同時也包括了人類的活動，也就是文化現象方面，藉此探究自然與文化的真實樣貌。

## 環境地圖

環境地圖是一種標記公害、災害、交通事故等各種環境問題的地圖。除此之外，也有標註著植被、景觀、文化設施、生活機能等關於生活環境方面的環境地圖。

## 觀光地理學

這門地理學領域是透過實地調查的方式，或是藉由文獻、統計、地圖、景觀照片等資料，而研究觀光景點是如何形成的，以及目前的實際情形。儘管觀光地理學的研究主題為地形、植被等自然條件，以及交通系統、對地區的貢獻度等方面，但是卻不光只著眼於觀光開發的面向，同時也會研究應該如何保護自然環境與歷史環境。

## 地理資訊

這種研究手法是將地理上的各式資料都統整為一種地理資訊，不只運用於地理學與地圖學的領域，同時也廣泛運用到資訊學、區域理論、都市理論、建築學、經濟學等眾多領域上。

它將種類繁多的數據都化約為地理資訊的形式並加以累積，從地形資料到地誌學所研究的各種自然與人文資料，甚至到天氣與氣候資料、人口密度、產業結構、景觀與環境問題等方面皆涵括在內。

## 全球地圖（Global Map）

這是一種記載著世界各地的環境變化與目前土地利用狀況的地圖。之所以能夠製作出這種地圖，當然必須歸功於人造衛星所拍攝的照片。對於熱帶雨林面積減少、沙漠化擴大、空氣污染的情況、酸雨所造成的危害狀況等全球性環境問題，全球地圖可以幫助我們直接從全世界的角度加以掌握。就這層意義而言，製作出正確且嚴密的世界地圖，可說是顯得越來越重要了。

## 地理資訊系統（GIS）

全名為Geographic Information System。地理資訊系統可以說是一項結合了地理學（Geography）與資訊科技（IT）的綜合性技術，針對位置與空間有關的各式資訊，運用電腦來分析、解析、加工、管理、共享、呈現給人們觀看。這項技術的優點為，可將地理資訊疊加在一起，讓人一眼就能明白其中的關聯，同時也能用綜合的方式擬定災害對策。

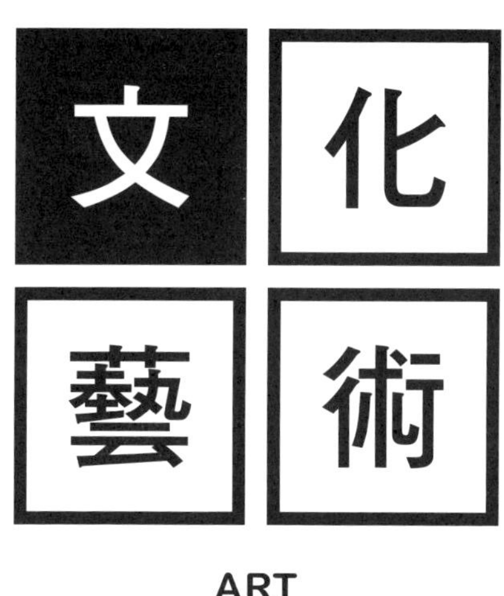
文
化
藝
術
ART
& CULTURE

# 文學

**•Literature•**

## 文學①詩學

**由亞里斯多德所開創的詩學，占據了歐洲文學研究的中心。**

現在所說的文學，主要是指以小說、詩、散文、劇作這類形式所創作的作品。但其實文學是在探究文學這項藝術的本質與形式的一門學問，打從古希臘以來就一直處於歐洲學術的中心位置。

而文學理論又以「詩學」領域為中心。詩學的基礎是由亞里斯多德的《詩學》所奠定。

俄羅斯形式主義的語言學家直到現在仍會使用「詩學」這個術語，而詩學便是文學裡擁有最高地位的詩（韻文）的表現手法。羅馬的賀拉斯（Horatius, 65-8 BC）所撰寫的《詩藝》（c.18 BC）與亞里斯多德的《詩學》，從文藝復興時期一直到現代都不斷影響著當代的文學理論。另外，戲劇文學（劇作）從亞里斯多德的時候開始也成為一項重要的研究領域，這方面的理論系統則是由戈爾霍爾德．埃夫萊姆．萊辛（德 Gotthold E. Lessing, 1729-1781）等人所建立的。

文學理論在古希臘相當盛行，其中的「修辭學」也是相當重要的一個項目。現在所說的修辭學指的是文體上的修辭技巧，但古希臘的修辭學則是指口語文學的表達技術。修辭學與詩學的理論系統一樣都是由亞里斯多德所建立的，他提出了①創造，②安排，③風格，④記憶，⑤傳遞，而這五項同時也是辯論術的基本結構。這套修辭學從口語文學到以文字書寫的文章皆可適用。修辭學與確立於古希臘的「文體學」，一同延續到了歐洲的中世紀與近代。

雖然歐洲各門學科的源頭都可以追溯到古希臘，但事實上，古希臘的各門學問在古羅馬繼承之後，隨著羅馬分成東西兩國，透過以君士坦丁堡（現今伊斯坦堡）為首都的東羅馬帝國，推廣到了信仰伊斯蘭教的阿拉伯世界，接下來在文藝復興前期時，又經由義大利威尼斯等地的商業與交通管道，重新帶回到歐洲。繼承西羅馬帝國的歐洲凱爾特民族與日爾曼民族，在經歷一段長期低迷的時期後，到了十字軍東征時接觸到伊斯蘭所發展的學問，文藝復興時期便開始認真推敲這些學問與表現技巧。詩學、修辭學、文體學在經過了這段長時間的空白與吸收後，最終在近代歐洲奠定了穩固的地位。到了十九世紀，文學領域更是開拓出美學和文學評論這類嶄新的領域。

## 文學②文獻學

**進入近代之後，文獻學不再只限於古典研究，也發展成一門研究近代人類現象的學問。**

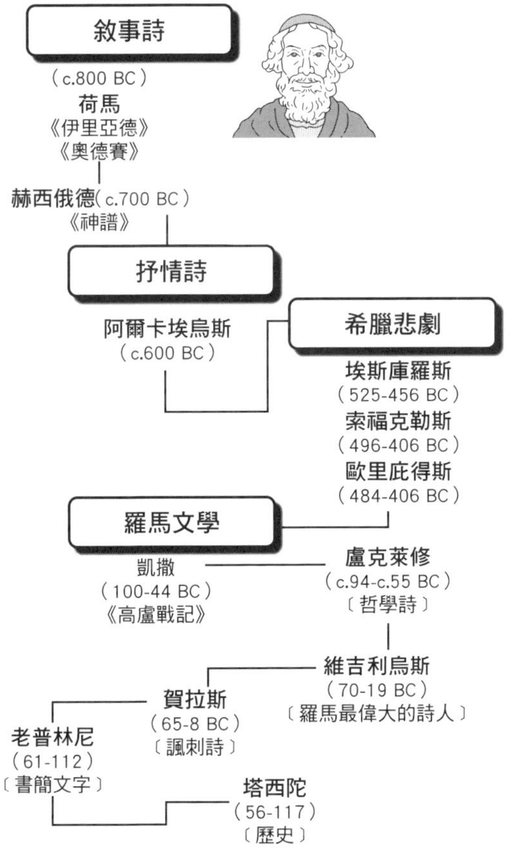

文獻學也是文學理論之一，從希臘、羅馬到現代形成一門學問領域。文獻學的研究內容，以歐洲而言，便是從教堂或圖書館裡找出與蒐集古希臘・羅馬的古代文書，並且加以研究。一般認為文獻學始於埃及的亞歷山大港（古代曾設立大型圖書館）。

不過，真正將文獻學確立為一門近代學問的則是奧古斯都・伯克（德 August Boeckh, 1785-1867）。從文藝復興時期開始，歐洲人開始熱衷於研究匯集了他們文化源流的古希臘、羅馬研究，在多門學術領域上都呈現空前的盛況。

## 文學的發展過程①

●古希臘、羅馬文學

**敘事詩**

（c.800 BC）
**荷馬**
《伊里亞德》
《奧德賽》

**赫西俄德**（c.700 BC）
《神譜》

**抒情詩**

**阿爾卡埃烏斯**
（c.600 BC）

**希臘悲劇**

**埃斯庫羅斯**
（525-456 BC）
**索福克勒斯**
（496-406 BC）
**歐里庇得斯**
（484-406 BC）

**羅馬文學**

凱撒
（100-44 BC）
《高盧戰記》

**盧克萊修**
（c.94-c.55 BC）
〔哲學詩〕

**維吉利烏斯**
（70-19 BC）
〔羅馬最偉大的詩人〕

**賀拉斯**
（65-8 BC）
〔諷刺詩〕

**老普林尼**
（61-112）
〔書簡文字〕

**塔西陀**
（56-117）
〔歷史〕

除此之外，尼采也是文獻學上的一位重要人物。尼采在哲學與倫理學方面的成果，吸引了全世界無數的知識分子，但其實他一開始是在進行古希臘、羅馬的文獻研究。《悲劇的誕生》（1872）就是他在寫了這方面的研究論文後，最初創造出的重要成果。

尼采於該書提出了許多學說（例如否定基督教的權威），探討個體與共同性之間的關係，他認為透過希臘神明戴奧尼修斯的儀式，可以反饋到從近代的個體轉為有機連結之生命整體的人類存在本身（暫且不論這一點是好是壞）。

該書中尼采先是進行文獻學研究，他研究阿波羅神（象徵光明與希臘的知性）與冥府之神戴奧尼修斯（如同黑暗中的光）之間的對比，接著再轉而探究近代的人類。

文獻學的概念在現代則包含得相當廣泛，不只停留在古希臘羅馬的古典研究，

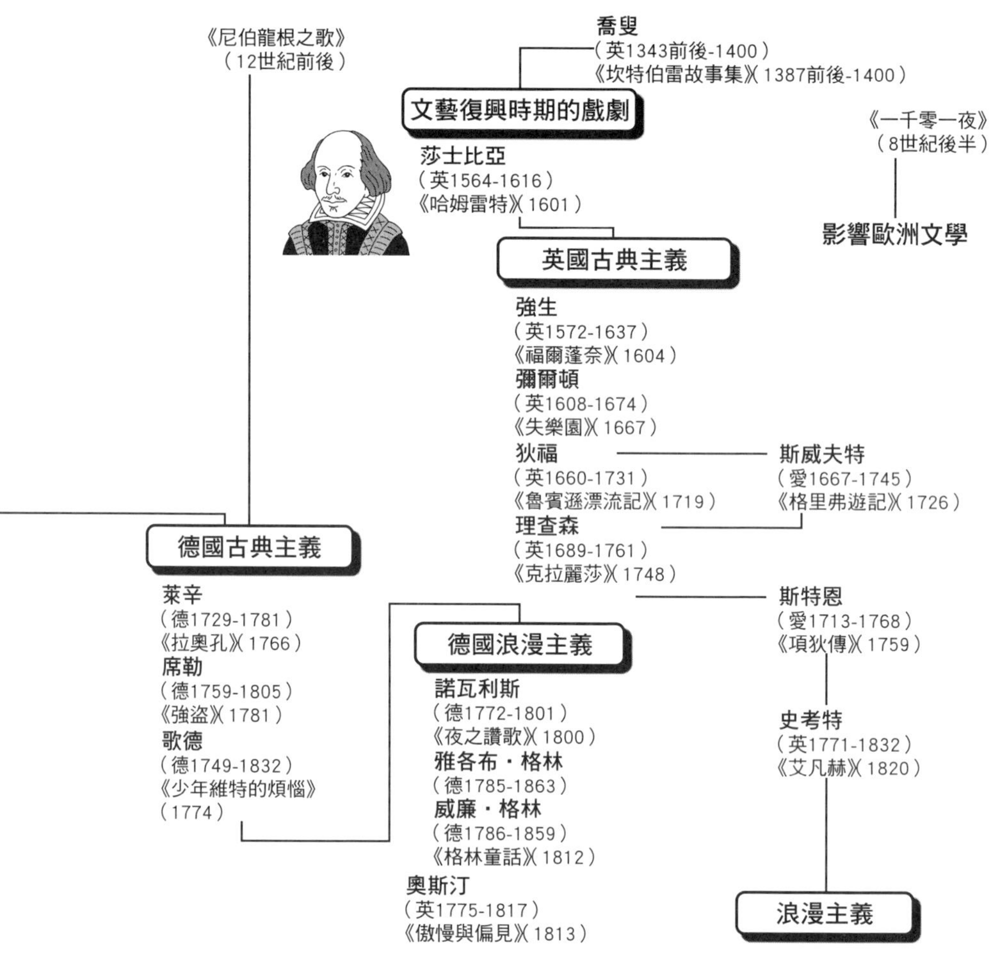


也運用在多種意義上。文獻學針對各時期、各民族、各領域，從古代到中世紀與近代的文書資料，以及世界各地耶穌會的牧師等人所提出的報告等文物，進行解讀、分析與研究。這些研究成果不只造福了文獻學本身，也為其他學術領域提供研究資料。舉例來說，在民族學與文化人類學尚未發展出田野調查的研究方法之前，就是依賴閱讀文獻學所挖掘出的大量古代文書與古代史料而成立。除此之外，文獻學在歷史學與民俗學領域也是無法忽略的一環。日本的民俗學家柳田國男與折口信夫以及文化人類學的石田英一郎也可以說是文獻學家。

## 文學③文學史

**文學史從一開始研究文體與修辭變化，轉變為研究精神史，接著又轉為分析社會意義。**

文學史也是文學的一門領域，與文獻學關係密切，學界普遍認為文學史與文獻

## 文學的發展過程②

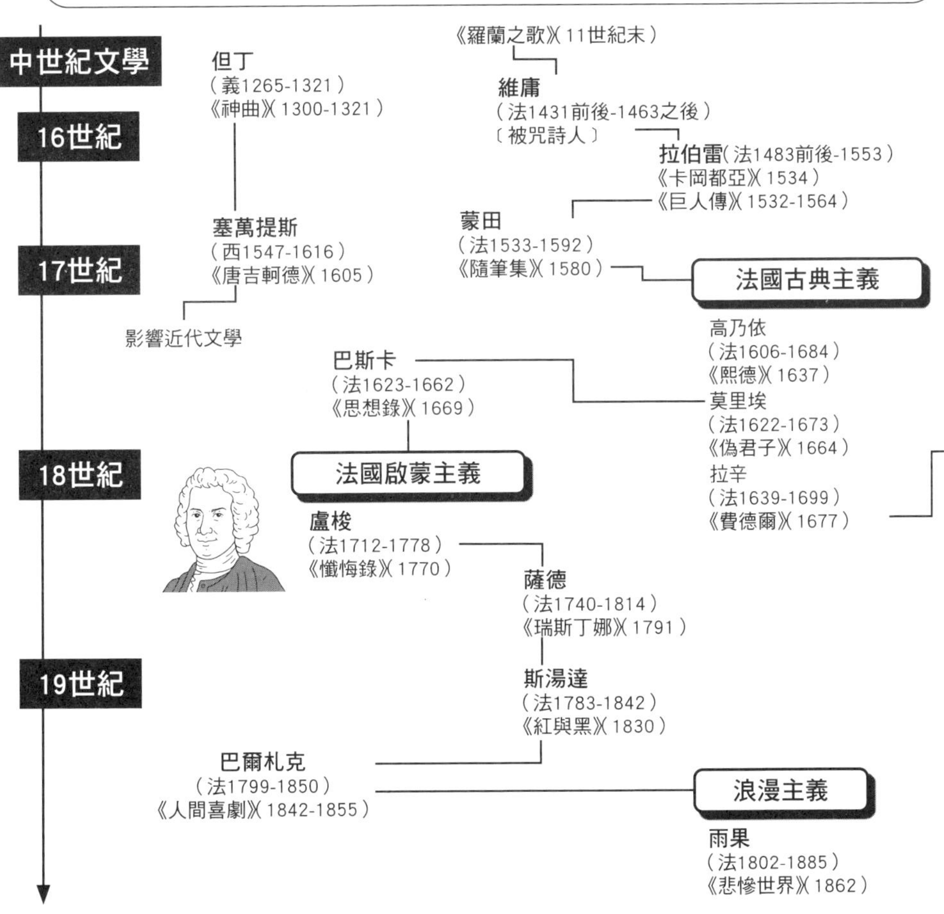


學一樣源自於古代的亞歷山大港，但一般認為真正確立「文學史」概念的則是法蘭西斯・培根。

文學史的研究內容是一步步追蹤文學的歷史發展，並且觀察其中的文體、修辭、內容等諸多方面的變遷。初期的文學史與文獻學一樣是在研究傳奇與小說之外的各式文獻，但現代的文學史則是以文學（口語文學、古代、中世紀、近代的小說與劇作等）為研究對象。

也就是說，文學的概念是在近代才真正確立的。舉個例子，像「小說」就是在一八〇〇年代開始出現報紙這類大量生產的商品化印刷品時才誕生的。因此，小說史這門領域自然也是近代才出現的。不過既然稱為「〇〇史」，終究還是會追溯從古到今文學的生成與發展經過，是研究近代文學如何建立的學問。

日本方面，夏目漱石（1867-1916）的《文學論》（1907）則在文學研究上引進了某種記號。該書對於文學史的方法論，採納了同時期的科學化以及哲學化思考方式。

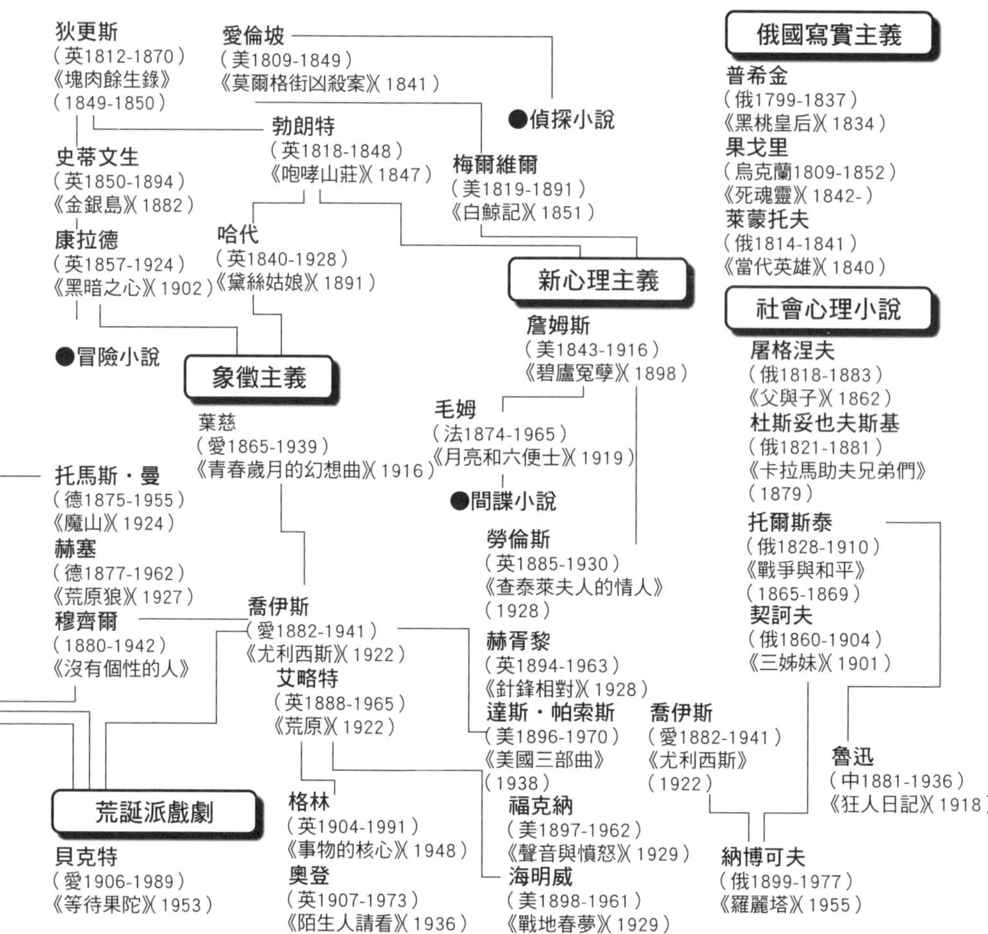


十九世紀法國的泰納（Hippolyte Taine, 1828-1893）等人採用了實證主義與自然科學方法，德國的謝勒爾（Wilhelm Scherer, 1841-1886）則採取精神科學與藝術學方法，他們不單只著眼於文學的形式或內容的轉變過程，還探究了隱藏在文學當中的精神史意義。自從馬克思主義盛行之後，也開始有許多人分析文學在社會學上的意義。

另外，雖然學界也發展出了比較文學史這樣的領域，但一般是定位為國民文學史的方式，像是英國文學史、法國文學史這樣，日本自身則稱為國文學史。

此外，現今的文學領域中也包括了文學評論。所謂的評論，就是欣賞者在看了某種技術後，對該作品做出某些判斷並發表。隨著小說在文學領域上日漸盛行，小說方面的文學評論也一同興盛了起來。於是，近代之後也誕生了「評論家」這項專門領域，評論家所講的話，往往還會比該領域的小說家或藝術家擁有更大的說服力。

超現實主義的安德烈·布勒東（法

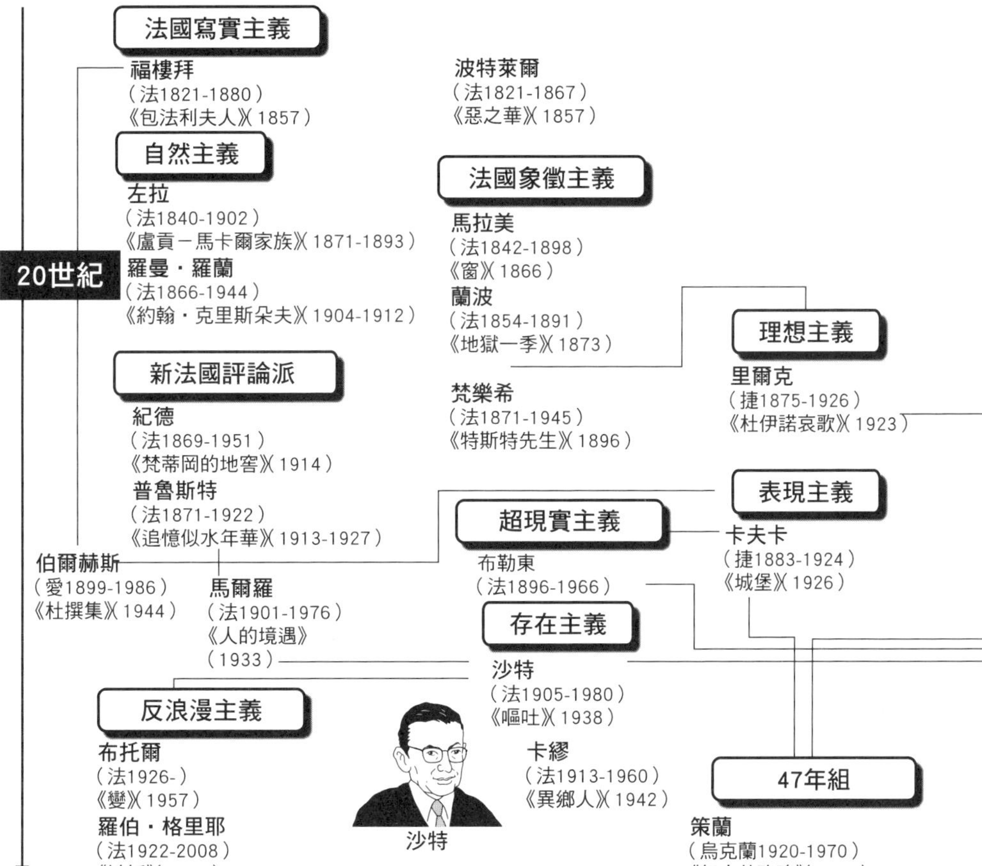


André Breton,1896-1966）與提出文本論的羅蘭・巴特（法 Roland Barthes, 1915-1980）等人，可以說是大大影響了現代文學。不過，由於小說於現代出現衰退的情況，因此與此相伴的文學評論必然也隨之衰退。

CHECK THIS OUT!

**如果你還想繼續研究文學，一定要具備以下的基礎知識。**

### 詩

世界上最早的詩是古希臘詩人荷馬所寫的《伊里亞德》與《奧德賽》（c.800 BC）這兩部敘事詩。敘事詩是使用押韻的形式，描寫出英雄的雄壯威武戰鬥過程等內容。與抒情詩這種流露出作者內在情感的詩呈對比。

關於荷馬則有各式說法，有人認為這是一個人的名字，也有人認為這是一群吟遊詩人的統稱。全世界有很多像印度的《摩訶婆羅多》（c.320-550）這樣的大長篇敘事詩。

### 希臘悲劇

古希臘悲劇將人類的真實樣貌刻劃得相當生動，直到今時今日仍不斷有人演出。內容包括了戰爭、殺戮、近親相姦、家庭分崩離析、愛情悲劇、背叛等。除此之外，希臘喜劇也充滿了尖銳的諷刺，許多作品甚至凌駕於現代喜劇。

三大悲劇詩人為希臘悲劇最具代表性的劇作詩人，分別是埃斯庫羅斯（Aeschylus, 525-456 BC，作品有俄瑞斯特亞三部曲《阿伽門農》、《奠酒人》、《報仇神》等）、索福克勒斯（Sophocles, 496-406 BC，作品有《伊底帕斯王》、《厄勒克拉特》、《安提戈涅》等）、歐里庇得斯（Euripides, 484-406 BC，作品有《美狄亞》、《安德洛瑪刻》、《厄勒克拉特》、《特洛伊婦女》等）。

### 基督教故事

「基督教教典《新約聖經》的主角是直接引用自從前的經典，為虛構的神話人物。」這套說法在一八〇〇年代的歐洲大為盛行，現在很少人對此持不同意見。基督教神學家聲稱這些陳舊的說法都已經破除了，若非如此，新約聖經或許就稱得上是一大文學了。

### 黃金傳說

這部作品是在描寫初期基督教的神父，以及一些女性篤信上帝並得到上帝恩寵的故事，至於為何會取「黃金傳說」這樣的書名則不得而知。其中有一段劇情講到一名女性不得不在眾人面前脫光衣服，這時上帝的恩寵讓她的頭髮在突然間變長、蓋住她的全身。初期的基督教徹底否定「性」方面的事物，甚至也禁止已婚女性發生性行為。

### 物語

自從近代之後，日本便開始將物語與小說視為對比。雖然歐洲有羅曼史與小說之分，但這兩者卻不是完全處於兩條平行線。舉個例子，將柄谷行人（1941-）和蓮實重彥（1936-）的對談集結而成的《鬥爭的倫理學》（1988）當中便提到，每當新的事件（新聞、小說）一開始出現的時候，人們都無法理解這些字詞的意思，因此就需要翻譯成一般耳熟能詳的物語，讓人們能夠理解。也就是說，物語就是一種耳熟能詳的故事，而小說則是一項新奇的事件。

### 小說

伊藤整所著的《日本文壇史》（1953-1973）當中提到，明治初期報紙變得非常興盛，這時出現了一種稱為「連載故事」的專欄文章，之後進而演變成了小說。

不過，江戶末期的瀧澤馬琴（日 1767-1848）與為永春水（日 1790-1844）的作品，以及歐洲出現於巴爾札克之前的羅曼史（描寫愛情與騎士精神的故事），這些文學作品是否就不能稱為小說呢？除此之外，《源氏物語》（1001-1005）與《唐吉軻德》（1605-1615）如果不是小說的話，又該歸到哪個分類呢？這些疑問伴隨著上一項所提到的柄谷與蓮實兩者的對談一同浮現。

## 神話故事

神話恐怕也算得上是一種文學。大部分擁有「文字」的民族，打從西元前很久的時期開始，就已經將神話故事從口耳相傳的方式，逐漸轉移到「記載」的世界裡。口傳文學也是一種文學，但這所描述的是一種理智的世界，跟未開化社會的人們用原始的繪畫描繪他們的創世紀故事，是完全不一樣的情況。言語在交錯的時空當中交織而生，而人們像在採集昆蟲那樣，將這些言語用昆蟲針釘起來製作成標本，轉化為「閱讀」的形式。

## 童話故事

童話與「傳說」不同，故事中的人物未必是實際存在的。一八〇〇年代的一群童話蒐集家，一一蒐集了村落與城市中流傳的故事，格林童話就是其中的一項成果。這些故事由現實空間與非現實的故事交錯而成，深深吸引著人們。不過，雖然童話這個詞聽起來相當夢幻，但其實並不是所有童話故事都是美好的，像是女武神

瓦爾基麗雅就殺害了喜歡她的男性。這些劇情也反映出了殘酷的現實生活。

## 傳說故事

日本所謂的傳說故事，是指具有某種歷史根據的地區性流傳。目前學界普遍認為義經與弁慶逃往奧州的那趟艱辛旅途，是實際存在於歷史上的。

至於歐洲方面，說到英國建國神話時期的傳說中，最有名的故事就是「亞瑟王」了，但英國人是否認為亞瑟王是實際存在的人，則無法得知。

這麼說起來，日本人與歐洲人對於「傳說」一詞的概念究竟有何異同，恐怕也有必要進行仔細研究。

## 喬伊斯的《芬尼根的守夜靈》

文學領域真的有辦法進行「翻譯」嗎？彼此毫不相關的兩個語言系統，真的可以進行轉換嗎？更何況，與作者屬於不同語言圈的人所翻譯的文字，真的能夠清楚點出作者所要說的嗎？柳瀨尚紀（日 1943-）所翻譯的這本《芬尼根的守夜靈》，就像

是對這些懷疑的人搧了大大的巴掌。有些人會覺得「這不過是種語言遊戲而已吧」，但文學界巨擘丸谷才一（日 1925-2012）所翻譯的喬伊斯（愛 James Joyce, 1882-1941）作品《尤利西斯》（1922），就曾被指出有許多誤譯之處，這一點頗令人玩味。由此可見，要翻譯喬伊斯的作品確實是相當困難的。

## 文本論

羅蘭・巴特的文本論含義簡述如下：作品（藝術）為其親生父母——作者（藝術家）的所有物，讀者與鑑賞者在欣賞作品時都不得不依賴該作者對於主題的著眼方式與表達方式。然而，如果將作品看成是文本（單純的材料），讀者與鑑賞者就能從中獲得各式各樣的新發現。蓮實重彥所著的《夏目漱石》（1978）可以說就是採取了這套文本論的評論方式。

CLOSE UP!

# 近代日本文學 ●Modern Japanese Literature●

近代日本文學從自然主義文學與反自然主義文學對立的情況，轉變為三派對立的局面。戰後的近代日本文學，隨時序推移也不斷出現變化。

坪內逍遙（1859-1935）於一八八五年所發表的《小說神髓》，擺脫了江戶文學的影響，正式開啟近代的日本文學。坪內逍遙提倡「寫實主義」，將事實如實寫出，不再像從前那樣寫些賞善罰惡的故事，開創出另一種文學的世界。受到坪內影響的二葉亭四迷（1864-1909），則否定文言體，採用白話語言寫出了《浮雲》（1887-1889）一書。將日常用語直接寫進小說當中，就稱為「言文一致」（白話文）。

之後又相繼出現了各式各樣的風格，像是幸田露伴（1867-1947）的理想主義小說、樋口一葉（1872-1896）的心理小說等。其中又以「自然主義文學」最為重要。自然主義文學受到西歐自然主義思潮的影響，主張如實描寫大自然與人生，可說是坪內逍遙「寫實主義」的延伸。

## 初期的自然主義文學

日本「自然主義文學」的初期階段尚具有社會性，以島崎藤村（1872-1943）的《破戒》（1906）為代表性作品。但到了後期階段，這份社會性就變得很稀微，開始著眼於個人的內在層面。此時的代表人物為著有《蒲團》（1907）的田山花袋（1872-1930）。田山花袋開啟了日本特有的「私小說」潮流，該派的後繼者有德田秋聲（1871-1943）、正宗白鳥（1879-1962）、岩野泡鳴（1873-1920）等人。

一時之間，「自然主義文學」形成了一大勢力，但明治後半又出現了一股反對勢力，主張在小說中建構虛構的世界。反對派人物就是日本文學史上的兩大文豪——夏目漱石（1867-1916）與森鷗外（1862-1922）。他們讓人們開始將小說看成是一種藝術作品。

森鷗外始終保持孤傲的態度，相反的，夏目漱石則收了許多學生，門下人才輩出，包括芥川龍之介（1892-1927）、內田百閒（1889-1971）、野上彌生子（1885-1985）等人。除了森鷗外與夏目漱石之外，「耽美派」與「白樺派」也都站在反自然主義的立場。

「耽美派」的目標在於呈現出一種感官之美的世界，相關人物有泉鏡花（1873-1939）、

## 近代日本文學的誕生

江戶戲作文學

西洋小說

翻譯小說

政治小說

寫實主義

坪內逍遙（1859-1935）
《小說神髓》（1885-1886）

白話文體

二葉亭四迷（1864-1909）
《浮雲》（1887-1889）

自然主義文學

反自然主義

對立

森鷗外（1862-1922）
《舞姬》（1890）
《雁》（1911）

夏目漱石（1867-1916）
《我是貓》（1905）
《心》（1914）

芥川龍之介
（1892-1927）

耽美派
永井荷風（1879-1959）
《美利堅物語》（1908）
谷崎潤一郎（1886-1965）
《刺青》（1910）

白樺派
志賀直哉（1883-1971）
《在城崎》（1917）
《暗夜行路》（1921-1937）
有島武郎（1878-1923）
《與生俱來的煩惱》（1918）

島崎藤村（1872-1943）
《破戒》（1906）

田山花袋（1871-1930）
《蒲團》（1907）

德田秋聲（1871-1943）
《粗暴》（1915）
正宗白鳥（1879-1962）
岩野泡鳴（1873-1920）

私小說

葛西善藏（1887-1928）

永井荷風（1879-1959）、谷崎潤一郎（1886-1965）等人。

「白樺派」則致力於追求理想，與「自然主義」讓人感到一股絕望與失望的感覺相反，因此又稱為新理想主義或人道主義。屬於這一派的作家有武者小路實篤（1885-1976）、志賀直哉（1883-1971）、有島武郎（1878-1923）等人。

在這之後的日本文學，以延續森鷗外與夏目漱石思想的反自然主義立場為主流，一直持續到第二次世界大戰後。

### 新現實主義派盛行

大正時期（1912-1926），「新現實主義」蔚為風潮。該派延續了夏目漱石的思想，站在反自然主義的立場，芥川龍之介、菊池寬（1888-1948）、佐藤春夫（1892-1964）、室生犀星（1889-1962）等眾多文豪皆於其中。而最重要的又要屬芥川龍之介，他創作了多部名作，地位堪比森鷗外與夏目漱石。

大正末期，形成了「新感覺派」（繼承「新現實主義派」的源流）、「私小說」（繼承「自然主義」的源流）、「普羅文學（又稱無產階級文學）」（以改革社會為目標）三派對立的局面，這個情況一直持續到第二次世界大戰。

「新感覺派」的作家有川端康成（1899-1972）與橫光利一（1898-1947）；「私小說」有葛西善藏（1887-1928）；「普羅文學」則有小林多喜二（1903-1933）、宮本百合子（1899-1951）、佐多稻子（1904-1998）等人。

「普羅文學」於昭和初期曾一度擴大聲勢，但在政府的壓制下逐漸式微。從中脫離的一派人馬便稱為「轉向文學」，包括了中野重治（1902-1979）、高見順（1907-1965）等人。此外，反對普羅文學的還有以井伏鱒二（1898-1993）為首的新興藝術派，以及以堀辰雄（1904-1953）與伊藤整（1905-1969）為代表的新心理派。

昭和一〇年代戰爭越演越烈，這時文壇上最為活躍的是讚頌日本事物的「日本浪漫派」，以及創作戰爭文學的作家。前者有保田與重郎（1910-1981）與龜井勝一郎（1907-1966），後者則有火野葦平（1907-1960）等人。

## 戰後新人作家輩出

戰後，谷崎、永井、川端等既有的大牌作家重新展開創作活動，同時也有許多年輕作家開始推出大量作品。其中的一群年輕作家便稱為「無賴派」，包括了太宰治（1909-1948）、坂口安吾（1906-1955）、織田作之助（1913-1947）等人。他們處於戰後的混亂當中，一邊反對既有的道德標準，同時也流露出自嘲的態度。

另外，還有一群作家延續了戰前「轉向文學」的思想，專門描繪那些將戰後時期視為黑暗時期，用自我否定的心態來度日的一群人，這一派作家便稱為「戰後派」。戰後派可以再細分成第一次戰後派與第二次戰後派。

第一次戰後派有野間宏（1915-1991）、梅崎春生（1915-1965）、椎名麟三（1911-1973）。第二次戰後派則有武田泰淳（1912-1976）、大岡昇平（1909-1988）、堀田善衛（1918-1998）、島尾敏雄（1917-1986）、三島由紀夫（1925-1970）。

接著登場的則是人稱「第三新人」的一群作家，他們從日常生活中發掘寫作題材。而之所以命名為第三新人，表示是繼第一次與第二次戰後派之後所出現的作家。

戰後的文學樣貌出現重大變化，是在昭和三〇年代開高健（1930-1989）、石原慎三郎（1932-）、大江健三郎（1935-）等人出現之後。這些作家都在二十歲前半便踏入文壇，創作出前所未有的衝擊性作品，其影響不只限於文壇，甚至還喚起整個社會的迴響。其中，大江健三郎更是現代日本的代表性作家，並榮獲了諾貝爾文學獎。

## 近代日本文學的發展過程

**新現實主義派**

芥川龍之介（1892-1927）
《羅生門》（1915）
菊池寬（1888-1948）
佐藤春夫（1892-1964）

三派對立

**新感覺派**

川端康成（1899-1972）
《伊豆的舞孃》（1926）
《雪國》（1937）
橫光利一（1898-1947）
《日輪》（1923）

**普羅文學**

小林多喜二（1903-1933）
《蟹工船》（1929）

宮本百合子（1899-1951）
佐多稻子（1904-1998）

對立

**反普羅文學的立場**

新興藝術派
井伏鱒二（1898-1993）
《山椒魚》（1929）
新心理派
堀辰雄（1904-1953）
《風起》（1936）

**日本浪漫派**

保田與重郎（1910~1981）

**戰爭文學**

火野葦平（1907-1960）
《麥子與軍隊》（1938）

**轉向文學**

中野重治（1902-1979）

---

**無賴派**

太宰治（1909-1948）
《斜陽》（1947）
坂口安吾（1906-1955）
《墮落論》（1946）
織田作之助（1913-1947）
《夫婦善哉》（1940）

**第一次戰後派**

野間宏（1915-1991）
《陰暗的圖畫》（1946）
梅崎春生（1915-1965）
《櫻島》（1946）
椎名麟三（1911-1973）

**第二次戰後派**

武田泰淳（1912-1976）
《蝮蛇的子孫》（1948）
大岡昇平（1909-1988）
《俘虜記》（1949）
堀田善衛（1918-1998）
島尾敏雄（1917-1986）

三島由紀夫（1925-1970）
《假面的告白》（1949）

**第三新人**

吉行淳之介（1924-1994）
《驟雨》（1954）
安岡章太郎（1920-2013）
《壞朋友》（1953）
遠藤周作（1923-1996）
《白種人》（1955）

**開高、石原、大江**

開高健（1930-1989）
《國王的新衣》（1957）
石原慎太郎（1932-）
《太陽的季節》（1955）
大江健三郎（1935-）
《飼育》（1958）

### 文學又重新吸引年輕人的目光

昭和四〇年代對於文學而言，可以說是處於低潮的時期。儘管當時的文壇有小川國夫（1927-2008）、後藤明生（1932-1999）、古井由吉（1937-）等一群被稱為「內向世代」的作家，但不得不承認這些作家在大眾之間的知名度確實不高，也不太受到關注。雖然當時也有五木寬之（1932-）、野坂昭如（1930-2015）這些在電視上經常出現的藝人型當紅作家，但純文學的世界卻完全處於低迷的狀態。但其中的中上健次（1946-1992）以紀州熊野為舞台，創作出了一個獨特的土著世界，終於為文壇揚眉吐氣。

村上龍（1952-）的《無限接近透明的藍》（1976）也在這個時期突然出現，當時村上龍還在就讀美術大學。而村上龍以該書獲得了群像新人獎，接著又獲得芥川獎。該書描寫的是充斥著性愛與藥物的青春，這樣的內容與村上龍的年輕之姿喚起了社會的熱烈迴響，尤其是重新喚回了年輕族群對於文學的關注。無可否認，村上龍的出現大幅改變了日本文學界的景象。繼村上龍之後，又陸續出現了許多出色的年輕一輩作家。

比如著有《挪威的森林》（1987）、《海邊的卡夫卡》（2002）、《１Ｑ８４》（2009-2010）等知名作品的村上春樹（1949-），直至今日仍獲得日本國內外的高度讚賞。以及著有《再見了強盜們》（1981）的高橋源一郎。之後，文壇上也不斷出現各種不同風格的作家，像是著有《溫和左翼的嬉遊曲》的島田雅彥（1961-），以及著有《床上的眼睛》（1985）的山田詠美（1959-）等人。而在這一輩年輕作家當中，特別值得注目的則是吉本芭娜娜（1964-）。自從吉本以《廚房》（1987）踏入文壇後，就獲得了年輕世代壓倒性的支持，尤其是高中女生。

一九九〇年代文學邁入危機，此時出現了一群新生代作家。光是曾獲得芥川獎的，就有小川洋子（1962-，《不安的幸福》1990）、多和田葉子（1960-，《入贅的狗女婿》1992）、川上宏美（1958-，《踏蛇》1996）、平野啟一郎（1975-，《日蝕》1998）。

而二〇〇〇年代則接著出現了金原晴（1983-，《蛇信與舌環》2003）、綿矢莉莎（1984-，《欠踹的背影》2003）、絲山秋子（1966-，《在海上等你》2006）、川上未映子（1976-，《乳與卵》2007）。

小川的作品被翻譯成外國語言，廣受國外人士歡迎，居住德國的多和田同時也用德文書寫作品，而金原與綿矢踏入文壇時則年僅十幾歲，她們在話題性和商業性上都十分成功，除了小說之外同時也針對社會現況提出個人的意見，對社會的影響力不可小覷，多面向的參與活動也令人矚目。

CHECK THIS OUT!

**如果還想繼續研究近代日本文學，一定要具備以下基礎知識。**

## 寫實主義

坪內逍遙在所著《小說神髓》（1885-1886）一書中，排斥江戶文學那套賞善罰惡的故事模式，提倡以人的情感與心理描寫為中心來建構故事的方式，這套思想便稱為寫實主義（realism），他的《當世書生氣質》（1885）就做了實際的示範。之後，森鷗外反對坪內逍遙這套「一五一十呈現出事實」的主張，兩人對此持續進行爭論，這就是有名的「沒理想論爭」（關於是否去理想化的爭論）。

## 自然主義

自然主義是十九世紀後半以法國為中心，於歐洲盛極一時的思想。其代表人物為埃米爾・左拉（法 1840-1902）。自然主義認為人類是由本身擁有的體質所決定，而體質則是由遺傳與環境所形成的，並根據這樣的理論基礎，主張應該要觀察並分析人類的遺傳與環境，用這種實證性或實驗性的

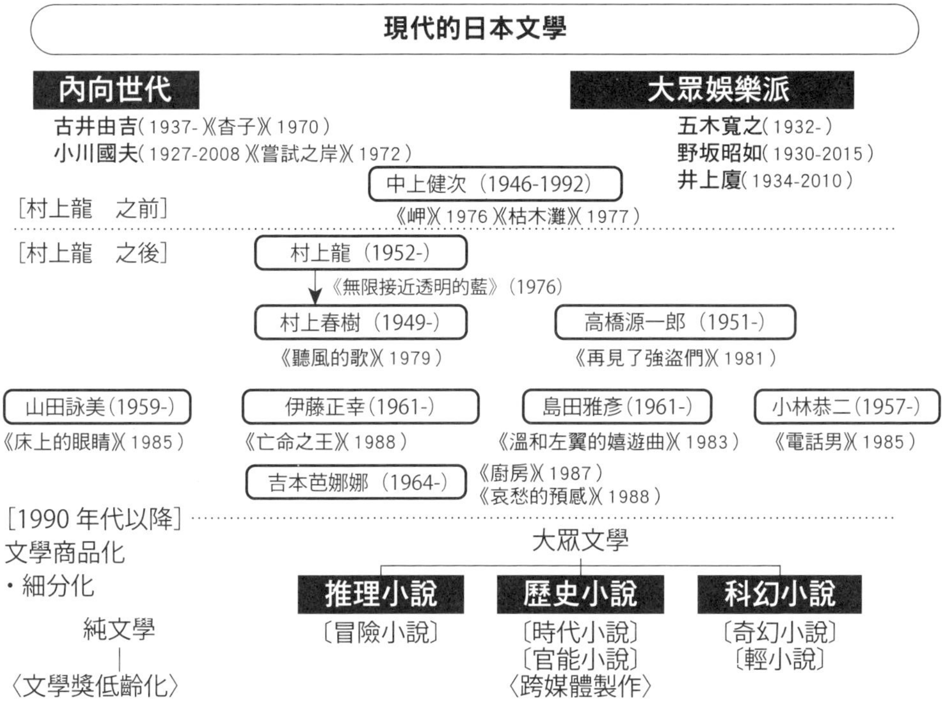

## 現代的日本文學

**內向世代**

古井由吉（1937-）《杳子》（1970）
小川國夫（1927-2008）《嘗試之岸》（1972）

**大眾娛樂派**

五木寬之（1932-）
野坂昭如（1930-2015）
井上廈（1934-2010）

中上健次（1946-1992）
《岬》（1976）《枯木灘》（1977）

［村上龍　之前］

［村上龍　之後］

村上龍（1952-）
《無限接近透明的藍》（1976）

村上春樹（1949-）
《聽風的歌》（1979）

高橋源一郎（1951-）
《再見了強盜們》（1981）

山田詠美（1959-）
《床上的眼睛》（1985）

伊藤正幸（1961-）
《亡命之王》（1988）

島田雅彥（1961-）
《溫和左翼的嬉遊曲》（1983）

小林恭二（1957-）
《電話男》（1985）

吉本芭娜娜（1964-）
《廚房》（1987）
《哀愁的預感》（1988）

［1990年代以降］
文學商品化
・細分化

純文學
〈文學獎低齡化〉

大眾文學

**推理小說**
〔冒險小說〕

**歷史小說**
〔時代小說〕
〔官能小說〕
〈跨媒體製作〉

**科幻小說**
〔奇幻小說〕
〔輕小說〕

---

方式描寫人類與社會，藉此除去人類與社會的弊病。這套自然主義思想在日本明治三〇年代中期傳入日本，成為日本文學運動的主流。

日本的自然主義可以大略分為前期與後期。前期的代表作家為島崎藤村，後期的代表作家為田山花袋。前期較具有社會性，後期的社會性則日趨薄弱，轉而著眼於個人的內在層面。這種創作態度直到今日仍占據日本文學的主流位置。

### 夏目漱石

日本文學史上最重要的作家，同時也被日本人稱為國民作家。著有《我是貓》（1905）、《三四郎》（1908）、《後來的事》（1909）、《心》（1914）等眾多經典作品。此外，夏目漱石還收有鈴木三重吉（1882-1936）、寺田寅彥（1878-1935）、芥川龍之介、久米正雄（1891-1952）等眾多門生，這也是他的一大特點。夏目漱石剖析近代人的孤獨與自我意識，探討應該要如何活在這個世上。他認為人應該要放下自我的執著並順從自然，他將這份態度稱為「則天去私」。

### 新思潮派

新思潮派是指以東大生為中心的雜誌《新思潮》（1907）所集結的一群作家。該派的特色是以理智而技巧性的方式描繪現實世界的樣貌。新思潮派的作家以芥川龍之介為首，另外還有菊池寬、久米正雄、山本有三（1887-1974）、豐島與志雄（1890-1955）等人。芥川龍之介以正確的文章與技巧，著有相當多部理智的作品。

## 普羅文學

在一九一七年俄國革命的影響下，日本勞工運動的聲勢也大幅高漲，普羅文學便在這樣的背景下誕生。它的理念是藉由文學的力量促進勞工運動發展，在大正末期到昭和初期之間占據了文壇的核心地位。普羅文學的小林多喜二、宮本百合子、德永直（1899-1958）等多位作家當時相當活躍，但當政府祭出治安維持法採取激烈的壓制手段後，原本支持普羅文學的人陸續轉向。最後，由於小林遭到警方殺害，該派於一九三五年左右逐漸式微。

## 原子彈文學

這是以廣島與長崎的原子彈相關經歷為題材的文學作品總稱。受害作家及其作品有原民喜（1905-1951）的《夏之花》（1947）、大田洋子（1906-1963）的《屍街》（1948）與《人間襤褸》（1951）、永井隆（1908-1951）的《長崎的鐘聲》（1946）、峠三吉（1917-1953）的《原爆詩集》（1951）等。

非受害作家的作品則以井伏鱒二（1898-1993）的《黑雨》（1966）最為知名。另外，井上廈（1934-2010）的戲曲《和爸爸在一起》（1994）、《紙屋町櫻飯店》（1997）、《少年口傳隊一九四五》（2008），在描寫原爆事件的戲曲作品當中評價相當高。

漫畫作品方面，中澤啟治（1939-2012）的《赤腳阿元》（1973）也非常有名。而《日本的原爆文學》（1983，全十五卷）則介紹了日本發行的原爆相關文學作品。

## 純文學

這是日本近代文學所使用的一個獨特用語。純文學的意思就是純粹的文學，意指追求藝術性的文學作品，與以娛樂為目的所寫成的通俗文學作為對比。不過，在大眾文化崛起的情況下，純文學已經失去了原本的意義。話說回來，之所以要去區分純文學與大眾文學，恐怕是因為日本本身扭曲了小說的概念所致。

## 中間文學

這也是日本近代文學裡的一種特殊用語，出現於一九四七年。中間文學指的是那些介於純文學與大眾文學中間的文學作品，但其實並沒有一個明確的區別方式，或許可以理解成是純文學作家為了要滿足出版社的要求而創作大眾小說所使用的一種權宜之計。簡單來說，中間小說雖然稱不上是純文學，但也不能簡單歸類於大眾文學，為了方便傳媒稱呼，因此才創造出了中間文學一詞。

## 私小說

私小說是一種日本特有的小說風格，作者藉由講述自身經驗與生活的方式來建構故事。自然主義作家田山花袋於其作《蒲團》暴露出自己的內心世界，開啟了私小說的先河。私小說的作家有葛西善藏、尾崎一雄（1899-1983）、上林曉（1902-1980）等人。儘管也有人批判私小說不帶任何社會性，只沉浸在自己狹窄的世界裡，但私小說的寫作態度就這樣不斷延續到今日，也是不爭的事實。

## 無賴派

無賴派指的是一群在戰後混亂時期登場的作家，又稱為新戲作派。在當時種種價值觀徹底崩解的時代下，作家對於原有的事物抱持著否定的態度與自嘲的心態，而這就是無賴派的特色。其代表人物為太宰治。太宰的出道作《晚年》（1936）是以他自己將會自殺為前提所寫成的，《斜陽》（1947）則描繪了一種毀滅的美。除此之外，無賴派作家還有織田作之助、坂口安吾、石田淳（1899-1987）等人。

## 三島由紀夫

一九四九年出版的《假面的告白》確立了三島由紀夫在文壇的地位。儘管一般將他歸類於第二次戰後派，但如果考慮到他之後的作為，或許應該將他置於一個特殊的位置也說不定。儘管他不斷否定戰後的時代，但後來還是對於經濟高度成長而沾沾自喜的日本感到厭惡，跑到自衛隊的基地鼓動大家發起政變，失敗後便切腹自殺。著有《金閣寺》（1956）、《憂國》（1961）、《豐饒之海》（1969-1971）等多部知名作品。

## 大江健三郎

大江健三郎以他就讀東大期間所發表的《飼育》，獲得了一九五八年的芥川獎。與石原慎太郎同樣身為全新類型的作家，為日本文學帶來嶄新的風貌。之後，大江健三郎接連出版了《個人的體驗》（1964）、《萬延元年的足球隊》（1967）、《洪水淹沒我的靈魂》（1973）等多部問題作品，持續描繪現代人空虛的身影。一九九四年更榮獲諾貝爾文學獎，是現代日本文學的代表作家。

## 第三新人

在戰爭文學當中，戰後立刻出現於文壇的野間宏與椎名麟三等人，稱為第一次戰後派，而過了稍久才出現的安部公房（1924-1993）與堀田善衛等人則稱為第二次戰後派。在這之後，一九五二至五三年之間踏入文壇的小島信夫（1915-2006）、安岡章太郎（1920-2013）、阿川弘之（1920-2015）、庄野潤三（1921-2009）、遠藤周作（1923-1996）、吉行淳之介（1924-1994）、三浦朱門（1926-）這群作家則稱為第三新人。這些作家都是在戰爭時期度過青春歲月，彼此擁有共同的經驗。他們不像第一次與第二次戰後派這樣直接談論思想與政治，而是描寫自身的文學世界。

## 內向世代

這個詞是由評論家平野謙（1907-1978）所創的。昭和四〇年代正值日本高度成長期，這時所出現的作家只著眼於自己的內在層面，將注意力朝向自己的內側，因此平野便以內向世代一詞批判這些作家。不過，為昭和四〇至五〇年代的純文學撐起一片天的，卻也是他們這群內向世代。屬於這派的作家有古井由吉、後藤明生等人。此外，在內向世代之後，又出現了村上春樹、村上龍等人的「全共鬥世代」，只是這個名稱不只用在文學領域上，而是一種廣泛的概念。

# 建築

●Architecture●

## 建築的起源

**羅馬建築隨著都市化程度提升也一同進步。**

近代建築的起源普遍認為是來自希臘建築。希臘建築與之前的埃及金字塔與美索不達米亞的金字形神塔那些宗教建築不同，已經開始建造出住宅與宮殿，而且，梁柱結構、供水系統與下水道及浴室等設施都已相當完備。

到了羅馬時期，古代建築更是出現進一步的發展。特別值得一提的是，這個時期建築的發展是伴隨著都市發展而出現，除了實用性以外也開始追求藝術性。

羅馬建築在建造時會經過縝密的計畫，也相當耐用。按照不同的用途，分別建造了宮殿、住宅、公共住宅、公共浴場、劇場、競技場等各式各樣的建築物。

到了西元一世紀時，建材方面除了原有的木材、石材、磚瓦之外，又增加了混凝土，於是人們便開始能夠建造大規模的建築。在裝飾方面，一至二世紀也開始出現了圓頂天花板、拱門、圓形建築物。以萬神廟、羅馬競技場、大浴場為代表的公共建築上，都可以看到這些元素。

初期基督教建築與拜占庭式建築，儘管在裝飾方面出現了一些改變，卻仍然未能脫離羅馬建築的影響。初期基督教建築的特色為巴西利卡式教堂，拜占庭式建築的特色則是巴西利卡再加上圓頂的元素。

到了十一世紀時，基督教建築開始出現人稱「仿羅馬式建築」的建築風格並擴展到歐洲各地。這時的建築特徵在於接納當地的特色，在建材與形式上強烈反映出地方特性。建築特色為厚牆、粗柱、半圓形拱門。

十二世紀中期的法國，莫名出現一股建築熱潮，「哥德式建築」便是這時所出現的其中一種嶄新建築風格。高聳的天花板與給人一種飛揚感的室內結構，以及占據整片牆面的花窗玻璃都是哥德式建築的特色。哥德式建築之後又陸續散播到英國、義大利、德國，各國在相互影響的同時也不斷將這種建築風格發展下去。

## 建築樣式的變遷

**文藝復興時期建築師誕生，建築開始出現獨創性與藝術性。**

十五世紀義大利所發起的文藝復興運動，也為建築方面帶來重大的變革。文藝復興建築與其他領域的文藝復興文化一樣，都致力於追求比例勻稱、均衡、和諧的古典之美。這時的建築物也不再像之前以教堂建築為中心，公共設施、宮殿、宅邸也成為建築上重要的主題。

文藝復興時期從十五世紀一直持續到十六世紀末，前後大約兩百年的時間。此時的建築可以分成初期、全盛期、矯飾主

## 建築的發展過程①

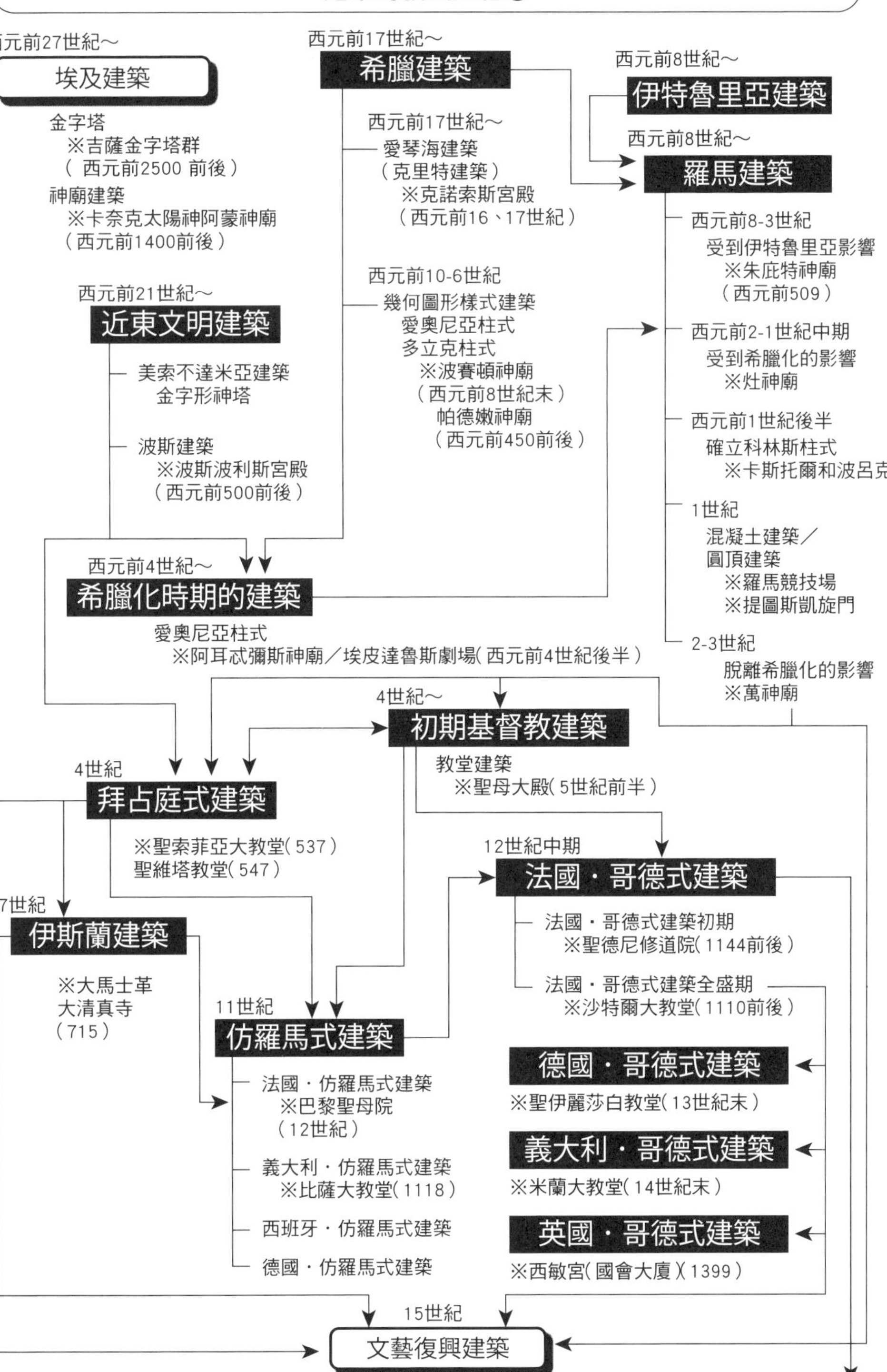
西元前27世紀～
埃及建築
金字塔
※吉薩金字塔群
（西元前2500 前後）
神廟建築
※卡奈克太陽神阿蒙神廟
（西元前1400前後）
西元前21世紀～
近東文明建築
美索不達米亞建築
金字形神塔
波斯建築
※波斯波利斯宮殿
（西元前500前後）
西元前17世紀～
希臘建築
西元前17世紀～
愛琴海建築
（克里特建築）
※克諾索斯宮殿
（西元前16、17世紀）
西元前10-6世紀
幾何圖形樣式建築
愛奧尼亞柱式
多立克柱式
※波賽頓神廟
（西元前8世紀末）
帕德嫩神廟
（西元前450前後）
西元前8世紀～
伊特魯里亞建築
西元前8世紀～
羅馬建築
西元前8-3世紀
受到伊特魯里亞影響
※朱庇特神廟
（西元前509）
西元前2-1世紀中期
受到希臘化的影響
※灶神廟
西元前1世紀後半
確立科林斯柱式
※卡斯托爾和波呂克斯神廟
1世紀
混凝土建築／
圓頂建築
※羅馬競技場
※提圖斯凱旋門
2-3世紀
脫離希臘化的影響
※萬神廟
西元前4世紀～
希臘化時期的建築
愛奧尼亞柱式
※阿耳忒彌斯神廟／埃皮達魯斯劇場（西元前4世紀後半）
4世紀～
初期基督教建築
教堂建築
※聖母大殿（5世紀前半）
4世紀
拜占庭式建築
※聖索菲亞大教堂（537）
聖維塔教堂（547）
7世紀
伊斯蘭建築
※大馬士革
大清真寺
（715）
11世紀
仿羅馬式建築
法國・仿羅馬式建築
※巴黎聖母院
（12世紀）
義大利・仿羅馬式建築
※比薩大教堂（1118）
西班牙・仿羅馬式建築
德國・仿羅馬式建築
12世紀中期
法國・哥德式建築
法國・哥德式建築初期
※聖德尼修道院（1144前後）
法國・哥德式建築全盛期
※沙特爾大教堂（1110前後）
德國・哥德式建築
※聖伊麗莎白教堂（13世紀末）
義大利・哥德式建築
※米蘭大教堂（14世紀末）
英國・哥德式建築
※西敏宮（國會大廈）（1399）
15世紀
文藝復興建築

義等三個時期。

文藝復興初期的建築特色是以單純、清晰、輕快為基調，為此也在結構上下了許多獨創的巧思，在裝飾上則採用古典風格。全盛期的建築特色是，古典風格只留下了更嚴格且形式性的部分，排除了自由、輕快、華麗的元素，帶有簡樸、莊嚴、厚重的特性。到了矯飾主義時期，則變成追求新奇、複雜、有張力的樣式，否定文藝復興全盛期形成的風格，轉而講求獨創性與特別性。

文藝復興時期的建築與原先的建築風格，之所以會如此大異其趣，「建築師誕生」肯定是一項重要原因。在這之前的建築物都是由工匠打造，而文藝復興時期的人們則開始認為建築必須具備廣泛的知識與素養、美術才華與實驗能力，於是便出現了建築家這個角色。文藝復興初期的知名建築師有多納托・布拉曼特（義 Donato Bramante, 1444-1514）、拉斐爾・聖齊奧（義 Raffaello Sanzio, 1483-1520）、朱利奧・羅曼諾（義 Giulio Romano, 1499- 1546）。

「巴洛克建築」緊接在文藝復興時期之後出現。相對於靜態而古典的文藝復興建築，巴洛克建築則追求視覺上的效果，為了給人一種動態、戲劇性及強烈的印象，而運用了繪畫與雕刻方面的藝術技巧，表現出更加複雜且具綜合性的建築。在建築設計方面，不像文藝復興時期採取對稱的形狀，而偏好使用橢圓、歪斜、扭曲的曲線等呈現出躍動感的形狀，追求一種不受拘束的美感。

巴洛克建築的代表性建築師為貝尼尼（義 Gian Bernini, 1598-1680），他的代表作是羅馬聖彼得大教堂門面的柱廊。除此之外，現在羅馬所留下古代建築物當中，也有許多巴洛克風格的建築，像是義大利眾議院、特雷維噴泉、西班牙階梯等。

## 近代的建築

**開始以鐵、玻璃、水泥作為建材，並發起了近代建築運動。**

到了十九世紀後半，開始運用鐵、玻璃、混凝土來當建材，導致建築風貌出現重大變化。一八五〇年左右鋼鐵成功量產，於是出現了大規模鋼骨建築，其中高三百公尺的巴黎艾菲爾鐵塔足為代表。不過，除了鋼鐵量產的因素外，電梯與電力設備的進步也是相當重要的因素。

這個時期人們也發起了近代建築運動。英國方面，威廉・莫里士（William Morris, 1834-1896）發起了美術工藝運動。該運動的宗旨為復興中世紀工匠的手工製作精神，而排除機械製造的產品。

法國則發起了新藝術運動，致力於創造嶄新的美感；德國方面，則形成了一種稱為青年風格的潮流，採取全新的曲線樣式。不過，其中最重要的則是奧地利的奧圖・華格納（Otto Wagner, 1841-1918），他在《論現代建築》（1895）一書中，主張要建築應該要符合目的，並講求工程與經濟的合理性。他的思想影響了之後的建築師，「維也納分離派」就此誕生。

而在這個時期，美國的路易・蘇利文（Louis Sullivan, 1856-1924）則建造出了不帶任何裝飾的高層鋼骨建築。

## 建築的發展過程②

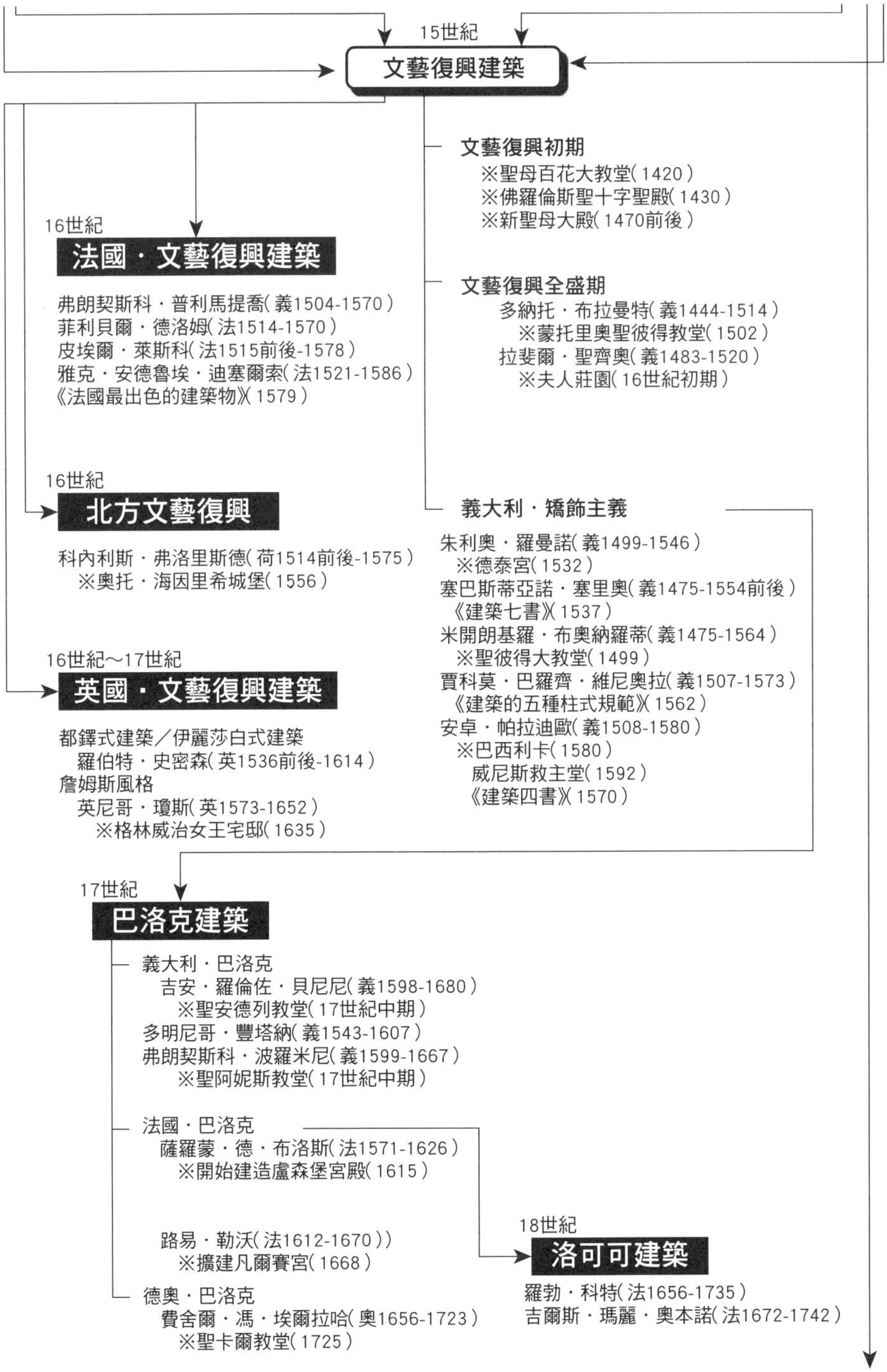

15世紀
**文藝復興建築**

文藝復興初期
※聖母百花大教堂(1420)
※佛羅倫斯聖十字聖殿(1430)
※新聖母大殿(1470前後)

文藝復興全盛期
多納托・布拉曼特(義1444-1514)
※蒙托里奧聖彼得教堂(1502)
拉斐爾・聖齊奧(義1483-1520)
※夫人莊園(16世紀初期)

義大利・矯飾主義
朱利奧・羅曼諾(義1499-1546)
※德泰宮(1532)
塞巴斯蒂亞諾・塞里奧(義1475-1554前後)
《建築七書》(1537)
米開朗基羅・布奧納羅蒂(義1475-1564)
※聖彼得大教堂(1499)
賈科莫・巴羅齊・維尼奧拉(義1507-1573)
《建築的五種柱式規範》(1562)
安卓・帕拉迪歐(義1508-1580)
※巴西利卡(1580)
威尼斯救主堂(1592)
《建築四書》(1570)

16世紀
**法國・文藝復興建築**

弗朗契斯科・普利馬提喬(義1504-1570)
菲利貝爾・德洛姆(法1514-1570)
皮埃爾・萊斯科(法1515前後-1578)
雅克・安德魯埃・迪塞爾索(法1521-1586)
《法國最出色的建築物》(1579)

16世紀
**北方文藝復興**

科內利斯・弗洛里斯德(荷1514前後-1575)
※奧托・海因里希城堡(1556)

16世紀～17世紀
**英國・文藝復興建築**

都鐸式建築／伊麗莎白式建築
羅伯特・史密森(英1536前後-1614)
詹姆斯風格
英尼哥・瓊斯(英1573-1652)
※格林威治女王宅邸(1635)

17世紀
**巴洛克建築**

義大利・巴洛克
吉安・羅倫佐・貝尼尼(義1598-1680)
※聖安德列教堂(17世紀中期)
多明尼哥・豐塔納(義1543-1607)
弗朗契斯科・波羅米尼(義1599-1667)
※聖阿妮斯教堂(17世紀中期)

法國・巴洛克
薩羅蒙・德・布洛斯(法1571-1626)
※開始建造盧森堡宮殿(1615)

路易・勒沃(法1612-1670))
※擴建凡爾賽宮(1668)

德奧・巴洛克
費舍爾・馮・埃爾拉哈(奧1656-1723)
※聖卡爾教堂(1725)

18世紀
**洛可可建築**

羅勃・科特(法1656-1735)
吉爾斯・瑪麗・奧本諾(法1672-1742)

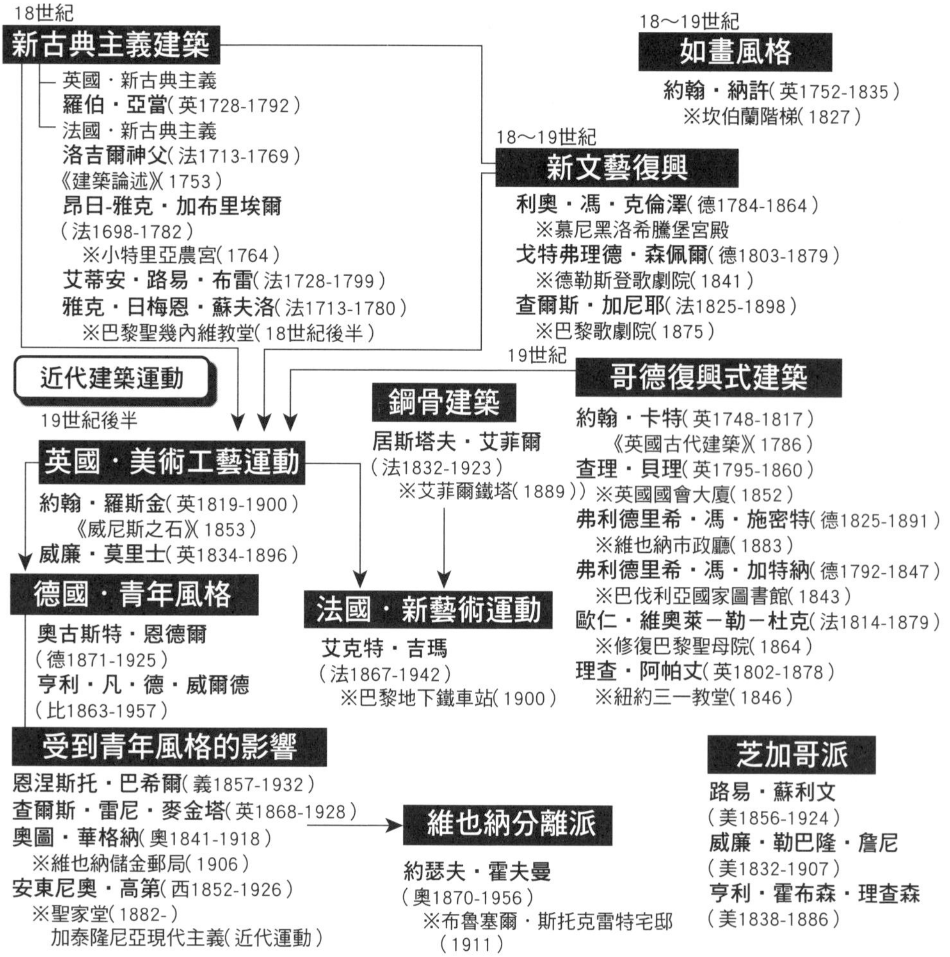

18世紀
### 新古典主義建築

- 英國・新古典主義
  **羅伯・亞當**（英1728-1792）
- 法國・新古典主義
  **洛吉爾神父**（法1713-1769）
  《建築論述》（1753）
  **昂日-雅克・加布里埃爾**（法1698-1782）
  ※小特里亞農宮（1764）
  **艾蒂安・路易・布雷**（法1728-1799）
  **雅克・日梅恩・蘇夫洛**（法1713-1780）
  ※巴黎聖幾內維教堂（18世紀後半）

18～19世紀
### 如畫風格

**約翰・納許**（英1752-1835）
※坎伯蘭階梯（1827）

18～19世紀
### 新文藝復興

**利奧・馮・克倫澤**（德1784-1864）
※慕尼黑洛希騰堡宮殿
**戈特弗理德・森佩爾**（德1803-1879）
※德勒斯登歌劇院（1841）
**查爾斯・加尼耶**（法1825-1898）
※巴黎歌劇院（1875）

19世紀
### 哥德復興式建築

**約翰・卡特**（英1748-1817）
《英國古代建築》（1786）
**查理・貝理**（英1795-1860）
※英國國會大廈（1852）
**弗利德里希・馮・施密特**（德1825-1891）
※維也納市政廳（1883）
**弗利德里希・馮・加特納**（德1792-1847）
※巴伐利亞國家圖書館（1843）
**歐仁・維奧萊－勒－杜克**（法1814-1879）
※修復巴黎聖母院（1864）
**理查・阿帕丈**（英1802-1878）
※紐約三一教堂（1846）

### 近代建築運動
19世紀後半

### 英國・美術工藝運動

**約翰・羅斯金**（英1819-1900）
《威尼斯之石》（1853）
**威廉・莫里士**（英1834-1896）

### 鋼骨建築

**居斯塔夫・艾菲爾**（法1832-1923）
※艾菲爾鐵塔（1889））

### 德國・青年風格

**奧古斯特・恩德爾**（德1871-1925）
**亨利・凡・德・威爾德**（比1863-1957）

### 法國・新藝術運動

**艾克特・吉瑪**（法1867-1942）
※巴黎地下鐵車站（1900）

### 受到青年風格的影響

**恩涅斯托・巴希爾**（義1857-1932）
**查爾斯・雷尼・麥金塔**（英1868-1928）
**奧圖・華格納**（奧1841-1918）
※維也納儲金郵局（1906）
**安東尼奧・高第**（西1852-1926）
※聖家堂（1882-）
加泰隆尼亞現代主義（近代運動）

### 維也納分離派

**約瑟夫・霍夫曼**（奧1870-1956）
※布魯塞爾・斯托克雷特宅邸（1911）

### 芝加哥派

**路易・蘇利文**（美1856-1924）
**威廉・勒巴隆・詹尼**（美1832-1907）
**亨利・霍布森・理查森**（美1838-1886）

---

二十世紀前半，現代建築運動出現了進一步的發展。人們繼承了近代建築運動，同時否定既有的傳統，而在這個背景下各國逐漸發展成多種不同形態。其中特別重要的有德國的表現主義、荷蘭的風格派、義大利的未來主義以及美國的有機建築。這些風格各具有特色，但卻都有一個共通點，那就是刻意否定傳統、追求符合時代的設計。

這些派別都曾在國際間盛極一時，但之後表現主義因為經濟面與製造面的問題而日漸式微，風格派則逐漸與構成主義等多種風格融合在一起。最後形成了一股稱為「國際風格」（現代主義建築）的巨大潮流，影響力不只限於歐洲，甚至也席捲了美國與日本等眾多國家。

現代主義建築的特色是在鋼骨或鋼筋混凝土的框架上填入地板與牆壁，去除裝飾、採取理性的建築風格。引領這一派的人物有創立包浩斯建築學校的德國建築師華特・格羅佩斯（Walter Gropius, 1883-1969），和德國理性主義的密斯・凡・德羅（Mies Van der Rohe, 1886-1969），以及

## 建築的發展過程③

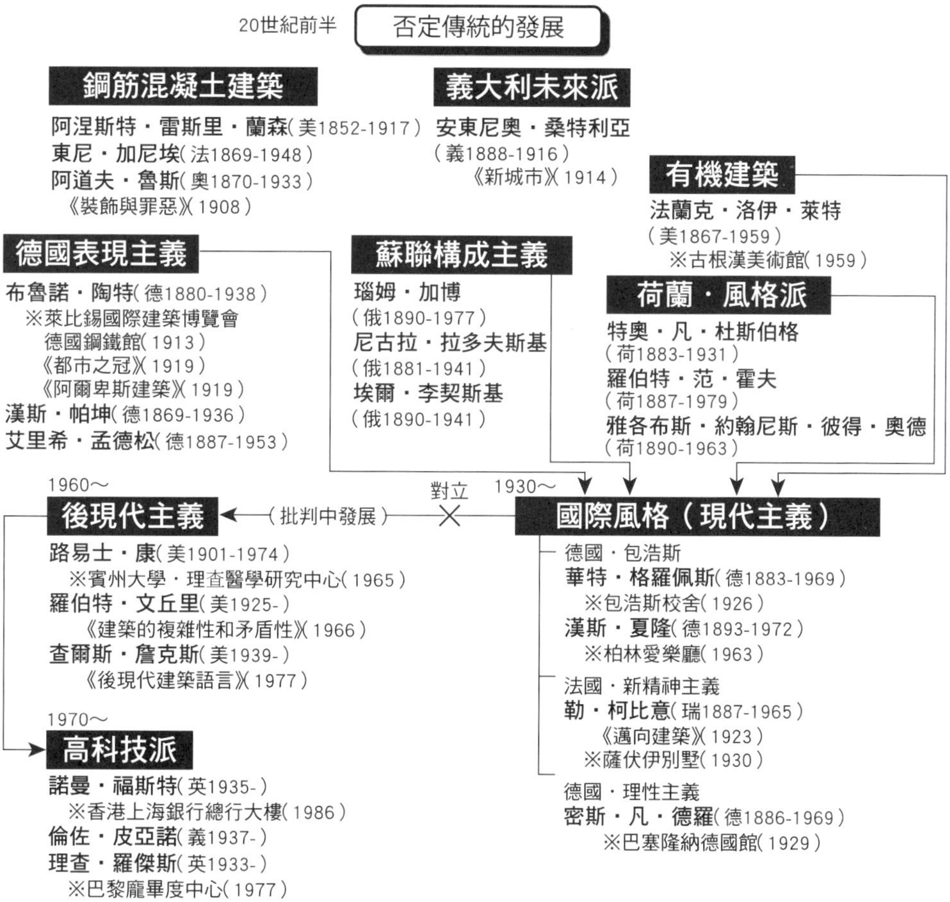

20世紀前半 **否定傳統的發展**

**鋼筋混凝土建築**
阿涅斯特・雷斯里・蘭森（美1852-1917）
東尼・加尼埃（法1869-1948）
阿道夫・魯斯（奧1870-1933）
《裝飾與罪惡》（1908）

**義大利未來派**
安東尼奧・桑特利亞（義1888-1916）
《新城市》（1914）

**有機建築**
法蘭克・洛伊・萊特（美1867-1959）
※古根漢美術館（1959）

**德國表現主義**
布魯諾・陶特（德1880-1938）
※萊比錫國際建築博覽會 德國鋼鐵館（1913）
《都市之冠》（1919）
《阿爾卑斯建築》（1919）
漢斯・帕坤（德1869-1936）
艾里希・孟德松（德1887-1953）

**蘇聯構成主義**
瑙姆・加博（俄1890-1977）
尼古拉・拉多夫斯基（俄1881-1941）
埃爾・李契斯基（俄1890-1941）

**荷蘭・風格派**
特奧・凡・杜斯伯格（荷1883-1931）
羅伯特・范・霍夫（荷1887-1979）
雅各布斯・約翰尼斯・彼得・奧德（荷1890-1963）

1930～ **國際風格（現代主義）**

德國・包浩斯
華特・格羅佩斯（德1883-1969）
※包浩斯校舍（1926）
漢斯・夏隆（德1893-1972）
※柏林愛樂廳（1963）

法國・新精神主義
勒・柯比意（瑞1887-1965）
《邁向建築》（1923）
※薩伏伊別墅（1930）

德國・理性主義
密斯・凡・德羅（德1886-1969）
※巴塞隆納德國館（1929）

對立（批判中發展）

1960～ **後現代主義**
路易士・康（美1901-1974）
※賓州大學・理查醫學研究中心（1965）
羅伯特・文丘里（美1925-）
《建築的複雜性和矛盾性》（1966）
查爾斯・詹克斯（美1939-）
《後現代建築語言》（1977）

1970～ **高科技派**
諾曼・福斯特（英1935-）
※香港上海銀行總行大樓（1986）
倫佐・皮亞諾（義1937-）
理查・羅傑斯（英1933-）
※巴黎龐畢度中心（1977）

---

生於瑞士日後前往法國發展的勒・柯比意（Le Corbusier, 1887-1965）。包浩斯的特色在於以創造量產的工藝與建築為目標。

密斯・凡・德羅融合了歐洲的古典主義與近代的理性主義。而柯比意的理念則是打造出以梁柱結構組成的單純四方體。如果說在這之後的建築師都受到這三人所影響，一點也不為過。另外再加上以大草原風格而知名的美國建築師法蘭克・洛伊・萊特（Frank Lloyd Wright, 1867-1959），這四人合稱「四大現代建築大師」。

## 現代的建築

### 展開技術革新，新的觀點也由此而生。

儘管理性主義的建築思想散布到了整個世界，但第二次世界大戰後卻開始出現批判的聲浪。一九六〇年代，建築評論家查理斯・詹克斯（美 Charles Jencks, 1939-）帶起了一股「後現代主義」的潮流。詹克斯的目標是復興象徵傳統的元素，打造出具有古典裝飾的建築，日後主要活躍於英國。後現代主義建築盛行於一九八〇年代，引領後現代主義建築風潮的，是美國的羅伯特．文丘里（Robert Venturi, 1925-）等人。他的老師則是被譽為二十世紀後半最具影響力的建築師，並且重新定義近代建築的美國建築師路易士．康（Louis Kahn, 1901-1974）。

講求禁欲與理性的現代主義喪失了多樣性與獨特性，後現代針對這點進行了反思，於是便形成了「任何風格皆可採納」的思想，創造出具有多采多姿表現方式的作品。

二十世紀後半的建築領域上，建築師開始要面對「工程師」這些工作內容相當於從前人稱工匠的人們，帶動整個建築界出現新的進展。在這樣的時代下，誕生了像英國的奧韋．阿魯普（1895-1988）這種「結構工程師」，他們在建築方面的影響力日漸增加。

除此之外，建築界也不斷出現新技術與新建材，以及建立在高度工程技術上的雕刻工藝，這些也都跟專業工程師息息相關。若要用一句話來形容現代建築，那就是「工程技術與建築結合在一起」。

近年來由於環境問題而使得人們也開始反思建築的根本層面，人們除了經濟性之外也更加重視建築的適應性與使用彈性等方面，開始挑戰「綠建築（對環境友善的建築）」這項新的主題。

CHECK THIS OUT!

**如果還想繼續研究建築藝術，一定要具備以下的基礎知識。**

## 羅馬建築

相對於希臘建築的單純，羅馬建築的特色則是繁複且多樣化，而建造出許多大規模建築也是羅馬建築的一大特色。雖然羅馬建築還是以神殿等宗教建築為主，但同時也建有許多住宅與劇場，顧及了世俗面與日常生活層面也是羅馬建築的特色之一。在建築技術方面，混凝土工法出現大幅進展，因此建築的質與量也都隨之提升。另外，羅馬的城市與建築在相互影響的過程中各自發展，也是羅馬建築的一大特色。

## 拜占庭式建築

這種建築風格源自於六世紀的東羅馬帝國，主要建築為結合了羅馬風格與中東地區的建築技術所建造出的雄偉教堂建築。拜占庭式建築的特色為在正方形空間上建立覆蓋的圓頂。代表性建築為威尼斯的聖馬可大教堂。這種建築風格打從一開始出現時便已經徹底發展完畢，之後再也沒有重大的進展，不過，東羅馬帝國滅亡後反而又在俄羅斯開花結果。

## 威廉．莫里士

莫里士是一位英國工藝師，他對藝術理論家約翰．羅斯金（英 John Ruskin, 1819-1900）的思想產生共鳴，於是便發起了工藝運動。莫里士深感機械大量生產而成的產品品質粗糙，他的理想是重新打造出中世紀的工匠世界，因此著手製作室內裝飾與家具等各式工藝品。莫里士的思想不只影響了英國當地，還擴展到了歐洲各地。在這股潮流當中，連帶發展出了完全不帶有以往任何特色的嶄新建築風格。

## 新藝術運動

這是受到莫里士的工藝運動影響，所發起的新式建築風格運動之一。新藝術運動誕生於十九世紀末的比利時，接著於巴黎蓬勃發展。新藝術運動的特色為運用流動般的曲線與曲面，製作出華麗的裝飾。從中可見當時蔚為風潮的日本主義（日本風格的裝飾與空間設計）所帶來的影響。此外，新藝術運動與莫里士的工藝運動不同的一點是，新藝術運動也非常喜歡使用新式建材。特別偏好使用鐵這種可以描繪出自由曲線的材質，而這也是新藝術運動之所以蓬勃發展的重要因素。

## 維也納分離派

約瑟夫・霍夫曼（捷 Josef Hoffmann, 1870-1956）、約瑟夫・奧爾布里希（捷 Joseph Oblrich, 1867-1908）等人，為了實踐維也納建築師奧圖・華格納所提倡的新式建築理論，組成了維也納分離派（Vienna Secession）。

Secession 這個拉丁文是分離的意思，這個名字包含了想要脫離以往風格的含義。

參加這個團體的不只建築師，還有畫家克里姆特等眾多藝術家，就連攝影界也有一派稱為維也納分離派。

## 包浩斯建築學校

這是一九一九年建築師華特・格羅佩斯於德國威瑪所創立的建築學校。創校時所訂下的兩大教育理念為「用建築將一切藝術結合在一起」、「建築藝術的基本在於手工業，首先要回到這個基本」。

包浩斯建築學校從一九二五年開始發行叢書，首部作品《國際建築》（1925），主張「以全世界通用的建材、技術以及理性思考方式，將可打造出國際通用的建築」，這套想法在國際間喚起很大的迴響。

## 勒・柯比意

法國建築師柯比意，是讓現代建築進臻完美的人物之一。他所打造的建築是以鋼筋混凝土建造的普遍建築，任何人都可輕易仿效，但在這份普通裡卻又同時具有人性化的獨特風格，對各國建築師都帶來很大的影響。

除此之外，他還是一位理論指導者，提倡「機械美學」與「光輝城市」的概念，並與朋友合辦雜誌《新精神》（1920）。

## 後現代主義

一九六四年，美國建築師文丘里在其作品《建築的複雜性和矛盾性》（1966）當中的「少即是無趣」這句話，開啟了後現代主義的序幕。

後現代一詞最早出現於一九七七年美國的建築評論家詹克斯所撰寫的《後現代建築語言》一書中。後現代的建築師肯定現代主義者所否定的歷史主義與折衷主義，於是，象徵意涵、獨特性以及裝飾便重新回到了建築當中。

CLOSE UP!

# 近代日本建築

Modern Japanese Architecture

日本的近代建築在現代主義登場後，出現飛躍性的進展。歷經後現代主義，接著又邁向超現代主義。

日本的近代建築起始於幕末到明治年間，這時長崎、神戶、橫濱等外國人居留地興建了許多洋房以及製鐵廠、紡紗廠等工廠。

接著，明治政府又聘請了多位外國建築師，這時近代日本建築才真正形塑出更加明確的樣貌。

這些建築師在明治一〇年代前後自成一個時代。其中，居於中心位置的是法裔英國人沙泰爾・布安維利（1850-1897）、英國的喬賽亞・康得（1852-1920）以及來自德國的赫爾曼・恩多（1829-1907）與威廉・伯克曼（1832-1902）組合。

在這之前，就已經有無數外國建築師到過日本，但第一位正式的建築師還是要屬布安維利。從設計成歐洲風格的工部大學講堂，到皇居謁見所、外務省等多項建築，都是出自他之手。

另外，相當了解日本文化的康得也在同時期來到日本。康得正是為初期日本建築界貢獻最多的人。

他曾經擔任日本工部省的教授，有系統的教授學生建築理論與建築史，他的學生日後打造了鹿鳴館、有栖川宮邸、東京尼古拉教堂、丸之內三菱一號館，帶領日本建築界繼續發展下去。

## 日本建築師開始活躍

政府聘請外國人建築師的這段時期結束後，日本建築師便開始活躍。這些日本建築師分成了英國派、德國派、法國派三個系統。其中又以英國派為主流，代表人物有康得的學生辰野金吾（1854-1919）、曾禰達藏（1853-1937）、藤本壽吉（1855-1891），英國派的特色是融合了古典與哥德的風格，重要的建築作品有日本銀行本行、東京車站、日本文部省等。

相較之下，德國派與法國派的聲勢就比較弱一點。德國派有妻木賴黃（1859-1916）等人，法國派則有片山東熊（1854-1917）等人，儘管這些建築師曾經活躍一時，但過沒多久就逐漸式微了。

德國派的特色為和洋折衷（混合日本風與西洋風），德國風的文藝復興、巴洛克、哥德風格與日本風互相融合在一起。代表作品有初期的帝國飯

## 近代的日本建築(明治－昭和初期)①

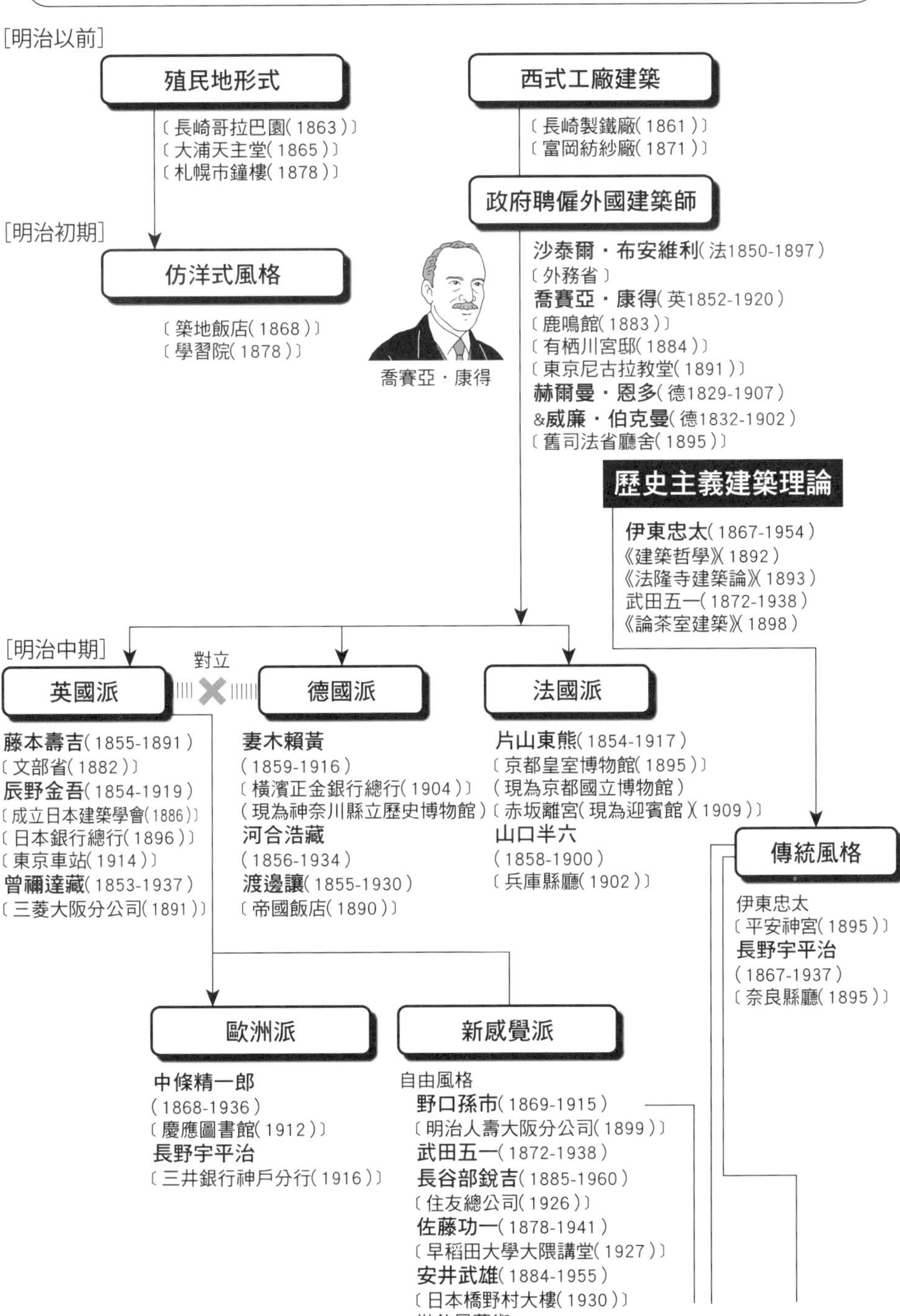
[明治以前]
殖民地形式
〔長崎哥拉巴園(1863)〕
〔大浦天主堂(1865)〕
〔札幌市鐘樓(1878)〕
西式工廠建築
〔長崎製鐵廠(1861)〕
〔富岡紡紗廠(1871)〕
政府聘僱外國建築師
沙泰爾・布安維利(法1850-1897)
〔外務省〕
喬賽亞・康得(英1852-1920)
〔鹿鳴館(1883)〕
〔有栖川宮邸(1884)〕
〔東京尼古拉教堂(1891)〕
赫爾曼・恩多(德1829-1907)
&威廉・伯克曼(德1832-1902)
〔舊司法省廳舍(1895)〕
[明治初期]
仿洋式風格
〔築地飯店(1868)〕
〔學習院(1878)〕
喬賽亞・康得
歷史主義建築理論
伊東忠太(1867-1954)
《建築哲學》(1892)
《法隆寺建築論》(1893)
武田五一(1872-1938)
《論茶室建築》(1898)
[明治中期]
英國派
對立
德國派
法國派
藤本壽吉(1855-1891)
〔文部省(1882)〕
辰野金吾(1854-1919)
〔成立日本建築學會(1886)〕
〔日本銀行總行(1896)〕
〔東京車站(1914)〕
曾禰達藏(1853-1937)
〔三菱大阪分公司(1891)〕
妻木賴黃
(1859-1916)
〔橫濱正金銀行總行(1904)〕
(現為神奈川縣立歷史博物館)
河合浩藏
(1856-1934)
渡邊讓(1855-1930)
〔帝國飯店(1890)〕
片山東熊(1854-1917)
〔京都皇室博物館(1895)〕
(現為京都國立博物館)
〔赤坂離宮(現為迎賓館)(1909)〕
山口半六
(1858-1900)
〔兵庫縣廳(1902)〕
傳統風格
伊東忠太
〔平安神宮(1895)〕
長野宇平治
(1867-1937)
〔奈良縣廳(1895)〕
歐洲派
中條精一郎
(1868-1936)
〔慶應圖書館(1912)〕
長野宇平治
〔三井銀行神戶分行(1916)〕
新感覺派
自由風格
野口孫市(1869-1915)
〔明治人壽大阪分公司(1899)〕
武田五一(1872-1938)
長谷部銳吉(1885-1960)
〔住友總公司(1926)〕
佐藤功一(1878-1941)
〔早稻田大學大隈講堂(1927)〕
安井武雄(1884-1955)
〔日本橋野村大樓(1930)〕
裝飾風藝術

店與橫濱正金銀行本行。

法國派的中心人物片山東熊本身是一名宮廷建築師，除了貴族的宅邸之外，也負責興建京都奈良的皇室博物館。片山的建築風格是以凡爾賽為範本，帶有強烈的法國巴洛克風格影子。

在這之後，德國派與法國派就銷聲匿跡了，而英國派則由歐洲派與新感覺派的新世代延續下去。

## 開始發展現代設計

大正時期，現代設計席捲了日本建築界。其中最早出現的是表現主義一派。本野精吾（1882-1944）曾到德國留學並受到德國表現主義的影響，回到日本後於一九一四年打造了西陣織物館，後藤慶二（1883-1919）則於一九一五年建造出豐多摩監獄。從此開啟了日本的表現主義與現代設計。

本野與後藤的建築設計採用三角形與四角形這類幾何圖形的方式，尤其是豐多摩監獄為當時的年輕建築師帶來很大的震撼。受到後藤影響的堀口捨己（1895-1984）、山田守（1894-1966）等人，又將這種建築風格發展成分離派建築。

從美國前往日本的法蘭克・洛伊・萊特以及他的日本學生，是早期現代設計的另一派人馬。這一派的代表作品有萊特所打造的帝國飯店與自由學園，以及遠藤新（1889-1951）的甲子園飯店。該派的建築特色為獨特的裝飾以及一整排相連的房間，基本上可以歸類於表現主義的一種。

此外，這個時期也可以看到相當於荷蘭表現主義的荷蘭風格派設計，代表人物為捷克出生的安東尼・雷蒙（Antonin Raymond, 1888-1976）。雷蒙是萊特的學生，與老師一同前往日本。但雷蒙到了日本後發展出與萊特相左的建築主張，他創作出歐洲式的現代設計建築，同時也培育出前川國男（1905-1986）、吉村順三（1908-1997）等多位學生。

## 初期的現代主義

繼風格派之後，接著又出現了包浩斯派與柯比意派。這三派合稱為日本的初期現代主義建築。

包浩斯的特色為直角與白色的元素，代表人物有昭和初期前往德國包浩斯學習的山口文象（1902-1978）、水谷武彥（1898-1969）、山脇巖（1898-1987）等人。他們經手的範圍很廣，從醫院與學校等公共設施到一般住宅都有，形成了戰前現代設計的主流。

另一方面，站在反包浩斯立場的雷蒙，從原本的風格派又受到柯比意所影響，而身為雷蒙學生的前川國男與坂倉準三（1901-1969），也在雷蒙回國後進入了巴黎的柯比意建築事務所。

上述二人與前川的學生丹下健三（1913-2005），三人共同屬於日本的柯比意派建築師，在戰後引領了日本建築界發展。

## 後現代主義登場

戰後的日本建築由柯比意派的三人，以及現代主義的蘆原義信（1918-2003）、後期表現主義的村野藤吾（1891-1984）引領風潮。大約從昭和二〇年代到三〇年代中期的日

## 近代的日本建築(明治－昭和初期)②

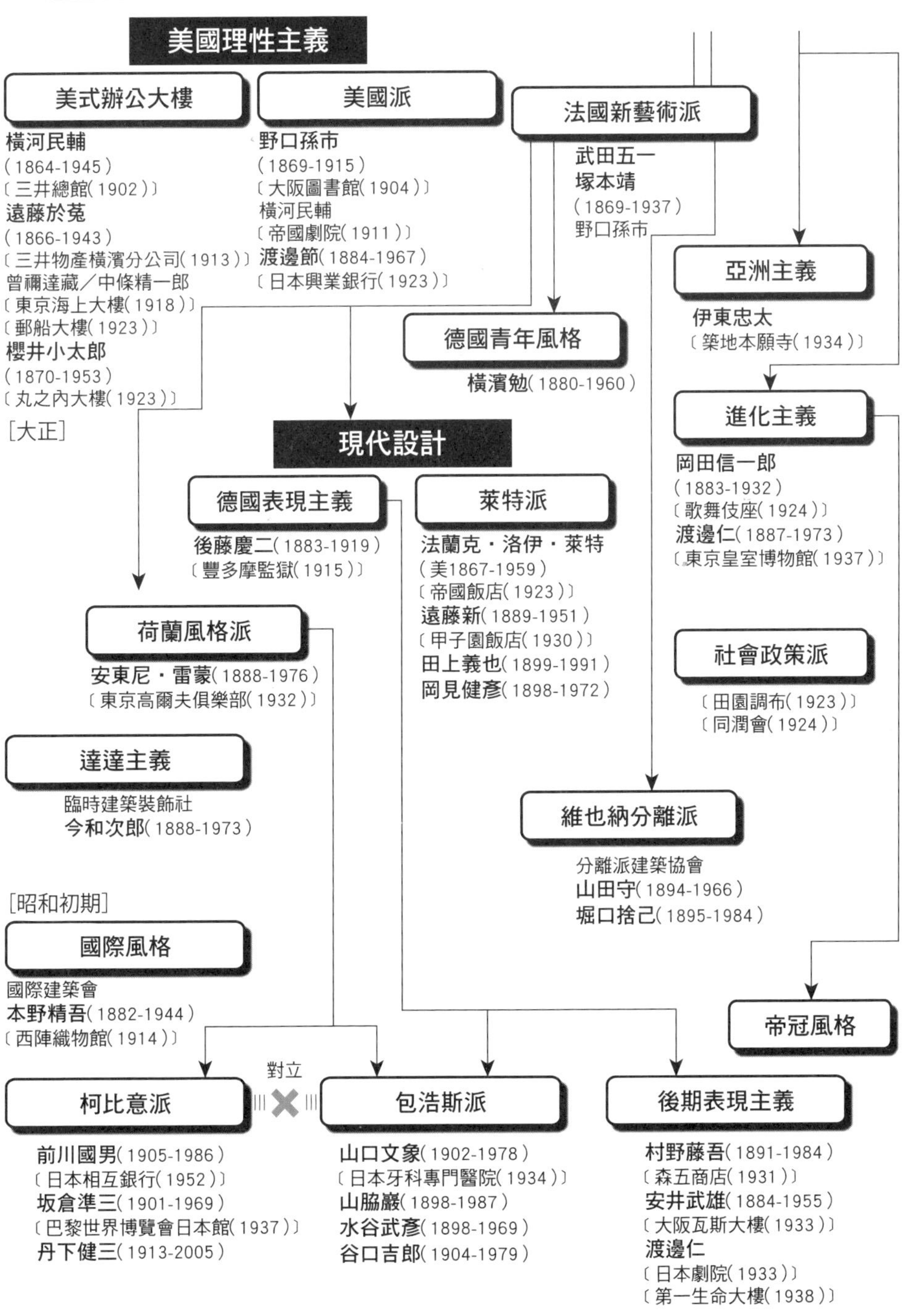

美國理性主義
美式辦公大樓
橫河民輔
(1864-1945)
〔三井總館(1902)〕
遠藤於菟
(1866-1943)
〔三井物產橫濱分公司(1913)〕
曾禰達藏／中條精一郎
〔東京海上大樓(1918)〕
〔郵船大樓(1923)〕
櫻井小太郎
(1870-1953)
〔丸之內大樓(1923)〕
美國派
野口孫市
(1869-1915)
〔大阪圖書館(1904)〕
橫河民輔
〔帝國劇院(1911)〕
渡邊節(1884-1967)
〔日本興業銀行(1923)〕
法國新藝術派
武田五一
塚本靖
(1869-1937)
野口孫市
亞洲主義
伊東忠太
〔築地本願寺(1934)〕
德國青年風格
橫濱勉(1880-1960)
進化主義
岡田信一郎
(1883-1932)
〔歌舞伎座(1924)〕
渡邊仁(1887-1973)
〔東京皇室博物館(1937)〕
[大正]
現代設計
德國表現主義
後藤慶二(1883-1919)
〔豐多摩監獄(1915)〕
萊特派
法蘭克・洛伊・萊特
(美1867-1959)
〔帝國飯店(1923)〕
遠藤新(1889-1951)
〔甲子園飯店(1930)〕
田上義也(1899-1991)
岡見健彥(1898-1972)
荷蘭風格派
安東尼・雷蒙(1888-1976)
〔東京高爾夫俱樂部(1932)〕
社會政策派
〔田園調布(1923)〕
〔同潤會(1924)〕
達達主義
臨時建築裝飾社
今和次郎(1888-1973)
維也納分離派
分離派建築協會
山田守(1894-1966)
堀口捨己(1895-1984)
[昭和初期]
國際風格
國際建築會
本野精吾(1882-1944)
〔西陣織物館(1914)〕
帝冠風格
對立
柯比意派
前川國男(1905-1986)
〔日本相互銀行(1952)〕
坂倉準三(1901-1969)
〔巴黎世界博覽會日本館(1937)〕
丹下健三(1913-2005)
包浩斯派
山口文象(1902-1978)
〔日本牙科專門醫院(1934)〕
山脇巖(1898-1987)
水谷武彥(1898-1969)
谷口吉郎(1904-1979)
後期表現主義
村野藤吾(1891-1984)
〔森五商店(1931)〕
安井武雄(1884-1955)
〔大阪瓦斯大樓(1933)〕
渡邊仁
〔日本劇院(1933)〕
〔第一生命大樓(1938)〕

本建築，都是以起始於戰前的現代主義建築為主流，而日後脫離現代主義中最重要的一派則稱為代謝派。

代謝派的理念是在建築與都市設計當中，導入成長與變化等時間性的概念。該派的思想也受到了國際的關注。

代謝派除了有淺田孝（1921-1990）、川添登（1926-2015）、菊竹清訓（1928-2011）、黑川紀章（1934-2007）、槇文彥（1928-）等建築師外，同時也有粟津潔（1929-2009）、榮久庵憲司（1929-2015）等設計師參與其中。最具代表性的作品為黑川紀章的中銀膠囊塔，這項建築可說是實現了代謝派「由膠囊組成建築與城市」的理念。

現代主義在建築界持續了好一段時間後，一九六〇年代出現了後現代主義，為國際間的建築趨勢帶來重大改變，而日本當然也沒有例外。日本的後現代主義建築師首推磯崎新（1931-）。磯崎將自己的建築稱為「精神分裂式的折衷主義」或是一種「引用」，只要看看他所打造的「筑波中心大樓」，肯定就能明白其中的意思了。

這棟大樓是日本後現代主義的代表性建築，將東西方、希臘以及未來的元素全都融合在一起。之後磯崎新回想道：「只要整理一下我在一九六二年那個時候的思想，便會發現我毫無疑問是遇見了代謝派。」磯崎現在仍活躍於建築界，近年來主要於中國與歐洲發展，較少參與日本國內的建築計畫。

## 建築界的現代與未來的創造

安藤忠雄（1941-）出現在人稱「後後現代」的時期。自學出身的安藤忠雄，以清水混凝土的大膽設計震撼了建築界。儘管他出自非主流，卻成為一位日本具代表性的世界級建築師，不斷往來於世界各國之間。

另一方面，谷口吉生（1937-）單純繼承了身為現代主義建築師的父親谷口吉郎（1904-1979）的思想，除了有紐約現代美術館新館這件知名作品之外，他平時連建築設計競賽也不參加，因此國外的建築作品也不多，但谷口於二〇〇五年獲得了「高松宮殿下紀念世界文化獎．建築類」獎項（安藤忠雄也曾獲得），成為第四位獲獎的日本人，屬於世界級高評價的「作品主義」建築師。

說到目前活躍於國際間的日本建築師，以繼磯崎與槇之後的下個世代而言，那就是不斷引領日本建築界的伊東豐雄（1941-），以及變化自如、像超人般活躍、從國際到地方性建築都吸引著人們目光的隈研吾（1954-），與山本理顯（1945-）、內藤廣（1950-）、北川原溫（1951-）。

女性建築師方面，則有以「羅浮宮朗斯分館」而獲得高度評價的妹島和世（1956-）、以藝術工作者的感性深深吸引眾人的乾久美子（1969-）。此外，還有近幾年開始嶄露頭角的藤本壯介（1971-），以及「TNA建築事務所」的夫婦組合武井誠（1974-）與鍋島千惠（1975-）、石上純也（1974-）等。這些建築師都發揮亮眼的才能，在世界各國許多地方打造出未來都市與充滿夢想的建築。

另外，在日本國內方面，

# 戰後的日本建築

## 柯比意派

**前川國男**（1905-1986）
〔國際文化會館（1956）〕
〔東京文化會館（1962）〕
**坂倉準三**（1901-1969）
〔神奈川縣立近代美術館（1951）〕
**丹下健三**（1913-2005）
〔赤坂王子飯店（1982）〕
〔新東京都廳（1991）〕
**吉阪隆正**（1917-1980）
〔雅典娜法蘭西學校（1962）〕

**池邊陽**（1920-1979）
**東孝光**（1933-2015）

**渡邊洋治**（1923-1983）
〔第三天空大樓（1970）〕
象設計集團
〔名護市廳舍（1981）〕

## 和　風

**吉田五十八**（1894-1974）
〔五島美術館（1960）〕
〔料亭吉兆（1961）〕
**清家清**（1918-2005）
〔小原流家元會館（1962）〕
**大江宏**（1913-1989）
〔乃木會館（1968）〕
〔國立能樂堂（1983）〕

## 延續雷蒙的思想

**吉村順三**（1908-1997）
〔青山高塔大樓（1969）〕

**大高正人**（1923-2010）
〔千葉縣文化會館（1968）〕
**鬼頭梓**（1926-2008）
〔山口縣立美術館（1979）〕

## 高第派

**今井兼次**
（1895-1987）
〔日本二十六聖人紀念館（1962）〕
**大古幸夫**
（1924-2013）
〔京都國際會館（1966）〕
**谷口吉生**（1937-）
〔土門拳紀念館（1983）〕

## 現代主義

**蘆原義信**（1918-2003）
〔駒澤奧林匹克公園（1964）〕
〔索尼大樓（1966）〕

## 代謝派

**菊竹清訓**（1928-2011）
〔出雲大社辦公處（1963）〕
**黑川紀章**（1934-2007）
〔中銀膠囊塔（1972）〕
**川添登**（1926-2015）
**槙文彥**（1928-）
〔代官山集合住宅（1969）〕

**內井昭藏**（1933-2002）
〔世田谷美術館（1986）〕
**伊東豐雄**（1941-）
〔風之塔（1986）〕
**村野藤吾**（1891-1984）
〔世界和平紀念教堂（1954）〕
〔日本生命日比谷大樓（1963）〕

## 後現代主義

**磯崎新**（1931-）
〔筑波中心大樓（1983）〕
〔水戶藝術館（1990）〕
**石山修武**（1944-）
〔伊豆長八美術館（1984）〕
**八束初**（1948-）

**坂茂**（1957-）
〔合歡兒童美術館「綠意之中」（1999）〕

## 獨立派

**竹山實**
（1934-）
〔一號館（1968）〕
**宮脇檀**
（1936-1998）
**安藤忠雄**
（1941-）
〔住吉長屋（1976）〕

**高松伸**
（1948-）
〔織陣（1981）〕
**毛綱毅曠**
（1941-2001）
〔釧路市立博物館（1984）〕
**長谷川逸子**
（1941-）
〔湘南台文化中心（1989）〕

安藤忠雄

## 新世代的建築師

**隈研吾**
（1954-）
**山本理顯**
（1945-）
**內藤廣**
（1950-）
**北川原溫**
（1951-）

**妹島和世**
（1956-）
〔羅浮宮朗斯分館（2012）〕
**乾久美子**
（1969-）
**藤本壯介**
（1971-）

## 高科技派

**葉祥榮**
（1940-）
**團紀彥**
（1956-）

人們又重新重視自古以來延續至今的日本傳統建築手法、設計與建材。而日本三一一地震後，建築師也將建築遭受嚴重破壞與前所未有的危機視為轉機，以打造出更加進步的建築為目標不斷進行挑戰。

**如果還想繼續研究近代日本建築，一定要具備以下基礎知識。**

### 喬賽亞・康得

英國建築師。一八七七年在明治政府的延攬下前往日本，於工部大學擔任教授一職。康得培育了辰野金吾等多位引領近代日本建築的建築師，被尊稱為日本建築之父。同時，他也以建築師的身分，打造了鹿鳴館、有栖川宮邸、東京尼古拉教堂等眾多明治時期具代表性的建築物。康得從此定居日本，一九二〇年於東京去世。

### 辰野金吾

工部大學造型設計系（現為東大建築系）的第一屆學生，師事康得，一八七九年以第一名的成績畢業。同年前往英國留學，回到日本後擔任工部大學教授，培育出眾多人材。辰野也以建築師的身分打造了日本銀行總行（1896）、東京車站（1914）等近代建築史上的重要作品，屬於日本近代建築濫觴時期的中心人物。

### 法蘭克・洛伊・萊特

美國建築師。一九一三年前往日本，建造了自由學園（1921）、帝國飯店（1923），同時也培育出遠藤新、土浦龜城（1897-1996）等多名建築師。萊特是近代建築的一大巨擘，但他的作品如紐約的美術館（1959）等幾乎都在北美，日本的建築作品相當稀有。現存的有位於蘆屋市的淀川製鋼廠迎賓館（舊山邑太左衛門邸）。長而挑出的屋簷是他的建築特色，被稱為草原式建築。

### 前川國男

東大建築系畢業後，到巴黎跟隨柯比意學習兩年，回到日本後任職於雷蒙建築事務所。一九三五年設立前川建築事務所，成為現代設計的領袖。留下東京文化會館(1961)、東京都美術館（1975）等眾多作品，同時也培育了丹下健三等多位建築師。

前川國男是確立了日本近代建築的重要建築師，曾榮獲日本藝術院獎，也獲得由法國與瑞典所頒發的動章。

### 丹下健三

東京帝國大學工學院建築學系畢業後，進入前川建築事務所。一九六一年自行開設公司。丹下健三是戰後日本建築界具代表性的建築師，前後打造了國立代代木競技場（1964）、東京羅馬天主教堂聖瑪利亞大教堂（1964）、草月會館（1977）、赤坂王子飯店（1982）、東京都新廳舍（1991）等多項作品。除此之外，丹下健三在國際上也擁有高度評價，曾參與過外國的都市計畫。

### 代謝派

一九六〇年在世界設計會議上組成的一個發起建築與設計運動的團體。主張都市是由工廠生產出來的可以進行移動與交換的膠囊（空間）所組成，並不斷進行新陳代謝。

### 日本建築學會獎

這是由日本建築學會所設立的建築獎，每年頒發一次，是日本建築界最為知名的建築獎。共分為第一項目「論文」、第二項目「作品」、第三項目「功績」等三個評分項目。一九八九年起針對不到四十歲的會員，設立了只審查「論文」項目的「鼓勵獎」。另外還設有「日本建築學會大獎」這個獎項，用來頒發給長年來對學會貢獻良多的人。

### 磯崎新

磯崎新是位國際級的後現代主義建築師，引領了一九七〇年代之後的日本建築界。磯崎發展出一套引用論，藉著引用各式各樣的建築風格與設計，不斷為建築創造出差異性。他所建造的筑波中心大樓（1983）便實際體現了這套思想。除此之外，還有紐約市帕拉迪恩（Palladium）俱樂部、洛杉磯現代美術館（1986）等多項建築作品。

### 安藤忠雄

安藤忠雄高中二年級時取得職業拳擊手資格，也曾參加過拳擊比賽。之後周遊歐洲與美國，並自學建築。一九六九年開設安藤忠雄建築研究中心。一九七六年於大阪市住吉區建造長十四公尺寬三公尺的「住吉長屋」，並以此榮獲一九七九年度的建築學會獎。住吉長屋排除了所有多餘的要素，使用清水混凝土的大膽設計，震撼了日本建築界，安藤忠雄因此一躍成名。

安藤忠雄除了日本之外，同時也獲得國外人士大力讚賞，位於日本建築界的頂尖位置，一九九六年獲得「第一屆國際教堂建築獎」。

### 槇文彥

槇文彥是日本一位極具代表性的建築師。他延續了現代主義的思想，打造出洗練清爽的建築空間，獲得國際間高度讚賞。同時，他也擅長發揮土地的特性，融入日式後院與露地（日本茶室的附帶庭院）等日式空間。

### 伊東豐雄

伊東豐雄是一位不斷提出創新的建築概念，同時也持續變化的建築師。他曾任職於菊竹清訓建築事務所，之後開設了自己的公司。伊東豐雄提出「把建築變得更輕（輕建築）」這種前所未有的建築理念而受到眾人關注，他的觸角遍及商業設施與公共建築。於二〇〇一年開館的複合文化設施「仙台媒體中心」大受好評，讓他成為時代的寵兒，以靈活的點子與執行力牽動建築界。

伊東豐雄近年來的建築計畫則以台灣與西班牙等國外地區占了八成。他的作品重視建築與自然及環境之間的關係，獲得國際間的熱切關注，並榮獲多項獎項。

# 音樂

●Music●

## 音樂的起源

**從單音音樂的時代，逐漸發展為使用對位法的多聲部聲樂。**

音樂究竟是怎麼出現的呢？學者推測人類最早期的音樂，應該是用來交流的手段，或是為了模仿自然界的聲音而出現的。一開始是使用身邊的物品發出單純的聲響，之後逐漸形成了單音音樂，再進而發展成複音音樂。其中，使用對位法所形成的多聲部音樂，在音樂史上是相當重要的。

讓我們來看看不同時代的聲樂發展情形，首先值得注意的是希伯來與希臘的音樂。猶太教會採用由兩個合唱團交互歌唱的「對唱」，或是由一個人先唱、合唱團再接著唱，形成交互歌唱的「答唱」。這就是中世紀基督教聖歌的雛形。而希臘既是古代音樂的集合地，同時也發展出奇薩拉琴與阿夫洛斯管等許多樂器。古希臘將音樂尊為一種藝術、一種人類道德的支柱，不只發明了記譜法，畢達哥拉斯還針對音階進行研究。尤其是在希臘文化全盛期時，可以看到戲劇音樂已經相當發達，這與之後歌劇誕生有著密不可分的關係。

到了中世紀，基督教成為官方認可的宗教，隨著基督教普及，教會音樂也開始蓬勃發展。中世紀時人們原本普遍採用希伯來的方式詠唱詩篇，但於五九〇至六〇四年在位的貴格利一世（538-604）主教將唱法嚴格進行統一，一律使用「教會調式」（跟隨旋律使用拉丁文詠唱的單聲聖歌）。到了九世紀左右，人們開始在固定旋律的葛利果聖歌中，再使用對位法加入另一種調式，這種複調音樂則以當時誕生的風琴（organ）命名為「奧干農（organum）」。這種多聲部聲樂日後受到十一世紀前後開始出現的吟遊詩人音樂所影響，世俗化後成為十四世紀的「新藝術」。到了文藝復興時期，教會權力衰退，音樂也拓展到了教會之外的領域。這時極其興盛的尼德蘭樂派創造出「香頌」、「牧歌」與「卡農」等音樂形式，尼德蘭樂派全盛期的代表人物為若斯坎・德・普雷（法 Josquin des Prez, c.1450-1521），這是音樂史上第一個偉大的名字。

## 發展出近代音樂

**出現了近代的音樂形式，並發展出多采多姿的特色。**

文藝復興後期，除了運用對位法形成多聲部聲樂之外，威尼斯樂派也發展出「器樂短歌」將聲樂器樂化。這樣的趨勢到十七至十八世紀便形成了純器樂音樂。此外，在佛羅倫斯這個美術與藝文活動的中心，有一群人稱「佛羅倫斯小廳集」的貴族，致力於復興古希臘的戲劇音樂，於是誕生了擁有和弦伴奏的單聲音樂 歌劇。

## 音樂的發展過程①

**史前時代**

**音樂的表現方式**

用來傳達資訊、工作的節奏、表達感情

**古代**

**儀式與典禮所用的音樂**

希伯來：猶太教的儀式音樂（聲樂）→中世紀：形成單聲聖歌
古希臘：戲劇音樂 →巴洛克時期：形成歌劇

出現全音音階

**中世紀**

**基督教教會音樂時期**

葛利果聖歌（單聲聖歌）出現
｜
奧干農（複調聖歌）出現：對位法的起源
｜
新藝術（14世紀）：複調世俗歌曲出現
↑ 吟遊詩人所唱的單聲世俗歌曲

修道院開始出現風琴（8世紀前後）

出現DoReMi唱法、四線譜、黑音符定量記譜法

**文藝復興**

**從教會音樂邁入世俗音樂時期**

尼德蘭樂派盛行
若斯坎・德・普雷：多聲部聲樂的全盛期（約1450-1521）
｜
威尼斯樂派：將聲樂器樂化
羅馬樂派：無伴奏合唱
北德・管風琴樂派：讚頌歌
英國・古鍵琴樂派：古鍵琴音樂

出現小鍵琴（翼琴）、大鍵琴、古鍵琴（15世紀）

出現接近現代所用的樂譜（15世紀）

出現小提琴（16世紀）

---

這個時候的伴奏仍然是使用通奏低音的方式，演奏者即興演奏出連續的低音伴奏。真正所謂的近世音樂是在巴哈（德 Bach, 1685-1750）與韓德爾（德 Händel, 1685-1759）的時代才建立完成的。其中，巴哈可說是音樂史上極為重要的人物，他將對位法確立為賦格的形式，並首次在曲子當中採用十二平均律，讓曲子在轉調的時候不會出現不和諧音。

巴洛克之後的古典樂派時期，出現了理想的器樂形式「奏鳴曲式」。協奏曲與交響曲皆運用這種音樂形式，創作出的音樂都具備和弦與理性規律。莫札特（奧 Mozart, 1756-1791）、海頓（奧 Haydn, 1732-1809）、貝多芬（德 Beethoven, 1770-1827），便是此時期的三大巨匠。其中，貝多芬更是一位銜接之後浪漫樂派的重要人物。此外，在此之前音樂一直都是特權階級的所有物，在古典樂派的時代終於向一般大眾伸出雙手。

音樂的形式確立之後，作曲家就開始創作出許多富含各式特色與意義的音樂。理查・華格納（德 Richard Wagner, 1813-

1883）是浪漫樂派當中特別重要的作曲家，他以音樂結合了多種藝術而創造出樂劇，其中使用了極多的半音階，這種作法深深影響了現代音樂。關於浪漫樂派時期在何時結束眾說紛紜，本書將法國革命之後愛國主義音樂出現都算在浪漫樂派時期當中。

## 從二十世紀到現今的音樂樣貌

**自從科技發達開始，人們便創作出多種實驗性質的音樂，在在顛覆了從前對於音樂家與音樂的概念。**

二十世紀的音樂發展源自於克勞德·德布西（法 Claude Debussy, 1862-1918）。德布西經常往來於斯特凡·馬拉美（法 Stéphane Mallarmé, 1842-1898）等人的浪漫主義文學沙龍。他所創作的音樂稱為印象主義音樂，給人一種瀰漫著煙霧的感覺。印象主義音樂一開始是為了脫離三度和弦，並且破壞一直以來的音樂原理（採用全音音階與古老的教會調式）所形成的。同時期維也納的阿諾·荀白克（Arnold Schoenberg, 1874-1951）則傾向於使用無調性音樂，創造出影響了眾多音樂家的十二音音樂。荀白克的學生奧班·貝爾格（奧 Alban Berg, 1885-1953）與安東·魏本（奧 Anton Webern, 1883-1945）也繼續將這套作法延續下去。

這兩位巨擘都摧毀了調性系統，而緊接著登場的下個世代，對這種作法產生了反動，於是便出現了一股運用新的調性，再度重視古典式音樂理念的大規模趨勢。同時，為了要消除作曲家、演奏家與觀眾之間的隔閡，也出現了深受實用音樂（為了非正式音樂會場合所作的曲子）與爵士音樂所影響的鋼琴音樂與歌劇。此外，這個時期還特別製作出適合演奏音程比半音還小的微分音樂器。

除此之外，這個時期重要的作曲家，還有與德布西同為印象派代表人物的莫里斯·拉威爾（法 Maurice Ravel, 1875-1937），以及匈牙利的創新作曲家巴爾托克·貝拉（Bartók Béla, 1881-1945）、生於俄國並同時擁有法國與美國國籍的作曲家伊果·史特拉汶斯基（Igor Stravinsky, 1882-1971）、經歷俄國革命與第一次世界大戰的磨難卻仍創作出優秀芭蕾音樂的謝爾蓋·普羅高菲夫（俄 Sergei Prokofiev, 1891-1953）、創作了多達十五首交響曲的德米特里·蕭士塔高維奇（俄 Dmitry Shostakovich, 1906-1975）、英國最重要的國際級現代作曲家班傑明·布列頓（Benjamin Britten, 1913-1976）。

第二次世界大戰後，開拓出全新可能性的「現代音樂」登上了音樂的舞台，出現使用序列主義、電子音樂、電子音響器材所構成的具象音樂。

現代音樂所包含的範圍非常廣泛，從艾瑞克·薩提（俄 Erike Satie, 1866-1925）這位對德布西與拉威爾影響甚深的人物，到實驗音樂大師約翰·凱奇（美 John Cage, 1912-1992）與坂本龍一（日 1952-），都可以算在其中。

自從科技發達之後，人們便開始創作出各式實驗性質的音樂，徹底顛覆從前對於音樂家與音樂的概念。「具象音樂」是一種將音樂錄在磁帶後，再將磁帶倒轉或

## 音樂的發展過程②

**巴洛克時期**

**歌劇與樂器誕生**

- 歌劇：蒙台威爾第（義1567-1643）、普塞爾（英1659-1695）
- 神劇
- 清唱套曲
- 管風琴音樂（賦格）（托卡塔曲）
- 大鍵琴樂：庫普蘭（法1668-1733）

**使用通奏低音的作法**

- 小提琴音樂：韋瓦第（義1678-1741）（協奏曲）

**使用十二平均律**

**近世音樂誕生**

約翰・塞巴斯蒂安・巴哈（德1685-1750）

韓德爾（德1685-1759）

（完成賦格、著有平均律鍵盤曲集）

**出現鋼琴（18世紀）**

**古典樂派時期**

**進入以奏鳴曲式構成的理性音樂時代**

- 器樂
  - 前古典樂派（奏鳴曲式誕生）
  - 維也納古典樂派
- 歌劇：葛路克（德1714-1787）

莫札特（奧1756-1791）

海頓（奧1732-1809）

貝多芬（德1770-1827）

---

截斷所編輯成的音樂。「音堆奏法」是以手臂等敲擊鄰近的音，而「機遇音樂」則是以「圖像記譜」的方式，讓演奏者根據自己的詮釋方法而自由演奏。另外，「隨機音樂」在製作上則結合了電腦與數學機率。

一九〇〇年左右所創造出的爵士樂，以及一九〇〇年代誕生的搖滾樂，也是不容忽視的音樂類型。此外，來自英國利物浦的披頭四樂團於一九六二年發行首張唱片後紅遍國際，徹底改變了流行音樂的樣貌。除此之外，人們也不斷創作出多采多姿的音樂，像是在流行音樂當中加入古典音樂的元素等。就這樣一直持續到今日。

CHECK THIS OUT!

**如果你還想繼續研究音樂，一定要具備以下的基礎知識。**

### 巴洛克音樂

從十六世紀末期到十八世紀中期，大約一個半世紀的時間稱為巴洛克時期。巴洛克是一種藝術上的理念，不只限於音樂領域，也橫跨了戲劇、繪畫、建築等方面，遍布整個歐洲文化。巴洛克的特色是極盡奢華、對比強烈、宏偉壯闊，整體洋溢著劇院的風格。在音樂方面，採用競奏風格或稱為協奏風格，讓器樂、聲部、合唱同時或交替出現，營造出一種相對的效果。而確立了賦格形式的巴哈，則是整個巴洛克時期最偉大的作曲家。

### 古典主義

古典主義奠基在古希臘的太陽神阿波羅崇拜上，追求理性、壓抑情感、形式整齊而明快。古典主義一詞是指古希臘的藝術和文學，與浪漫主義的概念相對。除此之外，古典主義有時也意指與大眾音樂相對的古典音樂。

不過，在音樂領域上，說到古典主義一般指的是維也納古典樂派。古典樂派最大的特徵是在器樂方面建立了奏鳴曲式。日本人最熟悉的作曲家就是屬於古典樂派，包括了海頓、莫札特、貝多芬等人。

### 浪漫主義

十九世紀時期一般稱為浪漫主義時期。浪漫主義是一種藝術上的理念，與講求客觀性、理性主義、阿波羅式的古典主義相反，浪漫主義則重視主觀性、情緒主義、酒神・戴奧尼修斯所代表的概念。這個時期的作曲家有韋伯（德 1786-1826）、舒伯特（奧 1797-1828）、舒曼（德 1810-1856）、李斯特（匈 1811-1886）、布魯克納（奧 1824-1896）、布拉姆斯（德 1833-1897）、馬勒（奧 1860-1911）等人，而對之後的現代音樂影響最大的則是華格納。

此外，由於貝多芬扮演著銜接古典主義與浪漫主義的角色，因此有時也被歸類於浪漫派。

### 對位法

這是一種將兩種以上的獨立旋律結合在一起的作曲技術。九世紀左右出現了「奧干農」這種形式，以基督教的單音聖歌作為定旋律，再將另一種旋律的音一一對上去。之後又出現了彌撒曲與經文歌，十四世紀的「新藝術」則出現使用「對位法的模仿技法」（由其他聲部模仿某個主要的聲部）而成的〈卡農〉，文藝復興時期接近尾聲時，則出現了「利切卡爾」這種管風琴音樂。這些音樂形式建構了一個屬於複調音樂的時代。而對位法則是由巴哈集大成。

### 通奏低音

文藝復興時期快結束的時候，就可以看到聲樂出現器樂化的情況，但真正形成由器樂伴奏或純器樂音樂取代對位法的聲樂，則是在巴洛克時期。巴洛克時期在歌劇上會使用「通奏低音」的伴奏法。這是一種演奏者使用吉他或大鍵琴等樂器，即興和弦來伴奏的方式，這種作法一直到十八世紀中期都很常見。巴洛克時期又可稱為通奏低音時期。

### 十二平均律

從前人們使用的中庸全音律，是建立在畢式音階的基礎上，在轉到較遠的調性時，和弦會變得極度不純正自然，而十二

## 音樂的發展過程③

**浪漫樂派**

邁入重視主觀性的音樂時代

擴大使用不和諧音、半音階、轉調的和弦法與調性

**初期浪漫樂派**
韋伯（德1786-1826）
舒伯特（奧1797-1828）

**歌劇**
梅耶貝爾（德1791-1864）
威爾第（義1813-1901）
奧芬巴哈（德1819-1880）
比才（法1838-1875）

**芭蕾**
羅西尼（義1792-1868）

**德國的浪漫樂派**
孟德爾頌（德1809-1847）
舒曼（德1810-1856）

**輕音樂**
小約翰・史特勞斯（奧1825-1899）

**法國的浪漫樂派**
白遼士（法1803-1869）
李斯特（匈1811-1886）
蕭邦（波1810-1849）
帕格尼尼（義1782-1840）

**後期浪漫樂派** ↔ **後期古典樂派**
華格納（德1813-1883）
布魯克納（奧1824-1896）
沃爾夫（奧1860-1903）
馬勒（捷1860-1911）
布拉姆斯（德1833-1897）
雷格（德1873-1916）
理查・史特勞斯（德1864-1949）

**法國國民音樂協會**
法朗克（法1822-1890）
聖桑（法1835-1921）
佛瑞（法1845-1924）

**其他**
艾爾加（英1857-1934）
麥克道威（美1860-1908）

**國民樂派時期（宣揚民族主義）**

**俄國國民樂派**
葛令卡（俄1804-1857）
「俄國五人組」高沙可夫、穆梭斯基等人（俄1844-1908）（俄1839-1881）

**莫斯科樂派**
魯賓斯坦兄弟（俄 兄1829-1894、弟1835-1881）
柴可夫斯基（俄1840-1893）
拉赫曼尼諾夫（俄1873-1943）

**北歐國民樂派**
史麥塔納（捷1824-1884）
德弗札克（捷1841-1904）
葛利格（挪1843-1907）
西貝流士（芬1865-1957）

**西班牙國民樂派**
阿爾貝尼茲（西1860-1909）
葛拉納多斯（西1867-1916）
法雅（西1876-1946）

**英國國民樂派**
佛漢・威廉士（英1872-1958）

**義大利寫實主義歌劇**
普契尼（義1858-1924）

平均律的作法在這時就顯得相當便利。十二平均律是將一個八度分成十二等分，創造出十二個半音，平均分散誤差。十二平均律是十六世紀創造出來的，它的出現讓人們能夠演奏所有的大調與小調，儘管如此，由於十二平均律會產生不純的音階，因此一開始人們不太能接受這種作法。巴哈所著的《平均律鍵盤曲集》(1722-1742)，對於推動十二平均律普及貢獻良多。

### 奏鳴曲式與奏鳴曲

奏鳴曲式誕生於十八世紀中期的古典樂派時期。創始人為巴哈的次男艾曼紐・巴哈（德 Emanuel Bach, 1714-1788）。奏鳴曲式主要由三個部分所構成，分別是第一部：呈示部，第二部：發展部，第三部：再現部。第一部又分成第一主題（主調）與第二主題（屬調），第二部是呈示部的變奏，而第三部則會出現第一主題（主調再現）與第二主題（將主調轉調後再現）。

由於交響曲、協奏曲、室內樂都是使用奏鳴曲式，因此便稱為「奏鳴曲」。「奏

鳴曲」一詞的原義是器樂曲的意思，指的是古典樂派之前的器樂，現在則轉為不同的意思。

## 絕對音樂與標題音樂

絕對音樂（無標題音樂）是指不受非音樂因素影響的音樂，這種音樂的特點是合乎理性，與古典樂派的理念較為接近。相反的，標題音樂則以浪漫樂派的白遼士（法 Berlioz, 1803-1869）為代表，是一種表現主觀心情、文學內容或繪畫內容的音樂，而它的出現是來自對於古典樂派講究理性形式所產生的反動。白遼士的《幻想交響曲》（1830）是標題音樂的代表作品。

## 樂劇

活躍於浪漫樂派後期的華格納，將韋伯、白遼士等人的管弦樂法凝聚成結晶，創造出一種新的綜合藝術「樂劇」。樂劇融合了文學、戲劇、繪畫與舞蹈等藝術，而華格納則一手包辦了主題構思、劇本、譜曲、舞台設計、指揮、導演的角色。樂劇當中所使用的「無限旋律」（彷彿講個不停、毫不停歇的連續歌唱）與「崔斯坦和弦」（使用極多的半音階與不和諧音），為現代音樂帶來莫大的影響。

## 調性系統遭到摧毀

調性音樂的特點是旋律與和弦都會附屬於中心音之下。尤其以十八到十九世紀的歐洲音樂，都是根據這種調性（功能性的和弦調性）所製成，除此之外，和弦連續的規則與旋律的開展也都受到了調性的限制。不過，大約從十九世紀出現了浪漫樂派，音樂的表現方式變得更加內斂開始，一直到印象主義音樂誕生，使用反覆轉調的手法讓調性變得不安定，儘管德布西還留有中心音性卻已不再使用功能性和弦，而荀白克更是徹底廢除了中心音，創造出了無調性音樂。

## 新古典主義音樂

新古典主義音樂是一種介於第一次與第二次世界大戰之間的音樂，對於華格納主義、浪漫樂派及之後的印象主義與表現主義音樂等主觀主義音樂和模糊不明的音樂，豎起了反對的旗幟。新古典主義音樂以全新的角度，重新看待古典樂派時期與巴洛克時期音樂的客觀之美，並使用現代的手法加以重現。布梭尼（義 Busoni, 1866-1924）為新古典主義音樂建立一套完整的思想系統，史特拉汶斯基則提出「回到巴哈時期」的口號。除此之外，新古典主義音樂具代表性的作曲家還有法國六人組與亨德密特（德 Hindemith, 1895-1963）。

## 十二音列理論

推動無調性音樂的荀白克，於一九二一年發展出獨特的十二音技法。其理念在於對一個完整的半音音階內的十二個半音，每個音的重要性都相等，除此之外，每個作品也都有一組使用這十二個音排成的特定音列，這就是原型。原型還具有反形、逆行、反形的逆行、各音列提高半音的位置形。這套理論後來由荀白克的學生貝爾格與魏本繼承下來，對於第二次世界大戰後的音樂影響甚鉅。

## 音樂的發展過程④

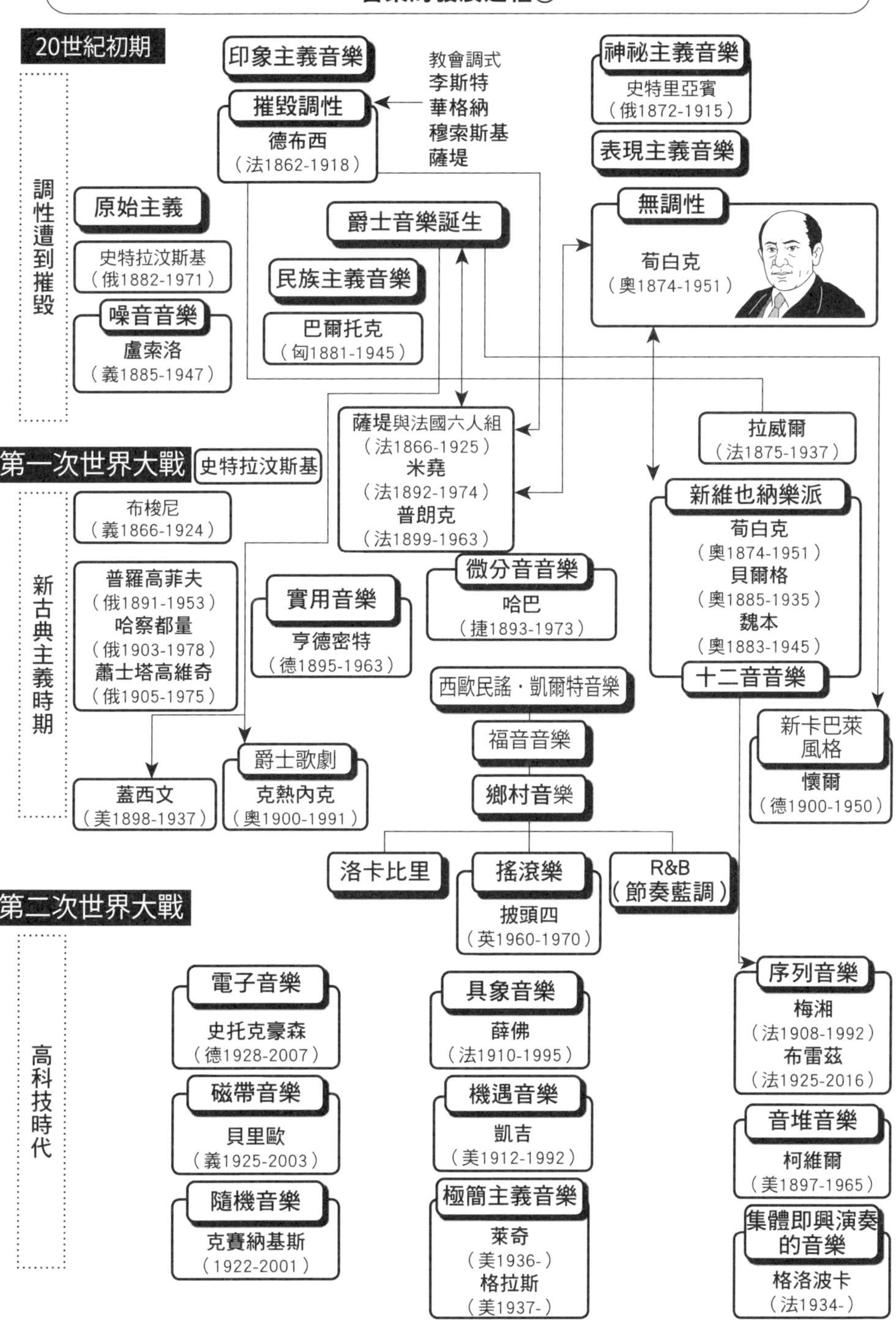

20世紀初期
調性遭到摧毀
印象主義音樂
摧毀調性
德布西
（法1862-1918）
教會調式
李斯特
華格納
穆索斯基
薩堤
神祕主義音樂
史特里亞賓
（俄1872-1915）
表現主義音樂
原始主義
史特拉汶斯基
（俄1882-1971）
噪音音樂
盧索洛
（義1885-1947）
爵士音樂誕生
民族主義音樂
巴爾托克
（匈1881-1945）
無調性
荀白克
（奧1874-1951）
第一次世界大戰
史特拉汶斯基
布梭尼
（義1866-1924）
薩堤與法國六人組
（法1866-1925）
米堯
（法1892-1974）
普朗克
（法1899-1963）
拉威爾
（法1875-1937）
新維也納樂派
荀白克
（奧1874-1951）
貝爾格
（奧1885-1935）
魏本
（奧1883-1945）
十二音音樂
新古典主義時期
普羅高菲夫
（俄1891-1953）
哈察都量
（俄1903-1978）
蕭士塔高維奇
（俄1905-1975）
實用音樂
亨德密特
（德1895-1963）
微分音音樂
哈巴
（捷1893-1973）
西歐民謠·凱爾特音樂
福音音樂
鄉村音樂
新卡巴萊風格
懷爾
（德1900-1950）
蓋西文
（美1898-1937）
爵士歌劇
克熱內克
（奧1900-1991）
洛卡比里
搖滾樂
披頭四
（英1960-1970）
R&B（節奏藍調）
第二次世界大戰
高科技時代
電子音樂
史托克豪森
（德1928-2007）
磁帶音樂
貝里歐
（義1925-2003）
隨機音樂
克賽納基斯
（1922-2001）
具象音樂
薛佛
（法1910-1995）
機遇音樂
凱吉
（美1912-1992）
極簡主義音樂
萊奇
（美1936-）
格拉斯
（美1937-）
序列音樂
梅湘
（法1908-1992）
布雷茲
（法1925-2016）
音堆音樂
柯維爾
（美1897-1965）
集體即興演奏的音樂
格洛波卡
（法1934-）

# 美術

**•Art•**

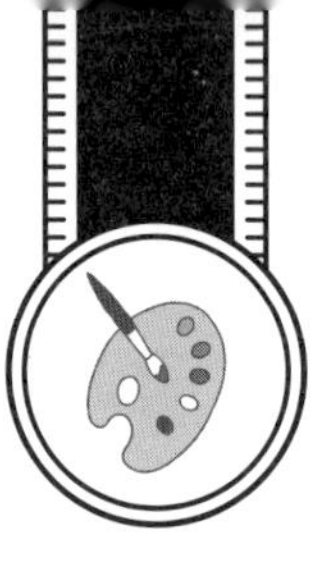

## 美術史的起源

**人們為偉大的工匠撰寫傳記，這便是美術史研究最早的形式。**

我們之所以會知道古希臘陶器繪畫與雕刻作品的作者或工作室的名稱，是因為製作者會在這些作品寫上名字。像帕德嫩神廟這種大型建築雖然不會寫上名字，但古希臘都會將藝術家的名字記錄下來。儘管當時尚未發展出「美術史」這門學問，但人們已經會記錄美術家的名字，也會為工匠撰寫傳記了。從這個角度來看，美術史可以說是從古希臘便已開始。只要展開古希臘的老普林尼（Gaius Plinius Secundus, 23-c.79）《博物誌》（77），就會發現許多關於藝術家的文獻。

共和制羅馬時期的維特魯威（Vitruvius Pollio, c.80-c.15 BC）所著的《建築十書》（c.25 BC）確實相當有名，不過，真正關於美術史料的正確記載，要到文藝復興時期才會出現。像是身兼建築師與雕刻家的吉伯第（義 Lorenzo Ghiberti, 1378-1455）的《評述》（c.1447）、瓦薩里（義 Giorgio Vasari, 1511-1574）的《藝苑名人傳》（1550），都網羅了文藝復興時期大部分畫家、雕刻家、建築師等工匠類藝術家與美術家的傳記。

不論是古希臘、羅馬、初期基督教、拜占庭、仿羅馬式藝術這些由修道士兼任藝術工作的時期，或是出現了專門從事藝術職業之人的哥德藝術時期，畫家與雕刻家都不太像現在我們所熟悉的那種藝術家，而是在中世紀與近代會形成的繪畫、雕刻、建築行會（手工藝者的工會或師徒制度）的工匠，除此之外，他們也是同時代人們耳熟能詳的大師級人物。

瓦薩里本身也是一名藝術家，而他的《藝苑名人傳》是從文藝復興初期的契馬布耶（義 Cimabue, 1240-1302）開始，一直寫到同時代作家的傳記與動態。以現在的角度來看，瓦薩里字裡行間帶有許多批評，但該書仍然是描繪了義大利文藝復興時期樣貌的貴重史料，這點絕對是無庸置疑的，這本書讓我們得知，文藝復興時期開始出現了所謂的畫家與雕刻家。另外，桑德拉特（德 Joachim von Sandrart, 1606-1688）的《德意志學院》（1675）則詳細記錄了從杜勒（德 Albrecht Dürer, 1471-1528）開始的所有德國藝術家。而荷蘭的卡雷爾・范・曼德爾（Karel Van Mander, 1548-1606）則於一六〇四年出版了《畫家之書》，裡面記載了低地國（比利時、荷蘭、盧森堡）各個畫家的傳記。

米開朗基羅（義 Michelangelo, 1475-1564）與李奧納多・達文西（義 Leonardo da Vinci, 1452-1519）的作品，受到當時與不久之後的美術愛好者大力讚賞，紛紛留下相關的紀錄，但其實內容都只是在讚頌與神化，直到下一代才會真正針對他們的作品進行評判與定位。

## 美術風格的發展過程①

BC 5000 / 1000 / 500 / AD 0 / 200 / 300 / 400 / 600 / 800 / 1000 / 1200 / 1300 / 1400 / 1500

**石器時代**
- 拉斯科洞窟壁畫（法）
- 阿爾塔米拉洞窟壁畫（西）

**埃及**
- 吉薩金字塔群
- 卡納克神廟

**美索不達米亞**
- 漢摩拉比法典碑
- 王城城門

**愛琴海**
- 克諾索斯宮
- 邁錫尼城的獅子門

**希臘**
- 帕德嫩神廟
- 薩莫色雷斯的勝利女神
- 米羅的維納斯

**羅馬**
- 競技場
- 君士坦丁凱旋門
- 卡拉卡拉皇帝像

**初期的基督教**
- 地下墓穴的壁畫

**拜占庭帝國**
- 聖蘇菲亞大教堂
- 拉文納的馬賽克鑲嵌
- 克拉西的聖阿波里奈爾教堂
- 《羅薩諾福音書》

**仿羅馬式藝術**
- 比薩大教堂
- 聖塞文教堂的壁畫
- 歐坦大教堂

**哥德藝術**
- 沙特爾大教堂
- 拉昂大教堂
- 亞眠大教堂

**義大利文藝復興**

曼帖那
（義1431-1506）
拉斐爾
（義1483-1520）

達文西
（義1452-1519）

**北方文藝復興**

范艾克兄弟（荷）
波希（荷c.1450-1516）
杜勒（德1471-1528）
布魯哲爾父子（比）

### 美術史的濫觴

**美術史從原本的使用實證方式記錄藝術風格變遷的學問，轉變為一門探討美術本質的學問。**

一般認為最早開創出美術史的人，是著有《古代藝術史》（1764）的溫克爾曼（德 Winckelmann, 1717-1768）。一八〇〇年代，德國的哥廷根大學與柏林大學設立了美術史的課程，課堂中不再使用從前那套美術家傳記式的學習方式，而是探討美術對時代與民族的意義與價值。受到德國美學家費德勒（Konrad Fiedler, 1841-1895）所影響的雕刻家希德布朗（德 Hildebrand, 1847-1921），撰寫了一篇名為〈造型藝術的形式問題〉（1893）的論文。瑞士的美術史家沃爾夫林（Wölfflin, 1864-1945）則對於一直以來帶有文化史傾向的美術史研究，提出「將著眼點單純放在美術價值上面」的全新研究方向。而奧地利的李格爾（Alois Riegl, 1858-1905）則探討了在藝術風格誕生背後的時代精神，分析美術史各個時期的歷史任務，導入了「藝術意志」這個概念。

美術史基本上是在探討各個時期藝術風格的變遷過程。舉個例子，古希臘的藝術一開始是源自於畫有抽象的幾何圖形的陶器繪畫，接著進入所謂的古風時期，這個時期的人們制作出許多微笑的男女雕像，最後進入古典希臘時期，形成接近近代現實主義的風格。美術史的研究主流就是像這樣順著時間先後，一步步探討美術作品的風格與特色。

以達爾文的進化論角度來看，繼承了希臘文化的羅馬，在藝術方面缺乏進化與變化，因此評價不高。不過，李格爾藉著探究「藝術意志」，也就是藝術家根本上的意識，而給予羅馬藝術全新的評價。

繼承李格爾思想的沃林格（德 Wilhelm Worringer, 1881-1965）特別關注「抽象」的概念，這是美術史上前所未有的全新思想。同時，這種思想也讓人們得以重新發現原始藝術與埃及藝術的價值。沃林格在他所寫的《抽象與移情：對藝術風格的心理學研究》（1908）一書中，對西奧多．立普斯（Theodor Lipps, 1851-1914）所提倡的心理學式美學研究當中的「移情」型古典主義史觀，提出了「抽象」衝動的概念並加以比較。簡單來說，他以李格爾所提出的「藝術意志的歷史」角度重新詮釋歷史，透過從古埃及到古希臘羅馬與中世紀哥德時期的藝術作品，而主張人們應該脫離歐洲本位主義史觀，用更加客觀的方式看待事物。

歷經了巴洛克、洛可可、新古典主義、浪漫主義、寫實主義、印象主義、後期印象主義時期，一九〇〇年代的美術史已經與圖像學、服飾學、古文書學、考古學、美術解剖學等諸多關聯學問彼此交融，美術史從以前一門探討風格變遷的理論，逐漸發展成複雜的學問。另外，還發展出了「印象批評」這種批評法，將評論的重點放在「美」本身。

## 現代的美術史

**現代美術史的特色在於深入探討抽象美術理論，並發展出圖像學的研究手法。**

繪畫方面的風格變得越來越多樣化，繼新印象主義之後，又陸續出現了象徵主義、那比派、樸素派、新藝術派、野獸派、立體派等多種風格，二十世紀後藝術家越來越重視「抽象」的概念，之後更是發起了超現實主義與達達主義等新的美術運動。

奧地利的美術史家漢斯．希德邁爾（Hans Sedlmayr, 1896-1984）撰寫了《中心的喪失》（1948）等多部著作，統一分析了繪畫、雕刻、建築等美術項目，認為現代藝術是一種時代的產物，抽象的概念必須建立在捨棄從前的藝術（包括仿羅馬式藝術、巴洛克風格、基督教風格等）內化給人們的一種有意識或無意識的意義。此外，希德邁爾將康丁斯基（俄 Wassily Kandinsky, 1866-1944）視為抽象畫的創始者。

另一方面，潘納斯基（德 Panofsky, 1892-1968）則從完全相反的方向探究從前所具有的那份「意義」。他持續在瓦爾堡研究中心等多處進行研究，為圖像解釋

## 美術風格的發展過程②

1500

米開朗基羅（義1475-1564）

**矯飾主義**
- 維洛內塞（義1528-1588）
- 葛雷柯（希1541-1614）

1600

**巴洛克藝術**
- 貝尼尼（義1598-1680）
- 普桑（法1594-1665）
- 維納斯奎茲（西1599-1660）
- 魯本斯（德1577-1640）
- 林布蘭（荷1606-1669）

**洛可可藝術**
- 華鐸（法1684-1721）
- 布歇（法1703-1770）
- 福拉哥納爾（法1732-1806）

1700

**新古典主義**
- 大衛（法1748-1825）
- 安格爾（法1780-1867）

**浪漫主義**
- 傑利柯（法1791-1824）
- 德拉克洛瓦（法1798-1863）

**寫實主義**
- 杜米埃（法1808-1879）
- 米勒（法1814-1875）
- 庫爾貝（法1819-1877）

**象徵主義**
- 莫羅（法1826-1898）
- 雷東（法1840-1916）

1800

**印象派**
- 馬內（法1832-1883）
- 莫內（法1840-1926）
- 竇加（法1834-1917）
- 雷諾瓦（法1841-1919）
- 希斯里（英1839-1899）

1900

**後期印象派**
- 塞尚（法1839-1906）
- 秀拉（法1859-1891）
- 梵谷（荷1853-1890）
- 高更（法1848-1903）

**世紀末繪畫**
- 德尼（法1870-1943）
- 克林姆（奧1862-1918）
- 孟克（挪1863-1944）
- 席勒（奧1890-1918）

**那比派**
- 博納爾（法1867-1947）
- 維亞爾（法1868-1940）

學建立完整的理論。圖像解釋學是在原本的圖像學上，再加上「圖像解釋學」的新意義。在二十世紀的美術史學領域裡，圖像解釋學與「藝術風格學」可說是兩種最重要的研究方法。

潘納斯基一路溯及圖像形成當時的背景與思考根源（社會狀況、思想、歷史、傳統等方面）。舉個例子，他細膩的分析了米開朗基羅為梅迪奇家族的祖墳所製作的雕刻，解讀出其中包含的希臘神話與基督教的神話與傳承。

繼潘納斯基之後，美術史的研究方向也擴展到了文化人類學、文學史、心理學，變得越來越複雜。不過，同時還是有許多美術史家延續了沃夫林的思想，繼續研究「抽象」概念。格林柏格（美Clement Greenberg, 1909-1994）、日本的東野芳明（1930-2004）與藤枝晃雄（1936-）等人，擁護以抽象表現主義（紐約畫派）最具代表性的畫家傑克森・波洛克（美Jackson Pollock, 1912-1956）為首的抽象表現主義，他們所作出的各式批評性的言論，促進了「將意義割捨掉的作法」與「採取圖像學研究方式的美術史」這兩者的發展。

這迫使美術史不得不開始採納哲學、文學、語言學的研究方法。另一方面，關於生活在現實當中的藝術家自身的美術發展情況，舉例來說，像是傑克森．波洛克與德．庫寧（荷 de Kooning, 1904-1997）便一同創造出了行動繪畫。而至於現代藝術方面，則衍生與發展出了非定型藝術、色域繪畫、美國普普藝術、英國普普藝術、新寫實主義、新達達主義、觀念藝術、極簡主義、裝置藝術、照相寫實主義、擬像主義。霍克尼（英 Hockney, 1937-）等人則將現代的問題意識體現在具象畫當中。許許多多的藝術家創作出五花八門的藝術形式，這就是現在這個時代的藝術風貌。

高階秀爾（日 1932-）曾說：「學習（西方）美術史，等於是學習美術史之外的各門人文學科的研究方法，同時也是在學習人類文化，仔細看看那些與自己活在不同傳統當中的人們與自己有何異同。」正如他所言，美術史就像是一種「鏡子」，一門反映出現代社會形形色色的人種、文化、政治與宗教的學問。

**CHECK THIS OUT!**

**如果你還想繼續研究美術，一定要具備以下的基礎知識。**

## 光線

文藝復興之後的藝術領域裡，光線與明暗便是繪畫中重要的要素之一。物理學的牛頓與研究色彩的歌德所提出的理論，對於十九世紀出現、首重光與顏色關係的印象派影響甚鉅。印象派畫家致力於以顏料重現光的情況。

## 色彩

光的三原色與色彩的三原色，具有完全相反的意義。色彩方面，以透明顏料（比如水彩）重疊越多層就會越接近「黑色」。光的顏色則是越重疊就越接近白色，最後會變成像太陽那樣的白色。文藝復興中後期的美術強調背景的「藍色」，藍色會因為天空中陽光的顏色而洋溢出透明感。而由於顏料的顏色不是透明的，因此畫作當中的風景會比現實中的風景還要來得黯淡而凝重。

## 寫實主義

只要看看古希臘美術的發展情形，就會發現全世界的美術彷彿是以演化樹的方式發展開來。也就是說，古希臘美術大略上重現了原始美術抽象的動物像、繩紋陶器所出現的幾何狀的圖形、動物與人物的畫像，並完全重現了直到文藝復興時期才確立的以現實為對象的創作風格。

歐洲繪畫史可說是將古希臘美術史從頭到尾忠實重現而成。就連印象派這種非寫實的繪畫，也確實存在於羅馬美術當中。

## 遠近法

遠處的東西看起來比較小，近處的東西看起來比較大。平行線越遠會顯得越狹窄，最後將交集於一個消失點。舉個例子，在創作出《源氏物語繪卷》的時代，平行線總是畫成平行的狀態。遠近法是在文藝復興時期才發展出來的，後人只知道當時出現了遠近法，對於相關細節則一無所知。因此，當時的人們究竟是如何發現在風景的背後，隱藏著平行線、垂直線、

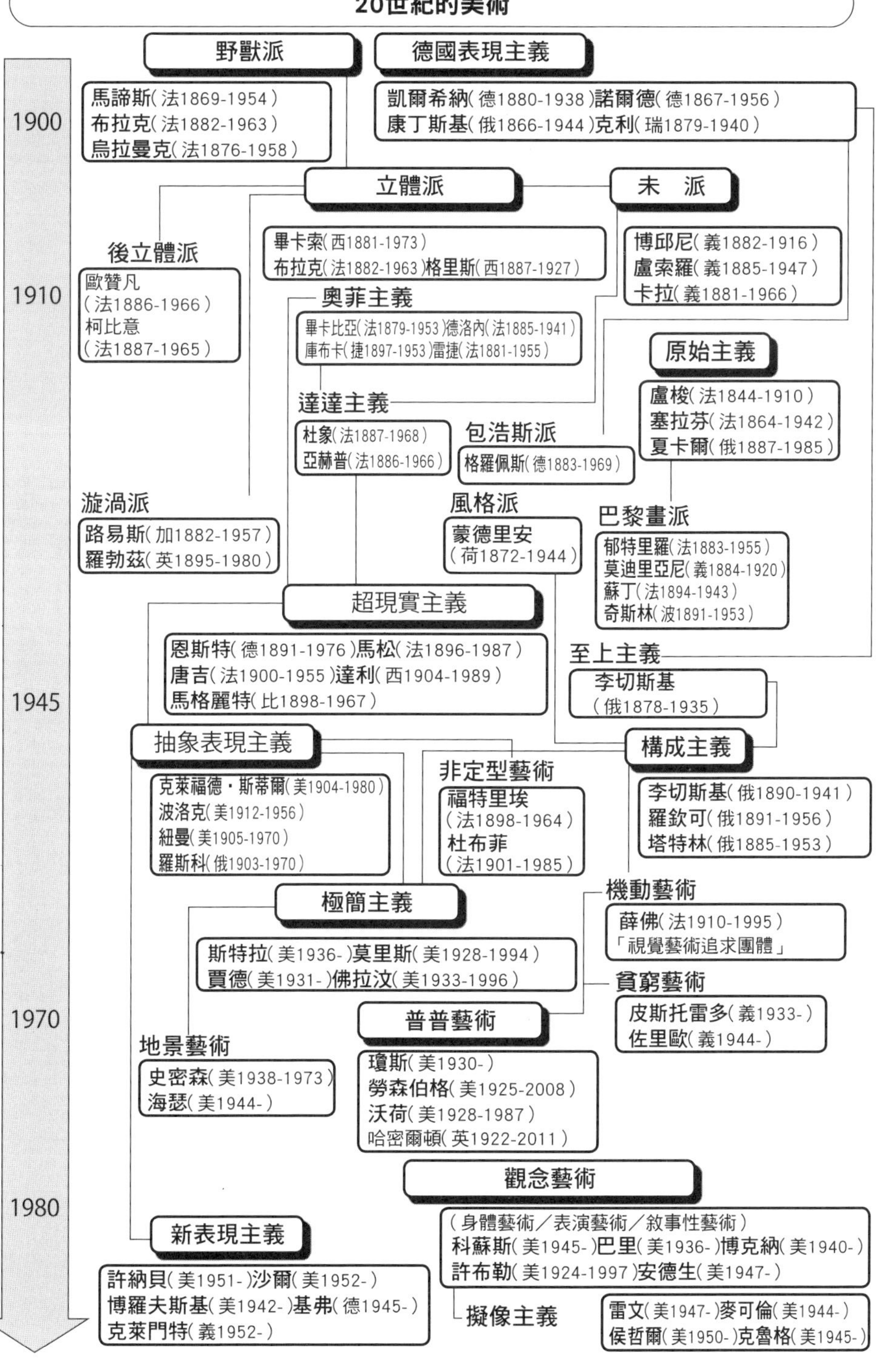
20世紀的美術
1900
1910
1945
1970
1980
野獸派
馬諦斯（法1869-1954）
布拉克（法1882-1963）
烏拉曼克（法1876-1958）
德國表現主義
凱爾希納（德1880-1938）諾爾德（德1867-1956）
康丁斯基（俄1866-1944）克利（瑞1879-1940）
立體派
未　派
後立體派
歐贊凡
（法1886-1966）
柯比意
（法1887-1965）
畢卡索（西1881-1973）
布拉克（法1882-1963）格里斯（西1887-1927）
博邱尼（義1882-1916）
盧索羅（義1885-1947）
卡拉（義1881-1966）
奧菲主義
畢卡比亞（法1879-1953）德洛內（法1885-1941）
庫布卡（捷1897-1953）雷捷（法1881-1955）
原始主義
盧梭（法1844-1910）
塞拉芬（法1864-1942）
夏卡爾（俄1887-1985）
達達主義
杜象（法1887-1968）
亞赫普（法1886-1966）
包浩斯派
格羅佩斯（德1883-1969）
漩渦派
路易斯（加1882-1957）
羅勃茲（英1895-1980）
風格派
蒙德里安
（荷1872-1944）
巴黎畫派
郁特里羅（法1883-1955）
莫迪里亞尼（義1884-1920）
蘇丁（法1894-1943）
奇斯林（波1891-1953）
超現實主義
恩斯特（德1891-1976）馬松（法1896-1987）
唐吉（法1900-1955）達利（西1904-1989）
馬格麗特（比1898-1967）
至上主義
李切斯基
（俄1878-1935）
抽象表現主義
構成主義
非定型藝術
克萊福德・斯蒂爾（美1904-1980）
波洛克（美1912-1956）
紐曼（美1905-1970）
羅斯科（俄1903-1970）
福特里埃
（法1898-1964）
杜布菲
（法1901-1985）
李切斯基（俄1890-1941）
羅欽可（俄1891-1956）
塔特林（俄1885-1953）
機動藝術
薛佛（法1910-1995）
「視覺藝術追求團體」
極簡主義
斯特拉（美1936-）莫里斯（美1928-1994）
賈德（美1931-）佛拉汶（美1933-1996）
貧窮藝術
皮斯托雷多（義1933-）
佐里歐（義1944-）
普普藝術
地景藝術
史密森（美1938-1973）
海瑟（美1944-）
瓊斯（美1930-）
勞森伯格（美1925-2008）
沃荷（美1928-1987）
哈密爾頓（英1922-2011）
觀念藝術
（身體藝術／表演藝術／敘事性藝術）
科蘇斯（美1945-）巴里（美1936-）博克納（美1940-）
許布勒（美1924-1997）安德生（美1947-）
新表現主義
許納貝（美1951-）沙爾（美1952-）
博羅夫斯基（美1942-）基弗（德1945-）
克萊門特（義1952-）
擬像主義
雷文（美1947-）麥可倫（美1944-）
侯哲爾（美1950-）克魯格（美1945-）

三角形與梯形等看不見的要素，現在仍然無法得知。

### 肌理

水彩顏料是透明的，如果在原本已經塗有顏色的地方，再塗上另一種顏色，這兩種顏色就會疊加在一起，變成另一種顏色。舉個例子，只要先塗上黃色，接著再疊上藍色，這個地方就會變成綠色的。相反的，由於油畫顏料是不透明的，因此若將不同顏色疊加在一起，就只看得到最後上的那個顏色而已。不過，重複上色會讓畫作表面因為顏料堆疊而變得凹凹凸凸，或是出現筆觸的痕跡。這種凹凸狀與筆痕便稱為肌理。文藝復興之後的繪畫相當重視肌理，這是因為塗得越厚就越顯出沉甸甸的感覺，可以展現出某種繪畫的特色。

### 複製

班雅明（德 Walter Benjamin, 1892-1940）曾經提出「機械複製時代的藝術作品」，這是一個相當有名的概念。邁入現代之後，藝術作品可以透過印刷、攝影或其他方式加以複製。班傑明希望大家能夠思考，這樣的情況下，原本作品所擁有的那份靈光（aura，意思是一種迷人的光輝）是否會喪失。雖然我們不清楚班傑明是在肯定機械複製時代，還是嚮往傳統作品而否定機械複製的作品，但無論如何，人們並不會認為機械複製時代下的作品就喪失了魅力。時至今日，攝影、版畫與印刷物也仍然深深吸引著我們。

### 繪畫

古希臘時期便可看出美術的風格已經確立到某種程度了，但古希臘卻尚未出現所謂的繪畫藝術。不過，真要說沒有繪畫，似乎也不盡然，因為古希臘的陶器表面留下許多圖畫。換句話說，古希臘只是沒有壁畫或是像近代這種鑲在畫框裡的畫作而已。

然而到了羅馬時期，壁畫卻開始盛行，知名的龐貝遺跡裡就留下了各式各樣的羅馬壁畫。其中有些繪畫是以性為主題，也有些密教性質的圖畫，還有許多描繪風景的圖畫，或許稱得上是風景畫的起源。

### 雕刻

當人們想要將現實中的物體加以重現的時候，可以分成平面的繪畫與立體的雕刻兩種方式。人類究竟是先出現繪畫還是先出現雕刻呢？假如說，人類之所以會繪製或雕刻土偶與石偶的像（目前可以追溯至拉斯科洞窟壁畫與地母神像雕刻），是源自於宗教儀式的話，那麼，就能推論出人們是先以泥土或石頭製作那些當作祭品的人類與動物像。不過，人們對於繪畫與雕刻方面的研究，不只停留在探討起源說的層次上，而是將繪畫與雕刻視為一種人類的活動內容，在這個基礎上發展出多樣性的研究。

### 抽象

這邊直接用例子來說明。我們在畫貓的時候可以直接上色，畫得跟現實中一模一樣，但即使簡單用線條畫出貓的眼睛和臉，也完全可以讓人看出這是在畫貓。用最根本的特徵來把握某個物體，就稱為抽象。如果將自然中的物體抽象化，就會抽出圓、球、線、點、三角形等圖形。

抽象畫與具體畫（畫得跟現實中的物體一模一樣）相反，是將物體進行抽象化繪製而成。不過，當抽象得太過度，繪畫完全還原為線、面、顏色，便完全喪失原本的意義與概念了。

### 裸體

近代的繪畫與雕刻之所以會使用裸體模特兒，是因為裸體最能幫助人們了解人體的骨骼與肌肉動作，而埃及與希臘的雕像多為裸體，則是宗教的因素。

據說古希臘的斯巴達會讓年輕男女赤裸身體進行運動訓練，但這只能說是因為在那個世界而言，認為裸體的體態當中帶有一種「美」或「宗教的神聖性」的「隱喻」，因此才會去重現出裸體的。

### 圖像學

歐洲的圖像學是一門從美術史衍生出來的學問，德國的潘納斯基是圖像學領域的重要人物，他致力於分析圖像當中的深層意義。

相對於潘納斯基這種圖像學研究，研究日本中世紀史的專家如黑田日出男（日 1943-）等人，則分析繪卷物之類的圖像史料，期望能以此窺探到日本中世紀歷史的一角。這樣的研究也可以稱作是一種圖像學。

民俗學家宮本常一（日 1907-1981）等人展開了這項工作，接著又由史學家網野善彥（日 1928-2004）等人接手，繼續推展這門學問上的重要分支。

### 藝術風格學

這是將心理層面、內在層面的特性化為形體的方式與類型，是李格爾在他的著作《羅馬晚期的工藝美術》（1901）中所提出的分類方法，用來為廣泛的地區與時期當中所出現的裝飾風格進行分類。

沃夫林將這套思想建立完整的理論系統，並在他的重要著作《美術史的基本概念》（1915）一書中，以五種相對概念定義十六世紀的文藝復興風格與十七世紀的巴洛克風格。這套理論直到現在仍然是美術史學所使用的基本分析方式。

### 抽象表現主義

這個詞出現於一九二〇年代，一開始人們是用來指康丁斯基的抽象繪畫。不過戰後人們也開始用來指波洛克與馬克·羅斯科（俄 Mark Rothko, 1903-1970）等人的繪畫作品。抽象表現主義這個詞專門用來指「行動繪畫」這種美國所發展出的藝術風格，至於歐洲所發起的一股新的藝術運動，則稱為「非定型藝術」。抽象表現主義的繪畫風格是源自於一種看待美術的態度，而波洛克與羅斯科之間的作品，雖然外觀看上去沒什麼共通點，但是他們兩人相同的地方在於，都是透過繪畫追求心靈上的自我實現。

### 觀念藝術

觀念藝術是藝術的一種，主張作品所牽涉的意念比當中的物質性更為重要。觀念藝術大部分的作品，都完全脫離了傳統的美術形式，在理解上極為困難。

# 電影 ●Movie●

**人們在同一時間內創造出多項發明，並在數年內推廣到全世界。**

## 電影的起源

一般認為世界上最早的電影，來自於一八九五年由盧米埃兄弟（Auguste Lumière, 1862-1954; Louis Lumière, 1864-1948）所發明的活動電影機（cinematographe）。但其實當時不只盧米埃兄弟，許多人都著手於這項領域的發明研究。

例如說，發明之王愛迪生（美 Thomas Alva Edison, 1847-1931）就以透過小孔觀看盒子內部的方式，成功讓照片連續性跑動，這種機器便稱為活動電影放映機（kinetoscope）。儘管活動電影放映機的原理與現在的電影一模一樣，但卻只能讓一個人觀看，因此，從這層意義上而言並不能算是電影。

這個時期，英國的羅伯特・威廉・保羅（Robert Wilhelm Bunsen, 1869-1943）也發明了電影投影裝置（animatograph），德國的馬克斯・斯克拉達諾夫斯基（Max Skladanowsky, 1863-1939）則發明了電影放映機（bioscope），而愛迪生將原本的活動電影放映機進行改良，發明了手搖式電影放映機（vitascope）。不過，由於發表的時間以盧米埃兄弟略勝一籌，因此一般還是認為盧米埃的活動電影機是世界上最早的電影裝置。而且，盧米埃兄弟不只是發明了製作電影的機器，也拍攝了世界上第一部電影《工廠下班》（1895）及後續的十二部作品。只不過，這些電影片長都只有一分鐘左右。

電影（cinematographe, vitascope）在發明的隔年便開始於世界各國上映。儘管當時的電影幾乎都只是如實拍攝現實中的場景，但光是這樣就已經喚起了巨大的迴響。一八九六年，法國的喬治・梅里耶（Georges Méliès, 1861-1938）在劇院放映電影，電影在發明後的幾年內，就形成了現在電影運作系統的原型。

到了一九〇〇年代，人們開始以創作作品的態度來拍攝電影。首先是法國，一九〇二年喬治・梅里耶製作了科幻電影《月球之旅》，而美國的艾德溫・波特（Edwin Porter, 1870-1941）則於一九〇三年製作《火車大劫案》。這些作品結合了攝影棚與外景的拍攝內容，深深激發了觀眾的想像力。

在這之後的一九一〇至一九二〇年代，世界各國開始出現五花八門的電影種類與風格，其中更有多部電影史上偉大的傑作。特別值得注意的是大衛・格里菲斯（美 David Griffith, 1875-1948），他創造出特寫等電影拍攝手法，並完成了電影的原型，被稱為「美國電影之父」。而這些電影傑作包括了格里菲斯於一九一五年發表的《一個國家的誕生》、羅伯特・威恩（德 Robert Wiene, 1873-1938）的《卡里加里博士的小屋》（1919）、謝爾蓋・艾森斯

# 電影的誕生

## 發明製作電影的裝置

**活動電影機**
(1895)盧米埃兄弟(法)

**活動電影放映機**
(1891)愛迪生(美1847-1931)

**手搖式放映機**
(1897)愛迪生
(也有人說發明者是阿爾莫特與傑金斯)

**電影投影機**
(1895)羅伯特・威廉・保羅(英1869-1943)

**電影放映機**
(1896)斯克拉達諾夫斯基(德1863-1939)

## 電影作品誕生

喬治・梅里耶(法1861-1938)
《月球之旅》(1902)

艾德溫・波特(美1870-1941)
《美國消防員的生活》(1903)
《火車大劫案》(1903)

## 電影作品(無聲電影)質與量皆大幅提升

**大場面電影**

喬瓦尼・帕斯特洛納(義1883-1959)
《卡比利亞》(1914)

大衛・格里菲斯(美1875-1948)
《一個國家的誕生》(1915)
《忍無可忍》(1916)

**藝術電影**

維克多・休斯姆(典1879-1960)
《幽靈馬車》(1921)

穆瑙(德1888-1931)
《最後一笑》(1924)

阿貝爾・岡斯(法1889-1981)
《車輪》(1923)

艾瑞克・馮・史卓漢(奧1885-1957)
《情場現形記》(1921)
查理・卓別林(英)
《淘金記》(1925)

**前衛電影**

路易・布紐爾(西1900-1983)
《安達魯之犬》(1928)

讓・愛普斯坦(法1897-1953)
《厄舍古廈的倒塌》(1928)

費立茲・朗(奧1890-1976)
《大都會》(1927)

**喜劇**

麥克・塞納特(美1880-1960)
查理・卓別林(英1889-1977)
《狗的生活》(1918)
《尋子遇仙記》(1921)
巴斯特・基頓(美1895-1966)
《將軍號》(1927)

**德國表現主義**

羅伯特・威恩(德1873-1938)
《卡里加里博士的小屋》(1919)

**政治宣傳片**

謝爾蓋・艾森斯坦(俄1898-1948)
《罷工》(1925)
《波坦金戰艦》(1925)
費謝波洛德・普多夫金(俄1893-1953)
《母親》(1926)

**紀錄片**

吉加・維爾托夫(俄1896-1954)
《持攝影機的人》(1929)

羅伯特・佛拉哈迪(美1884-1951)
《北方的納努克》(1922)

## 電影的發展過程（美國）

### 美國生活派
**法蘭克・卡普拉**（美1897-1991）
《一夜風流》（1934）
**李奧・麥卡里**（美1898-1969）
《風雨血痕》（1935）
**喬治・庫克**（美1899-1983）
《小婦人》（1933）

### 西部片
**約翰・福特**（美1894-1973）
《驛馬車》（1939）
《鐵血金戈》（1939）

### 音樂劇
**恩斯特・劉別謙**（德1892-1947）
《璇宮豔史》（1929）
**馬克・山德瑞奇**（美1900-1945）
《禮帽》（1935）
《隨我婆娑》（1937）

### 幫派電影
**霍華・霍克斯**（美1896-1977）
《疤臉大盜》（1932）
**麥可・寇蒂斯**（匈1888-1962）
《狂徒淚》（1938）

### 動畫片
**華特・迪士尼**
（美1901-1966）
《白雪公主》（1937）
《花與樹》（1932）
（世界第一部彩色動畫片）
《幻想曲》（1940）
（世界第一部使用
立體音響的電影）

### 寫實主義
**奧遜・威爾斯**（美1915-1985）
《大國民》（1941）

### 戰後的好萊塢大片

**40年代**
**約翰・福特**（美）《俠骨柔情》（1946）《逃亡者》（1947）
**查理・卓別林**（英）《殺人狂時代》（1947）
**史丹利・杜寧**（美1924-）《錦城春色》（1949）

**50年代**
**約瑟夫・曼奇維茲**（美1909-1993）《彗星美人》（1950）
**伊利亞・卡贊導演**（美1909-2003）《伊甸園之東》（1955）
**史丹利・杜寧&金凱利**（美1912-1996）《雨中曲》（1952）
**威廉・惠勒**（美1902-1981）《羅馬假期》（1953）
**大衛連**（英1908-1991）《桂河大橋》（1957）
**比利・懷德**（波1906-2002）《熱情如火》（1959）

**60年代**
**勞勃・懷斯**（美1914-2005）《夢斷城西》（1961）
**大衛連**《阿拉伯的勞倫斯》（1962）
**喬治・庫克**《窈窕淑女》（1964）
**史丹利・庫柏利克**（美1928-1999）《奇愛博士》（1964）

坦（俄 Sergei Eisenstein, 1898-1948）的《波坦金戰艦》（1925）、路易・布紐爾（Luis Buñuel, 西 1900-1983）的《安達魯之犬》（1929）、費立茲・朗（奧 Fritz Lang, 1890-1976）的《大都會》（1927）、查理・卓別林（英 Charlie Chaplin, 1889-1977）的《淘金記》（1925）。進入有聲電影時代後電影更邁向黃金時期。

## 電影的轉捩點

**「聲音」大幅擴大了電影的表現能力，促使電影界邁向黃金時期。**

自從一九二七年世界上第一部有聲電影《爵士歌手》於紐約公映之後，接下來的電影便逐步從無聲電影轉為有聲電影，一九三〇年無聲電影幾乎完全被有聲電影取代。電影在多了聲音後，表現能力獲得大幅拓展，因此人們所創作出的作品種類就更為繁多了。

此外，美國與歐洲的電影作品在方向上有很大的不同，美國以娛樂作品為中

## 電影的發展過程（歐洲）

### 法國純粹藝術電影

**勒內・克萊爾**（法1898-1981）
《巴黎屋檐下》（1930）
**馬爾塞・卡內**（法1906-1996）
《霧碼頭》（1938）
**讓・雷諾瓦**（法1894-1979）
《下層階級》（1936）

### 懸疑驚悚片

**亞佛列德・希區考克**（英1899-1980）
《貴婦失蹤案》（1938）
《蝴蝶夢》（1940）

### 德國政治宣傳片

**萊尼・里芬斯塔爾**（德1902-2003）
《意志的勝利》（1935）
《奧林匹亞》「民族的祭典」「美的祭典」（1938）

### 戰後的歐洲電影

### 法國戰後派

**羅伯・布列松**（法1901-1999）
《鄉村牧師日記》（1950）
**亨利・喬治・克魯索**（法1907-1977）
《恐怖的代價》（1953）

### 法國新浪潮

**佛蘭索瓦・楚浮**（法1932-1984）
《四百擊》（1959）
**尚盧・高達**（法1930-）
《斷了氣》（1959）

### 新小說派

**亞倫・雷奈**（法1922-2014）
《去年在馬倫巴》（1961）
**亨利・柯比**（瑞1921-2006）
《長別離》（1961）

### 黑色電影

**雅克・貝克**（法1906-1960）
《金錢不要碰》（1954）

### 義大利新寫實主義

**羅伯托・羅塞里尼**（義1906-1977）
《不設防城市》（1945）
**維多里奧・狄西嘉**（義1901-1974）
《單車失竊記》（1948）

### 義大利寫實主義

**費德里柯・費里尼**（義1920-1993）
《甜蜜生活》（1959）
**盧契諾・維斯康提**（義1906-1976）
《洛可兄弟》（1960）

### 英國自由電影（憤怒青年電影）

**林賽・安德森**（印1923-1994）
《如果…》（1968）
**托尼・理查遜**（英1928-1991）
《長跑者的寂寞》（1962）

### 波蘭電影

**安德烈・瓦伊達**（波1926-）
《下水道》（1957）
《灰燼與鑽石》（1958）

---

心，相反的，歐洲則出現越來越多藝術性高的作品，這種傾向一直持續到今日。儘管美國有五花八門的電影作品誕生，特別值得一提的導演則是以下幾位：擅長描繪平凡小人物的法蘭克・卡普拉（美 Frank Capra, 1897-1991），以幫派電影獲得極大好評的霍華・霍克斯（美 Howard Hawks, 1896-1977），拍攝音樂劇的馬克・山德瑞奇（美 Mark Sandrich, 1900-1945），製作西部片的約翰・福特（美 John Ford, 1894-1973），專門做動畫的華特・迪士尼（美 Walt Disney, 1901-1966）。

另一方面，歐洲的電影作品都帶有一股藝術氣息，但各國的風格仍然有所區別。法國以勒內・克萊爾（René Clair, 1898-1981）、朱里安・杜維威葉（Julien Duvivier, 1896-1967）等人的純粹藝術電影為主流；英國則以亞佛列德・希區考克（Alfred Hitchcock, 1899-1980）的懸疑驚悚電影為主流；而當時處於納粹統治下的德國，則以萊尼・里芬斯塔爾（Leni Riefenstahl, 1902-2003）等人的政治宣傳片盛極一時。此外，美國也並非完全只有

## 美國新好萊塢電影

**亞瑟・潘**（美1922-2010）
《我倆沒有明天》（1967）
《愛麗斯餐廳》（1969）

**麥克・尼可斯**（德1931-2014）
《畢業生》（1967）

**法蘭克・佩里**（美1930-1995）
《浮生錄》（1968）

**丹尼斯・霍柏**（美1936-2010）
《逍遙騎士》（1969）
**約翰・施萊辛格**（英1926-2003）
《午夜牛郎》（1969）
**喬治・羅伊・希爾**（美1922-2002）
《神槍手與智多星》（1969）
**勞勃・阿特曼**（美1925-2006）
《外科醫師》（1970）

### 美國

### 新好萊塢派

**法蘭西斯・福特・科波拉**（美1939-）
《教父》（1972）

**喬治・盧卡斯**（美1944-）
《美國風情畫》（1973）
《星際大戰》（1977）

**史蒂芬・史匹柏**（美1946-）
《第三類接觸》（1977）
《E.T.外星人》（1982）

### 紐約派

**伍迪・艾倫**（美1935-）
《安妮霍爾》（1977）
《我心深處》（1978）

**馬丁・史柯西斯**（美1942-）
《計程車司機》（1976）

### 紐約獨立派

**吉姆・賈木許**（美1953-）
《天堂陌影》（1984）

### 獨立派

**史派克・李**（美1957-）
《為所應為》（1989）
《黑潮》（1992）

### 其他

**奧利佛・史東**（美1946-）
《前進高棉》（1986）
《誰殺了甘迺迪》（1991）

**昆汀・塔倫提諾**（英1963-）
《黑色追緝令》（1994）

---

娛樂作品，其實還是有人製作出一些藝術性較高的電影，奧森．威爾斯（美 1915-1985）的《大國民》（1941）就是這方面的代表作品。

在戰後美國的電影界裡，好萊塢的勢力越來越強，接二連三推出了所謂的好萊塢大片。喬治．福特執導的《日正當中》（1952）、約翰．休斯頓（美 John Huston, 1906-1987）製作的《碧血金沙》（1948）、史丹利．杜寧（美 Stanley Donen, 1924-）推出的《錦城春色》（1949）、約瑟夫．曼奇維茲（美 Joseph Mankiewicz, 1909-1993）《彗星美人》（1950）。一直到六〇年代後半出現新好萊塢電影為止，美國電影業都是由這些好萊塢電影所主導。

至於戰後的歐洲，則是以義大利新寫實主義與法國新浪潮占據電影界的重要地位。義大利的新寫實主義電影，使用寫實的方式描寫戰後義大利的混亂情況，代表性作品有羅伯托．羅塞里尼（義 Roberto Rossellini, 1906-1977）的《不設防城市》（1945）、維多里奧．狄西嘉（義 Vittorio De Sica, 1901-1974）的《單車失竊記》

## 電影界的現況

### 在美國新好萊塢電影出現之後，各國電影呈現的狀況

### 歐洲

**德國新浪潮**

**韋納・荷索**（德1942-）
《天譴》（1972）
《吸血鬼》（1979）

**寧那・華納・法斯賓德**（德1945-1982）
《瑪麗布朗的婚姻》（1979）
《莉莉瑪蓮》（1981）

**沃克・施隆多夫**（德1939-）
《錫鼓》（1979）

**文・溫德斯**（德1945-）
《巴黎，德州》（1984）
《柏林蒼穹下》（1987）

**法國新世代**

**盧貝松**（法1959-）
《碧海藍天》（1988）
《霹靂煞》（1990）
《亞特蘭提斯》（1991）

**尚賈克・貝內**（法1946-）
《歌劇紅伶》（1981）
《巴黎野玫瑰》（1986）

**李歐・卡霍**（法1960-）
《壞痞子》（1986）
《新橋戀人》（1991）

**中國與台灣的新世代電影**

**張藝謀**（中1951-）
《紅高粱》（1987）
《秋菊打官司》（1992）

**侯孝賢**（台1947-）
《冬冬的假期》（1984）
《悲情城市》（1989）
《戲夢人生》（1993）

**陳凱歌**（中1952-）
《黃土地》（1984）
《霸王別姬》（1993）

**第三世界**

**安哲羅普洛斯**（希1935-2012）
《亞歷山大大帝》（1980）
《塞瑟島之旅》（1984）

**阿巴斯・奇亞羅斯塔米**（伊朗1940-2016）
《春風吹又生》（1992）
《橄欖樹下的情人》（1994）

**尤馬茲・古尼**（土1937-1984）
《自由之路》（1982）
《堅牆》（1983）

---

（1948）。法國新浪潮則是統稱一九五〇年代的一群法國年輕導演，這些導演以前所未有的嶄新風格創作出多部傑作，深深影響並震撼了全世界的年輕人。代表人物有法蘭索瓦・楚浮（法 François Roland Truffaut, 1932-1984）、尚盧・高達（法 Jean-Luc Godard, 1930-）、路易・馬盧（法 Louis Malle, 1932-1995）等導演。

### 電影界的現狀

**繼新好萊塢電影出現之後，美國電影展現出多樣面貌，此外，華語圈的導演也開始躍上國際舞台。**

一九六〇年代後半，美國的電影出現重大變化。原本大型電影公司從製作到宣傳都全都一手包辦，並由專業導演找大明星來拍攝電影，但這時卻開始出現多部電影並不採用這種既有作法。而且，不光是製作方式不同，就連內容也出現了很大的變化，許多電影都出現令人震撼的影像，以及毒品、性、反戰等內容，強烈顯現出

當時的年輕人反體制的心態。

亞瑟・潘（美 Arthur Penn, 1922-2010）的《我倆沒有明天》（1967）、丹尼斯・霍柏（美 Dennis Hopper, 1936-2010）的《逍遙騎士》（1969）、約翰・施萊辛格（英 John Schlesinger, 1926-2003）《午夜牛郎》（1969），這一連串的作品稱為「新好萊塢電影」，帶給全世界的年輕人與電影作家深刻的影響。

之後的美國，製作電影的不再只有好萊塢，也有來自各種不同地方的製作單位。就連好萊塢本身也逐漸以新生代導演為中心，其中具代表性的有法蘭西斯・福特・科波拉（Francis Ford Coppola, 1939-）、喬治・盧卡斯（George Lucas, 1944-）、史蒂芬・史匹柏（Steven Spielberg, 1946-）等人。這些人又稱為「新好萊塢派」。除此之外，馬丁・史柯西斯與伍迪・艾倫等人的紐約派、吉姆・賈木許等人的紐約獨立派、史派克・李等人的獨立派也都相當活躍。

歐洲電影除了寧那・華納・法斯賓德（德 Rainer Werner Fassbinder, 1945-1982）、文・溫德斯（德 Wim Wenders, 1945-）這些德國新浪潮的導演之外，長期都處於低迷的狀況，但到了九〇年代之後，法國出現了盧貝松（Luc Besson, 1959-）、尚賈克・貝內（Jean-Jacques Beineix, 1946-）、李歐・卡霍（Leos Carax, 1960-）這些年輕的導演，紛紛製作出質量兼具的電影。

說到電影界的現況，也不能不提華語圈的導演。其中的代表人物有張藝謀（中 1951-）、侯孝賢（台 1947-）、陳凱歌（中 1952-）等人，這幾位導演都在國際間獲得相當高的評價。

除了華語電影之外，第三世界的電影也相當值得關注。韓國也從一九九六年開始舉辦釜山國際影展，韓國電影展現出生氣蓬勃的樣貌。而印度電影以世界第一的電影製作量與電影觀眾數量自豪，不只創作出娛樂性電影，也製作了許多瞄準海外市場的高品質電影。此外，拉丁美洲的電影界則積極投入製作社會寫實類的影集，而日本每年舉行的拉丁美洲電影節也都熱鬧非凡。

CHECK THIS OUT!

**如果你還想繼續研究電影，一定要具備以下的基礎知識。**

### 有聲電影

自從一八九五年發明了無聲電影之後，電影業界長期都是只有影像的電影。一九二六年開發出了一種稱為 Viraphone 的有聲電影硬體系統。隔年一九二七年，發表了第一部有聲電影《爵士歌手》，並且獲得熱烈的反響。儘管有聲電影一開始受到了以卓別林為首的相關人士反對，但無聲電影仍然逐漸銷聲匿跡，一九三〇年代就完全以有聲電影為主流了。

### 查理・卓別林

一八八九年生於英國，一九一〇年前往美國並踏入電影界。他在製作《狗的生活》（1918）、《尋子遇仙記》（1921）等多部自導自演的短篇電影後，一九二五年發表了他第一部長篇電影《淘金記》。之後又陸續有《城市之光》（1931）、《摩登時代》（1936）、《大獨裁者》（1940）、《凡爾杜先生》（1947）等多部傑作問世。

### 奧斯卡金像獎

奧斯卡金像獎是自一九二七年，美國電影起步之後最大的獎。儘管奧斯卡獎與法國坎城影展與德國柏林影展不同，只針對美國國內的電影，但卻是全世界最具權威的電影獎。奧斯卡獎的主辦單位為「電影藝術科學學院」，由學院成員擔任評審，獲獎者則會授予一尊名叫「奧斯卡」的金像，不過沒有獎金。奧斯卡最佳影片為其中最高的獎項，偏好頒發給藝術性質的作品，娛樂性質的電影無論賣座成績再好，都很難獲獎。

### 新寫實主義電影

義大利的電影導演在第二次世界大戰中持續受到打壓，等到戰爭結束後便接二連三的發表反法西斯電影，這些電影則統稱為新寫實主義電影。劇中以寫實的手法刻劃了戰爭的慘狀，以及戰後生活的實際樣貌，帶給國際間很大的震撼。主要的導演有執導《不設防城市》（1945）《游擊隊》（1946）的羅伯托・羅塞里尼、執導《單車失竊記》（1948）的維多里奧・狄西嘉等人。

### 紅色恐慌

美國在一九四〇年代後半對於共產主義者的反彈加劇，電影相關人士也成為箭靶。大部分的人都對眾議院非美活動調查委員會提供對朋友或熟人不利的證詞，但導演愛德華・狄米屈克（加 Edward Dmytryk, 1908-1999）、編劇道爾頓・川波（美 Dalton Trumbo, 1905-1976）等十人拒絕作證，最後判以蔑視國會的罪名監禁一年（後來狄米屈克轉而提供協助，兩個月後出獄）。這些人統稱為「好萊塢十君子（好萊塢黑名單）」，之後有很長的一段時間都受到美國電影界封殺。

### 法國新浪潮

一九五五年的法國接連發表了三部展現出前所未有風格的電影。分別是尚盧・高達的《斷了氣》（1959）、法蘭索瓦・楚浮的《四百擊》（1959）、克勞德・夏布洛（法 Claude Chabrol, 1930-2010）的《表兄弟》（1959）。這幾部電影使用了很多隨意運鏡、偷拍、即興演出等嶄新的手法，帶給全世界電影人相當大的震撼。這份電影風潮便稱為法國新浪潮。

### 新好萊塢電影

這是美國於一九七〇年前後出現的一種電影趨勢。一九六七年《生活》雜誌為導演亞瑟・潘的《我倆沒有明天》製作特輯單元時命名為新好萊塢電影，這便是它的由來。新好萊塢的代表性作品有丹尼斯・霍柏的《逍遙騎士》、喬治・羅伊・希爾（美 George Roy Hill, 1922-2002）的《神槍手與智多星》（1969）、約翰・施萊辛格的《午夜牛郎》等。這些電影以毒品、性愛、犯罪為主題，刻劃在越戰下呈現頹廢狀態的美國社會。

CLOSE UP!

# 日本電影

Japanese Movie

日本電影界不斷出現新的電影公司，也不斷有舊的電影公司進行合併，一度進入黃金時期但最後又沉寂下來。儘管誕生了許多來自不同領域的導演，但現狀仍舊相當嚴峻。

在盧米埃兄弟發明了活動電影機，開啟了電影歷史的扉頁之後，隔年一八九六年日本神戶便以活動電影放映機上映電影。接著，人們也陸續以活動電影機與手搖式電影放映機進行電影公映，並獲得民眾廣大的迴響。

一八九九年日本開始自行製作電影並上映，一九〇三年開設日本第一間電影院「淺草電氣館」，可見日本人很快就接受了電影。一開始將電影引進日本的是貿易公司，因此早期電影製作也是由貿易公司進行。到了一九一二年，數家大型商會合資成立正式的電影公司「日本活動照片股份公司」，這便是之後的日活。

接下來，一九一四年成立了天然色活動照片（天活），一九一九年成立國際活映（國活）。本身經營歌舞伎劇場的松竹則於一九二〇年開設了松竹電影公司，參與電影製作。一九一〇至二〇年代出現了多家大型電影公司，接著彼此之間又不斷進行合併與收購。

## 獨立的製片公司興起

一九二〇年代許多電影導演與明星相繼離開電影公司，成立獨自的製作公司，親手打造屬於自己的電影。一九二五年人稱日本電影之父的牧野省三（1878-1929）成立了牧野電影公司，阪東妻三郎（1901-1953）成立阪妻製作公司，一九二六年衣笠貞之助（1896-1982）成立衣笠電影聯盟，一九二七年市川右太衛門（1907-1999）成立右太製作公司，一九二八年嵐寬壽郎（1902-1980）成立寬製作公司，片岡千惠藏（1903-1983）成立千惠製作公司。

日本早期的電影業處於大型公司與獨立製片公司群雄割據的狀態，各自創造出了日本電影史上知名的重要作品。其中特別是衣笠貞之助與溝口健二（1898-1956）製作出多部名作，直到今日在國際間的聲譽依然不墜。

## 日本電影界的轉換期

隨著時間流轉，日本不斷有新的電影公司出現，也一直有舊的公司進行合併。一九四〇年代逐漸形成以松竹、大映與東寶三家公司為主的狀態。而戰後日活又再起，再加上新成立的東映與新東寶，呈現六大公司並立的局面。新東寶在

人文科學

社會科學

自然科學

文化藝術

# 日本電影誕生過程

## 引進外國電影

1896年　神戶以活動電影放映機進行首次電影公映

## 日本國產電影誕生

1899年　製作出日本第一部電影《手槍強盜清水定吉》
1903年　開設了日本第一間常態電影院：淺草電氣館

## 電影公司誕生

**日活** 1912年成立
（日本活動照片）
**溝口健二**（1898-1956）
《血與靈》（1923）
**伊藤大輔**（1898-1981）
《忠次遊記》三部曲（1927）
《血煙高田馬場》（1928）

**國活** 1919年成立
（國際活映）

**松竹電影公司** 1920年成立
**小谷亨利**（1887-1972）
《島上女人》（1920）
**村田實**（1894-1937）
《路上的靈魂》（1921）
**五所平之助**（1902-1981）
《村裡的新娘》（1928）
**小津安二郎**（1903-1963）
《我畢業了，但…》（1929）

**帝電影公司** 1920年成立
（帝國電影演藝公司）
**鈴木重吉**（1900-1976）
《什麼使她淪落至此》（1930）

**牧野電影公司** 1923年設立 → 1924年合併
**牧野省三**（1878-1929）
《實錄忠臣藏》（1922）
**衣笠貞之助**（1896-1982）
《不知火》（1923）

**東亞電影公司** 1923年成立　1924年合併
**二川文太郎**（1899-1966）
《雄呂血》（1925）

## 獨立製片公司興起

**牧野製作公司** 1925年成立
**牧野省三、衣笠貞之助**
《天一坊與伊賀之亮》（1926）
↓
**衣笠電影聯盟** 1926年成立
**衣笠貞之助**
《瘋狂的一頁》（1926）
《十字路》（1928）

**寬製作公司** 1928年成立

**阪妻製作公司** 1925年成立
**井上金太郎**（1901-1954）
《外國女與武士》（1925）

**右太製作公司** 1927年成立
**伊藤大輔**（1898-1981）
《一殺多生劍》（1929）

**千惠製作公司** 1928年成立
**稻垣浩**（1905-1980）
《天下太平記》（1928）

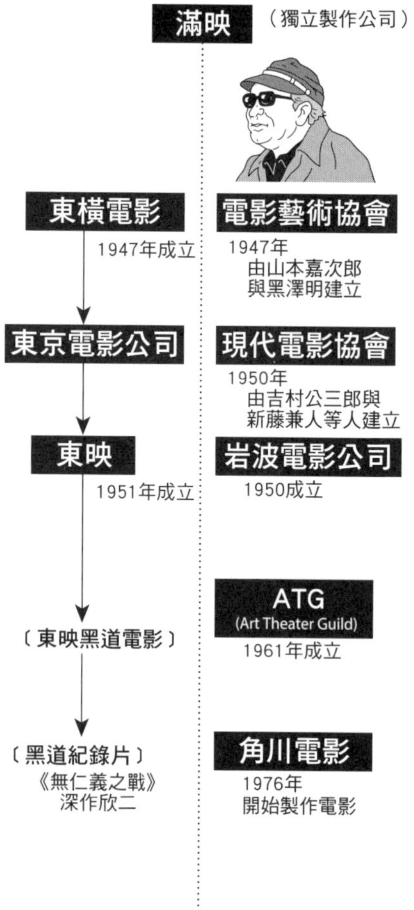

一九六一年破產後，日本電影業就形成了由松竹、大映、東寶、日活與東映所主導的五大公司體制。

日本電影於一九五〇至六〇年代邁入黃金期，電影的品質與數量兼具。從衣笠、溝口、小津安二郎（1903-1963）這些資深導演到新人導演，都不斷拍攝出多部名作、傑作與問題作品。其中，又以黑澤明（1910-1998）與大島渚（1932-2013）兩人的聲勢最為浩大。

黑澤於一九四三年戰前初次執導，戰後更是年年推出傑作，包括《酩酊天使》（1948）、《羅生門》（1950）、《七武士》（1954）、《椿三十郎》（1962）、《天國與地獄》（1963）、《紅鬍子》（1965）。不只在日本國內，就連對國外也有很大的影響力，因此被譽為「走向國際的黑澤」。一九九〇年榮獲了奧斯卡終身成就獎，也獲選為《時代雜誌》「本世紀最具影響力的二十位亞洲人」。

大島是一九五〇年代登場的松竹新浪潮之一，為一九六〇年代之後的日本電影界撐起一片天。一九六〇年描寫學生運動問題的《日本夜與霧》上映不久便被松竹停映，於是大島退出了松竹，自行開設製作公司。之後大島接連拍攝多部爭議作品，《飼養》（1961）描寫一群將黑人戰俘殺害的村民，《少年》（1969）則透過少年的雙眼來看從事車禍詐財一家人的生活，《絞死刑》（1968）則以實際在日韓國人死刑犯為原型，提出了對死刑的質疑。一九七〇年代將製作據點轉移到海外，發表了《感官世界》（1976）、《愛之亡靈》（1978）、《俘虜》（1983）等作品，獲得了世界級的地位。大島隔了十年再次執導的《御法度》（1999）成為他最後的作品，於二〇一三年與世長辭。

滿映 （獨立製作公司）

東橫電影
1947年成立

東京電影公司

東映
1951年成立

〔東映黑道電影〕

〔黑道紀錄片〕
《無仁義之戰》
深作欣二

電影藝術協會
1947年
由山本嘉次郎
與黑澤明建立

現代電影協會
1950年
由吉村公三郎與
新藤兼人等人建立

岩波電影公司
1950成立

ATG
(Art Theater Guild)
1961年成立

角川電影
1976年
開始製作電影

## 其他領域出身的導演

現在的日本電影界仍然以大公司為主，不過，也有來自其他行業的企業製作了許多電影，並占有一席之地。除了電視台與出版社這些傳播媒體之外，也可以見到有販售物品的商業公司這類毫無關聯的行

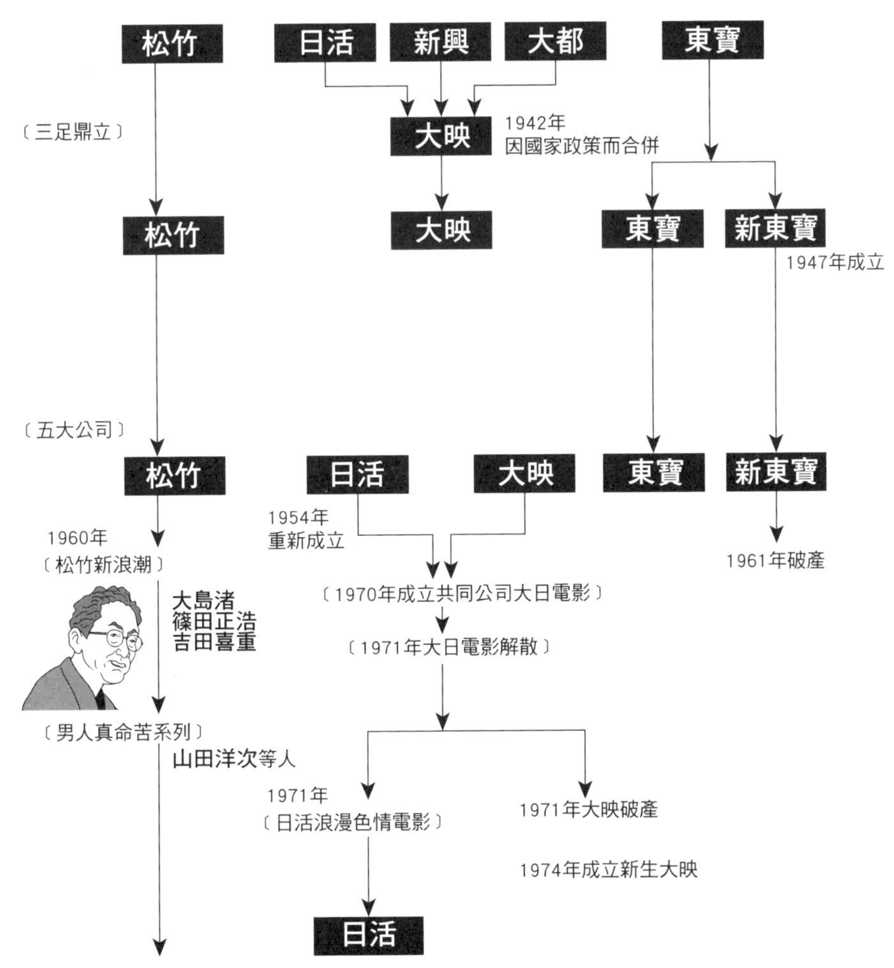


業。

此外，導演方面也出現了相同的情形。在泡沫經濟時期，有許多在別的領域打響名號的人，並未擔任過副導演之類訓練拍片技巧的工作，便直接挑戰導演的工作。不過，除了演員出身的伊丹十三（1933-1997）、北野武（1947-）、竹中直人（1956-）等一小部分的人以外，其他人幾乎都以失敗告終。

## 日本電影的未來發展

相較於一般電影長期處於低迷的狀況，製作動畫電影的宮崎駿（1941-）卻不斷推出高水準的電影。就連票房方面，宮崎駿的電影也都凌駕於一般電影之上。

不過，儘管大型電影公司長期處於低迷的情況，卻因為新導演登場而為日本電影界帶來了生氣。自從一九九〇年泡沫經濟破滅後，獨立製作的電影頗受大眾好評，這些作品並不是為了製作巨作為目標，轉而重視劇情本身，在電影的水準上可以說是日本電影的第二次黃金時期。

森達也（1956-）以奧姆真理教的紀錄片《A》一躍成名。除此之外，《五個相撲少年》的周防正行（1956-）、《金田一少年事件簿》的堤幸彥（1955-）、《幻之光》的是枝裕和（1962-）等人彷彿是點燃了引爆裝置一樣，之後接連出現青山真治（1964-、《無援》）、山下敦弘（1976-、《琳達！琳達！》）、沖田修一（1977-、《這個了不起的世界》）、石井裕也（1983-、《日本曝光》）等一連串新導演。

此外，女性導演的表現也相當亮眼，包括河瀨直美（1969-、《萌之朱雀》）、荻上直子（1972-、《海鷗食堂》）、西川美和（1974-、《蛇草莓》）等人，多名導演都是以自行拍攝的電影或PIA影展的短篇電影開啟導演之路。這些電影作品洋溢著豐沛的感性，消除了電視與電影之間的界線，同時也不仰賴知名度高的大明星，展現出樸實而深刻的內涵。

CHECK THIS OUT!

**如果還想繼續研究日本電影，一定要具備以下的基礎知識。**

## 日活

一九一二年成立，全名為日本活動照片股份公司。戰前以製作日本古裝劇為主，誕生了伊藤大輔（1898-1981）、山中貞雄（1909-1938）、稻垣浩（1905-1980）等大牌導演，演員方面也有片岡千惠藏、嵐寬壽郎、阪東妻三郎等當紅明星齊聚一堂。戰時出於國家政策的考量而被併到大映旗下，一九五四年又重新開張。

一九五六年石原裕次郎發表了首部執導作品《太陽的季節》後聲勢便立即水漲船高，接下來又接連製作出多部熱門電影。之後，日活旗下更是眾星雲集，並推出動作片與青春故事的名作與傑作。一九七〇年代後開始出現衰退，於是便轉向於浪漫色情路線，這時仍不斷創造出傑出作品。但到了一九八〇年代後半迅速萎靡，一九九三年宣告破產。目前則成為製造與販售光碟的公司。

## 松竹

一九二〇年成立，創作了多部洋溢現代感的作品，擅長類型為青春故事、都會故事、女性故事。導演方面，戰前有小津安二郎、島津保次郎（1897-1945）、清水宏（1903-1966）等人，戰後則有吉村公三郎（1911-2000）、木下惠介（1912-1998）等人。一九五九到一九六〇年大島渚、吉田喜重（1933-）、篠田正浩（1931-）相繼發表了各自的導演處女作，這三人的作品內容令人耳目一新，人們便稱呼這三人為松竹新浪潮。松竹的另一個特點是喜劇電影，山田洋次（1931-）、森崎東（1927-）、前田陽一（1934-1998）等人製作出了多部喜劇。其中，山田洋次與渥美清合作的《男人真命苦》系列前後持續了二十

# 日本電影界現況

## 大型電影公司

**松竹**
《男人真命苦》系列
《釣魚狂日記》系列

**東映**
《極道之妻》系列

**東寶**
《若大將》系列
《哥吉拉》系列

**日活**
1992 退出電影製作

**大映**

➡ 製作數量減少
委託製作公司製作

## 來自不同行業的公司

〔傳播媒體〕─系列作品
富士電視台《大搜查線》《HERO》《非關正義》
日本電視台《ALWAYS 幸福的三丁目》《名偵探柯南》
朝日電視台《相棒》
TBS《圈套》《SPEC》
〔其他行業〕
（木下工務店）《人類資金》（2013）
《哀悼人》（2015）

➡ 將電視作品搬上大銀幕，
為電影業開創出一條活路

## 其他領域出身的導演

〔演藝圈〕
**伊丹十三**（1933-1997）　《禮儀式》（1984）
《女稅務員》（1987）
《鴻運女》（1990）

**竹中直人**（1956-）　《無能的人》（1991）
《一一九》（1994）
《連彈》（2001）

**北野武**（1947-）　《凶暴的男人》（1989）
《座頭市》（2003）
《極惡非道》（2010）

〔廣告導演〕
**中島哲也**　《下妻物語》（2004）
《令人討厭的松子的一生》（2006）
《告白》（2010）

**犬童一心**　《咕咕貓》（2008）
《傀儡之城》（2012）

〔製作人〕
**奧山和由**　《鰻魚》（1997）
《地雷陣》（1999）

➡ 許多人投入但都遭到淘汰

## 動畫電影

**宮崎駿**（1941-）　《風之谷》（1984）
《魔法公主》（1997）
《神隱少女》（2001）
《風起》（2013）

**押井守**（1951～）　《福星小子》（1・2、1983・1984）
《機動警察》（1989、1993）
《攻殼機動隊》（1995）
《攻殼機動隊 2：Innocence》（2004）

**細田守**（1967-）　《穿越時空的少女》（2006）
《夏日大作戰》（2009）
《怪物的孩子》（2015）

➡ 不斷製作出高水準作品

六年，合計四十八部，是全世界最長的電影系列作。

### 東映

東映是一九五一年由東橫映畫、太泉映畫、東京映畫三家公司合併而成。東映剛成立的時候，以片岡千惠藏與市川右太衛門兩大武俠古裝劇演員為中心，拍攝了多部日本武俠劇。六〇年代後，東映推出的黑幫電影廣受歡迎，鶴田浩二、高倉健等人也成為當紅的大明星。七〇年代則轉為拍攝紀錄片，推出了熱門系列《無仁義之戰》（1973）。

### 東寶

一九三七年成立，擅長製作陽光健康的都會故事，推出了多部知名的青春電影與喜劇。成立初期的導演有黑澤明、山本薩夫（1910-1983）、今井正（1912-1991）等人，戰後則有須川榮三（1930-1998）、岡本喜八（1924-2005）等。六〇年代後，由搞笑藝人組合瘋狂兔子演出一系列作品，以及《哥吉拉》（1954）開啟了之後的特效電影之路，以及加山雄三的《若大將》系列紅極一時，造就了東寶的黃金時代。儘管東寶近年並未出現代表性的作品，但依然保有日本電影界頂尖的地位。

### 小津安二郎

一九二七年發表了首部執導作品《懺悔之刃》，而以結果來說這部電影也是他唯一的一部古裝劇。之後則著重描寫小市民的悲哀，開創出日本電影獨特的節奏。戰後持續以親子為主題，使用寧靜而平凡無奇的敘述方式，細膩刻劃出日本的日常生活與人情。製作了《麥秋》（1951）、《東京物語》（1953）這類完美且獨特風格的電影。他是在電影旬報十佳獎中得到最多次第一名的導演。同時，他的電影在國際間也獲得相當高的評價，受到各國導演的敬愛。小津安二郎在留下了《秋刀魚之味》（1962）這部遺作後，於一九六三年過世。

### 松竹新浪潮

一九六〇年相繼出現的松竹新導演大島渚、吉田喜重、篠田正浩等三名導演合稱為松竹新浪潮。這個稱號是直接引用了當時法國的法國新浪潮（用來指稱當時一群掀起巨大風潮的法國年輕導演）一詞。法國新浪潮本身是在表現手法上出現革新，而松竹新浪潮的特色則是強烈反映了當時的政治情況。

### ATG

全名為日本藝術電影院聯盟（Art Theater Guild）。這是一間東寶於一九六一年出資成立的電影公司。成立初期引進歐美藝術電影，一九六七年逐漸轉型為一間製作公司。從六〇年代後半到七〇年代後半，大約十年的這段期間內有多部知名作品問世，為日本電影界撐起一片天。代表作品包括今村昌平（1926-2006）的《人間蒸發》（1967）、大島渚的《絞死刑》（1968）、篠田正浩的《心中天網島》（1969）、寺山修司（1935-1983）的《死者田園祭》（1974）、東陽一（1934-）的《三壘手》（1978）。

### 日活浪漫色情電影

日活所推出的一般類型電影，票房成績持續處於低落狀態，於是一九七一年日活便開始推出色情電影，這就是所謂的日活浪漫色情電影。預算低、製作人員少，而且沒有大明星參與演出，在這樣的情況下卻接連發表多部傑作，並受到廣大階層的民眾所歡迎。除了有神代辰巳（1927-1995）、西村昭五郎（1930-）、田中登（1937-2006）等資深導演之外，也培養出了許多新銳導演，像是根岸吉太郎（1950-）、池田敏春（1951-2010）、相米慎二（1948-2001）。之後由於成人影片誕生，匯聚了龐大的支持者，日活浪漫色情電影的票房大受影響，最後於一九八八年結束。儘管如此，日活的浪漫色情電影確實在日本的戰後電影史上留下了亮眼的成就。

### 角川電影

角川書店當時的總經理角川春樹，於一九七六年開始將觸角伸到電影製作上。他將角川書店本身的出版物改編為電影，將書籍與電影進行結合，並且進行大規模的宣傳。接連推出《犬神家一族》（1976）、《人間的證明》（1977）、《野性的證明》（1978）等多部熱門電影。同時，角川電影也以公開招募的方式，捧紅了藥師丸博子、原田知世等知名明星。儘管在角川春樹遭到逮捕後，角川電影便退出了電影製作的前線，但角川電影為當時處於停滯狀態的日本電影界注入了活水，從這層意義來看可謂功勞不小。

### 伊丹十三

自一九六〇年出道以來，便以滄桑形象的演員以及風格獨具的散文家身分出現在世人面前。一九八四年以《禮儀式》踏上了導演之路，其中的嶄新影像帶給人們衝擊，立即成為當紅導演。之後也陸續製作出多部話題作品，例如：《蒲公英》（1985）、《女稅務員》（1987）、《鴻運女》（1990）、《民暴之女》（1992）、《大病人》（1993），於一九九七年去世。

### 宮崎駿

宮崎駿離開了原本任職的東映之後，參與《未來少年柯南》（1978，擔任編導）、《魯邦三世：卡里奧斯特羅之城》（1979，擔任導演）的製作。一九八二年成立公司，接二連三製作出熱門作品，包括《風之谷》（1984）、《天空之城》（1986）、《龍貓》（1988）、《魔女宅急便》（1989）、《魔法公主》（1997）、《神隱少女》（2001）、《霍爾的移動城堡》（2004）、《崖上的波妞》（2008）、《風起》（2013）。在各種電影獎項上擊敗一般電影而贏得第一名的寶座，並提升世人對動畫的評價，讓世界上許多國家都知道宮崎駿這個名字。

### 奧山和由

奧山和由生於一九五四年，父親為前松竹總經理奧山融（1924-2009）。奧山和由先是在松竹的會計部等單位工作，一九八二年開始擔任製作人。製作出《忠犬八公物語》（1987）、《二二六》（1989）、《遠方夕陽》（1992）等熱門電影，同時還讓（北野武）與竹中直人分別執導《凶暴的男人》（1989）與《無能的人》（1991），充分展現出他製作的本領。奧山在一九九四年製作的《亂步謎案》首次擔綱導演，在這之後也經常參與電影製作。

# 攝影

●Photograph●

**從一開始的暗箱攝影法，逐步發展為銀版攝影法、卡羅式攝影法。**

## 攝影的起源

人類歷史上出現攝影技術是在一八〇〇年代，但其實人們在十五世紀就已經知道攝影的原理了。李奧納多．達文西等畫家作畫時會以此來參考空間表現方法，十七世紀擅長表現光影的約翰尼斯．維梅爾（荷 Johannes Vermeer, 1632-1675）也運用了這種原理。

他們所使用的這種原理，是讓光通過小洞映照到牆上，就會出現倒立的影像。因此人們便將這種技術稱為「暗箱」（Camera obscura，是拉丁語「黑暗的房間」的意思）。而瑟夫．尼瑟福．尼埃普斯（法 Joseph Nicéphore Nièpce, 1765-1833）思考如何將暗箱的影像印到金屬板上，成為世界第一個發明攝影製版技術的人。他在一八二七年將合金板放進暗箱中曝光八小時，將鏡頭所對的景色以正像固定下來，拍攝出「樂加斯的窗外景色」。而這便是世界上現存最古老的照片。

之後，與尼埃普斯一同研究的路易．達蓋爾（法 Louis Daguerre, 1787-1851），在尼埃普斯去世後完成了「銀版攝影法（Daguerreotype）」的攝影技術，並於一八三九年八月十九日公開發表。

就在同一個時期，英國的威廉．亨利．福克斯．塔爾博特（William Henry Fox Talbot, 1800-1877）也在進行相同的研究。他也是以暗箱攝影法為基礎，進而發明了製作負像照片的技術，他將這種攝影法命名為「卡羅攝影法」，並於一八四一年取得專利。他發表了世界上第一本攝影集《自然的鉛筆》（1844-1846，全六卷），並創造出 photography（攝影）一詞。

在銀版攝影法與卡羅攝影法發明之後，攝影技術便普及開來，十九世紀後半出現了許多職業攝影師。當時流行的有肖像攝影、風景攝影、戰地攝影、科學攝影等多種類型，但都尚未達到藝術層面的表現手法。這個時期的攝影當中，不得不提到的是肖像攝影師納達爾（法 Nadar, 1820-1910）。納達爾拍攝過作曲家華格納、詩人波特萊爾等眾多名人，而他在拍攝的時候，會根據不同的拍攝對象變換照明與背景等相關部分，想要一併表現拍攝對象的內在層面，這一點與其他肖像攝影師有很大的不同。納達爾憑藉他這份與眾不同的作法，讓他的名字與他的攝影集《現代人的畫廊》（1870）一同流傳到今日。

## 攝影的轉捩點

**藝術攝影與寫實主義之間的對立，促使攝影發展出多采多姿的表現手法。**

在攝影普及的同時，攝影評論也隨之

## 攝影技術誕生

**暗箱攝影法**　約瑟夫・尼瑟福・尼埃普斯（法1765-1833）

**卡羅式攝影法（紙基負片法）（1841）**

威廉・亨利・福克斯・塔爾博特（英1800-1877）
世界第一本攝影集
《自然的鉛筆》（1844-1846）

**銀版攝影法（1837）**

路易・雅克・曼德・達蓋爾（法1787-1851）

**濕版火棉膠攝影法（1851）**

弗雷德里克・斯科特・亞徹（英1813-1857）

**發展出不同的攝影領域**

**肖像寫真**

納達爾（法1820-1910）
攝影集《現代人的畫廊》（1870）

**風景攝影**

密西恩・艾里歐攝影團體
亨利・盧塞克（法1818-1882）
愛德華－丹尼斯・鮑德斯（法1813-1889）
馬克西姆・杜坎（法1822-1894）
攝影集《埃及、努比亞、巴勒斯坦、敘利亞》（1852）
安東尼奧・比特（義1832-1906）
拍攝〈人面獅身像前的池田遣歐使節團〉

**觀光景點攝影**

（風景明信片十分流行）

**戰地攝影**

羅傑・芬頓（英1819-1869）
〈克里米亞戰爭紀實〉
蒂莫西・亨利・奧沙利文（美1840-1882）
〈南北戰爭紀實〉
卡爾頓・華特金斯（美1829-1916）
威廉・亨利・傑克森（美1843-1942）

**科學攝影**

- 醫學攝影
- 天文攝影
- 司法攝影
  阿方斯・貝蒂榮（法1853-1914）拍攝〈罪犯的容貌照〉（1880年代）
- 連續攝影
  愛德華・麥布里奇（英1830-1904）
  〈馬在大跑時的連續攝影〉（1878）
  攝影集《動物的動作》（1887）

---

而生，其中最常見的論調便是「攝影不是一門藝術」。而人們為了反駁這套攝影非藝術的說法，隨後便發起了「攝影藝術運動」，該運動的根本思想為「攝影是一門將自然事物重現出來的藝術」。

這起運動稱為「畫意攝影主義」，但很快就結束了。「攝影藝術運動」對於日後的近代攝影運動影響甚鉅，但當時也有人批判這套思想，那就是提倡自然主義攝影的英國人彼得・亨利・愛默生（Peter Henry Emerson, 1856-1936）。他主張「攝影就是攝影」，認為人們應該要先了解攝影與繪畫之間的差別再去追求攝影的藝術性，並將這種攝影方式取名為「自然主義攝影」。十九世紀的攝影，就是在「藝術攝影」與「自然主義攝影」彼此對立的狀況下逐步發展而成。

亞弗雷德・史蒂格力茲（美 Alfred Stieglitz, 1864-1946）受到了愛默生的自然主義攝影運動所影響，一九〇二年他與愛德華・史泰欽（美 Edward Steichen, 1879-1973）等人一同於紐約組成「攝影分離派」，並於隔年創辦了《相機作品》雜誌，

## 攝影出現進一步發展

對立

**自然主義攝影**

彼得・亨利・愛默生（英）

（1892）
**英國連環兄弟會**

弗里德里克・伊文思（英）
亞歷山大・基里（英）
法蘭西斯・麥斗・沙特克里夫（英）
羅貝爾・德曼西（法）
亞弗雷德・史蒂格力茲（美）
愛德華・史泰欽（美）

（1902）
**攝影分離派**

亞弗雷德・史蒂格力茲（美）
「提倡純粹主義攝影」
愛德華・史泰欽（美）
柯本（美）
懷特（美）

**蒙太奇攝影**

蓋爾格・格羅斯（德）
約翰・哈特福德（德）
勞爾・豪斯曼（奧）
漢娜・赫希（德）

（1930 年代－）
**新聞攝影**

德國報導攝影
　埃里奇・薩洛蒙（德）
　馬丁・穆卡奇（匈）
　亞弗雷德・艾森斯塔森（波）
美國紀錄攝影
　雅各・里斯（丹）
　路易斯・海因（美）
　多蘿西婭・蘭格（美）
　沃克・埃文斯（美）
　瑪格麗特・巴克－懷特（美）
攝影師團體「馬格蘭攝影通訊社」（1947-
　亨利・卡蒂爾－布列松（法）
　羅伯特・卡帕（匈）
　大衛・西默爾（俄）
威廉・克萊因（美）《紐約》（1956）
羅伯特・法蘭克（瑞）《美國人》（1958）

**自然攝影**

光圈 64 小組（1932）
　安瑟・亞當斯（美）
　愛德華・威斯頓（美）
　伊莫金・坎寧安（美）

羅伯特・卡帕

成為近代攝影的核心人物。史蒂格力茲明確主張攝影與繪畫有所不同，於是便提倡了「純粹主義攝影」，不斷追求專屬於攝影的表現方式。

接著，愛德華．威斯頓（美 Edward Weston, 1886-1958）與安瑟．亞當斯（美 Ansel Adams, 1902-1984）繼承了史蒂格力茲的思想，進一步推動近代攝影的發展。威斯頓確立了結合科學與美學的獨特表現手法，亞當斯則成為風景攝影的代表作家，確立風景攝影的表現手法。之後的攝影師都受到了他們的影響。

### 現代的攝影

**攝影的表現手法可說是引領了所有類型的藝術。現代的攝影往返於廣告與藝術領域之間，並同時邁向數位相機與網路的時代。**

藝術攝影破壞了黑白照片的概念。一九七六年於紐約現代美術館舉辦了威廉．埃格斯頓（美 William Eggleston,

1939-）的個展，拓展了彩色照片的藝術潛力。一九八一年攝影評論家莎莉．奧克萊爾舉辦了一場攝影聯展，世人便以她出版的《新彩色攝影》這本書的書名，將這群參展的攝影師稱為「新彩色攝影」。除此之外，屬於新彩色攝影派的活躍攝影師還有史蒂芬．肖爾（美 Stephen Shore, 1947-）、喬爾．邁羅維茲（美 Joel Meyerowitz, 1938-）等人。

同一時期，也出現了一個名叫「新地誌攝影」的團體。一九七六年舉辦了一場同名的攝影聯展，讓這群裁切人工風景的攝影師成為注目焦點。他們拍攝人類所造成的景觀改變，新地誌攝影的特色在於洋溢著一股世紀末的氛圍。

另外，還有一群稱為「建構式攝影」的攝影師也占有一席之地，代表人物有辛蒂．雪曼（美 Cindy Sherman, 1954-）與威廉．韋格曼（美 William Wegman, 1943-）。雪曼自己擔綱模特兒，韋格曼則為愛犬穿上衣服拍照。他們將攝影從單純「拍攝」轉變成「創造」。此外，羅柏．梅普索普（美 Robert Mapplethorpe, 1946-1989）也是特別值得一提的人物，他拍攝黑人男性的裸體與花卉等各式各樣的主題，現在許多活躍於世界各國的攝影師都受到他的影響。

除此之外，世界各國有才華的攝影師，也不斷在廣告、時尚、報導等各種領域創造出新的作品，像是於爾根．特勒（德 Juergen Teller, 1964-）、沃夫岡．提爾曼斯（德 Wolfgang Tillmans, 1968-）的攝影那樣，重視廣告攝影的品質與其中所傳達的訊息，往返於廣告與藝術的領域之間。

另一方面，數位相機日新月異，網路也越來越進步，為攝影的表現手法帶來重大革新，同時也增加了交流工具的多樣性與便利性。於是，這便爆炸性的「擴大」與「超脫」攝影原有的表現力。

**藝術攝影**

奧斯卡．雷蘭德（典）
亨利．皮奇．羅賓森（英）
《攝影的繪畫效果》（1869）
茱莉亞．瑪格麗特．卡麥隆（印）
大衛．奧克塔維斯．希爾
＆羅伯特．亞當森（英）

（1920 年代）

**超現實主義**

亨利．卡蒂爾－布列松（法）
曼．雷（美）
安德烈．科泰茲（匈）

**時尚攝影**

喬治．霍寧根－修恩（俄）
馬丁．穆卡奇（匈）
亞文．潘（美）
理查．亞維頓（美）
黛安．亞柏斯（美）

**CHECK THIS OUT!**

**如果你還想繼續研究攝影，一定要具備以下的基礎知識。**

## 暗箱攝影法

在黑暗房間的牆壁上，開個針孔大的洞，牆對面的戶外景色就會以上下顛倒的方式映照在平面上。Camera obscura 是拉丁文「黑暗的房間」的意思。古希臘時期人們就已經知道這項原理，亞里斯多德曾經利用這項原理進行戶外觀察，李奧納多・達文西也運用過暗箱的原理來進行遠近法的實驗。十六世紀更進一步知道將雙凸透鏡嵌在洞裡，會讓畫面變得更加鮮明。尼埃普斯與達蓋爾便應用這項原理發明了攝影技術。

**卡羅攝影法／銀版攝影法**

塔爾博特所發明的卡羅攝影法，可以從一張負片複印出無數張相片，與我們現在的照片具有相同的原理。相反的，銀版攝影法則只能製作出一張相片。

**純粹主義攝影**

從攝影技術誕生之後，人們就會在修正負片或印刷階段進行加工，以呈現出繪畫般的攝影風格，這種方式一直占據攝影表現手法的主流，直到二十世紀都還是極為興盛。相反的，有一群人則主張應該對攝影的特性有所認知，並展現出攝影技術原本的功能——「直接拍攝出事物真實的樣貌」。以這套理念所發起的攝影運動與相關的攝影作品，便稱為純粹主義攝影。

**超現實主義**

原本人們將攝影視為「人類的雙眼」，而攝影領域的超現實主義則轉而以「機械的雙眼」來看待攝影，使用機器手法製作出攝影作品。這些機器手法包括了中途曝光（將光與影的部分反轉過來）、變形（利用鏡頭的扭曲塑造出變形的畫面）、攝影蒙太奇（拼貼相片）。超現實主義主要的攝影師有亨利・卡蒂爾－布列松（法 Henri Cartier-Bresson, 1908-2004）、曼・雷（美 Man Ray, 1890-1976）、安德烈・科特茲（匈 André Kertész, 1894-1985）。

**新聞攝影**

一九二〇至一九三〇年代，小型相機與底片技術進步，於是人們就能在瞬間拍下照片。這使得報導攝影在質與量方面都出現顯著提升。以法庭攝影與拍攝國際會議知名的埃里奇・薩洛蒙（德 Erich Salomon, 1886-1944）、拍攝希特勒與墨索里尼會談的阿爾弗雷德・艾森斯塔森（波 Alfred Eisenstaedt, 1898-1995）、拍攝美國南部農民紀錄的維可・艾文斯（美 Walker Evans, 1903-1975）等人，都是頗具代表性的人物。三〇年代也可以說是攝影記者的時代。

**羅伯特・卡帕**

一九一三年生。一九三六年當西班牙發生動亂時，卡帕加入人民陣線擔任攝影記者。在這次戰爭中所拍攝的「戰士之死」（1937）刊登在《生活》雜誌之後，很快的就傳遍國際。第二次世界大戰時卡帕則加入盟軍，拍攝了眾多名作。其中他所拍攝的「諾曼地登陸」一系列相片，是極為知名的報導攝影經典名作。一九五四年卡帕在越南的戰爭中踩到地雷而身亡。

**當代攝影**

一九六六年所舉辦的五名年輕攝影師的攝影展「當代攝影師——望向社會景色」，獲得國際間廣大的迴響。這五名攝影師分別是李・弗萊德蘭德（美 1934-）、蓋瑞・溫諾格蘭德（美 1928-1984）、杜恩・麥克斯(美 1932-)布魯斯・戴維森(美

1933-）、丹尼・萊昂（美 1942-）。他們的共通點是著眼於社會景象或是人類所處的環境，就這個層面而言可說是開創了一個攝影的嶄新世界。

## 現代的攝影

1960
**新紀實攝影**
1967「新紀實攝影展」
黛安・亞柏斯(美)
李・弗萊德蘭德(美)
「自拍肖像照片」
蓋瑞・維諾葛蘭(美)

1966
**1966現代攝影**
1966「現代攝影師－望向社會景色」
李・弗萊德蘭德(美)
蓋瑞・溫諾格蘭德(美)
杜恩・邁克斯(美)
布魯斯・戴維森(美)
丹尼・萊昂(美)

**印象派攝影**
羅伯特・海尼根(美)
傑瑞・約爾斯曼(美)
雷・梅卡(美)

**概念攝影**
杜恩・邁克斯(美)

**自拍肖像照片**
辛蒂・雪曼(美)
南・哥爾丁(美)

**新彩色攝影**
威廉・埃格斯頓(美)
├喬爾・邁羅維茲(美)
├約翰・法爾(美)
└喬爾・史丹福(美)

**新地誌攝影**
路易斯・波爾茲(美)
羅伯特・亞當斯(美)

赫布・里茲(美)
阿拉斯提爾・塞因(美)
布魯斯・韋伯(美)

羅柏・梅普索普(美)

### 新彩色攝影

攝影藝術原本是以黑白相片為中心，但到了一九七〇年代後半，開始產生一股重視彩色相片的浪潮。威廉・埃格斯頓與喬爾・邁羅維茲等攝影師為這派的中心人物，他們以科學方法重現出複雜的顏色，創造出微妙的調性與光影，使用彩色相片表達出內在的情感。許多年輕人受到他們的影響，也開始拍攝彩色照片。這股浪潮便稱為「新彩色攝影」。

### 羅柏・梅普索普

二十歲前半開始接觸攝影，一九七三年舉辦的第一場個展頗受好評。之後，以黑人男性裸體、女性健美大師麗莎・里昂的肖像照，以及花卉的攝影為主，創造出他獨特的攝影作品。梅普索普深深影響了世界各國的年輕攝影師，可以說是現代攝影的中心人物，但卻於一九八九年死於愛滋病。

CLOSE UP!

# 日本攝影

Japanese Photograph

日本初期的攝影發展是建立在照相館與紀實攝影的發達之上。隨著戰後經濟蓬勃發展，攝影的趨勢也逐漸從藝術攝影轉為新聞攝影。

在銀版攝影法發明之後只過了十幾年，攝影技術便很快傳入日本。一八四八年長崎的上野俊之丞（1790-1851）將一套銀版攝影法的機器從荷蘭引進日本並獻給薩摩藩。一八五四年美國的培里率黑船叩關，船上也有使用銀版攝影法的攝影師同行，這些攝影師到下田與橫濱等多處拍攝了許多日本人、日本的風景與風俗民情的照片，許多日本人也親眼看到了拍攝的過程。

薩摩藩的蘭學家（譯注：學習從荷蘭傳入日本的各種知識）反覆研究攝影技術，一八五七年市來四郎（1829-1903）等人拍攝了藩主島津齊彬的肖像照。這是日本人的第一次攝影。

一八六〇年代，下岡蓮杖（1823-1914）與上野俊之丞的兒子上野彥馬（1838-1904）在同時期展開活動，這兩人便是日本攝影館的開山始祖。

一八六一年前後鵜飼玉川於兩國藥研堀開設「影真堂」，是日本出現的第一間照相館，但只營業了一段很短的時間便宣告結束。隔年一八六二年下岡蓮杖便於橫濱野毛開設攝影館，上野彥馬則於長崎開設照相館。

一開始日本人流傳「照相會把人的魂魄吸走」的謠言，但當居留日本的外國人對這些照相館讚賞有加後，日本人立刻就接納了這項新技術。之後，下岡蓮杖與上野彥馬門下的學徒，紛紛於日本各地開設照相館。其中，上野的徒弟內田九一（1844-1875）於一八七二年與一八七三年一共為明治天皇拍了兩次照。

### 販賣「橫濱相片」

義大利人費利斯・比特（1832-1909）是日本攝影早期其中一位重要人士。比特於一八六三年前往日本，並在橫濱開設攝影工作室，拍攝了富士山與日光等日本各地的風景照，以及平民的風俗習慣、武士、花魁等，再將照片塗成彩色後賣給外國人。這些相片就稱為「橫濱相片」。當時除了比特之外，也有許多攝影師製作這種相片。

邁入一八七〇年代後，日本攝影領域除了有照相館為客人拍攝肖像照之外，也拓展到紀錄攝影、戰地攝影等紀實的領域。以一八七〇年代所拍攝的「北海道開拓照」為紀錄攝影的代表，這是日本政府為了要紀念北海道開拓完成所拍下的照片，負責拍攝的是函館

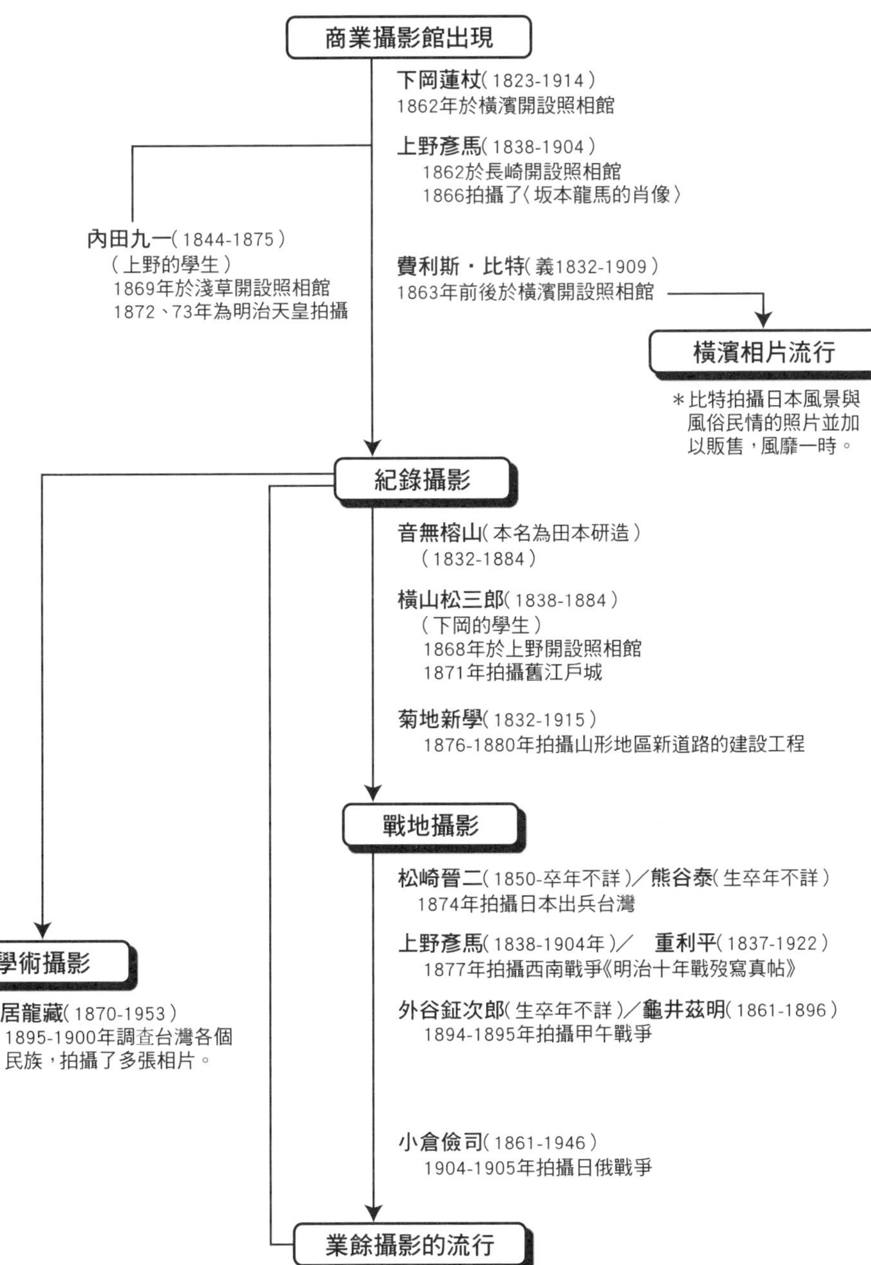
日本攝影的誕生
上野俊之丞
1848年從荷蘭引進銀版攝影法
商業攝影館出現
下岡蓮杖(1823-1914)
1862年於橫濱開設照相館
上野彥馬(1838-1904)
1862於長崎開設照相館
1866拍攝了〈坂本龍馬的肖像〉
內田九一(1844-1875)
(上野的學生)
1869年於淺草開設照相館
1872、73年為明治天皇拍攝
費利斯・比特(義1832-1909)
1863年前後於橫濱開設照相館
橫濱相片流行
＊比特拍攝日本風景與風俗民情的照片並加以販售，風靡一時。
紀錄攝影
音無榕山(本名為田本研造)
(1832-1884)
橫山松三郎(1838-1884)
(下岡的學生)
1868年於上野開設照相館
1871年拍攝舊江戶城
菊地新學(1832-1915)
1876-1880年拍攝山形地區新道路的建設工程
戰地攝影
松崎晉二(1850-卒年不詳)／熊谷泰(生卒年不詳)
1874年拍攝日本出兵台灣
上野彥馬(1838-1904年)／ 重利平(1837-1922)
1877年拍攝西南戰爭《明治十年戰歿寫真帖》
外谷鉦次郎(生卒年不詳)／龜井茲明(1861-1896)
1894-1895年拍攝甲午戰爭
小倉儉司(1861-1946)
1904-1905年拍攝日俄戰爭
學術攝影
鳥居龍藏(1870-1953)
1895-1900年調查台灣各個民族，拍攝了多張相片。
業餘攝影的流行

的照相館老闆音無榕山（1832-1912）。目前這份「北海道開拓照」保存於北海道大學圖書館北方資料室。除此之外，擔任陸軍士官學校教官的橫山松三郎（1838-1884）也拍下了日光整座山，菊地新學（1832-1915）則拍下了山形地區建設新道路的工程狀況。

戰地攝影方面，則有松崎晉二（1850-卒年不詳）拍攝了日本出兵台灣的情況，上野彥馬則拍攝了西南戰爭，而小倉儉司（1861-1946）拍攝了日俄戰爭的情形。這些戰地的照片讓市民能夠直接看到戰爭的景象，對於明治政府樹立國威貢獻良多。

### 從藝術攝影演變為新聞攝影

進入大正時期後，人們除了原本的肖像照與紀錄攝影之外，有一些人也開始追求攝影上的藝術性，這股趨勢便是現在所說的「藝術攝影」。其中特別值得一提的是野島康三（1889-1964）與福原信三（1883-1948）。野島除了會拍攝風景與肖像照之外，也會拍攝裸體照，而他的攝影特色在於表現強烈的日本式寫實主義風格。福原則發表了攝影集《巴黎與塞納河》（1922），裡面收錄他所拍攝的巴黎風景，其中大膽的構圖與運用光線的細膩手法，大大震撼了日本攝影界。除了他們兩人之外，日本各地也有著為數眾多的攝影師，持續進行多角化的拍攝。

繼「藝術攝影」的潮流之後，出現的是以木村專一（1900-1938）、渡邊義雄（1907-2000）等人為主的「新興藝術」。他們致力推動攝影技術，積極採用蒙太奇等嶄新的表現技術。野島康三也於一九三〇年前後開始以「新興攝影」的風格進行拍攝，並且與中山岩太（1895-1949）、木村伊兵衛（1901-1974）等人一同創辦雜誌《光畫》（1932）。《光畫》的這群攝影師開創了一個新的時代，各自創作出許多傑作。

### 《NIPPON》雜誌創刊

到了昭和時期，開始出現一群不屬於「新興攝影」運動的攝影師，而新聞攝影師名取洋之助（1910-1962）便是其中的代表性人物。名取於一九三四年創辦了《NIPPON》雜誌，土門拳（1909-1990）也參與了該本雜誌的工作。名取運用他在德國擔任新聞攝影師的經驗，確立了日本的「攝影記者」這項職業。隨著日本的戰爭越演越烈，名取、木村、土門這些報導攝影師在日本攝影界就顯得更加重要。

當戰爭結束之後，日本又陸續出現了新的攝影師。包括了擅長拍攝肖像照的林忠彥（1918-1990）、拍攝女性照片的大竹省二（1920-2015）、拍攝氛圍照片的秋山庄太郎（1920-2003）等商業攝影作家，以及福島菊次郎（1921-2015）、東松照明（1930-2012）、川田喜久治（1933-）這些推動寫實主義攝影運動的攝影師。這些攝影師紛紛朝氣蓬勃的展開相關活動。戰後日本的攝影界，便是由這兩大團體所推展的。

### 戰後的攝影界蓬勃發展

一九五九年組成的攝影師團體ＶＩＶＯ（西班牙文「生命」的意思），引領了戰後日

# 日本攝影的發展

## 藝術攝影的黃金時期

**福原信三**（1883-1948）
1921年建立「藝術攝影社」
同年發行《攝影藝術》創刊號

**野島康三**（1889-1964）
「東京攝影研究會」
拍有許多裸體照與肖像照

**淵上白陽**（1889-1960）
1922年組成「日本光畫藝術協會」

1923 年創辦《朝日攝影》雜誌

## 新興攝影運動

**木村專一**（1900-1938）
1924年創辦《Photo Times》雜誌
1930年與渡邊義雄等人成立「新興攝影研究會」

**中山岩太**（1895-1949）
1930年組成「蘆屋攝影俱樂部」

**安井仲治**（1903-1942）
1930年組成「丹平攝影俱樂部」

劇作家村山知義等人於1931年舉辦「德國國際移動攝影展」，獲得強烈迴響。

1932年中山岩太、野島康三、木村伊兵衛、伊奈信男等人創辦了《光畫》雜誌。

### 新聞攝影

名取洋之助、木村伊兵衛、伊奈信男等人 於1933年成立「日本工房」。

1934年「日本工房」分裂，木村與伊奈等人另行成立「中央工房」。名取創辦了雜誌《NIPPON》，渡邊義雄與土門拳等人加入。

1938年土門拳、藤本四八、濱谷浩等人組成「青年新聞攝影研究會」。

1940年新成立了「日本新聞攝影協會」，大多都是「青年新聞攝影研究會」的成員。

「日本工房」於1939年改組為「國際新聞工藝股份公司」，並發行用來對外宣傳的雜誌《FRONT》。木村伊兵衛（擔任攝影部長）與濱谷浩也加入。

### 前衛攝影運動

1937年花和銀吾、平井輝七等人，於大阪組成「前衛攝影團體」。

1938年詩人瀧口修造等人於東京建立「前衛攝影協會」。

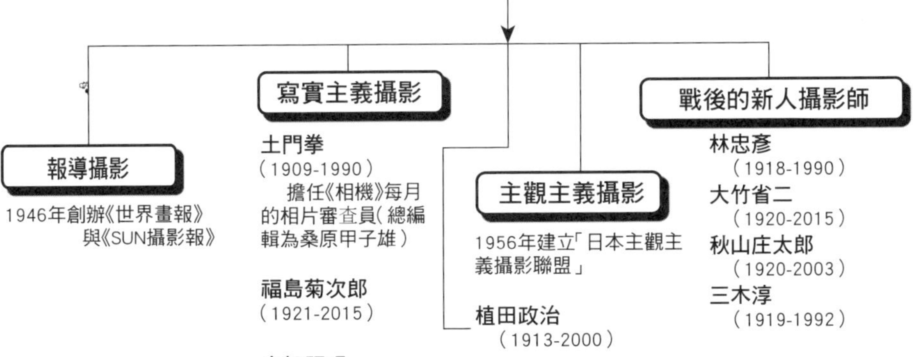

本的攝影界。這個團體的成員有石元泰博（1921-2012）、東松照明、奈良原一高（1931-）、細江英公（1933-）、川田喜久治等人。除此之外，還有另一群攝影師則是以廣告攝影為中心，理念有別於VIVO的寫實主義派。包括立木義浩（1937-）、橫須賀功光（1937-2003）、篠山紀信（1940-）等攝影師。

他們持續在廣告攝影領域中不斷創造出嶄新的表現方式，同時也出版攝影書、舉辦個展，雄心勃勃的展開各自的活動。昭和三〇至四〇年代，則又出現了森山大道（1938-）、荒木經惟（1940-）等新的攝影師。一九七四年，東松、森山、細江、橫須賀、荒木、深瀨昌久（1934-2012）等六人開設了「WORK SHOP攝影學校」，而該學校則培育出北島敬三（1954-）、倉田精二（1945-）等學生。特別值得一提的是，在昭和二〇至四〇年代踏入攝影界的這些資深攝影師當中，篠山紀信與荒木經惟目前仍居於日本攝影界的核心位置。這兩人不只是持續發表以裸體為主的攝影書，他們的影響力甚至還擴及了整個日本文化。

## 受到國際間的讚譽

從一九九〇年代後半開始，日本攝影師在國外的知名度與評價出現飛躍性的提升。其中特別是一九九二年舉辦「AKT-TOKYO 1971-1991」展的荒木經惟、一九九三年推出攝影書《Daido hysteric no.4》，受到高度評價，引起國外注目的森山大道。荒木透過在國外的藝廊與美術館展覽作品的方式，影響了歐美的攝影師。森山也在美國進行全美巡迴展，積極拓展國外的活動。

由於他們付出的努力，提升了國外對日本攝影師的關注與評價。國外開始從點（個人）一路擴展到線（團體）與面（全部），對日本攝影表現形成體系性的研究，二〇〇一年德國發行的《The Japanese》大受好評後，除了荒木、森山之外，中平卓馬（1938-2015）等一九七〇年代的作品也相當受到注目，二〇〇三年休斯頓美術館舉辦了大規模的「日本攝影史展」，收錄了出展作品的攝影集也銷售得很好，幫助歐美更加了解日本的攝影。

而最後不得不提到的是，在日本三一一大地震所帶來的契機下，人們深深明白地震前後的紀錄相片、家人的相簿等，這些原本便是日本人應該致力延續下去的攝影範疇，是不該為人所遺忘的，同時也對這些領域投以全新的關注。

**如果還想繼續研究日本攝影，一定要具備以下的基礎知識。**

## 下岡蓮杖

下岡蓮杖原本是狩野派的畫家，二十歲前半第一次看到照片後便深深著迷，義無反顧的踏上攝影之路。他花了大約十年的時間，在長崎、下田、橫濱研究攝影，一八六〇年定居於橫濱，從一名美國攝影師那裡接收了一部攝影機器。下岡在不斷經歷失敗後，終於在一八六二年成功拍攝相片，同年於橫濱開設照相館。

## 現代的日本攝影

### 寫實主義攝影

石元泰博（1921-2012）
《在某天的某個地方》（1958）
東松照明（1930-2012）
《「11點02分」NAGASAKI》（1966）

奈良原一高（1931-）
「人類的土地」攝影展（1956）
細江英公（1933-）

### 正統派紀實攝影

長野重一（1925-）
富山治夫（1935-）
桑原史成（1936-）
英伸三（1936-）

### VIVO

奈良原一高、東松照明、細江英公、川田喜久治、佐藤明、丹野章等六人組成VIVO（1959-1961）

### 廣告攝影

横須賀功光（1937-2003）
立木義浩（1937-）
高梨豐（1935-）
篠山紀信（1940-）

### 現代攝影

石元泰博（1921-2012）
高梨豐（1935-）
牛腸茂雄（1946-1983）
《SELF AND OTHERS》（1977）

### WORK SHOP攝影學校

東松照明
堀江英公
森山大道（1938-）
《日本劇畫寫真帖》（1968）

### 新世代攝影師

今道子（1955-）
《EAT》（1987）
橋口讓二（1949-）
《十七歲的地圖》（1988）
港千尋（1960-）
《赤道》（1991）
宮本隆司（1947-）
《建築默示錄》（1988）
長倉洋海（1952-）
《薩爾瓦多》（1990）
森村泰昌（1951-）

荒木經惟（1940-）
《感傷之旅》（1971）

森瀨昌久（1934-2012）
横須賀功光

### 目前的廣告攝影師

操上和美（1936-）
十文字美信（1947-）
坂田榮一郎（1941-）
上田義彥（1957-）
藤井保（1949-）
伊島薰（1954-）

### 上野彥馬

上野彥馬的父親上野俊之丞是第一位將照相機引進日本的人。下岡是站在畫家的角度對於攝影產生興趣，而下野彥馬則是著重於研究攝影的化學方面。與下岡蓮杖同年於長崎開設照相館。在攝影方面，人們認為上野比下岡還要優秀一些。此外，上野還拍攝了西南戰爭的照片。

### 野島康三

野島康三是一名企業家的子弟，大學時期開始接觸攝影，一九一一年加入東京攝影研究會。早期的野島主要拍攝風景照、人物照與裸體照，尤其是肖像照與裸體照方面沒有人能出其右。三十歲之後受到帶有現代主義風格的「新興攝影」所影響，於是創辦了《光畫》雜誌。野島康三在大正到昭和年間，是占據藝術攝影中心位置的其中一人。

### 《光畫》

一九三二年五月，野島康三、木村伊兵衛、中山岩太三人一同創辦了《光畫》雜誌。這是一本攝影雜誌月刊，雜誌中刊登了當時流行的「新興攝影」風格的作品，同時也刊載諸多攝影師的作品，《光畫》雜誌達到「新興攝影運動」的其中一個高峰。

### 《provoke》

這部雜誌是由攝影師中平卓馬、高梨豐（1935-）、評論家多木浩二（1928-2011）、岡田隆彥（1939-1997）四人於一九六八年十一月創辦。從第二期開始森山大道也加入其中。Provoke是「挑釁」的意思。他們的目標就是要「重新思考語言與影像之間的關係，並且創造出新的語言與新的思想」。他們的攝影風格非常激進，否定了攝影當中的銳利度與光滑度，人們以「粗顆粒、晃動、失焦」來形容這派攝影師的攝影風格。

### WORK SHOP 攝影學校

這間攝影學校於一九七四年四月設立，一九七六年三月結束，前後持續了兩年的時間，採用私人補習班方式經營。

第一年的授課老師為東松照明、森山大道、細江英公、荒木經惟、深瀨昌久、橫須賀功光等六人，第二年則加入了中平卓馬、奈良原一高共八人，每個人的授課方式都充滿著個人風格。WORK SHOP攝影學校從事多方工作，除了教授學生之外，也舉辦地區性的講座與共同的攝影展，並發行了《季刊 WORKSHOP》雜誌。該學校培育出了多名攝影師，北島敬三與倉田精二便出自其中。對之後所發起的攝影運動影響不小。

### 篠山紀信

就讀日本大學藝術學院攝影系時，便開始以攝影師的身分進行拍攝。篠山一開始以廣告攝影為中心，七〇年代開始拓展到裸體攝影的領域。他用動態的方式捕捉肉體樣貌，這種手法人們稱之為「激寫」，廣受歡迎。一九九一年發表的樋口可南子寫真集《Water Fruit》，掀起一股露毛寫真集的熱潮，為日本具代表性的攝影師之一。

### 荒木經惟

一九六四年以《阿幸》獲得第一屆太陽獎。荒木的攝影作品排除了商業要素，只從他自身的觀點進行描繪，這樣的作風讓他在攝影界建立了特有的地位。荒木主要拍攝的是裸體與城市（東京），但他不管是拍攝裸體還是城市，都會在繁雜的能量當中同時具有一種冷靜透徹的感覺。此外，荒木最近也頗受海外關注，在國際間舉辦多場攝影展。

### 森山大道

曾獲日本攝影評論家協會新人獎、日本攝影師協會年度獎、第四十四屆每日藝術獎、德國攝影師協會獎等多項獎項。不只是日本，同時也受到國外高度讚譽。人們以「粗顆粒、晃動、失焦」來形容森山大道的攝影風格。

圖解
# 學問全圖解：未來人才必備的跨領域基本知識

2018年3月初版 定價：新臺幣390元
2021年2月初版第五刷



編　　者　日本實業出版社
監　　修　茂木健一郎
譯　　者　邱　心　柔
叢書主編　李　佳　姍
特約編輯　陳　嫺　若
校　　對　陳　佩　伶
封面設計　廖　　　韡

出版者　聯經出版事業股份有限公司
地址　新北市汐止區大同路一段369號1樓
叢書主編電話　(02)86925588轉5320
台北聯經書房　台北市新生南路三段94號
電話　(02)23620308
台中分公司　台中市北區崇德路一段198號
暨門市電話　(04)22312023
郵政劃撥帳戶第0100559-3號
郵撥電話　(02)23620308
印刷者　世和印製企業有限公司
總經銷　聯合發行股份有限公司
發行所　新北市新店區寶橋路235巷6弄6號2F
電話　(02)29178022

副總編輯　陳　逸　華
總編輯　涂　豐　恩
總經理　陳　芝　宇
社長　羅　國　俊
發行人　林　載　爵

行政院新聞局出版事業登記證局版臺業字第0130號

本書如有缺頁，破損，倒裝請寄回台北聯經書房更換。　ISBN 978-957-08-5076-5 (平裝)
聯經網址 http://www.linkingbooks.com.tw
電子信箱 e-mail:linking@udngroup.com

GAKUMON NO SHIKUMI JITEN

國家圖書館出版品預行編目資料

學問全圖解：未來人才必備的跨領域基本知識/
日本實業出版社著．茂木健一郎監修．邱心柔譯．初版．
新北市．聯經．2018年3月（民107年）．292面．17×23公分
（圖解）
ISBN 978-957-08-5076-5（平裝）
[2021年2初版第五刷]

1.知識建構

118 107000247